蒙元制度与政治文化

修订本

姚大力 著

姜彝题

复旦大学出版社

目　录

草原蒙古国的千户百户制度　1
　一　起　源　1
　二　关于千户序列的研究　10
　三　内部结构　31
　四　千户百户内部的社会关系　82
　五　对蒙古社会发展的影响　92

成吉思汗，还是成吉思合罕
　　——兼论《元朝秘史》的成书年代问题　118

论蒙元王朝的皇权　138
　一　引　言　138
　二　双重身份：皇帝与大汗　142
　三　皇权与怯薛制　151
　四　主奴观念的泛化与皇权　164
　五　蒙元皇权与中国专制君权的演变　173

从"大断事官"制到中书省
　　——论元初中枢机构的体制演变　192

蒙古帝国分封制的原型与元王朝的国家构建　217

元朝科举制度的行废及其社会背景　236
  一　元朝设科取士的最初尝试：戊戌选试及其失败　236
  二　元代前期科举长期停废的原因　247
  三　元朝设科取士概况　263
  四　略论元朝科举制度的作用和影响　286

论元朝刑法体系的形成　296
  一　弁　言　296
  二　蒙古国时期中原汉地的刑法　298
  三　至元八年前的元朝刑法　303
  四　至元八年前的元朝刑法（续）　312
  五　元朝刑法体系的确立　319
  六　元朝刑法体系确立过程的特点和评价　326
  附论："法司"的含义　332

金泰和律徒刑附加决杖考
  ——附论元初的刑政　338

蒙元时代西域文献中的"因朱"问题　357

元仁宗与中元政治　384

金末元初理学在北方的传播　408

乃颜之乱杂考　421
  一　斡赤斤的份地　422
  二　忽必烈的出征路线　424
  三　不里古都伯塔哈与失列门林的地望　427

四　乃颜之死及其宗教信仰　433

关于元朝"东诸侯"的几个考释　438

   一　"东诸侯"中的"王及侯"　438
   二　札剌亦儿部的漠南游牧地　441
   三　乃颜的世系　444
   四　乃颜之乱史事补证　448
   五　"按只𢷎"的蒙古原名　452

元辽阳行省各族的分布　454

草原蒙古国的千户百户制度

一 起 源

游牧社会中十进位军事编制的历史传统

十进位的军事编制形式存在于漠北及其毗邻地区的草原游牧社会,在蒙古兴起之前,至少已经有一千年断断续续的历史传统了。匈奴"自如左右贤王以下,至当户,大者万骑,小者数千,凡二十四长,立号曰万骑……诸二十四长,亦各置千长、什长"①。汉代文献中有关匈奴"千长"的记载不一而足。甚至汉王朝为控制边疆的方便,似乎也在分布着隶属部众的近边地区,采纳了匈奴的这一官称。汉武帝元狩二年(前121年)秋,匈奴浑邪王降。汉廷分徙降者为五属国,置都尉、丞、侯、千人等官②。张掖属国即有千人、千人官等。昭帝元凤三年(前78年),匈奴右贤王犁污王南侵河西。张掖属国千长义渠王败之,射杀犁污王。汉廷因以黄金、良马赐之,并转封他为犁污王③。这个属国千长义渠王,即"属国义渠胡之君长"④。内田吟风认为,所

---

① 《史记》卷110《匈奴列传》。
② 《汉书》卷19上《百官公卿表》上。
③ 《后汉书》卷33《郡国志》五。《汉书》卷94上《匈奴传》上,颜师古注:"千长者,千人之长。"
④ 《资治通鉴》,中华书局排印本,页768,胡三省注。

谓"千长",应当就是汉朝袭用的匈奴官名的意译①。这是十分可能的。

匈奴的十进位军事编制,更直接影响到乌丸。乌丸至东汉时期,"始有千夫长、百夫长以相统领"②。柔然"北徙弱洛水,始立军法。千人为军,军置将一人;百人为幢,幢置帅一人"③。它与此前漠北十进位军事编制传统,当亦有关。

这种十进位的编制,它的功能,在当时主要是军事性质的。在上述游牧社会中,同时还存在着以氏族部落血缘外壳为形式的社会组织,由它来担当在政治、经济及其他方面协调社会生活的种种功能。以匈奴为例,统一在这个名号之下的,即"有数百千种"部族。一旦草原大联盟瓦解,它们就"各立名号"④,从而使人们更容易看到它的内部结构。"数百千种"之一的屠各部落的统治氏族,即挛鞮氏,是单于氏族。它与呼衍、须卜、兰、丘林等其他显贵氏族⑤,基本上以分封的形式各自统治着被他们慑服的大小隶属部落。根据司马迁的报道,除单于王庭以外,匈奴在汉初分为二十四大部,其中约有十数部分别领属于挛鞮氏,其余则受制于别的显贵氏族。迨至后汉,属于单于子弟而分领部落的,有左右贤王、左右谷蠡王等"四角",或者再加上左、右日逐王,凡"六角"。其余异姓,则"各以权力优劣、部众多少,为高下次第焉"⑥。直到《晋书》叙述当日入塞内附的匈奴各部时,仍一举

---

① 内田吟风:《匈奴史研究》,大阪:创元社,1953 年,页 52。
② 《三国志》"魏志"卷 30《乌丸传》注引《英雄记》所载袁绍《拜乌丸三王为单于版文》。
③ 《北史》卷 98《蠕蠕传》。
④ 《宋书》卷 95《索虏传》。
⑤ 内田吟风以为他们是屠各部落中的其他贵显姓氏,证据似嫌不足。见内田上引书,页 75。
⑥ 《后汉书》卷 119《匈奴列传》。

列出近二十个种类,说他们"以部落为类","皆有部落,不相杂错"①。

这就是说,在每一个这样的大部当中,统治的氏族并没有将隶属于它的诸部拆散后重新加以编组,而是仍然保留着其领属民的比较原始的氏族血缘外壳。西汉神爵年间,日逐王率小王将十二人、口万二千降汉。元朔五年汉军破右贤王王庭,掳其所统领的各部族君长十余人、男女万五千口。由此可大体窥见分封制之下诸部"不相杂错"的统治秩序②。

从匈奴那儿接受十进位编制的乌丸人,当时还刚刚越出部落大人"无世业相继",诸邑落"各自畜牧营产、不相徭役"的阶段③。十进位编制在乌丸部落社会中的功能,亦应大致与匈奴社会相类似。

如上所述,在社会组织还大部分保留着氏族部落血缘外壳的游牧人中间,十进位军事编制,只是他们为应付"急则人习战攻以侵伐"的需要,以原有氏族部落为单位,按"士力能毋弓,尽为甲骑"的原则编组和调度军队时的一种组织形式。根据摩尔根的研究,阿兹特克人的军事组织,也是以其社会分划为基础,即按氏族、胞族来编制的。他写道:"阿兹特克人和特拉斯卡拉人是按胞族参加战斗的,每一支队伍都有自己的指挥官,服装旗帜各有区别。"④由此可知,在世界其他民族的早期社会里,同样存在过与氏族外壳并存、相对于后者处于补充和附属地位的军事性质的编制。

汉文史料提到过蒙古克烈部中的百户组织⑤,但由于记载太过简

---

① 《晋书》卷 97《北狄传》。
② 见内田上引书,页 38。
③ 《后汉书》卷 120《乌桓传》。
④ 摩尔根:《古代社会》,杨东莼等译,北京:商务印书馆,1981 年,页 199、115。
⑤ 克烈部人也先不花曾祖,早年"以百夫长事王可汗"。见姚燧:《答失蛮神道碑》,《牧庵集》卷 13。也先不花传见《元史》卷 134。

略,不克详考。关于 12 世纪末叶以后蒙古部落中的千户百户,史料略微充分一点。忽图拉的儿子阿勒坦,亦称按弹折温。伯希和将"折温"的称号,与雪干部的速客该者温(sükegei je'ün)、亦勒都儿斤部的阿儿孩者温(harqaī jīūn)两人的称号相比拟,认为都是蒙文 je'ün 的音译,意为左翼①。看来此处的"折温"很难与蒙文 ja'un(译言百,百户)一词相联系。但是,至少阿勒坦的兄长拙赤手下,当时是有千户的军事编制的。拉施都丁告诉我们,忽图拉汗的长子拙赤,"曾带若干自己的千人队(hazārah)同成吉思汗联合,被编入他的军队"②。

著名的十三翼之战时,拙赤所部在帖木真的阵营中自成一翼。在叙述十三翼之战时,拉施都丁又一次提到,站在帖木真一边的各部聚集起来之后,"遂按万人队、千人队、百人队和十人队来确定他们的人数(shumārah īshān bi-tūmān wa hazārah wa ṣadah wa dahah mu'yyan gardānīd)",组编为十三个古列延(圈子)③。这些"千人队""百人队"等,似乎依然是以部落为基础来统计和调配兵力时的一种辅助性制度设置。

上述记载表明,在 12 世纪末叶的蒙古人中间,附属于氏族部落结构的十进位编制之特殊军事功能,与匈奴、乌丸、柔然时代相比,似乎还很少质的差别。没有理由认为,它必得晚至 12 世纪末才出现于

---

① 见《圣武亲征录》;《元朝秘史》第 120 节;拉施特:《史集》第 1 卷第 1 分册,余大钧、周建奇据俄译本汉译,北京:商务印书馆,1983 年,页 286。并参见 P.伯希和及 L.韩伯诗:《圣武亲征录译注》卷 1,莱顿,1951 年,页 129。
② 《史集》第 1 卷第 2 分册,余大钧等汉译本,页 41。
③ 拉施特:《史集》,巴赫曼·卡里弥博士刊本(Bahman Karīmī, Jāmī' al-Tawārīkh, Tahran, 1338[1959 年]),页 243。汉译本此处译作"按万、千、百人点数",兹据以复按波斯文原文,改译如是。蒙古时代的波斯文史料有区别地用 hazār 和 hazārah 两个词来翻译蒙语 minqan 的"一千"和"千户"这两个意思。同样地,它也分别用 ṣad、dah 和 ṣadah、dahah 两套词汇来翻译蒙文的 ja'un(百、百户)和 harban(十、十户)。

蒙古社会。不过是史料的缺乏限制了我们更往前去追寻它的踪迹而已。

这种情况,到 13 世纪初叶,发生了十分值得重视的变化。

癸亥、甲子年间的千户百户建制

癸亥、甲子年(1203、1204 年)之际,帖木真在大举进攻乃蛮前夕,对他统领下的蒙古部众进行了一次整编,"数目的行共数着,千那里千做着,千的官人,百的官人,十的官人那里委付了"①。与组编千户百户同时,他还"宣布号令","订立了完善和严峻的法令",委派扯儿必(cherbi)官人,建立了一千五百余人组成的亲卫军。从这些措置来看,拉施都丁说帖木真在此时登临汗位,并不是无根之谈;虽然建号"成吉思汗"一事,并不发生在帖木真这次称汗之时②。然而,当时人对这个事件的印象,很可能被随即发生的克服强敌乃蛮的生死搏斗和辉煌战绩大大地冲淡了,以致东西史料对此大都载之过简,语焉不详。事实上,这绝不可能仅仅是一次寻常的战前动员或纯军事部署。上述诸项创制,为 1206 年蒙古国家的正式确立,预先树立起一个基本的构架。

那么,就千户百户制度而言,癸亥甲子间的建置,是否已经蕴含着 1206 年定制的主要特征,从而相对于游牧社会中在此以前的十进位军事编制显示出阶段性的区别呢?

由于史料的限制,我们无法直截了当地回答这个问题,而只能通过零碎和片段的记载来导出我们的推断。

就在乃蛮太阳汗部败亡的那年冬天,过去曾受其控制的篾儿乞

---

① 《元朝秘史》第 191 节旁译。
② 《史集》汉译本,第 1 卷第 2 分册,页 185、345;《元朝秘史》第 191 节。

部的分支兀洼思蔑儿乞人向帖木真献女求和。《圣武亲征录》称,帖木真"为彼力弱,散置军中"。从《史集》比较详细的记载中可以知道:所谓力弱,是指他们缺少战骑头匹,无力从征出战;所谓散置军中,就是将他们划分为百户(bar ṣadaha bakhsh kardand),委派长官,分置于蒙古奥鲁中间①。对这批一时不用以投入战争的归降部众,亦按千户百户组编,似乎意味着,在这个阶段,千户百户制正在取代氏族部落外壳的诸种功能,而向着蒙古草原上的基本社会组织形式转变。

癸亥甲子间所建千户、百户的首领们,大都在1206年建国时重新获得确认,并且往往以较后那一次任命传诸史文,遂使其建国前的事迹反而淹没不详了。不过,终究还能找到若干迹象,使我们得以探究前后两次千户百户建置之间的历史延续性。

迹象之一,与后来的伐宋统帅伯颜的祖先有关。据元明善《丞相淮安忠武王碑》②,伯颜曾祖父术律哥图,"以其兵从太祖讨定诸部,尝为千夫长",后来又以子阿剌(即伯颜祖父)"嗣官"。核以《元朝秘史》第202节,建国时所授千户那颜中,只有阿剌黑(Alaq,阿剌为其异译)而无术律哥图。是知巴邻部的这个千户,当成立于癸亥、甲子年间,以术律哥图为那颜;到1206年,则由前者的儿子阿剌黑继任千户长。

另一例子,是蒙古早期的名将速不台。他"初以质子入侍,继为百夫长"③,而在1206年建国时,又出任千户长④。可见他由质子出

---

① 《史集》汉译本,第1卷第2分册,页206。
② 《国朝文类》卷24。
③ 王恽:《兀良氏先庙碑铭》,《秋涧集》卷50。
④ 《元朝秘史》第202节。

领百户,当是癸亥、甲子年间事。

速不台的兄长忽鲁浑拔都,曾以"哈必赤百户事太祖皇帝"。"中原既定,方论功行封,不及禄而卒。"①忽鲁浑何时授百户长,无以确考。《元史》编者据黄溍、王恽所撰碑文写成的速不台、雪不台两传,把它置于 1202 年阔亦坛之战以前,不知道有什么可靠的根据。他们将速不台之"继为百夫长"理解为继袭忽鲁浑的禄位,则肯定是一种误会。在近来研究中,仍有学者照引本传史文,并把"中原既定"解释为成吉思汗之统一漠北诸部。于是,忽鲁浑之死以及速不台之"继为百夫长",都被系于 1206 年或稍前。据此,他们进而怀疑《元朝秘史》关于速不台在 1206 年受封为千户那颜的记载失实。

其实,"继为"之"继",在这里不一定有承袭的意思。按黄溍碑文,忽鲁浑子哈丹,哈丹子也速带儿,后者生于 1254 年。如果忽鲁浑果真死于 1205 或 1206 年,那么其子哈丹的出生,至迟不得晚于次年。如是,则也速带儿出生时,他父亲哈丹的年龄必得在四十八岁以上,这当然不是绝对不可能的事情。但是如果把"中原既定,方论功行封"像通常那样理解为窝阔台灭金后的著名的丙申分封,则一切勉强之处,便都怡然冰释了。丙申年受封的"左手九千户"中,有"合丹大息千户"②。大息应即太师的异译。者勒篾后人中拥有太师称号的不止一人。所以,这个"合丹大息"很可能就是忽鲁浑之子哈丹。是则忽鲁浑死后,确有人承袭了他的爵禄。不过这个人并不是当时早已威震东西的速不台,而是忽鲁浑自己的儿子哈丹;这件事也不是发生在 1206 年,而是在此后大约三十年。

再一个例子是不鲁罕罕札。《元史》卷 135《忽林失传》:"曾祖不

---

① 黄溍:《也速䚟儿神道碑》,《黄金华集》卷 24。
② 《元史》卷 95《食货志》三。

鲁罕罕札,事太祖,从平诸国,充八鲁剌思千户,以其军与太赤温等战,重伤坠马。帝亲勒兵救之,以功升万户。"按:纳忽昆山之战击败乃蛮后,"札木合一同住来的每札答兰、合塔斤、撒勒只兀惕、朵儿边、泰亦赤兀惕、翁吉剌惕等那里也投入了"①。《忽林失传》文中所谓"与太赤温等战",应指是役而言。不鲁罕因功升任万户一事,无疑还要在以后。而他初授八鲁剌思千户,无论如何总是在最后平服泰赤兀部的纳忽昆山战役之前。因而此事不可能晚至1206年,亦当为癸亥甲子年间事。

到这里为止,我们的讨论到底说明了什么呢?我想有两点基本上可以确认。首先,大漠南北草原游牧社会中的十进位军事编制的传统,同早期蒙古社会的千人队、百人队组织之间,并且通过后者又与大蒙古国的千户百户编制之间,存在着某种程度的历史联系。其次,癸亥、甲子年间的建置,又是传统的十进位军事编制就它的内涵和它的功能而言发生重大变化的真正转折点。

蒙古千户百户与金制的关系

这是一个颇为困难的问题,女真人确实在蒙古之前,就已成功地把原来附属于氏族部落外壳的"行军"建制即猛安谋克制,发展成为用以取代前者的全新社会组织,女真语猛安(mingqan)与蒙语明安同源,译言千;谋克,《三朝北盟会编》作"毛毛可",女真语为moumugo,译言"百人长"②。

女真人的社会经济和活动地域,同蒙古草原诸民族不无差异。

---

① 《元朝秘史》第196节旁译。
② 徐梦莘:《三朝北盟会编》,"政宣"上,卷3;金启琮:《女真文辞典》,北京:文物出版社,1984年,页35、106等。

但它并不妨碍猛安谋克制度的影响,可能随着女真人的统治进入漠北,被扩展到大漠南北诸族的人群中间。南宋初年人范仲熊被金军北掳,途中向人探听彼方虚实。"其番人答言:'此中随国相来者,有达靼家,有奚家,有黑水家,有小博啰家,有契丹家,有党项家,有黠戛斯家,有大石家,有回鹘家,有室韦家,有汉儿家,共不见得数目。'"①这里所提到的随粘罕南侵的北方部族军队,应该是被金人全数编入了猛安谋克序列之中的。

金代边地的部族首领,颇多以"忽里"见称者。如克烈部的忽勒巴里忽里、主儿乞部的泰出忽里、汪古部的阿剌忽思别吉忽里等。帖木真助金攻塔塔儿部有功,被金封为札兀惕忽里。屠寄提出札兀惕即蒙语数词百的复数形式 ja'ut 的转写,札兀惕忽里译言百夫长②。伯希和评论说:"我还是认为屠寄基本上是正确的";"我相信,其在辞源学上的正确性有相当的把握"③。但他在另一处又说:"总而言之,我的看法,ja'ut quri 译言百夫长,这是可能的,不过也不是确定无疑。"④忽里一词,据伯希和的看法,不是女真语,而可能是契丹语词。札兀惕忽里的官号,与猛安谋克制度似无直接联系。而且我们已经看到,在早于金朝封帖木真为"诸百户统领"官号前的十三翼之战里,蒙古已经有千户万户的军事编制了。很难看得出金朝颁赐给帖木真的札兀惕忽里官号,对大蒙古国千户百户制度有什么影响。

漠南汉地的情况与漠北有所不同。蒙古征服早期,汉地出现了许多归属于蒙古帅府的万户、千户、百户。直到窝阔台汗调整汉地军

---

① 《三朝北盟会编》"靖康"中,卷74引范仲熊《北记》。参见三上次男:《金代女真研究》,金启孮译,哈尔滨:黑龙江人民出版社,1984年,页134。
② 屠寄:《蒙兀儿史记》(结一宧本)卷2。
③ 伯希和:《马可·波罗札记》,巴黎,1959年,页294、295。
④ 伯希和等:《圣武亲征录译注》,页206。

制之前，这主要是蒙古对于降附他们的汉地世侯、金朝官员将领等沿用金朝官号以自誉的现象一律予以承认的结果。可以认为，这是对金朝猛安谋克制度的沿袭。蒙古本部的千户百户进入中原内地以后，专以军户立籍，军需部分自筹。这也可以认为是受到了猛安谋克制度的影响。但是，对于猛安谋克制度在蒙古千户百户制起源问题上的影响和作用，或许不应当作太高的估计。

二　关于千户序列的研究

关于1206年的千户百户，我们拥有较丰富的史料。所以，本小节将以对1206年千户百户组织的研究为基础上溯下推，从而阐明成吉思汗时代千户百户建置的确立和调整过程。在这个过程中，先后形成过三个千户百户序列，即癸亥甲子年间的六十五千户、1206年的九十五千户，以及定型于西征前的千户序列。据《史集》事后追忆计点，后者凡一百二十九千户。

1206年的千户数目

在着手分析1206年的千户百户组织时，首先要碰到一个最基本的史实问题，即当时究竟划分了多少千户。

《元史》卷120《术赤台传》称："朔方既定，举六十五人为千夫长。"《元朝秘史》第202节则在开列了很长一串千户那颜的名单后说，除林木中百姓，"达达百姓的千户的官人每，太祖皇帝的提名来的九十五千的官人每做了"。《秘史》开列的名单，按正确的读法，共有八十八人。其中阿勒赤驸马、孛秃驸马及阿剌忽思的吉忽里驸马分别辖有翁吉剌三千户、亦乞列思二千户、雍古惕五千户，以组编之千户计之,适足九十五之数。

对《秘史》开列的八十八千户那颜的名单,学者们已经进行过相当多的研究,名单中既包括若干1206年时业已去世的人物,还有一些实际上是部名而不是人名,此外也可能有漏载、重复以及其他情况发生。体现在这份名单中的苦心拼凑的特点,殊为明显。但问题偏偏在于,《秘史》作者为什么要这样勉强地进行拼凑呢?

合理的解释应该是,这是为了替九十五千户这个既定数目凑足它们的"官人每"。《秘史》成书,距离成吉思汗立国已有数十年之久。草创之初,史事多失于记载。所以,当时将全体蒙古部众总共编为九十五个千户一事,虽然始终在蒙古人记忆里保持着鲜明的印象,但是在细节上,例如关于当日封授的千户那颜的具体人选等,或已难于毫无遗漏地凿凿确指。因此,八十八千户那颜名单有失实之处,这件事并不能证明九十五千户之说不能成立。

《秘史》第202节所载1206年建立的千户,目前可予确认的,虽不足九十五个,但是无论如何已经超过了六十五之数。其中能与《史集》"万夫长,千夫长与成吉思汗的军队简述"专节(见该书"成吉思汗传"后)互相引证的,共四十一人、五十四千户。兹制表如下:

千户那颜		千户数	备注
右翼	孛斡儿出	1	
	博尔忽勒	1	
	者台	1	
	轻吉牙歹	1	
	脱栾扯儿必	1	

续　表

千户那颜		千户数	备　注
右翼	速亦客秃	1	
	巴刺	1	这个巴刺是札刺亦儿部人
	锁尔罕失刺	1	
	失吉忽秃忽	1	
	脱卜撒合	1	《史集》俄、汉译本均作"都亦速合"。据俄译本校勘记,其异写有 dūpsūqa,当从之
	豁儿赤	3	《史集》谓其有一万部属。据秘史,其中巴邻部众实为三个千户
	不鲁罕	1	
	斡刺儿驸马	1	《史集》举其子泰出驸马为千户那颜。参见《史集》汉译本,第一卷第一分册,页268。《元史》卷109《诸公主表》"延安公主位"后之"□□公主位",当即其位下,见村上正二:《蒙古秘史日文译注》卷2,东京:平凡社,1976年,页388
	合兀兰	1	《史集》《圣武亲征录》录其全名,作木忽儿好兰。蒙语 muqur 译言钝、愚钝;好兰(qauran<qa'uran),波斯文献中作 qūran,是为 qa'urai>qōrai 的变体。见村上正二上引书,页384;伯希和等《圣武亲征录译注》,页57
	合答安	1	该人族属,《元朝秘史》与《史集》所记有歧。但他和他的千户之存在,当为事实

续表

	千户那颜	千户数	备注
右翼	蒙力克	1	
	阿剌忽思·的吉·忽里	4	秘史谓其有五千户，《史集》作四千户
	苟吉、蔑格秃	1	据《史集》，两人共管一个千户
左翼	木华黎	3	其属下千户数据《史集》
	者勒篾	1	《史集》举其子也速不花为千户那颜
	怯台、不只儿	4	《史集》谓二人共管兀鲁部四千人。据秘史，兀鲁四个千户均归术赤台节制，怯台、不只儿仅为其下属千户。不只儿，《史集》俄、汉译本均作不臣，据俄译本所引异写，可校读为不只儿
	孛秃	2	《史集》俄、汉译本均谓孛秃属下之亦乞列思部共九千人。九乃三之误，说详下。秘史则谓其有两千户
	阿勒赤驸马、合歹驸马	3 1	《史集》谓阿勒赤、合歹等人属下翁吉剌部众共五千人。此据《元朝秘史》
	乃牙阿、阿剌黑	3	《史集》谓乃牙阿共管三千巴阿邻部众。据《元朝秘史》，其下属千户中应有阿剌黑，另一人不详
	汪古儿	1	
	速不台	1	
	赤古驸马	1	据《史集》，他有四个千户。此据《元朝秘史》

续　表

千户那颜		千户数	备　注
左翼	忽都思	1	据《元朝秘史》,其为巴鲁剌思人。贝勒津《史集》旧译本说同。据新译本,其为巴邻部人,恐不确。见村上正二上引书,页 374
	忙兀	1	
术赤属下	蒙古兀儿	1	
察合台属下	合剌察儿	1	
窝阔台属下	亦鲁该 答亦儿	1 1	
合赤温属下	察兀儿孩	2	者勒篾之弟。《圣武亲征录》作抄儿寒。《史集》谓合赤温属下有佚名兀良哈异密,即是人
斡赤斤属下	阔阔出	1	据《元朝秘史》第 119 节,此人出于别速惕部。《史集》谓斡赤斤管下有一千别速惕人,即应以其为异密
阔列坚属下	忽必来	1	《史集》举其子脱斡里勒为千户那颜
	察合安豁阿	1	
小计		41	54	

此外,八十八千户那颜的名单当中可以确认的,还应包括以下诸人:

古出古儿和迭该。《元朝秘史》有专节分别叙述他们各自的千户组成。古出古儿授千户事,并见《史集》"部族志"①。

---

① 《史集》汉译本,第 1 卷第 1 分册,页 321。

巴歹和乞失里黑。二人至少共管一个千户。乞失里黑后人哈剌哈孙传文可以证之①。

失鲁孩。学者们很早就一致认为，他就是照兀烈台部将麦里的祖父雪里坚。他"从太祖与王罕战，同饮班真河水，以功授千户"②。

不合驸马。巴牙兀惕部人，拉施都丁在《史集》"部族志"中说他为左翼千户长③，但在军队节中，这个名字未见著录。

八剌斡罗纳儿台。即斡罗纳儿氏人巴剌，标明其所出部族，以与札剌亦儿部的巴剌扯儿必相区别。《元统元年进士录》载濮州蒙古军户斡罗台氏买闾，曾祖为八郎千户。八郎者，八剌斡罗纳儿台之异译④。

哲别。与者勒篾、忽必来、速不台同为成吉思汗手下攻无不克的"四狗"，不可能不与其他三人同封千户那颜。

者卜客，孔温窟哇之弟。孔温窟哇把自己的儿子木华黎等送到帖木真跟前的同时，也将者卜客送到合撒儿跟前。所以后来者卜客仍被分给了合撒儿，在他手下做千户那颜。

者卜客既为合撒儿的千户那颜，他就不可能属于被同时列入一百二十九千户序列中的木华黎所统札剌亦儿三个千户之内。所以此处不存在重复计算问题。者卜客的情况，与孔温窟哇另一个弟弟赤剌温恺赤之子秃格有所不同。秃格的儿子不吉歹与者勒篾之子也孙帖额共同管理怯薛中的四百名豁儿赤（qorchi）⑤，是则秃格本人出长

---

① 见《元史》卷 136《哈剌哈孙传》。
② 《元史》卷 132《麦里传》。
③ 《史集》汉译本，第 1 卷第 1 分册，页 288。
④ 村上正二：《蒙古秘史日文译注》卷 2，页 370—371。
⑤ 《元朝秘史》第 225 节。秃格一名在《秘史》第 137 节中写作统格。伯希和认为，统格（Töngge）的写法未必正确。很可能它是 Tönge 这个形式的错误传写，而 Tönge 本身亦为书写 Töge（秃格）时多植一个字牙，衍为字母-n 所致。见《圣武亲征录译注》，页 367。

一个千户无可怀疑。但是我们不知道他是否属于木华黎管领下的那三个千户之一。为避免重复,故不予计入。

塔海。据《元史》卷129《阿塔海传》:"阿塔海,逊都思人。祖塔海拔都儿,骁勇善战,尝从太祖同饮黑河水,以功为千户。"这个塔海,《元朝秘史》第120节作塔乞。当时和他一起投奔帖木真的,还有他的哥哥赤勒古勒。《史集》"部族志"写作 Dāqī bahadūr,《圣武亲征录》作塔降吉拔都(按:"降"为衍字)。拉施都丁说他是轻吉牙惕部人。伯希和认为当从《秘史》①。

忽难。后来分配给术赤的千户那颜。《史集》俄、汉译本均采取 qūtan 的读法。然据诸种波斯文本异写,有 qūyan、qū?an 等写法②,校以《秘史》,当读为 qūnan。《秘史》说他是格泥格思氏(Geniges),但《史集》说他是轻吉惕部(Kīnkīt)人。村上正二以为轻吉惕系格泥格思一名的讹误③。设若果然如此,问题就比较简单了,不过轻吉惕与另一个部族名轻吉牙惕(qing-qiyāt,伯希和读作 qongqiyāt),在波斯文献中虽然分辨得比较清楚,在蒙古语文献中却很难区别。《秘史》第120节有斡勒忽讷兀氏人轻吉牙歹(Olqunu'ua-un Kinggiyadai),《黄金史》作 Kinggedei 或 Kinggidei④。在这里,Kīnkīt～Kinggid 似乎又很像是轻吉牙惕的另一种写法。东西史料关于忽难族属的分歧,看来尚难弥合。但是忽难其人和他的千户之属于1206年编制,这一点至少已经不是孤证了。

亦多合歹,或亦多忽歹(Iduqadai～Iduqudai)。分配给察合台的

---

① 《圣武亲征录译注》,页127。
② 见《史集》第1卷第1分册,波斯文集校本,莫斯科,1965年,页429。
③ 村上正二:《蒙古秘史日文译注》卷1,页248、58。
④ 札奇斯钦:《蒙古秘史新译并注释》,台北:联经出版事业公司,1979年,页139。参见 L.李盖提:《采入黄金史中的畏兀儿字蒙古秘史原文》,布达佩斯,1974年,页78。

千户那颜。拉施都丁叙述成吉思汗军队时,在察合台名下只著录了两名千户那颜的姓名,另外两人缺载。但在《史集》"部族志"里,他明确提到札剌亦儿部的拙赤答儿马剌次子忽秃黑答儿(Qūtūqdar),说他的儿子们"在察合台后裔左右"①。亦多忽歹系由突厥语 iduq-qut 加蒙古语后缀-tai 构成。iduq 译言"神圣的",qut 译言"神恩""幸福"。iduq-qut 意谓神意赐予的幸福。在中世纪,它曾被一些突厥语族部落首领用作自己的称号,意为神圣武威君王,以致 qut 一词又被赋予君主的意思。然而除了作为专称使用,iduq-qut 这个词的更一般意义并没有消失②。亦多忽歹作为突厥-蒙古语合成词,即意为神圣幸福的人。而神圣、幸福一词,蒙古语作 qutuq,加后缀-dar,构成为 qutuqdar,意为大福荫里的人。可见亦多忽歹与忽秃黑答儿,其实是同一个人的名字,不过采取了突厥-蒙古语合成词和蒙古语词两种不同的形式而已。因此,1206 年封授的千户那颜中有亦多忽歹,可以由拉施都丁关于札剌亦儿氏人忽秃黑答儿的记载得到印证。

八十八千户那颜的名单中,还有一个人叫统灰歹。村上已经指出,这个统灰歹(Tong Quidai)的名字,不外是出自克烈分部 Olon Dongqayid(斡栾董合亦惕)之部人的意思③。伯希和赞同贝勒津的看法,认为这个部名可能出自蒙古语 tongho,译言树林,董合亦惕部即林木中的克烈人④。在帖木真与王罕决战时,董合亦惕部是克烈方面

---

① 《史集》汉译本,第 1 卷第 1 分册,页 150—151。这个人名,俄、汉译本均读作 qūtūqdur(忽秃黑都儿)。
② G.克劳逊:《13 世纪前的突厥语辞源学辞典》,页 46、594;德福:《新波斯语中的突厥蒙古语成分》卷 4,页 230—232。
③ 村上正二:《蒙古秘史日文译注》卷 2,页 385。在《圣武亲征录》中,这个部名写作董哀。
④ 《圣武亲征录译注》,页 228。

的作战主力之一。不过有一部分离散的董合亦惕部众,很早就归附了帖木真。拉施都丁说,他们后来在本部族的辉都(quīdū)统领下,组成为一个千户①。据《元史》卷124《速哥传》,克烈部人速哥,"父怀都,事太祖,尝从饮班术尼河水"。这个怀都,应即克烈董合亦惕分部的辉都②,也就是《秘史》八十八那颜名单中的统灰歹。

在这个名单里,最后还应加上一个《秘史》第202节未曾著录的名字,即拉施都丁的一百二十九千户表中左翼军札剌亦儿台也速儿千户。这个人,无疑就是《元史》卷95《食货志》"岁赐"条所记"左手九千户"中的也速兀儿千户。丙申年分封时,他与也速不花(兀良哈惕部)等人受同等待遇,应当也是在建国时与也速不花父亲者勒篾同时受封为千户那颜的。

根据以上讨论,1206年千户编制中,我们今天尚能确认的至少有五十五那颜、六十七千户。当然,这不可能恰恰就是当年组编的全部千户。只不过因为史文残缺,无法对之做更多的追究了。但是,现有的研究本身已经可以表明,1206年的序列,显然不止六十五千户,所以只能是九十五千户。

关于本田实信的"排除法"

关于九十五千户的问题,本田实信教授在1950年代初发表过一篇极有分量的论文,至今仍是从事有关研究课题的基本参考文献③。本田力图采用排除法,从《史集》的一百二十九千户表的信息中,去追

---

① 《史集》汉译本,第1卷第1分册,页220。
② 此项认识,承陈得芝老师提示。
③ 《成吉思汗的千户——〈元朝秘史〉与拉施特〈史集〉的比较》,《史学杂志》第62编第8号(1953年)。此用潘世宪汉译文。

溯 1206 年的千户序列。据此，斡亦剌四千户、"火朱勒部"三千户、吾也儿及耶律秃花所统各十个千户，总共二十七个千户，明显成立于建国之后，应予排除。此外，本田又排除了其他七个千户，剩下的正好是九十五千户。本田以为，此种一致，应非偶然。他因而倾向于将使用"排除法"所获得的剩余九十五千户视为完整无缺的 1206 年序列。

事实上，即使采用排除法，也无须指望可能获得 1206 年封授千户的全部名单。拉施都丁根据多年后追忆所记述的这个序列的千户总数乃至各千户那颜人选等信息，其本身是否确凿无误，已十分令人怀疑。而在这一百二十九千户当中，究竟有哪些千户应予排除，除较易判定的那一部分之外，还有一些也言人人殊，难以定论。再者，我们还必须将排除结果与秘史八十八千户那颜进行比较，对它们之间的所有异同之处都作出言之有理的解释或取舍；而这一点因为受材料限制，今天也已经无法完全做到。尽管如此，采用排除方法，依然能使我们大体相信，所谓九十五千户，确实反映了 1206 年千户序列的基本面貌。只是除了上述二十七个千户以外，被本田排除在外的其他千户，似乎还值得重新加以斟酌。

例如由成吉思汗四大斡耳朵的全部侍臣及隶属于诸斡耳朵的人们所组成的"直属千户"，曾以唐兀部人不劣为千户那颜。本田误以为此人就是怯薛中客卜帖兀勒（kebte'ül，秘史旁译宿卫）千人队长也客捏兀邻，所以将该千户当作怯薛的一部分而排除出九十五千户。但是，如果这个直属千户确实就是客卜帖兀勒千人队，那么它非但不应列入九十五千户，而且也同样不应列入一百二十九千户。因为全部怯薛本来就都未经编入千户百户序列中，可见即使不考虑该千户那颜的人名勘同问题，这个直属千户不是客卜帖兀勒千人队，仍然是很清楚的。不劣的前任，是他的同族人察罕。据《元史》卷 120《察罕传》,他是因为在最初的对金战事中立有战功,所以被委任为直属千户的那颜的。不过这并不意味着察罕接任之前,这个直属千户就不存在。

被排除的另一名千户那颜是雪你惕部人帖木迭儿。此人未见于《元朝秘史》八十八那颜名单。排除他的理由,是因为拉施都丁说他是成吉思汗的带箭筒卫士(qorchi,豁儿赤)。照本田看法,怯薛万人队的指挥官们建国之初均不兼领在外千户(窝阔台时有所变化)。即使我们接受上述看法,仍无充足理由排除帖木迭儿。因为他在成吉思汗时代,并不是怯薛的指挥官,而只是一般怯薛歹。事实上,建国时任怯薛外千户的那颜同时又入值宿卫者,《秘史》和其他文献皆有例证可寻。巴牙兀惕的汪古儿投附帖木真后长期担任宝儿赤(bawurchi),建国时委为千户那颜,同时仍旧负责"于人多处散茶饭","坐位坐时,大酒局的右、左边吃食知料着"①。八鲁剌思人不鲁罕,同样是既当千户那颜,又"俾直宿卫"的②。

另外几名,如斡歌列、阿儿孩合撒儿、也孙帖额、朵豁勒忽等人,都是成吉思汗怯薛万人队中的指挥官。那么他们是否就未再兼任千户那颜呢?《秘史》屡屡提及蒙古国初期这些显赫人物,却没有将他们列入八十八千户那颜的名单里,或即此一见解的依据所在。这样的观察殊为细致入微,但似乎还不能说是确定无疑的。《秘史》的千户那颜名单,不实之处颇多,所以需要我们搜求其他材料与之对勘,征取旁证,以决其是非。仅据《秘史》名单本身立论,未必十分稳妥。再说,尽管我们主要只能通过辨认某人是否 1206 年封授的千户那

---

① 《元朝秘史》第 213 节旁译和总译。关于漠北的"酒局",见韩师儒林:《元代漠北酒局与大都酒海》,载《穹庐集》,上海:上海人民出版社,1982 年。
② 《元史》卷 135《忽林失传》。

颜,来确认该千户是否属于1206年序列,但若要利用它的反命题来作论证,则须格外谨慎。即便证实某人不是建国初封授的千户那颜,仍不能说明后来领属于他的那个千户,在此之前必定就不存在。上面提到察罕和成吉思汗直属千户的情况,即为一例。

所以,一百二十九千户当中不属于1206年序列者,或许并不能包括斡歌列、阿儿孩合撒儿等人的千户,而应是另外的一些千户。

在这里,被《史集》记录为辖有十个千户的豁儿赤万户之构成,尤其值得我们注意。

《秘史》第207节记成吉思汗的命令:"豁儿赤三千巴阿邻的上,塔该、阿失黑两个一同,阿答儿斤的、赤那思、脱斡劣思、帖良古惕共做万满着,豁儿赤管着。"豁儿赤所管,虽然"共做万满着",但其中真正的巴阿邻部众,却只有三个千户。除豁儿赤本人外,其他那两名千户那颜,应当就是《秘史》第120节提到的与他一起投附帖木真的阔阔搠思和兀孙老人(兀孙额不干)。前者已见于《秘史》八十八那颜名单。至于兀孙老人,曾有学者认为,这个人名在《秘史》第120节中应与它上面的豁儿赤连读,作"豁儿赤兀孙额不干"。是则兀孙与豁儿赤实即一人。但是王国维指出,成吉思汗立国时对豁儿赤和兀孙老人的赏谕,明明白白分为二条记述,"名位各异,断不能视为一人"。《秘史》八十八那颜名单中有许孙,王国维认为,它就是兀孙的异写,是说可从①。

根据《秘史》第207节的描写,豁儿赤实际上是受命带领三千巴阿邻部众,去镇抚阿尔泰山以外的也儿的石河流域的。但是,这些地区,至少是在建置九十五千户之时,还处于乃蛮不亦鲁黑汗控制下。

---

① 王国维:《观堂集林》卷16《史林八·蒙古札记》。

豁儿赤的出守,最早也应在蒙古于1208年清除不黑都儿麻河流域的乃蛮残部以后。所以,分布在术赤属地之南的帖良古惕、脱额列思等部,被置于豁儿赤节制之下,并与巴阿邻三千户"共做万满着",并不是1206年的事情。又按《秘史》第209、223节的体例,受命与为首那颜共同管领千户的人,自己往往并不另领千户。辅佐豁儿赤的塔该、阿失黑,当时是否也有自己的千户,无从确考。

上述讨论似可说明,豁儿赤的十个千户内,确切知道应属于1206年序列的,只有三个千户,或者最多也只有五个千户。应当进一步从1206年序列中排除的,似乎更可能是豁儿赤属下的五至七个千户,而不是斡歌列、阿儿孩合撒儿诸千户。

现在可以回到建国时组编千户的数目问题上来了。在拉施都丁著录的一百二十九千户里,减去毫无疑问的那二十七个千户,再减去本田建议的那四五个千户,或者是我所建议的那五至七个千户,其结果都很接近九十五的数目。排除法同样证实,九十五千户之说,要优于六十五千户之说。

六十五千户序列考述

那么,《元史·术赤台传》之"六十五",是不是"九十五"的误写呢?

《元史》卷126《安童传》说传主终年四十九岁,校勘者疑九字乃系六字之误①。蒙文九十五作"也连塔奔"(yeren tabun),六十五则作只阑塔奔(jirin tabun)②,二者书写时形体略似,似乎也存在蒙文史料传写致误终而流为歧说的可能性。总而言之,要怀疑《元史·术赤台

---

① 见《元史》卷126,"校勘记"2。
② 《华夷译语》上,"数目门"。

草原蒙古国的千户百户制度

传》中"六十五"为"九十五"的讹误,并不是完全没有理由的。

但是,史文传写和刊刻致误的问题,在缺乏版本方面充分依据的情况下,颇难确切认定。故此,人们对所谓"理校",往往采取慎而又慎的小心态度。那么,对九十五千户或六十五千户的问题,是否也可能寻找到某种更为稳妥的解释,而不必再简单地将它们看作绝对互相排斥的说法呢?本田实信就提出,六十五千户之说未必全无根据。它很可能是指的节制若干下级千户的上级千户;与此同时,九十五千户则指上级千户和下级千户的总数。尽管很难充分地说明,在大部分千户中区别上级千户和下级千户的究竟是一种什么标准,但此一见解本身,却给人以很深、很有益的启发。我们也许可以认为:六十五千户,应即癸亥、甲子年间编成的千户数目;而1206年的九十五千户,则是将两年前的六十五千户进一步加以分划扩充的结果。

为此还需要将《元史·术赤台传》的有关史文仔细推敲一下。它说:"朔方既定,举六十五人为千夫长,兀鲁兀台之孙曰术赤台,其一也。……赐嫔御亦八哈别吉、引者思百,俾统兀鲁兀四千人,世世无替。"

上面这段话,固然可以理解为完全是在说1206年的事情。但是,蒙古国史事,率多出于元人日后追记。它对于建国以前史迹,语多疏略。后出文献把帖木真灭克烈部之后的封赏和1206年的封赏糅为一事来记载,这样的例子确实是存在的。兹举刘敏中关于乞失里黑的事迹为证。

刘敏中说,巴歹等"遇太祖皇帝于龙飞见跃之际,知[王]可汗将袭之,趣告帝为备。果至。我兵纵击,大破之,寻并其众。以攻(按:此字当为功之讹)擢千户,锡号答剌罕。时官制惟左右万户,以次千户,非勋戚不与。答剌罕译言一国之长。帝谓侍臣:'彼家不识天意,故来相害。是人告我,殆天所使我。'许为自在答剌罕矣。因赐御帐、什器,及宴饮乐节如亲王仪"①。帖木真把王罕的"金撒帐,并铺陈、金器皿"赏赐给巴歹和乞失里黑两人,在灭克烈以后;而对他们赐号答剌罕,许其自在快乐,则在1206年②。两件事情,在刘敏中碑文中被合并叙述。

术赤台之封授千户那颜,亦应当是灭克烈以后的事。而建国之后对他进一步予以奖赏,才是帖木真把自己的妃子赐给他,并委以节制兀鲁部四千户之重任③。《元史》本传把术赤台在癸亥、甲子年间始封千户同"朔方既定"后又一次论功行赏糅合在一起叙述,遂使人误将癸亥甲子间的六十五千户当作了"朔方既定"后的编制。此种解释,似乎是很可以成立的。

这样,我们又可以说,大蒙古国的千户百户序列,前后经过两次较大的发展变化。先是从六十五千户扩编为九十五千户,后来又形成见于拉施都丁著录的一百二十九千户。由前述可知,从九十五千户扩大到一百二十九千户,主要是将新降附部众纳入千户百户编制的结果。那么,从六十五千户到九十五千户的扩展,又是如何发生的呢?扼要地说,它应是对于原设六十五千户作进一步调整、细分的产物。

拉施都丁在《史集》一书中,曾经不止一次地提到过编组千户时的一条规定。他写道:"当时曾作如下规定:御前千户尽管是最主要的一个千户,但[人数]不得超过千人"。"当时作了规定并被当作惯例:各千户都不得超过一千,大千户也不例外。"④从这些话里,人们

---

① 刘敏中:《哈剌哈孙神道碑》,《中庵集》卷4。
② 《元朝秘史》第187节、219节。
③ 《元朝秘史》第208节。
④ 《史集》汉译本,第1卷第2分册,页363;第1分册,页237。所谓"御前千户""大千户",均指成吉思汗的直属千户。

有理由推测，最初的蒙古千户，都是按照来附时的原有领属关系，很粗略地加以划分的。某些游牧首领原来领有的部族较大，他的千户也就较大。以后按上述规定作过一次调整，以求各千户的大小基本上整齐划一。这次调整，不可能晚至一百二十九千户定型之时。因为这时候千户数目的增加，主要并不是由九十五千户本身变化而引起的（已经确知的例外只是"火朱勒部"三千户）。另一方面，正如本田关于大、小千户的猜测所指示的，从1206年的九十五千户序列中，确实可以追寻到上述调整所留下的若干迹象。

《元朝秘史》在开列八十八千户那颜的名单以后，又对其中七人的封授情况，专门列节，分别予以描述。在他们中间，汪古儿、察罕豁阿、迭该、古出古儿等那颜所领，部分或者全部是"部落、部落每里漫散有"的同部族百姓，或者由"无户籍的百姓"及"各官下百姓内抽分着"收聚起来的人口①。这几个新千户，均系由癸亥、甲子年间成立的千户中间分拆出来，似是十分明显的事实。

再看晃忽坛人蒙力克之子脱栾扯儿必的千户。成吉思汗对他说："你百姓共收集，父行只翅做共拽着，百姓共收集了的上头，扯儿必名分与了也者。如今自的得了的、置来的教自的，自己千做者。"②脱栾原来作他父亲的一个翅膀，即同在一个千户中。经过灭乃蛮之战，收聚的人口更多了，于是分出来另外建立千户。1206年的千户那颜中，还有蒙力克的另一个儿子速亦客秃。这个千户的情形，应与脱栾千户相类似。所以，蒙力克的千户确立于癸亥甲子年间，到1206年又被分成了三个甚至四个千户。

蒙力克千户的扩展与细分，提供了一个例证，使我们能根据它去

---

① 《元朝秘史》第213节、218节、222节、223节等。
② 《元朝秘史》第212节。

推想其他千户的类似情形。你出古惕巴阿邻部人术律哥图的千户，1206 年分成三个千户，分别以纳牙阿、阿剌黑（承袭术律哥图的职位）以及另一佚名者为千户那颜，三个千户均受纳牙阿统管。箴年巴阿邻氏的豁儿赤也统管三个千户。他们似乎也应当是从 1206 年前的同一个箴年巴阿邻千户中分出来的。

翁吉剌诸千户亦可为一证。据拉施都丁书，在特薛禅及其弟答里台家族节制下的翁吉剌人，总共分为九个千户。惟《史集》所传特薛禅家族世系，与汉文记载难以完全勘同。滤去其相异之处以及与目前讨论无关的细节，这九个千户，在特薛禅家族成员中的分配，略如下表所示：

$$\text{特薛禅}\begin{cases}\text{阿勒赤} \quad \text{三千户（秘史）}\\ \text{火忽}\\ \text{答里台——哈歹} \quad \text{一千户（秘史）}\end{cases}\text{共统五千户（史集）}$$

$$\text{阿勒赤之子赤古} \quad \frac{\text{一千户（秘史）}}{\text{四千户（史集）}}$$

特薛禅家族，原长翁吉剌分支孛思忽儿氏，也就是金代文献中的婆速火部。他们并不是翁吉剌部的长支氏族。其长支，恐怕是帖儿格阿箴勒（Terge Emel）所部，《金史》称他为"广吉剌部长忒里虎"①。帖木真在"收抚"帖儿格的部众后不久，杀帖儿格阿箴勒，其部众当即归并特薛禅家族节制。与克烈决战前收服的"弘吉剌别部溺儿斤"，大概亦归特薛禅家领属②。所有这些人口，初次封授千户时，很可能是

---

① 《金史》卷 93《宗浩传》。参见王国维：《萌古考》，《观堂集林》卷 15；伯希和等：《圣武亲征录译注》，页 407。
② 参见白拉都格其：《弘吉剌部与特薛禅》，《中国蒙古史学会成立大会纪念集刊》，呼和浩特，1979 年。

被编组在四个或五个千户中的。至 1206 年调整时,方才另外分出四个千户,归赤古驸马节制。拉施都丁将阿勒赤、火忽和他们的堂兄弟哈歹(史集称之怯台)等人的五个千户并在一起叙述,而阿勒赤的儿子赤古的四个千户反而被放在另一处来交代,当即暗示着这两组千户在成立先后方面的差异。

这里还有必要提一下亦乞列思千户的问题,按《元朝秘史》第 202 节,孛秃驸马属下共两千户。本田据《史集》伊斯坦布尔波斯文抄本,谓孛秃领亦乞列思三千户。惟据《史集》俄译本(汉译本同),则有九千户之多。不难判断,错在俄译本。因为细数左翼诸千户,除孛秃所部外,其总数已达 59 千户。左翼千户共有 62 个,所以孛秃所领,至多只能有三千户。检核德黑兰波斯文刊本,亦谓"他们总共有三千"①。否定了亦乞列思部九千户之说,也就摆脱了在解释它何以会从 1206 年前的二千户(或三千户)扩增为建国时的九千户方面所存在的困难。

1206 年千户数目的增扩,与各千户皆在不久前的纳忽昆山之战中收聚了一大批战败部众有关,同时自然也与癸亥甲子年组编的千户中有一些本身就比较庞大有关系。到了 1206 年,大约有相当一部分千户,按"不得超过一千"的规定进行过调整。不过这个规定似仍不是绝对的。那些基本上未被拆散的部落所构成的千户,尤其如此。例如阿剌忽失的吉惕忽里节制下的汪古五千户,即有"万骑"之多。至于吾也儿、耶律秃花管领下的二十个千户,其性质更从一开始就同其他"基本千户"不完全相同,亦应另当别论。

在本小节的最后,还需要附带讨论一下对蒙古国时期军事行政

---

① 《史集》德黑兰刊本,页 404。

基本单位的正名问题。波斯文献中所使用的词汇,按字面对译,应分别作"千人队""百人队""十人队"。不过该单位当中理应包括这个数量的成年战士们的妻儿老小。正如弗拉基米尔佐夫定义的,所谓十户、百户、千户,是指"能够提供十名、百名、千名等等战士的阿寅勒集团"①。在他以后,有些学者又以为当日计点人马的基本单位是阿寅勒(ayil)。所谓千户,是指一千阿寅勒的游牧军事集团。这种观点是缺乏根据的。汉文文献中虽多千户、百户的习称,但据《元史》卷98《兵志》一,它们在建国之初本指拥有"千夫""百夫"的军事行政单位而言。这与波斯文献的叙述和弗拉基米尔佐夫的定义完全一致。

　　本文在以下部分,将尽可能采用千户、百户等约定俗成的专门名词。这主要是为了照顾行文的一致。它们完全是被当作"千人队""百人队"等的同义词来使用,在内涵上与后者不存在什么歧义。

一百二十九千户序列的形成时间

　　上面已经提到,《史集》关于一百二十九个千户那颜们的记载,尽管可能存在若干误植或遗漏,但总的说来还是可以相信的。它基本上反映了成吉思汗时代某次较大规模地整顿部众以后所形成的定型建置;现在姑且称它为一百二十九千户序列。那么这次整顿应当发生在什么时候呢?看来,它不会早于1214年,可能不晚于1217年,说得再保险一点,则至迟不晚于1219年。

　　按《元朝秘史》第242节,当成吉思汗首次在黄金氏族内部分封编民时,他的弟弟哈赤温已经不在世。所以应由哈赤温领受的份子,分给了他的儿子阿勒赤台。至于合撒儿的份子,当时还是由他本人

---

① 弗拉基米尔佐夫:《蒙古社会制度史》,刘荣焌译,北京:中国社会科学出版社,1980年,页165。

领受的。在一百二十九千户定型的时候,属于哈赤温的千户仍由阿勒赤台领受,而属于合撒儿的千户,也已改由他的儿子也苦、移相哥、脱忽三人所继承。也就是说,这时候诸王合撒儿也已经去世了。

"皇弟哈撒儿"在1213年秋天尚跟随成吉思汗经略中原①。文献最后提到合撒儿其人,是在1214年成古思汗调整诸弟及翁吉剌、亦乞列思等"东诸侯"封地的时候②。合撒儿去世,当在1214年之后。所以一百二十九千户的定型,不当早于1214年。

另一条重要线索,是有关博尔忽那颜的。他在1217年受命出征,去镇压秃马惕部叛乱。博尔忽死于秃马惕之役,虽未见于《元史》,但《史集》《圣武亲征录》《元朝秘史》诸书均有明确记载,颇可信从。而一百二十九千户序列确定时,博尔忽尚为右翼千户那颜之一。是知该序列之形成,或在1217年之前。

从木华黎麾下诸军的研究,也使我们得到差不多同样的结论。

1217年秋天,木华黎被封为太师国王,受命节制诸军,主持漠南汉地的军事经略。他统领下的蒙古军,有"弘吉剌、亦乞烈思、兀鲁兀、忙兀等十军"③。学者们对于"十军",曾经作了许多讨论。比较新近的看法,主要有两种。或以为是指札剌亦儿部之外,兀鲁(四千骑)、忙兀(千骑)、弘吉剌(三千骑)、亦乞烈思(二千骑)四部共十千骑。这种意见,基于以千骑为一军的设想。可是恰恰在这一点上,它缺乏相关史料的必要支撑。另一种看法,将十军与"十功臣"相提并论。因而它被认为是指翁吉剌的阿勒赤、赤古、册那颜三人,汪古部的阿剌忽思惕吉忽里,亦乞烈思的字秃,札剌亦儿的字鲁、带孙二

---

① 《元史》卷1《太祖纪》。
② 《元史》卷118《特薛禅传》。
③ 《元史》卷119《木华黎传》。

人，兀鲁部的术赤台，忙兀部的忙哥罕札，火朱勒部的和斜温、术思，以上凡七部十一人，所统共为十军（和斜温与术思合统一军）。上述十一人，被合称十功臣或者十投下，似乎不成问题。但是他们与十军似仍不宜混为一谈。因为翁吉剌部的赤古驸马（又作赤渠、赤驹）尽管属于十功臣之一，而且在1215年前也确实参与了在中原的对金作战，但他显然不在木华黎统领的南征大军里。木华黎麾下的翁吉剌部，只是阿勒赤驸马的三千户。

既然如此，所谓"十军"，究竟是指哪些部队呢？我认为，它应当是指札剌亦儿等五部的军队，加上从这五部附属人口当中抽取兵丁组成的五支前锋头哨军，即所谓"五部探马赤军"。从五部当中抽取附属人口组编探马赤军，后来还继续实行过，并且往往以"五部军"径称之，极易与前者相混①。文献明确指出，五部探马赤军的建立，是在木华黎攻金时②。这支军队，似乎比吾也儿和耶律秃花所部更有理由被编入蒙古本部的千户序列中去。但它却不见于一百二十九千户之中。这一点，似亦有利于该序列确立于1217年以前的看法。

关于这个序列确立的时间下限，我们还不敢必信无疑。因为著名的忙兀部将畏答儿死于建国前，但他的名字竟仍出现在一百二十九千户那颜中。博尔忽是否也会像畏答儿那样，是被拉施都丁误植于这个序列里的呢？五部探马赤军虽然从五投下分出另立编制了，但它们会不会因为仍与作为自己"使主"部的五投下保持着某种隶属关系，因而没有被当作"基本千户"来对待？

------

① 《元史》卷166《石高山传》、卷131《奥鲁赤传》。《奥鲁赤传》所称"五部军"，据《通制条格》残本卷3《户令》"良贱为婚"条，即为从五部抽编之探马赤军，说详下。
② 《元史》卷122《阔阔不花传》系之于"岁庚寅"。成吉思汗在位期间无庚寅年，此当为戊寅（1218年）之误。木华黎受命征金的年代，《元史》本纪及本传系于1217年，《史集》《圣武亲征录》却系之于1218年。戊寅之说，或有所本。

无论如何,到1219年率军西指前夕的忽里台(quriltai)大会时,一百二十九千户的编制是肯定确立了。关于这次大会,汉文文献几乎没有提及。幸亏拉施都丁还有所叙述。根据他的记载,这次会上对成吉思汗诸子及万户长、千户长和百户长都做了重新任命和分派①。

以上讨论告诉我们,一百二十九千户序列的定型,大体上是在1216至1219年之间。现在,让我们转而研究千户百户组织的内部结构问题。

三 内 部 结 构

尽量利用产生于同族意识的凝聚力,仍是成吉思汗组编千户百户时的重要原则之一。不过千户百户的划分,毕竟不是氏族部族血缘外壳的翻版,而恰恰是用来取代后者的组织形式。成吉思汗家族依靠这种组织形式来实现他们对全体蒙古部众的人身领属权。"忽必"和"汤羊"分别成为这种领属权在观念上和经济上的体现。以"莎余儿合勒"形式受封的千户百户那颜,实际上成为替黄金氏族管理其领属民的军事-行政官员。处于这种军事、行政的和社会的组织当中的成员,还有各种分别附属于黄金氏族、那颜和一般部众的私属人口。而封建关系则成为当日千户百户组织里的主要社会关系。

同族意识的利用及其原因

蒙古国组编千户百户的具体方式,主要有以下几种。一是对主

---

① 《史集》汉译本,第1卷第2分册,页350、272。

动投附的部落或部落分支,基本上不予拆散,即按其原有的划分改编为若干千户或百户。以整部归附的汪古部和斡亦剌惕部,就分别被纳入四千户的编制(据《元朝秘史》汪古有五千户)。翁吉剌惕部最终被划为九千户,基本上也属于这种情况。十三翼之战前就已追随帖木真的把儿坛把阿秃儿长子蒙格秃乞颜,建国时似亦保留了他的敞失兀惕部众,划为一个千户①。

二是从各部落中凑集散杂人众,合并另编新千户。由迭该、古出古儿等人所收部众构成的,就是这样的一些千户。第三种情况,是以上两种方式的结合。汪古儿率领下的巴牙兀惕部的某个分支,是与它的使主氏族敞失兀惕集团一起投附帖木真的。1206年汪古儿受封为千户。组成这个千户的,除了汪古儿原来所领有的那一支巴牙兀惕人口外,还包括从其他各处收检聚拢来的巴牙兀惕失散人众②。蒙力克的儿子脱栾的千户,是从他父亲的千户中分出来的。其中应当有一部分从原来千户带来的晃忽坛部众,同时也有他自己新"收抚"的百姓③。

在这样编组起来的千户百户当中,一部分氏族部落被打散分置,互相混杂,当然是十分明显的事实。翁吉剌部的分支额勒只斤氏人

---

① 据《元朝秘史》第120节,"再蒙格秃乞颜的儿子翁古儿等敞失兀惕巴牙兀惕每自的行来也有来"(basa Münggetü Kiyan-u Kö'ün önggür-ten Changshi'ut Ba-ya'ut-iyar-an ayisungu aju'u)。大多数蒙古学家都将这句话理解为"还有蒙格秃乞颜的儿子汪古儿和其他人,带着他们的敞失兀惕和巴牙兀惕人也来了"(参见伯希和:《元朝秘史蒙文复原及1至6卷法译本》页154)。据达力扎布教示,依此处的行文风格,上述理解是最贴切的。日本学者村上正二提出,此句主语应断为 mönggetü Kiyan-u Kö'ün, önggür-ten changshi'ud Baya'ud,译言"蒙格秃乞颜的儿子和汪古儿等敞失兀惕和巴牙兀惕(部众)",见《蒙古秘史译注》卷5,页221、页225—226。村上的解释,似与史实更其接近。
② 《元朝秘史》第213节。
③ 《元朝秘史》第212节。

秃鲁合札儿和撒儿塔儿把阿秃儿两兄弟,被分在忙兀惕部的哲台千户里。现在同一千户内完全有可能互相通婚了。这个额勒只斤氏家族因而与忙兀族人互称亲家("忽答")①。篾儿乞分部秃答黑邻氏人忽出儿则出现在主要由克烈部众构成的怀都千户里,而后他又被调出来,成为分给旭烈兀的另一个千户的那颜。在这个以篾儿乞那颜为首长的千户中,又有克烈部人秃古儿(怀都长子)在当百夫长②。类似的例子,不胜枚举。

但是,我们也同样看到,还有一些人口数量较大的部落,在被编进千户百户时,并没有完全离散,甚至根本没有离散。更有甚者,一些原来已经被分散的部落或部落分支,这时按照成吉思汗的命令,又分别被出自该部的某一个功臣重新收聚起来,编为千户。例如察罕豁阿的儿子纳邻脱斡里勒的千户、塔塔儿人忽秃忽惕的千户等都是如此③。这实际上也属于前面所说的第二种情况。至于由以某部族成员为主体的千户来进一步收聚其离散部众的情况,就更为普遍了。例如上引怀都、汪古儿千户的例子,以及由畏答儿后人"收完忙兀人民之散亡者"④,等等。总而言之,将原来属于同一部族的成员集中组编在一个或若干个千户之中,这起码是当日编制千户百户制度时所采纳的基本原则之一。毫无疑问,产生于同族意识的精神聚合力,即使在成吉思汗当日所创制的草原社会的全新组织形式中,仍然具有不可取代的作用力。

为什么会这样呢?从草原游牧经济的特点出发进行考察,便不

---

① 《史集》汉译本,第1卷第1分册,页272。
② 同上书,页220。
③ 《元朝秘史》第218节;《史集》汉译本,第1卷第1分册,页179。
④ 《元史》卷121《畏答儿传》。

难找到这个问题的合理解释。

马克思曾经指出,游牧条件下自然形成的氏族部落,乃是游牧人"从事物质生产活动的最基本的前提"。他强调说:"我们可以认为畜牧,或者一般说游牧,乃是人类最初的生存形态,部落不是定居在一定地点,而是逐水草放牧的……所以,部落社会,那种天然的社会,不是(暂时)共同占有土地和共同利用土地底结果,而是它的前提。"[①]当氏族贵族把决定氏族公共事务的权力变为手中的统治特权,逐渐使一般氏族成员沦为自己领属民的时候,他们事实上也就在很大程度上控制了原来由该氏族或部族所占有的这片牧地。说游牧人完全不重视土地当然是极不正确的。匈奴国家的实际创建者冒顿单于,面对东胡的讹诈,可以放弃被视为"匈奴宝马"的千里马,放弃单于自己的后妃,惟"地者国之本也",故虽为弃地,亦不可让[②]。我们看不出,冒顿的这种观念,是受汉人的农业文化影响使然。蒙古远古时代,部族之间为了争夺牧场而发生你死我活的残杀,也可由口碑传说知之。

然而,土地对于社会组织形态的影响程度,在农业经济和游牧经济中确实大不相同。经典作家极其重视随同对土地的占有而发展起来的定居农业对于人类社会组织形式演变所产生的巨大影响。马克思在我们以上引述过的同一文献中说:"既然人类终于定居下来了,那他们就要受到气候、地理、物质等等各种不同的外部条件以及他们特殊的自然特性(他们的部落特征)底影响,于是这些原始社会便或多或少地发生了变化。"恩格斯也说:"氏族在自己的村落里定居愈

---

① 《政治经济学批判大纲》第 3 分册,刘潇然译,北京:人民出版社,1963 年,页 91。按:经典作家把游牧的经济方式看作"人类最初的生存形态",这一点并不正确。尽管如此,他们的下述见解依然极具洞察力,即游牧人群在政治上视土地为人之隶属物,而农业人群则视人为土地之隶属物。

② 《史记》卷 110《匈奴列传》。

久,德意志人和罗马人愈是逐渐融合,亲属性质的联系就愈让位于地区性质的联系;氏族消失在马尔克公社中了。但在马尔克公社内,其成员间原先的亲属关系的痕迹还往往是很显著的。这样,至少在马尔克公社保存下来了的各个国家——在法国北部、在英国、在德国、在斯堪的那维亚——氏族组织不知不觉地变成了地区组织,因而才能够和国家相适应。"①经典作家的意思十分清楚。定居生活的出现,为依据共同居住地来划分人民提供了可能;因而也才有可能利用它来取代以共同血缘观念为纽带而形成的亲属集团作为社会组织的基本形式。恩格斯正是遵循上述线索,才把希腊国家组织的形成,划分为梭伦前、梭伦时代、克利斯提尼时代这样三个发展阶段的。恩格斯强调,国家的出现当然并不意味着血族团体的绝迹。但是现在,"有决定意义的已不是血族团体的族籍,而只是经常居住的地区了。现在要加以划分的,不是人民,而是地区了;居民在政治上已变成为地区的简单的附属物了"②。

　　恩格斯所说的国家需要加以划分的不是人民而只是地区,人民在政治上变成"地区的简单的附属物",这种情况,在中世纪游牧经济的条件下,自然极少有可能出现。在如同"未经耕犁的海洋"一般的草原上,游牧人必须一年到头地为他的畜群从自然植物中寻讨生活资料。他们因而也不得不严格地追随着季节的变迁,跨越辽阔的空间,频频往返于冬营地和夏营地。游牧经济的一个重大特点即以季节为节律的远距离流动性。这既使游牧民极难在政治上"变成为地区的简单的附属物";而它的另一个特点,即为适应严峻无情的自然

---

① 《家庭、私有制和国家的起源》,中共中央马克思、恩格斯、列宁、斯大林著作编译局译,北京:人民出版社,1972年,页148。
② 同上书,页100—113。

环境而形成的纪律性和集体行动,则更使游牧社会当中的人-人关系比之人-地关系,处在一种明显的相对稳定的状况中,从而也更易于成为缔造游牧社会组织的基本聚合因素。

所以当氏族部落的外壳为千户百户的编制所替代的时候,成吉思汗仍不得不尽可能地利用由当时尚普遍存在的同族意识所产生的聚合力,去支持他的全新的社会组织形式。这当然是很容易理解的。以当日漠北草原而言,即使是一种全新的社会组织,亦需要由人-人关系,而不是以人-地关系为纽带,才得以聚合。也正是由于社会关系在意识形态方面的反映落到了实际社会关系的发展之后,当时社会对人-人关系的普遍意识,还相当程度地表现为同族意识。因此,成吉思汗没有其他选择。在这里,观照一下明代以及清初蒙古诸部的状况是很有益处的。经过了千户百户制度的冲击,明代蒙古诸部,即使在形式上也已完全不再是由共同的部族血缘观念所聚合起来的类亲属集团了。它与13世纪初叶以前的蒙古游牧部族,已经有了重大的区别。它所以能聚合不散,虽然仍旧依赖于一般部众对于拥有该部落的黄金家族成员之世代隶属的人-人关系,但此种关系已经不再表现为同血族的意识;同时,普通部众之间的共同血统观念也被长期隶属于同一游牧集团的共同经历与共同历史意识所取代。对相隔两三百年前后的蒙古社会关系的比较告诉我们,尚仍利用同族意识,但毕竟不再以共同血缘观为直接联系纽带的千户百户制度,作为实现这一演化的必经中间环节,具有何等重要的历史意义。

家产分封观念下的领属权与血缘外壳的脱离

如上所述,同族意识的利用并不意味着,蒙古国的千户百户组织不过是在它之前的氏族部落外壳的翻版。完全不是这样。实际上,成吉思汗之所以要创造这样一种新的社会组织形式,正是为了要利用它来取代氏族部落外壳,以便更有效地实现和维系对全蒙古部众的统治。而在客观上,千户百户制度之取代氏族部落外壳,又对蒙古游牧社会的历史演变进程发生了十分重大的影响。

为什么利用千户百户制度,能够比氏族部落外壳更有效地统治全蒙古呢?因为后者不但在长期的历史过程里,已经变成由氏族贵族实现对其部众的实际人身领属权的固有社会组织形式,而且其存在本身,又反过来从观念上成为旧氏族贵族合法权力的渊源。为了尽可能干净利落地剥夺旧氏族贵族所世代拥有的这种人身领属权,就必须打破旧氏族部落的外壳。而这一步一经做到,除了已经从肉体上被消灭者而外,旧氏族贵族中间的很多人就变成了等级不同的军事-行政官员,负责治理已经整个地沦为成吉思汗的黄金氏族领属民的全体蒙古部众。

古代阿尔泰游牧社会中人身领属权的存在,应是非常基本的事实。舒尔曼曾引用过一段叙述,很典型地描写了阿尔泰游牧民分割家庭财产的普遍方式:当儿子们长大成婚时,便携带一份家产离开父母的家庭。财产分割相对而言较为简单,因为它主要由牲畜构成。这个过程最终留下幼子作为他父亲财产("未分家子")的仅有承袭人①。除幼子所守家产外,他的兄长们各自分得的部分,至今在鄂尔

---

① 见舒尔曼《13 世纪的蒙古赋役制度》(《哈佛亚洲研究杂志》卷 19,1956 年)引述的房兆楹(Fang Chao Ying)在伯克莱东方学讨论会上的讲演。房兆楹在这里讲的,主要是早期满洲人的历史。严格地说,即使是早期的满洲人,其社会经济也不完全是游牧经济。但是这种分割家产的方式显然地存在于游牧的蒙古人以及其他阿尔泰语人群中。在这个意义上,它仍不失为一段相当典型的描述。此外还必须指出,也有很多阿尔泰语游牧人群,直到近代,仍以包括若干个核心家庭的父家长大家族作为游牧生产和占有牲畜的基本经济单位。不过,在这种情况下,上述家产分割的基本方式并非就不存在了。我们可以在随着人口繁衍而发生的由一个这样的大家庭按内部支系分为若干新的大家族的过程中看到它。

多斯方言中仍叫"奄出"(emchü)或者"奄出忽必"(emchü qubi),译言"父母在世时给予儿子或诸子们的家产(=牲畜)"①。W.巴托尔德指出,在阿尔泰游牧社会中,可以一再地观察到"家产制观念由私法领域转向国家法律范畴"的既定趋势②。旧氏族贵族对自己统领的游牧部众也像私有的家庭财产一样,在本家庭成员间进行分配。王罕的弟弟札合敢不,因为向帖木真奉献了两个女儿,所以在克烈部灭亡时仍得以继续统领"他行属的每奄出百姓"(imada qariyatan emchü irgen)③。"奄出"一词《元朝秘史》旁译作"梯己"。此种"梯己百姓",显然不是指处在一般部民层次之下的怯怜口、奴婢等附属人口,而指分配给札合敢不统率的那部分原属于克烈兀鲁思的人众本身。所以他们在《秘史》第208节中又被称为札合敢不"自己亲属的每百姓"(ö'erün qariyatan ulus)。把儿坛把阿秃儿次子捏坤太师的孙子札兀合惕,"他的子孙和部落"与察合台兀鲁黑在一起,把儿坛末子答里台斡赤斤之子大纳耶耶,则"连同他的二百名部属"一起被拨到合赤温后王麾下④。札兀合惕、大纳耶耶在成吉思汗分民时肯定未预其列,他们的"部落""部属"无疑属于当初乞颜部落中的捏坤太师、答里台份下的奄出百姓。由于两人与黄金氏族的血统还不太远⑤,所以这种领属关系在元代仍得以部分地获得保留。《秘史》

---

① A.田清波:《鄂尔多斯蒙语辞典》卷1,北京:辅仁大学出版社,1941年,页533;参见村上正二:《蒙古王朝的采邑制度之起源》,《东洋学报》44卷3期(1961年12月),此处使用的是潘世宪译文。
② W.巴托尔德:《迄于蒙古侵寇前的突厥斯坦》,英译本,伦敦,1928年,页228。
③ 《元朝秘史》第186节。这个语词的意思是"属于他本人的梯己百姓"。
④ 《史集》第1卷第2分册,汉译本,页61,62。
⑤ 在元代被封为诸王的蒙古贵族中,只有大纳耶耶后人属于也速该旁系。见《元史》卷107《宗室世系表》"答里真位"条。捏坤太师(表作聂昆大司)后人未见于该世系表。

第120、122等节载录了帖木真与札木合分道扬镳以后往投帖木真的那些氏族部落贵族,其中有很多是带着自己的"圈子"(küreyen)一起行动的。这些"圈子"的主体,无疑就是作为各人分下奄出百姓的氏族分支。

对于上述奄出百姓的人身领属权,与对于真正私有财产的绝对所有权之间,存在两个重要的区别。首先,处于这种领属关系之下的领属民,并没有完全丧失人身的自由。也就是说,这是一种不完全的人身占有权。其次,它本身不是基于完全私法意义上的领属与被领属关系,而是家产制观念作为私法范畴,其适用性被扩大到法治权领域的结果。后面这一点也使我们有可能将这种人身领属权,与以下将要谈到的本使或使长对于私属人口的权利,在性质上作出一定程度的区别。

或许应当强调,"家产制观念由私法领域转向国家法律范畴"的现象,绝不仅仅出现在蒙古早期社会的氏族部落中。事实上,在成吉思汗缔造的大蒙古国内部,这种人身领属权甚至更充分地发展起来了。大蒙古国本身也可以说是一个典型的"家产制国家",成吉思汗并不企图在一般意义上否定对处于他统治下的全体游牧民的人身领属权。他只是要剥夺旧氏族贵族对其部民的这种权力,把它变为黄金氏族一家的特权。而前者的人身领属权,又紧紧地与氏族部落的外壳结合在一起,并且是通过氏族部落的固有形式得以实现的。由氏族部落外壳到千户百户制度的转变,就蒙古国统治者的主观动因而言,取决于他们要从旧氏族部落贵族手中夺取对草原游牧部众的人身领属权的需要。

以上论述证明,千户百户制度对氏族部落组织形式的冲击,不仅应当从它拆散了一部分氏族部落,将其成员分别编入不同的千户百户这一方面去予以理解。更重要的还在于,它取代了塞北草原游牧社会组织所一向采取的血缘外壳,为实现家产制观念下的领属权提供了一种新的组织形式。蒙古游牧人群社会关系的发展,也由此进入一个新的历史阶段。

以下我们就着手研究黄金氏族是如何通过千户百户制度来实现自己对蒙古部众的人身领属权的。

忽必和"因朱"(īnjū)

按千户百户编制起来的游牧民,包括指定给他们使用的牧场乃至畜群,都作为忽必(qubi),在黄金氏族的成员间分配。

村上正二在他的重要论文《蒙古王朝的采邑制度之起源》中说,忽必在最普通的意义上,适用于平等身份者之间的财产(例如作战掳获物)分配观念;在家产制的意义上,它原有只应分与亲族的性质。忽必形式下的对于草原游牧民的人身领属权,亦仅属于大汗的黄金氏族。徐霆在1230年代北使南归后报告草地情况说:"其地自鞑主、伪后、太子、公主、亲族而下,各有疆界。"在这里,"自鞑主、伪后、太子、公主、亲族而下"一句,只能理解为"自鞑主下至伪后……亲族"的意思。也就是说,分土分民,或者更准确地说应该是因人及地的封授,是在黄金氏族成员的范围内进行的。舒尔曼将上述句子译为 from the ruler, the pretended queen, crown princes and princesses, and [royal] relatives down。这是完全正确的①。有的学者认为,"亲族而下"即包括千户长、百户长等在内。这似乎是对于徐文的误解。

在我们的讨论中,先后出现了两个几乎是完全等意的蒙古语辞,即奄出和忽必。还没有看到元代蒙文文献把诸王份子径称为奄出的

---

① 见徐霆疏:《黑鞑事略》;并参舒尔曼前引论文。

实例,尽管 17 世纪的蒙文编年史籍《黄史》(Shara tuji)在追述成吉思汗时代史事时,说他颁赐了许多"奄出"(ömchi)①。十分有意思的是,在同时期的波斯语文献里,倒出现了与奄出相对应的突厥语借词 injū 或 īnjū。拉施都丁的《史集·成吉思汗传》不止一次说到,从漠北跟随旭烈兀西征的蒙古军马,按照蒙哥的命令,"全部给旭烈兀汗做 īnjū"。"现在,从阿母河岸起直到密昔儿[埃及]与苦国[叙利亚]境内全部疆域上的全部军队,由于上述原因,全是旭烈兀汗及其兀鲁黑中汗位继承者的 īnjū。"②在《史集·旭烈兀传》里,他又重复地写道,按照蒙哥汗的命令,从前与拜住和绰尔马罕一起派到伊朗的探马军,以及在克什米尔和印度的探马军,所有这些部众,"无论他们驻扎在何处,都归属于旭烈兀;现在全都根据继承法则,成了伊斯兰君主合赞汗的 īnjū"。此外,从诸多儿子、兄弟和亲属军队之不在数内之每十人中抽出的二人,亦作为 īnjū 给予旭烈兀,随同他一起征进并留驻在伊朗③。不论蒙哥派旭烈兀西征时的真正动机如何,按拉施都丁的理解,īnjū 一词,相对于大汗所属,指分授给黄金氏族各成员私有的份子,这一点是没有问题的。在上引例证中,īnjū 所指为游牧人口。与此同时,或者说尤其是后来在中亚,它似乎转而主要用指领地,即"王室私有地产,属于统治家庭成员个人所有的领地;亦指作为属下生活在这样的地域内的民众"④。

村上认为,īnjū 这个词,应当就是奄出(emchü)一词的变形。根

---

① 见 L. 克莱德:《封建主义与中世纪达靼人的制度》,《社会与历史的比较研究》卷 1(1958 年);沙斯基娜校译:《黄史:17 世纪的蒙古史》,莫斯科,1957 年,页 94—95、页 158,转引自克莱德上引论文,原书未得寓目。
② 《史集》汉译本,第 1 卷第 2 分册,页 383、384。
③ 《史集》俄译本,卷 3,页 23。
④ 德福:《新波斯语中的突厥、蒙古语成分》卷 2,威斯巴登,1965 年,页 220。

据比村上论文晚出的德福《新波斯语中的突厥、蒙古语成分》卷 2 以及克劳逊《13 世纪前的突厥语辞源学辞典》，我们现在知道，作为阿尔泰语的借词，īnjū 早在 8 世纪末即以 imjuwa 的形式出现于塞语文书，或即意为"属于首领家庭的部族"；在 10 世纪前半叶和阗塞语文书中，我们又见到它以 'ijūwa 和 'imjū 的形式出现，译言部落联盟中属于首领个人的部族[①]。imjuwa 形式的出现，或许证明村上关于 emchü 和 īnjū 之间具有某种联系的猜测是有道理的。不过它不是由蒙古语直接进入波斯语，而是以突厥语词的 inchü 的形态借入的。据克劳逊，inchü 译言"家庭或氏族财产，并且特别指首领私有的财产"；它的意思与中期蒙古语里的 emchü 相近，后者意谓梯己（份子）。12、13 世纪的突厥人因而用 inchü 来对译蒙语相应词汇 emchü。又正因为它或许是经由突厥语中介进入波斯语的，所以它在波斯语文献中遂演变为 īnjū 的形态。

  德福已经否定了 inchü 与 yinchü（突厥语，译言珍珠）之间的辞源学联系。不过大概因为他误从海涅士对《元朝秘史》中"奄出"一词的不正确的转写 enchü，遂将蒙语中两个不同的词 emchü 与 inje 混为一谈，并且力图追寻 inje 与突厥语 inchü 之间的辞源学联系。在这里，仍然是村上的意见更为合理。他指出，《元朝秘史》中 injes（inje 的复数形式）一词虽然很容易与 emchü/inchü 相混，"然而完全是出于另一语源的用词"。蒙语 inje 译言从嫁者、嫁妆。或许确如海涅士所说，源于汉语媵臣或媵者。emchü 与 inje 二者都出现于《元朝秘史》中，可见它们在中期蒙古语里应是两个互不相同的词汇。另外，inje 似与突厥语的 inchü 没有关系，亦可由以下的文献证据知之。与

[①] 德福上引书页 223；克劳逊：《13 世纪以前的突厥语辞源学辞典》，牛津，1972 年，页 173。

亦巴合别吉一同被赐给者台的她的私人随从，在《秘史》里被称为媵哲思（injes，旁译"从嫁"，《元史·怯台传》写作引者思）。但该词在波斯文献中并未以 inchü 或其波斯语形态 īnjū，而是以另一个源于突厥语的借词 ēw-oghlānān（译言家内儿郎，即私属人口之谓）来对译的①。据德福所引，15 世纪下半叶波斯文献中有 ēnchūyān wa ēw-oghlānān 这样的词组，译言"封领内的服役者们与 ēw-oghlān 们"②。这里的 ēnchūyān 应即突厥语词 inchü 的对译，足证这个词与可以用 ēw-oghlān 来对译的 inje，其含义并不完全相同。

按波斯语文献，依照领属权的划分被授予大汗亲属们的人口和份地，构成诸多的 īnjū，其余留在大汗手中的则称为 dālāī。后面这个概念，或来源于蒙语 dalai-yin qaghan，《元朝秘史》译言"海内的皇帝"；由其本意而被沿用于指称直属大汗支配的人口与土地。旭烈兀所领相对黄金氏族而言全都属于他的 īnjū。但就伊利汗家族内部而言，只有其中分授给王室成员们的那些才称为 īnjū，留在伊利汗手中的又成了 dālāī③。全部人口和土地之划分为 īnjū 和 dālāī 两部分，正可以看成是"家产制观念由私法领域转向国家法律"的典型表述。彼特鲁舍夫斯基根据阿里札答将 īnjū 分为王室成员受封地和君主个人所有地产（īnjū-i qaṣṣ 或 amlāk-i qaṣṣ）两类的论述，认为 dālāī 即指后一类的 īnjū，并由此主张 īnjū wa dālāī 一词意为"全部的 īnjū 土地，其中也包括国君的 īnjū"④。作者进而用合赞汗时代分给军队的伊克塔

---

① 见《元朝秘史》208 节；《史集》汉译本，第 1 卷第 1 分册，页 305；德福：《新波斯语中的突厥、蒙古语成分》卷 2，页 227。
② 德福上引书，页 227。
③ 见舒尔曼前引论文；德福前引书卷 1，威斯巴登，1963 年，页 324—326。
④ 彼特鲁舍夫斯基：《13、14 世纪的伊朗农业和土地关系》，莫斯科，1960 年，页 243、244。

（iqṭāʻ）来自被他认为属于君主个人私产的 dālāī 土地，来解释为什么全部蒙古军队都被算作是君主的 īnjū①。这种观点似乎还缺少足够的论证，难以令人信服。

领属权在经济上的实现：汤羊及其他

黄金氏族对全蒙古游牧民之人身领属权在经济上的体现，其中最重要的一项，即所谓"汤羊"。彭大雅相当准确地写道："皆视民户畜牧之多寡而征之，犹汉法之上供也。"当然除汤羊而外，游牧民还有其他许多负担。徐霆指出，在漠北草地，"其民户皆出牛马、车仗、人夫、羊肉、马奶为差发。盖鞑人分管草地，各出差发，为各地分站中之需，上下亦一体"②。由于统治权在最高层次上与对于部众的人身领属权合为一体，草原民户为维持游牧国家所负担的义务和属民对领主的贡纳全部被视为"草地差发"。尽管如此，作为贡纳直接缴给黄金氏族的汤羊，仍然在草地差发中占据着一种很特殊的地位。它在元代一直称为"尚食羊"，由宣徽院执掌其征收等事宜③。似乎不应以一般的牧畜税视之。

征收上供羊的定额，是窝阔台即位后确定的。据《元朝秘史》，窝阔台下令："这的百姓处群（sürüg）的一个二岁羊年年里与者。"蒙语 sürüg 译言家畜的群，此处没有说明究竟以多少头羊为一群计。据《元史·太宗纪》记载，可知实际上是百羊输一，马牛如之④。

---

① 彼特鲁舍夫斯基：《13、14世纪的伊朗农业和土地关系》，莫斯科，1960年，页263注7。
② 彭著《黑鞑事略》及徐霆疏文。
③ 英宗至治二年十二月，"宣徽院臣言：'世祖时，晃吉剌岁输尚食羊二千，成宗时增为三千，今请增五千。'帝不许。……命遵世祖旧制。"见《元史》卷28《英宗纪》二。
④ 《元朝秘史》第279节；《元史》卷2《太宗纪》；参见村上正二：《蒙古秘史日文译注》卷3，页266注1。

在这里,我们碰上一个使人颇感困惑的问题。按照《元朝秘史》所言,上供羊是缴纳给"海内的皇帝"(dalai-yin qaghan)即大汗的。不仅如此,从窝阔台将它"宣布于诸王、驸马等知道"看来①,其征收范围也应包括已经作为奄出忽必分授给诸王驸马等亲属的领属民们。另一方面,几乎完全没有直接材料可以告诉我们,这些诸王、驸马的封民,作为人身役属关系在经济上的体现,又要向他们的封主缴纳一些什么样的贡纳? 不时需索无疑是存在的。关键是作为规定的常贡,其一般情形究竟如何?

在这里,只能根据很少几条极其零散的材料做一些推测。

首先,封授给诸王驸马等亲属的领属民,显然要向他们的封主纳贡。前面曾提到过克烈部人怀都。由于他的"基本千户和他的儿子们全部留在那里[合罕处],留在自己的根源处(huchāur)。[供职于该千户内的忽出儿]便从诸千人队中征收了赋税(qūbchūr)送到我国[即伊朗],旭烈兀把忽出儿从怀都的千户中抽调出来;由于他为人机灵,他便派他管辖那几个千户中的一个"②。从漠北解送到伊朗去的qūbchūr,不属于西征军队的奥鲁。后者最初位于阿力麻里③,后来只当愈加西移,根本不在漠北。从奥鲁征收的军饷,也从未叫qūbchūr。同时,也没有什么理由像《史集》的俄译者那样,把这种qūbchūr解释为救济贫困的赋敛④。这里提到的"诸千人队",必定是旭烈兀所分得的那部分位于漠北本部的基本游牧部众。也正因为如此,他才有权力把忽出儿从其中的怀都千户抽调出来,并任命他为"那几个千

---

① 《元朝秘史》第280节旁译、总译。
② 《史集》汉译本,第1卷第1分册,页220—221。
③ 《史集》俄译本,卷3,页19。
④ 见《史集》汉译本,第1卷第1分册,页221,注1。

户"中另一个千户的那颜。解送到伊朗去的 qūbchūr, 就是这部分领属民对于其封主的贡纳。

其次,诸王、驸马等人所得的贡纳中,必定有一部分需要奉献给大汗。明确的证据,就是前引《元史·英宗纪》关于翁吉剌部"岁输尚食羊"的记载。翁吉剌部的上供羊,世祖时为二千头,后增为三千。当时漠北游牧民,交付给一个牧奴的羊就有"二千余头"①。翁吉剌部显然不止有二十万头羊;也就是说,他们交付宣徽院的上供羊,远不足百羊输一的定额。

由上述两点,似乎可以推测说,属于诸王驸马的领属民,他们按百羊输一缴纳的上供羊,可能是由诸王驸马与大汗共同分享的。联系到中原地区的丝料征收,属于大汗的民户,每户交系官丝十一两二钱(中统时增一倍,下同),而五户丝户每户交系官丝八两、五户丝三两二钱。两种户计交纳丝料的总数相等,惟分给诸王勋戚的五户丝户所纳,由大汗与封主分享。在这里,由裂土实封到衣食租税的变化,当然是受到汉地传统制度影响的结果。但是,对于来自封民贡纳的经济收益的分配方式,应当仍旧是蒙古旧制的沿用。由丝料收入的分配推想黄金氏族对漠北游牧民上供羊的分享原则,或许不至于大误。

对莎余儿合勒的分析

在 dālāi 与 emchü 形式下覆盖全蒙古游牧部众的人身领属权,既然基于家产制观念之上,则对于千户、百户那颜的名位与权力的封赏,就不可能属于同样性质的法权范围。此种封赏,与忽必或 emchü

---

① 张养浩:《驿卒佟锁住传》,《归田类稿》卷11。

相区别,在当时蒙古语中叫作莎余儿合勒(soyurqal)。村上正二最早在《蒙古王朝的采邑制度之起源》一文中,极精辟地分析了忽必与莎余儿合勒之间的重要区别。他指出,诸千户那颜不过意味着作为由兀鲁思主人(ejen)所委任的行政长官而统率着千户集团,"并非自始就含有千户的领主的意思"。

正如同中原汉地的诸王"位下"与功臣"投下"从形式到内容都在逐渐靠拢一样,在中亚,与位下相当的 īnjū 和与投下相当的莎余儿合勒之间,其区别似乎也越来越变得模糊起来。但是这种现象,根源于上述蒙古旧制与被征服地区的既存传统这两者的相互叠合,而不是纯粹地由忽必和莎余儿合勒的性质本身所规定的。所以必须将伊朗地区后来的 īnjū 制度以及莎余儿合勒制度,与它们在漠北草地的形态加以区别对待。

这里不能不提到弗拉基米尔佐夫在蒙古学领域中的里程碑之作《蒙古社会制度史》。本书的许多论述,在它发表半世纪后的今天仍然可以被看作不易之说。但是,细绎本书关于11—13世纪蒙古封建制开端的论述,未免使人觉得,作者似乎过分热衷于把当日蒙古制度与西欧典型的分封制下的封建制度作机械的、牵强的类比。作者硬将黄金氏族与诸千户百户那颜之间的关系,按照"君主(汗)→诸王(亲王)即份地—兀鲁思的领主→万户长→千户长→百户长=罕→可卜温(诸王)→那颜"的公式,纳入以牧地的多级占有制为基础的等级制封建藩臣结构中去①。在这样的结构中,可卜温和那颜对游牧民众的权利,只有等级的而没有性质的区别。忽必与莎余儿合勒之不同,仅被理解为等级的差别。而那颜对其千户或百户中游牧民的权

---

① 《蒙古社会制度史》汉译本,页116。

利,于是也就被等同于可卜温们所拥有的对其属众的人身领属权。而且,在正确地批评那种认为"游牧民无论过去和现在都不知道土地所有制形式,不知道土地占有"的错误看法的同时,弗拉基米尔佐夫自己又从相反方面颠倒了牧地占有权与对于游牧民的人身领属权的关系。他多次强调赏赐给千户百户那颜的是"作为封地""作为世袭封地"的游牧地域①。好像与西欧农业条件下的典型封建制一样,对于附着在土地上的人口的权利,只是对土地权利本身的派生物。

据《元朝秘史》第 224 节,1206 年的千户、百户乃至十户那颜,都由成吉思汗委任。这里不存在自上而下逐级分封的情形。同时,如前所述,百羊输一具有十分明确的上供性质。换句话说,这是游牧民直接对于黄金氏族的贡纳,由千户、百户、十户那颜负责征收、逐级呈递,也不是自下而上的逐级贡纳。因此,在千户、百户与十户那颜之间,以及在千户与诸王驸马或大汗之间,不存在西欧典型封建制下的那种"服务与忠诚"的盟誓关系。也因此,千户、百户、十户那颜所持有的,并不是处于大汗→可卜温的同一权力结构之不同等级上的对游牧民的人身领属权。实际上,这是为保证此种人身领属权的实现而对游牧民施行组织管辖和指挥的各级行政-军事权力。

弗拉基米尔佐夫提到斡亦剌部和汪古部首领都保有原来领属的部众,自行任命所属千户的那颜。这确是事实。不过应当加以说明,首先,斡亦剌部和汪古部首领,恰恰都是黄金氏族的驸马,所以才能作为份子继续领有他们旧日的部民。在这一层意义上,他们显然不是如同弗拉基米尔佐夫所理解的那样,完全"变成和者别、豁儿赤等人同样的那颜-千户长"。其次,与黄金氏族同属尼伦蒙古的兀鲁、忙

---

① 《蒙古社会制度史》汉译本,页 124、125。

兀等千户以及札剌亦儿诸千户的那颜们,对所管部众似乎也保留着一点人身领属权。这只能看作过去的氏族贵族曾拥有过的人身领属权的残余,而不是由于千户百户制度的性质本身所规定的。他们身为千户、百户那颜而保留着昔日的部分特权,丝毫无助于证明一般千户、百户那颜都具有半领主的甚至领主的地位。相反,它正好显示了他们自己在千户、百户制度下逐步跌落到一般军事-行政官员的基本趋势。如果不是这样理解问题,那么黄金家族成员们对普通游牧民的领属权,就会因为被瓜分到各级那颜手中而完全落空了。

弗拉基米尔佐夫认为千户百户那颜"不可避免地"要"转变为封建领主"的基本依据之一,就是他们都从大汗或诸王驸马那里"获得这样一个统治地域(владение),它拥有数量不等的游牧阿寅勒,一般可以出百名或千名战士,在极少数场合也可以出万名战士,作为采邑(лен)"。照该书作者看来,这一地域,并且是"作为世袭封地"分授给他们的①。这样,他就把千户百户那颜的权力,看作与诸王驸马的领属权性质相同,仅仅在等级上有上、下之分。也就是说,他完全混淆了忽必与莎余儿合勒之间的区别。事实上,弗拉基米尔佐夫确实认为,千户百户那颜所领受的就是忽必。所以他写道:"汗-皇帝分封份地(忽必)给其氏族的诸子(可卜温)及其忠实臣下和伴当(那可儿、那颜)。"②

那颜受领忽必的见解,看来完全出于对史料的误读。至于他们掌握着"世袭领地"或"采邑"的看法,也没有真正有分量的史料可以证明之。弗拉基米尔佐夫所能引以为证的,充其量是来自当日欧洲

---

① 弗拉基米尔佐夫:《蒙古社会制度史》,列宁格勒,1934年,页103—104。汉译本的相应段落作:他们"能获得一般可以出百名或千名战士,在极少场合下以有万名战士的不同数量的游牧阿寅勒作为封地"。见汉译本,页165。
② 弗拉基米尔佐夫:《蒙古社会制度史》汉译本,页179。

旅行家游记中的两段文字。这两段文字连同弗拉基米尔佐夫从中提炼出来的结论,后来被不止个别的学者所引述。现将上述两段文字过录如下:"鞑靼皇帝对于每一个人具有惊人的权力。除了他指定的地方以外,没有一个人胆敢驻扎在任何别的地方。只有他才能指定首领们应该驻扎在什么地方,而首领们则规定千夫长的地方,千夫长规定百夫长的地方。百夫长规定十夫长的地方。""每一个首领,按照他属下人数的多少,知道自己牧场的疆界,和冬夏春秋的牧场。"①

弗拉基米尔佐夫指出,前一段引文中的"首领",是指蒙古诸王们②。这一点后来还经《金帐汗国及其衰亡》一书的作者特别加以指出③。由首领(诸王)→千夫长→百夫长→十夫长逐级分配牧地的程序,无疑被他们看作与西欧典型的分地分民相类似的等级结构的实现。

分别写下这两段记载的旅行家迦尔毕尼和鲁布鲁克,在叙述牧地的逐级分配时,确实未曾在牧地的赏赐分封,以及在牧地使用中的逐级组织和管理之间作出明白的区分和界定。根据今天的知识,对迦尔毕尼的记载似乎应作如下的解释。即在他的这段颇为含糊的描述中,实际上包含着两个不同层次的内容。"鞑靼皇帝"对于"首领们"的"指定",乃是作为忽必的分封;至于由千户、百户那颜直到十夫长逐级执掌"规定"的权力,则是一种在不同层次上对游牧民使用牧地以及社会生活的其他方面进行组织和管理的权力。

根据以上对忽必与莎余儿合勒之区别的讨论,大汗在把对千户百户的治理和管辖的权力作为莎余儿合勒赐予诸那颜们的时候,并没有把自己和诸王驸马手中对游牧民的人身领属权一起交付他们。

---

① 道森编:《出使蒙古记》,吕浦译,北京:中国社会科学出版社,1983年,页27、94。
② 弗拉基米尔佐夫:《蒙古社会制度史》汉译本,页178注6。
③ 格里高甫、A.雅库鲍夫斯基:《金帐汗国及其衰亡》,莫斯科,1950年,页96。

村上写道:"由于千户长地位的世袭,由于他们对千户集团的支配权之强化,适足演成为领主的地位。"支配权的世袭自然是从一开始就存在的因素。至于它的"强化",则主要起因于蒙古大汗和黄金氏族权力的没落和衰微。大体说来,这是从元王室被逐离中国内地以后才开始的。大汗和诸王的式微,使掌管着漠北基本千户的那颜们"迅速地意识到自己的权力,经济和封建的割据状态很快地使他们变成了几乎是独立的王公"。元朝崩溃后百余年间在蒙古本部发生的不断残杀,实际上就是一场黄金氏族与那颜——台吉与赛特之间连绵不断的大混战①。出自乜克力部的永谢布太师伊巴哩②,以及鄂尔多斯的满都赉阿固勒呼的名言,所谓"我等之上何用管主,我等行事自作主宰可也"③,虽然相当晚出,但仍可以看作赛特们力图取代黄金氏族而跻身真正领主之列的公开宣言。不过,赛特们还来不及称心如意地变成"独立的王公",其势力便在一百数十年中盛极而衰,终于在16世纪初叶失败在达延汗的手下。达延汗对蒙古本部的重新统一,"表明对迅速降落到官员地位的赛特们的胜利"。现在恢复了元初的状况。"唯独台吉仍然是名实相符的封建领主。"赛特"丧失了实力,变为 xaraliq,即成为'属于黑骨的平民'。而台吉却属于 chaqan yasun,即'白骨'"④。黑骨、白骨的区别,完全可以看作是与13世纪的莎余儿合勒与忽必这两种权利之间的区别相对应的。

因此,自16世纪上半叶起,黄金氏族,尤其是达延汗的子裔们,重新确立了对蒙古本部游牧民的领属权,并且将它在他们的越来越

---

① 弗拉基米尔佐夫:《蒙古社会制度史》汉译本,页232以下。
② 见和田清:《明代蒙古史论集》,潘世宪译,北京,1984年,页356、357。
③ 《蒙古源流》卷6。
④ 弗拉基米尔佐夫:《蒙古社会制度史》汉译本,页240、241。

多的子孙间不断地进行分配。"这种形势,后来长期支配着蒙古部落的形成。"①不属于黄金氏族成员却取得对游牧民领属权的,有从14、15世纪起逐渐迁往阿尔泰山南麓及其邻近地区的斡亦剌部蒙古首领,以及明代一直领有兴安岭以东朵颜卫蒙古的兀良哈氏者勒篾的后人。之所以如此,主要似应归因于他们在与蒙古本部相隔离的地区长期养成的势力,竟使黄金氏族对之鞭长莫及。

这些取代了黄金氏族而获得对其部众人身领属权的首领们,也像黄金氏族一样,将此种人身领属权像家产一样地在本家族成员间进行分配。1771年,徙牧伏尔加河流域的额鲁特蒙古土尔扈特部在渥巴锡率领下归投清廷。乾隆"驾幸木兰,次伊绵峪。渥巴锡率所部至。其部头目曰默们图,曰额默根乌巴什,曰拜济瑚,曰伯尔哈什哈,曰策伯克多尔济,曰阿克萨哈勒,曰巴木巴尔,曰奇布腾,曰沙喇扣肯"②。这里所枚举的"其部头目",除沙喇扣肯世系较远,作为噶尔丹余部随东徙族人一起降清外,其余诸人,差不多代表了西徙的族祖和鄂尔勒克后裔的各个支系。兹将和鄂尔勒克后人世系表过录如下③:

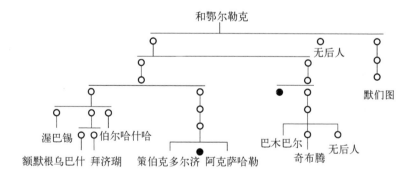

---

① 和田清上引书,页367。
② 祁韵士:《皇朝藩部要略》卷14,页2下。
③ 参见高文德、蔡志纯:《蒙古世系》,北京:中国社会科学出版社,1979年,页96—97。

由上表可以看出,除了以实心黑点表示的两支皆有后人,但未见于"头目"名单外,和鄂尔勒克所领的土尔扈特部众,是由他的直系后裔世代相袭,并不断在各支中进行分配的。其中渥巴锡属长支长系,所以又做了该部的汗。

兀良哈氏者勒篾后人统领下的朵颜卫蒙古人也值得提一下。根据和田清的研究,兴安岭东面的这部分兀良哈蒙古,与被达延汗讨灭,并一向被计入左翼三万户之一的乌梁海万户所指非一①。者勒篾后人即使在打赉逊库登率部徙幕辽东之后,也仍然保持了对朵颜兀良哈人的领主地位。其宗族繁衍愈众,分支益多,每一支所能分得之领属民的数额自然就越少。降及明末,这个宗族的不少分支已经只能分得数十名领属民了。兹将和田清依据成书于1610年的郭造卿《卢龙塞略》所载之者勒篾宗族各支领民数额制成的一览表转录如下②:

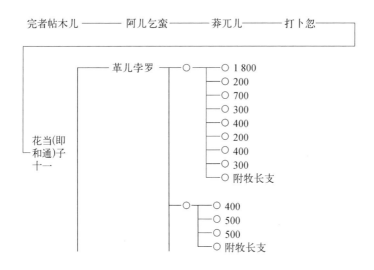

---

① 见和田清上引书,页361、407。
② 此据和田清上引书,页469—477。

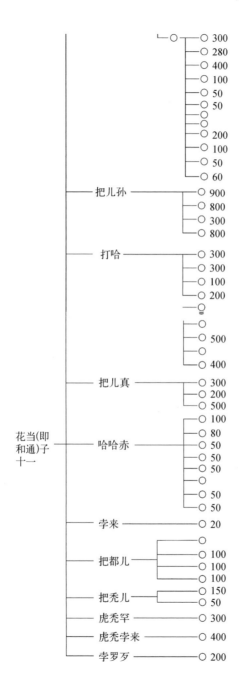

在蒙古本部,黄金氏族对于属于他们的领民,自然也是这样分配的。所以后来也有一些家支不显的台吉,只能分到数量极少的属民。赛特们不能要求类似的权利,则是显而易见的事实。

现在让我们言归正传。自忽必烈朝起,关于漠北的份地制度和千户百户制度的材料实在太少了。但是,如果我们承认,自达延汗统一东蒙古、实行分封直到明末清初,蒙古诸部的形成演变,本质上是成吉思汗对诸子、诸弟等人分封的重演和它的伸延或展开,那么我们也就可以相信,元代的千户、百户那颜们是被排除在授民授疆土的对象之外的。除非有"篡夺"行为,他们所接受的莎余儿合勒,按其本身的性质,似乎不会使他们不可避免地变成他们管辖下的蒙古部众的领有者。关于这一点,实际上早已被弗拉基米尔佐夫十分透彻地领悟到了。上述思想,始终贯穿在其著作第二编的第四与第五两章之中。可惜他竟然没有发现他在这里的表述与他在前面断言那颜对于所管千户、百户和游牧地拥有"领主"的权利之说互相抵牾。在他前后不相一致的这两种论述当中,毫无疑问是后者才更加符合历史的实际。

到目前为止,在讨论千户百户组织的内部结构时,我们已经涉及了两个层次三类人。首先是蒙古大汗以及诸王驸马。按照家产制观念,他们是全蒙古游牧部众的主人。作为各人的忽必,他们中的每一个人都对其所分得的那一部分蒙古部众拥有不完全的人身领属权。其次,为了有效地控制各自的分民,黄金家族又以莎余儿合勒的形式,将千户百户那颜的职位封赏给昔日的旧氏族贵族或有功的勋臣战将。那颜本身既是黄金氏族的领属民,同时又是所在千户百户中一般成员的军事指挥者和行政治理者。最后是千户百户的一般成员。他们既是黄金氏族的领属民,又要受统治于所在千户、百户的那颜。

除此以外,在千户百户组织里,还存在着一个十分庞大的私属人口的集合。至是,我们就不得不接触到这个蒙古史研究当中或许是最为困难的问题了。

私属人口中的怯怜口

现在要研究的私属人口,与作为千户百户中编民的黄金氏族的领属民不同。他们与本使之间所确立的,是基于完全私法意义上的役属关系。大汗和黄金氏族其他成员拥有这样的私属人口;那颜以及千户百户的一般成员也可以拥有这种私属人口。黄金氏族、那颜和一般蒙古编户对各自私属人口的权利,在性质上似乎没有什么两样,以上所述可图示如下:

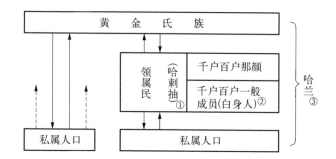

由该图右半侧可知,黄金氏族与领属民之间,以及本使与其私属人口之间的役属关系,分别发生在不同的层次上。在这里我们就可以补充指出,前面一再提到的黄金氏族对"全蒙古部众"的领属权,主要是就黄金氏族和千户百户成员之间的关系而言的。

---

① 关于哈剌抽,详见下文。
② 关于白身人,详见下文。
③ 关于哈兰,详见下文。

另一方面，如该图左半侧所示，归黄金氏族所有的私属人口和它的本使之间，如同黄金氏族和它的领属民之间一样，不再被另一个层次所分隔。在这种情况下，尽管两种役属关系的权利根据及其性质都不相同，它们仍可能变得很难确切地加以区分。成吉思汗的"御帐前首千户"①，拉施都丁称为 hazarah-i khaṣṣ，译言直属千户或私人千户。khaṣṣ 的这一用法，在穆斯林文献中有典可依。例如，花剌子模沙的私人仆役、私人卫队、宫廷近侍等，就被统称为沙的"khaṣṣ 人员"②。拉施都丁明确地将成吉思汗四大斡耳朵的私属人口（ēw oghlān）都算在这个千户的人数之中。这与汉文史料又称御帐前首千户为"四斡耳朵怯怜口千户"亦完全相合③。

所谓怯怜口，是蒙语 ger-ün kö'üt 的音译，译言家中儿郎。元代蒙文碑铭中又有 ger-ün köbegüd 一语，应是它的同义词④。据郑麟趾《高丽史》卷 123《印侯传》："怯怜口，华言私属人也。"⑤与这个蒙古语词组逐一对应的突厥语词 ēw oghlān，亦同指从嫁者一类的私属人口。德福认为，ēw oghlānān 正是 ger-ün kö'üt 的完全突厥化了的外来语对译词汇（Lennubersetzung）⑥。

关于汉地的怯怜口，我们知道得稍微多些。它似乎同其他驱口一样，大量来自军前俘获的人口。一个幸免于兵灾的北方汉人叙述蒙古攻占保州以后的情形说："保州屠城，惟匠者免。予冒入匠中，如

---

① 见《元史》卷 120《察罕传》。
② 彼特鲁舍夫斯基前引书，页 240。
③ 《元史》卷 120《察罕传》。
④ 柯立甫：《蒙汉合璧张应瑞碑铭译注》，《哈佛亚洲研究》卷 13（1950 年）。
⑤ 见《中国大百科全书·中国历史》元史条目单行本，上海：中国大百科全书出版社，1985 年，"怯怜口"条（亦郑真撰）。
⑥ 德福：《新波斯语中的突厥、蒙古语成分》卷 2，页 226。按蒙语 ger 与源自突厥语 ev 的 ēw 均译言屋子、家；kö'üt（köbegüd 同）、oghlān 则皆译言儿子、孩子。

予者甚众。或欲精择能否。其一人默语之曰:'能扶锯即匠也。拔人于生,挤人于死,惟所择。'事遂已。而凡冒入匠中者皆赖以生。"①

在汉地,怯怜口仅指专属于皇室、诸王和贵族所有的一种特殊的私属人口,专设各种总管府、提举司管理之。而拥有躯口的面则要广得多。躯口的占有,在汉地是有条件的。这个条件就是躯口必须与本使主居留在同一地点。根据甲午年(1234年)"哈罕皇帝圣旨,不论达达、回回、契丹、女直、汉儿人等,如军前掳到人口在家住坐,做躯口;因而在外住坐,于随处附籍,便系是皇帝民户,应当随处差发。主人见,更不得识认"②。此项命令,曾经元朝历代皇帝一再重申。元初,蒙古军士把掳掠的私属人口寄留州郡、"随处附籍"是十分普遍的现象。根据上引规定,凡未留居于主人所在地的私属人口,整顿户口时便一概作为大汗的民户承当官差,不再承认为原主的私属人口。对于一般躯口的这项规定,显然不包括诸王贵显的怯怜口在内。于是对分散在各处的怯怜口,便就地设立机构以事辖制,并且以一种特殊的私属人口的户计区别于普通躯口。

作为位下或投下的私属人户,怯怜口的法定地位要高于躯口。札奇斯钦引《吏学指南》"户计"篇:"怯怜口,谓自家人也。"又同书"良贱孳产"篇:"人口,同居亲属曰人,役使躯贱曰口。"札奇斯钦指出,军驱为"口",而怯怜口为"人"。可见怯怜口之地位确要高于躯口③。我们不知道汉地的怯怜口在多大程度上不同于它在漠北时的原始形态。缺乏起码的材料可供我们探知漠北怯怜口的一般状况,

---

① 刘因:《武遂杨公遗事》,《静修集》卷21。
② 《通制条格》,影印残本卷2,"户令·户例"至元八年三月圣旨条画引。
③ 见《吏学指南》"题端"。按怯怜口一词即为 ger-ün kö'üt 音译。则口字在这里恰恰是 kö'üt 的音写,而没有《吏学指南》所辨"口"字的意义。

也不知道它是否很简单地只是漠北私属人口的一种泛称。眼下我们只好绕过怯怜口的问题,着重于研究其他名目的漠北私属人口,他们既为黄金氏族所有,也为一般的千户百户成员所占有。

私属人口:存在于漠北的普遍性

这种私属人口,在漠北或称孛斡勒(bo'ol,蒙语译言奴婢),或者是所谓哈兰(haran,译言人每,详下)的一个组成部分。在汉地和江南地区,显然是因为私属人口中属于军前"被俘获驱使之人"数量巨大,所以称为军驱或驱口。后者在元代并且被用来泛指一般奴婢①。

根据现在所掌握的史料,似已能够较为充分地证明,在漠北千户百户一般成员之下,早已存在着相当数量的各色私属民。至元八年三月元政府发布的关于整顿户计的圣旨条画宣布:"诸迤北随营诸色户计,壬子年籍后前来,随处看守庄子、放牧头匹,或诸处寄留人等,不曾附籍,即目于本使处送纳钱物之人,隶属各主。"②有必要将这个条文与同一文件的下述另一条规定互相参照,对比研究:"迤北随营诸色人等,于壬子年籍后前来,应当差(按:差字似为衍字)军站差役之人,依例开除。"两个条文都是对1252年括户之后进入内地的蒙古人如何承当赋役负担的规定。据后条,壬子年后南下的千户百户成员,分别在内地承担军役或驿站差发,故可依例免去一般民户应当的官差。此外,当时南来的还有另外一种蒙古人,他们本身并不当军或承担驿站差发,来到内地后只是替主人"随处看守庄子,放牧头匹",并且要向主人"送纳钱物"。对这样一批人,元政府并不派以官差,而是承认"本使"对他们的权利,明文规定他们应"隶属各主"。毫无疑

---

① 徐元瑞:《吏学指南》,"良贱孳产"篇,"驱口""奴婢"条。
② 《通制条格》卷2,页2下、页3上。

问,这两种身份不同的蒙古人之间的关系,是早已在漠北形成后带到汉地来的。元政府上述规定,只是从法律上重申在进入汉地的蒙古人中间维持漠北既定社会关系的基本立场而已。

漠北存在大量私属人口的事实,也反映在成吉思汗建立怯薛军的有关规定中间。千户、百户、十户那颜以及一般部众的儿子们在被选入怯薛时,应分别携带数量不等的随从人员:

> 千每的官人每的儿子每教入时,十个伴当(那可惕,nököt)有的、一个弟(迭兀,de'u)他的教随着,教来者;百每的官人每的儿子每教入时,五个伴当有的、一个弟行教随着,教来者;十(原文作千,为十之误)每的官人每的儿子每教入时,白身人的儿子每教入时,三个伴当有的、一个也弟行教随着。……千每的官人每的儿子每行十个伴当每根源,千百处科敛着与着。父自的行与了的份子有呵,他的身子独自的行得了的置了的人口、头匹几多有呵,他的梯己份子行外,咱的限定了的限依着科敛着,那般科敛着整治着与者。百每的官每的儿子每五个伴当,十每的官每的儿子每行、白身的人的儿子每行三个伴当,只也理依着。他的梯己分子行外,只那般科敛着与着。①

---

① 《元朝秘史》第224节旁译。这段话的大意为:"千户那颜们的子嗣入[队]之时,要带十个伴当,[和]他一个弟弟前来。百户那颜的子嗣入[队]时,要带五名伴当[和]他一个弟弟前来。十户那颜的子嗣入队,[并]白身人的子嗣入队时,要带三名伴当[和]他一个弟弟[前来]。……对于各千户那颜的子嗣们,由[其]原属之千户、百户内给他抽拨十名伴当。如果有他父亲所分给的[百姓],或他本身有得来的一些男丁、军马,则除其本身所出之部分外,仍要按照我们所定的限度,给[他]抽拨,给[他]准备。给百户那颜们的子嗣五个伴当;给十户那颜们的子嗣及白身人的子嗣三个伴当,也均按这个办法,在他自己所有的部分之外,照样给[他]抽调。"按:译文中的"百姓",原文作"忽必·客失克(qubi keshig)",旁译"份子"。见札奇斯钦:《蒙古秘史新译并注释》,页334—335。

草原蒙古国的千户百户制度　　　　　　　　　　　　　　　　　　　　61

据上引史文,怯薛的"正员"所携带的随从分为三部分。一为其"弟"(迭兀)。迭兀这个词,既可指亲兄弟,同时在当日蒙古文献中也往往用来指父家长大家庭内的"门限内的奴婢"(详下)。此处的迭兀,指家庭私属人口的可能性较大。二为由所属千户、百户为入宿的怯薛歹"科敛"的"那可惕"。关于此种那可惕的身份,我们所知也甚为有限,不过仍有两点值得注意。首先,他们是来源于千户百户内的"科敛",所以不大像是一般的平民,其地位似应低于一般平民。其次,《元朝秘史》第228节在记载怯薛成员的待遇时,将随从人员一概称为"阔脱臣",旁译作"伴当",总译则作"家人"。第198节该词旁译亦作"家臣"。据《秘史》汉字音写,这是一个前元音字,读为kötöchin;第228节该词中"阔"字旁注"中",把它当作后元音字处理。"中"字实为衍误。老一辈日本学者曾经将元代史料中屡见不鲜的阔端赤(kötölchi)与 kötöchin 相勘同。韩师儒林已指出其误。kötöchi,蒙语译言引导人,侍从①。尽管这些侍从由于成为准怯薛成员而获得了较高的地位,但就其身份而言,他们仍应是其主人的私属。他们基本来自千户百户中的私属人口。随从的第三部分,是怯薛"正员"的梯己分子(奄出忽必),包括从父母那里分得的及其"自置人口"。从这样三类人的身份分析,应该可以确凿而有力地证实漠北私属人口存在的普遍性。

拉施都丁在谈到雪你惕部时写道:"从合罕、海都和脱脱各兀鲁思带来的蒙古人的仆夫中,有些人是这个部落的人。"②拉施都丁的此段记载弥足珍贵。因为出自雪你惕部的众多私属人口,很可能与派往西方的探马赤军由出自雪你惕部之将领绰尔马罕统领一事具有

---

① 见韩师儒林:《元代阔端赤考》,《穹庐集》,页110。
② 《史集》汉译本,第1卷第1分册,页157。

某种联系。

元末曾威福一时的篾儿乞氏伯颜，原来是蒙哥曾孙郯王彻彻秃的"家奴"，"谓郯王为使长"。他做到太师之后愤而出言道："我为太师，位极人臣，岂容犹有使长耶？"他于是诬奏郯王谋为不轨，杀郯王，并杀王子数人。时人遂有"奴婢杀使长"之讥①。伯颜宗族，无疑是拖雷家的私属人口。主奴名分一直保留下来了。他的弟弟马札儿台，亦直到相当晚近时，仍为顺帝世仆。所以顺帝之子爱育失黎达腊，由马札儿台的儿子脱脱之妻哺乳。由是"人皆呼脱脱为奶公"。脱脱子加剌张与爱育失黎达腊同岁。某日二人嬉戏宫中，加剌张背负皇太子绕行殿阶，已而皇太子亦欲负加剌张趋行。加剌张跪称："加剌，奴婢也；太子，使长也。奴婢不敢使使长负。"幼稚的皇太子因不得遂其愿，竟然"啼哭之声闻于帝"②。值得注意的是，在这个例子中，奴婢与使主之间的界限，比君臣界限更加得到强调。蒙古私属人口对于使长的名分观念，即使长期入居内地，即使昔日的奴婢已成为朝廷重臣，依旧未曾消退。

从私属人口中抽编的军队：探马赤军

前面已经涉及蒙古私属人户与探马赤军的关系问题。关于探马赤军，我国老一辈的元史学者杨志玖、贾敬颜等人，国外主要是日本学者，已经进行过很多周密精辟的研究。由于探马赤军，尤其是初期探马赤军的构成和性质，对于证实漠北存在着数量极大的私属民这一点具有十分重要的意义，它理所当然地引起了我们的兴趣。

对探马赤军问题持有各种不同看法的学者几乎都同意，它是一

---

① 权衡：《庚申外史》卷上。
② 同上注。

种"重役军",打头阵的先锋军队,是"去边远处……攻取坚城,受辛苦"的军队,由此可见探马赤军士在蒙古社会内部身份地位之低下。尽管到了元朝中后期,很多蒙古人对作为征服者移居汉地江南颇觉惬意,但是在最初阶段,游牧军队并不适应漠南的自然环境和生活方式。正因为如此,像萩原淳平指出的那样,窝阔台才会将派驻探马赤镇守各征服地区当作自己完成的一项困难事业而加以夸耀。这反过来又说明,承担此种极其困难的镇守任务的探马赤军,确实属于当初的蒙古人里身份地位都比较低微的人们①。

现在能知其族属的早期探马赤部将,几乎毫无例外地都来自被成吉思汗武力征服的那些部落。学者们对这些部将已有很多研究。这里只对其中若干人做一点补充性的考辨。

一个是孛罗先锋。很多学者曾认为他就是木华黎的儿子孛鲁。孛鲁自木华黎死后即袭国王位,乃是木华黎家族主支的继承人。《元史·食货志》"岁赐"门既有木华黎国王,又有孛罗先锋,即说明这个孛罗先锋不可能是木华黎的儿子。何况当时分给孛罗的种田户,也少得与孛鲁国王的地位根本不相称。萩原淳平已经提出,木华黎子孛鲁死于1228年;而根据《元史》卷123《阔阔不花传》,孛罗先锋直到1236年还受命分镇真定。因此,其族属虽不可得而知,但他绝不可能是作为木华黎家族继承人的孛鲁国王。探马赤将领中还有一人,在王恽《中堂事纪》中写作孛罗口,有学者认为他就是孛罗先锋。按《元史·食货志》"岁赐"门,受封者中有"孛鲁古妻佟氏"。孛罗口应即这个佟氏之夫孛鲁古。孛鲁古可能死得较早,其妻在丙申年即已作为遗孀领受封户。王恽虽仍列孛罗口之名。但这一份封赏权

---

① 萩原淳平:《试论木华黎麾下探马赤军》,《东洋史研究》卷32第2号(1977年9月),用潘世宪译文。

利，应是由他的亲属领受的。所以他也不会是孛罗先锋其人。

曾被认为与孛鲁国王有关系的，还有一个《大元马政记》提到的"探马赤查剌温火儿赤"。学者们多以为他就是孛鲁国王之子查剌温，又名塔思。这个查剌温火儿赤，实当为《元史·食货志》"岁赐"门提到的塔塔儿氏塔思火儿赤。据《元史》卷131《忙兀台传》，传主之祖"塔思火儿赤，从太宗定中原有功"，故嗣后得有所封授。塔思即突厥语 tash 的音译，意为石头，而查剌温、赤老温均为蒙古语词 chila'un 的音写，意思同样是石头。有些学者甚至怀疑后者来源于前者。德福对此颇持保留态度①。无论如何，取名为"石头"的蒙古人，既能按蒙古语称为查剌温，亦可按突厥语称为塔思。木华黎孙塔思"一名查剌温"，道理就在这里。塔塔儿部的塔思火儿赤，当然也可以被用蒙语称为查剌温火儿赤。受封仅一百八十余户的查剌温，不可能是勋臣后人塔思国王，而只能是这位塔塔儿氏的将领。

比较早期的探马赤军将领，还有在西川的珊竹氏也速迭儿，汪古氏按住奴、帖木儿父子，以及札剌亦儿部人忒木台。据《元史》卷98《兵志》一，"（大德）十一年四月，诏礼店军还属土番宣慰司。初，西川也速迭儿、按住奴、帖木儿等所统探马赤军，自壬子年（1252年）属籍礼店，隶王相府。后王相府罢，属之陕西省，桑哥奏属土番宣慰司，咸以为不便。大德十年命依壬子之籍，至是复改属焉"。也速迭儿的这支探马赤军，是在他祖父太答儿时隶属礼店的。以后相继由他父亲纽璘以及他本人袭职统带②。其军队之组成，应当以原来的珊竹部

---

① 见克劳逊：《13 世纪前的突厥语辞源学辞典》，页 557；德福：《新波斯语中的突厥、蒙古语成分》卷 2，页 437—438。

② 《元史》卷 129《纽璘传》。

众为主。所以到元末,它在答失八都鲁手里仍被称为"本部探马赤军"①。至于按住奴、帖木儿父子所领之探马赤军,情况不大明朗。其军士或即来源于汪古本部。这支探马赤军似有一部分被帖木儿的侄子步鲁合答带到了云南②。而札剌亦儿人忒木台,据《元史》卷131《奥鲁赤传》,太宗时曾"领兀鲁、忙兀、亦怯烈、弘吉剌、札剌儿五部军平河南"。据《通制条格》卷3《户令》"良贱为婚"条,我们知道他的儿子奥鲁赤万户属于"探马赤军户"。是证忒木台、奥鲁赤所世领的,也可能是较晚才从五部中抽调兵力另外组编而成的又一支探马赤军。这支五部探马赤军,与前面提到的木华黎麾下五部探马赤军,应该不是同一批人。

　　对探马赤军将领们族属的研究,究竟要说明什么问题呢? 与千户那颜们的族属在很多场合反映着构成该千户主体的那些成员的族属相仿佛,我们也力图通过其将领族属的线索,去推究探马赤军士的一般状况。它或许可以帮助我们解开关系到尤其引人注目的五投下探马赤军的两个疑窦:(一)探马赤军既然身份较低微,故专用于拼死打头阵或远征时攻坚"受辛苦",为什么最早组编探马赤军,却偏从蒙古部众中地位较高的五投下开始? (二)五投下或为大汗姻族,或者"亲连天家",与其他千户那颜相比,对所部还多少保留着一点从过去延续而来的人身领属权;而探马赤五部将当中,按札儿和肖乃台是克烈分支秃别干氏人,阔阔不花为塔塔尔人,孛罗则肯定不是札剌亦儿氏的孛鲁国王,可见他们大都甚至全非五投下之同族。用他们去直接统辖五投下本族的军队,何以服众?

---

① 《元史》卷142《答失八都鲁传》。
② 《元史》卷132《步鲁合答传》。

结论只能是,按札儿等人手下的探马赤军士,虽然由五投下征发而来,但并不是札剌亦儿等部本族人,而是被成吉思汗打败后落在战胜者手里沦为私属人口的克烈、塔塔儿等部人众。选派那些在本部族被击溃之前即主动投附成吉思汗并经过大汗考验的亲信骁将,去统率这些由其同族属人口所新编成的军队,专用于最危险、最艰苦的军事行动,这里也兼有充分利用出自同族意识之聚合力的意图。

由此甚至可以进一步推论,当木华黎从五投下私属人口中抽发新军,"分探马赤五部"①时,大概不是以他们原来所属的投下,而主要是以其本身族属作为划分标准的。然则五部探马赤中,当有两部以克烈残众为主体,另有一部主要是塔塔儿人。

以五投下所属私有人口组成的五部探马赤军,当对我们理解一般探马赤军士的身份具有普遍的意义。因此,纽璘、也速迭儿直到答失八都鲁所统领的探马赤军,主要应由沦为私属人口的珊竹部众组成。这个部落虽然也属于尼伦蒙古,"但由于该部落在成吉思汗时代经常起来反对他"②,其成员在战争中被掳掠,从而变成为私属人口者,恐怕不在少数。按住奴、帖木儿父子以及忒木台所部,亦应当是分别从汪古和五投下的私属人口中征集而来的。不过后两支探马赤军,可能都混杂着属于汪古或五投下的各色族属的私有人口,而不再像原先的五部探马赤军那样保持着相对单纯的族别了。这一变化,在探马赤军编制被不断扩大的过程中,或许越来越成为带倾向性的趋势。

在结束有关探马赤军问题的讨论时,我们应该有相当的把握可以断言,在12世纪末至13世纪的蒙古社会里,确实存在着一个相当庞大的私属人口的集合。蒙古对外征服固然大幅度地增加了漠北异

---

① 语见《元史》卷123《阔阔不花传》。
② 《史集》汉译本,第1卷第1分册,页292。

草原蒙古国的千户百户制度

民族私属人口的数量,但与其使主属于同一族类的游牧人群内部的私属人口之存在,在蒙古进行大规模的对外战争之前实际上已经相当普遍了。此种认识,进而又把漠北私属人口在千户百户组织中的地位问题提出到我们面前。

编入千户百户的私属人口:斡脱古孛斡勒

私属人口的来源,有因为贫穷而被卖身的,如伯牙兀氏的马阿里黑用自己的儿子向朵奔蔑儿干换一条鹿腿即是①。另有一些私属人口,可能是其使主们作为财产从父辈那里分得或继承来的。然而,构成私属人口最大部分来源的,包括分家所得或继承的部分在内,还是通过各部之间连绵不断的战争俘获或掳掠的被战败部族成员。当日漠北诸族,不但在直接的军事行动中大量捕掳战败部众,而且也往往在停止军事行动之后,仍将被战败的残部全数作为战利品,在战胜诸方之间进行俵分。成吉思汗与王罕在打败塔塔儿部后,就曾"将塔塔儿共分着共要着"。由于双方是基于作为战胜者的平等权利与地位来"共分"的,所以《元朝秘史》在此处使用由忽必一词所派生的副动词忽必牙勒都周(qubiyalduju)表述这个意思②。

在一方内部的成员之间,同样要进行类似的俵分。关于这一点,术外尼只提到蒙古军对"月儿般的少女"的分配③。赵珙描述在汉地作战的蒙古军说:"凡破城守有所得,则以分数均之,自上及下……敷

---

① 《元朝秘史》第15节、16节。
② 参见《元朝秘史》第134节;村上正二前引论文;N.鲍培:《书面蒙古语语法》,威斯巴登,1954年,页96。
③ 《世界征服者史》,何高济译(据波义耳英译本转译),呼和浩特:内蒙古人民出版社,1980年,页34。

俵有差。"①可是彭大雅却只讲："陷城则纵其掳掠子女玉帛。掳掠之前后，视其功之等差。前者插箭于门，则后者不敢入。"②他似乎对俵分一事无多印象。

在蒙古本部以外的征服地区，俵分的旧制或许未始终贯彻；但在漠北，直至成吉思汗建国，此制一向沿袭未改。《元朝秘史》记载帖木真分配克烈百姓甚详。它说："那些克烈亦惕百姓屈下着，各各分着（忽必牙周）房了"；"克烈亦惕百姓掳着，任谁行也不曾缺少了，共散与了。万秃别坚行共散着够了共要了，斡栾董合亦惕整日行不到教房了也者。血有的剥脱好要的只儿斤勇士行劚开着分着共到的不能了"③。

由先前的讨论可证，蒙古千户百户制度的建立，实际上是从癸亥、甲子年间开始的。乃蛮的征服在此之后。那么，在打败乃蛮以后，它的溃众究竟是作为私属人口尽数分配了呢，还是被吸收进业已确立的千户百户组织，做了其中的一般成员呢？这个问题之所以重要，因为乃蛮与克烈一样是当日漠北人口众多的大部落，"在诸部中最为盛强"④。因而对乃蛮、克烈残众的处置方式，是我们研究那时候蒙古社会关系所不容忽略的。史料提到纳忽昆山决战后，帖木真乘大胜之势将阿勒台山前的乃蛮百姓"穷极着收了"⑤。由于将战败溃散的部民"尽绝教共分了"的现象，灭乃蛮后不久仍在发生⑥，乃蛮残部恐怕亦难免于此种命运。大战次日，原先追随太阳罕但尚未直

---

① 《蒙鞑备略》。
② 《黑鞑事略》。
③ 《元朝秘史》第186节、187节。最后一句的意思是说："把［性好］血战掠夺的只儿斤氏的众勇士解散，［但］不够分"。见札奇斯钦：《蒙古秘史新译并注释》，页250。
④ 黄溍：《答禄乃蛮氏先茔碑》，《黄金华集》卷28。
⑤ 《元朝秘史》第196节旁译，此处总译作"尽收捕了"。
⑥ 《元朝秘史》第198节。

接参战的"朵鲁班、塔塔儿、哈答斤、散只兀四部亦来降"①。对于他们则恐怕不会都作私属人口分配了,很可能是被置于接受他们投降的诸那颜管下。拉施都丁说,珊竹氏之"一部分变成了其他蒙古部落的下属"②。他的意思就是,他们成了其成员主体出自其他部落的那些千户中的组成人员。癸亥甲子间的六十五千户在1206年会扩大为九十五千户,同这次收编诸部也应该有一定的关系。

在战胜一方成员中被大面积分配的私属人口,在13世纪初两次编制千户百户时,究竟是由于仍然承认本使对他们的权利,因而未被作为一般千户百户成员计入军队数目当中呢,还是像他们的本使一样,成了千户百户中的编户齐民?这个问题,因为夹缠着下述两方面的原因,变得相当复杂。一方面,掳掠乃至分配战俘作为私属人口的现象,成吉思汗之前在蒙古游牧民族中已经存在了相当长的时期。较早沦为私属人口的游牧民,在若干世代当中,他们的地位逐渐发生变化,而与新近掳获或被分配的私属人口有所不同。另一方面,有一些较早时期被征服的部落或部落分支,除了交战过程中损失的那一部分人口,其主体并没有被完全打散分配,至多分成了若干部分,分别隶属于胜利一方统治家族的各个支系,作为附庸部落(或附庸部落分支)而受支配。对于这一类附庸部落,以及过去和后来从他们中间散失到各处的部分私属人口,其地位亦应与部落完全离散了的私属人口有所区别。

13世纪之初,确实还存在着整个地沦为附庸部落(或附庸部落分支)的游牧集团。国内外学者中都有人倾向于否认这个事实,但似

---

① 《元史》卷1《太祖纪》。又据《元朝秘史》第196节,来降者还包括泰赤兀之一支。
② 《史集》汉译本,第1卷第1分册,页294。复按波斯文,"属下"一词,德黑兰刊本(页141)作 tāba',列宁格勒刊本(页479)作 muṭ aya'。

乎都未提出坚实充足的论据。伯牙兀惕部一支，早自朵奔篾儿干时起就变成了后者的附庸部落，并且是朵奔篾儿干后裔世代相传的斡脱古孛斡勒（详下）。这个附庸部落的成员，当然有很多已经星散成为尼伦家族各支系的私属人口。但是，直到蒙古建国前夕，由汪古儿统辖的它的一个分支，作为把儿坛把阿秃儿长支蒙格秃乞颜家族继承下来的份子，仍然保持着自己的"圈子"。它随蒙格秃乞颜的敞失兀惕部一起投奔帖木真，又被编在同一翼内参加十三翼之战，始终与它的宗主部落一起行动。最后，他们分别成为大蒙古国的千户。

敞失兀惕部与这支伯牙兀惕部众的关系，在当时并非绝无仅有的现象。帖木真方面十三翼军马的第五、第六两翼，亦即乞牙惕主儿乞部与其所属的札剌亦儿部，显然也是如此。札剌亦儿部中有若干部众，海都时沦为私属人口，也是成吉思汗家祖祖辈辈的斡脱古孛斡勒。不过他们的部落亦未完全被离散。伯希和曾提到挑起帖木真与札木合之间交恶的札惕氏搠只塔儿马剌说，他虽然属于帖木真的孛斡勒，"可是这些札剌亦儿人还是保持着部族的组织"①。搠只塔儿马剌所在，是否构成一个单独的附庸游牧集团，实际上史无明征。不过由乞牙惕氏长支薛扯别乞和泰出两人继承的札剌亦儿人，根据《史集》有关十三翼大战的记载，可以认为还保持着自己的部落组织。直到薛扯别乞和泰出的主儿乞部被帖木真并灭，他们所属的札剌亦儿部遂亦改属帖木真，其首领孔温窟洼并将自己的儿子木华黎等分别献给帖木真和合撒儿。以后木华黎带领的三千户札剌亦儿，可能就是以这些部众为主体构成的。

顺便说，按照这样的理解，《圣武亲征录》关于这两翼军队的简略

---

① 《圣武亲征录译注》，页25。

记载,"札剌儿及阿哈部为一翼",似乎也可以读通了。学者们对这一句话做过许多种猜测。伯希和在法文译文中虽然依汉字作了逐字翻译,但在释读这句话时却颇为踌躇不决。他不大赞成屠寄"大胆地"将阿哈与《元朝秘史》第 120 节中出现的阿儿孩合撒儿相勘同。他说,看不出为什么《史集》要将主儿乞和札剌亦儿合记为两翼。也许是他们各为一翼,而《圣武亲征录》漏载主儿乞一翼;也许是《圣武亲征录》的汉文翻译有误,或者此处阿哈仅指札剌亦儿首领而言①。《史集》将主儿乞与札剌亦儿合记为两翼,其实是因为这里的札剌亦儿系指主儿乞附庸部落而言。《圣武亲征录》的意思似很清楚。阿哈部即指主儿乞部。突厥-波斯的合成词 āqā wa īnī,在拉施都丁书中作为集合名词,意谓"族人"。其中 āqā 和 īnī 分别源自突厥语 aqa（兄长）和 ini（弟弟）。这个词汇在蒙语中作 aqanar de'üner,分别为 aqa（兄）、de'ü（弟）的复数形式,意指宗人、兄弟。主儿乞氏是乞颜长支,成吉思汗当然就以阿哈部称之。《圣武亲征录》所记不误。

似乎很难绝对地拒绝把这种附庸部落分支看作其宗主成员私属人口的观点。可是另一方面,正如前面已经说过的,隶属于黄金氏族成员的私属人口,与它的领属民之间,存在着某种同一化的可能或趋势。而附庸部落的占有形式,限制着宗主家族的成员对其中大部分私属人口实行直接的人身役属,因而也就愈益加强了这种既有趋势。结果,随着时间的推移,附庸部落便逐渐从宗主家族的私属人口向使主家族一般领属民的地位靠拢。他们在建立千户百户组织时,以编户齐民的身份计入军马数目,这是非常顺理成章的。

札剌亦儿、巴牙兀惕等附庸部落,在当时拥有斡脱古孛斡勒的称

---

① 《圣武亲征录译注》,页 67、68。

号。这个名词,由于弗拉基米尔佐夫的误读而以兀纳罕孛斡勒(una'an bo'ol)的形式广为流传。该词后来由伯希和校读为 ūtākū būghūl,认定它就是蒙语 ötögü bo'ol 的转写①。从字面上看,这个词仅仅是"老奴婢"的意思。然据拉施都丁解释,"斡脱古孛斡勒的意思是说,他们都是成吉思汗祖先的奴隶和奴隶的后裔。有些人在成吉思汗时代立过值得嘉奖的功绩,确立了[蒙恩的]权利"②。他在其他地方提到斡脱古孛斡勒时,大都也同时指出这是一种受尊敬的、尊贵的称号。

从《元朝秘史》对 ötögü 一词的用法来看,拉施都丁的解释颇有根据。成吉思汗登上大汗宝座以后,回想起他的个人护卫跟随他出生入死、昼夜辛劳的忠诚,遂下令:"如今将我这吉祥至诚的宿卫,教呼作老宿卫(ötögüs kebte'ül)的者;斡哥列扯儿必入班的七十个散班,教呼作大散班(yekes turqa'ut)者;阿儿孩的勇士每,教呼作老勇士(ötögüs ba'atu'ut)者;也孙帖额等带了箭的,教呼作大带弓箭的(yekes qorchi)者。"③在这里,"老"与"大"交替使用,都含有大汗亲领的、地位高的、尊贵的、有功劳的,或诸如此类的意思。这样的解释,与蒙汉合璧的元代碑铭中以汉语"元勋世臣"与 ötögü bo'ol 相对译的著名例证,也完全相符合④。是否只要属于"祖先的奴隶和奴隶的后裔",即可以斡脱古孛斡勒称之,我们没有把握。弗拉基米尔佐夫是这样理解的。但是即使采取最保守的态度,仍然能由此获得下述具有一般意义的结论:从追溯过去的宗主与附庸部落关系的历史角度判析,

---

① 《圣武亲征录》,页85。
② 《史集》汉译本,第1卷第2分册,页14。
③ 《元朝秘史》第230节总译。
④ 参见亦邻真:《关于11、12世纪的孛斡勒》,《元史论丛》第3辑(1986年)。

后者的名分地位,无论如何仍然属于孛斡勒的身份。这一点,对我们了解孛斡勒一词内涵的幅度,是十分有益的。

自然,即使较早阶段的私属人口,亦并非全部是以保持着附庸部族组织的独立实体存在的。也会有很多离散人口个别地隶属于各个本使家族。他们或者由于下一次战争的失败,与本使一起沦落为别的主人的私属人口,或则随着时间推移,由于在履行对使主义务方面所积累的功绩,同时也随着新私属人口的不断增加,作为"老的"私属人口而可能拥有自己的私属人口。他们与本使之间好像有着越来越多的共同利害,二者的界限则逐渐趋于淡化。

关于中古蒙古社会关系的这一特点,日本学者萩原淳平有一段话非常值得参考。他说,若论蒙古军的先锋军,就其社会阶层而言,"原则上是最底层的人们来干的。……先锋并非由军事力量的优劣来决定。军事实力衰落下去的话,也不能改为预备军或绕到后方去,弱了就是全军覆灭。反之,全力以赴则能胜敌,得到了投降的人,就将这投降者作下次战役的先锋军。以前的军队便开始到第二线了。这样,经过多次战争,如果获胜,社会阶层便逐渐一级一级地升高了。……蒙古社会并没有阶级分化,而是由阶层累加逐渐庞大的。相对早期参加成吉思汗政权的部落,社会地位便日益向上了,处于顶点的是成吉思汗及其家族。权威也可以说是与此相应逐渐加高的。因此,探马赤军做先锋的时候,应该看作当时成吉思汗及其后继者政权下的最低阶层的"[①]。萩原从探马赤军的特定主题所生发的这番议论,提示了一个对描述古代蒙古的社会政治体系非常有效的概念。说当时蒙古社会还没有阶级的分化或许稍失之偏颇,但如果说它的

---

① 萩原淳平:《试论木华黎麾下的探马赤军》,《东洋史研究》卷36第2号(1977年9月),据潘世宪译文。

阶级分化过程具有特别突出的"阶层累加"的形式和特点,则又十分接近历史的事实。所以,到组编千户百户时,较早先的私属人口,即使未保持附庸部落的组织而是离散于使主所在的各部中间,也很可能同样地成了编户齐民。汪古儿的千户,除了一向由他统带的那些部众以外,还包括从各处收集起来的分散的伯牙兀惕氏人,就可以看作一个很好的例证。

属于千户百户成员的驱户和门户内奴婢

上面说的,主要是早期私属人口在蒙古建国时的去向问题。这只是问题的一半。在建国之前的十数年中间,帖木真先后并灭了蒙古高原上许多大部,如篾儿乞、塔塔儿、克烈、乃蛮等。同时他也用武力击溃了与之敌对的尼伦蒙古的很多支系。现在要问,对于这个阶段中沦落到私属人口地位的游牧民,在组编千户百户时,又是如何处置的?

蒙古文献多少客观地反映出蒙古千户百户中存在着克烈、乃蛮、塔塔儿、篾儿乞等族属出身的一般军队成员的事实。他们大都是作为成吉思汗对于与他们同族的某些功臣或亲信特许的恩赏(莎余儿合勒)而被收聚起来,并归于他们统领的。克烈部人怀都的千户,由部分董合亦惕和其他克烈分支的部民组成①。合赤温后王分得的诸千户,其那颜分别是乃蛮人兀惕撒兀带兀只合失国王、兀良合惕人抄儿寒和佚名的塔塔儿人。"因为这三千人大多数是乃蛮、兀良合惕和塔塔儿人。"拉施都丁还特地指出,兀惕撒兀带是乃蛮分支的名称,兀只合失是人名,国王则是对其人的尊称②。出自塔塔儿部的成吉思汗

---

① 《史集》汉译本,第1卷第1分册,页220。
② 同上书,页71。

妃子也速伦、也速干姊妹有一个兄弟忽秃忽惕,是成吉思汗左翼的千户那颜①。其部众亦应以塔塔儿人为主。在伊朗的蒙古军队中也有很多塔塔儿士兵②。另据王恽《乌良哈氏先茔碑》,速不台西征东归后,曾主张"以篾儿乞、乃蛮、怯烈、杭斤、钦察等千户别为一军"③。可见篾儿乞部众也有被编入蒙古军的。

绝不应该想当然地认为,蒙古千户百户中那些出自被灭亡部落的军士们,全都是建国时由私属人口转变而来的。除了各种其他情况而外,其中相当多数实际是先于本部族的灭亡就投奔了成吉思汗的人。例如克烈部在同成吉思汗交战中倚为主力军的一个分支秃别干部,它的一支却很早就投奔了成吉思汗。据《史集》,十三翼之战时,帖木真的第三翼内有"克烈一个分支的……部"。贝勒津凭空以只儿斤氏填入缺文,受到伯希和的批评。伯氏采纳《圣武亲征录》相应段落之"秃不哥[列]逸敦"(tübe'ü[t]-ke[re]yid-ün)校读《史集》,认为该处缺漏的克烈分支应称为秃不干氏,亟应从之④。

所以,我们的结论是,蒙古建国不久之前刚刚作为战利品被分配掉的那些私属人口,如果有的话,至多也只是其中一部分,在组编千户百户时,以编户齐民的身份被计入军队数目。其余大多数,则是构成13世纪初叶蒙古社会内部私属人口的重要组成部分。只是随着对外征服战争的步步推进,在蒙古人口外流的同时,流入蒙古本部的异族私属人口比重急剧增大,这种情况大概才开始改观。否则,我们非但无法解释为什么向外扩张前的漠北即已有相当数量的私属人

---

① 《史集》汉译本,第1卷第1分册,页179。
② 同上书,页180。
③ 《秋涧集》卷50。
④ 《圣武亲征录校注》,页56。

口，而且也难以理解扣除了吾也而和耶律秃花两部各万人，为什么全蒙古总共只能组织起十二万人的兵丁（包括一万怯薛军）。

如上所述，在较早即被征服并得以保持着自身部落组织的附庸部落与其宗主家族之间，很难充分地发展起本使与其私属人口之间的那种直接役属关系。最为典型的私属人口，乃是父家长制下的门户内奴婢。蒙古语作孛莎合因孛斡勒（bosoqa-yin bo'ol），译言"门限内的奴婢"，或额乞阒讷奄出孛斡勒（e'üden-ü emchü bo'ol），译言"门内的梯己奴婢"[1]。这些门户内奴婢，受本使家族的役属，为他们从事各色各样的生产和家内劳动，由本使提供生活资料。本使对其私属人口的人身占有，清楚地表现在缔结这种从属关系时的誓约中："若离了你的门户呵，便将脚筋挑了，心肝割了"；"若离了时，便将他性命断了"[2]。这是札剌亦儿附庸部首领孔温窟洼将自己亲属献给帖木真家族作人质时说的一段话。这种附庸部落从名分地位说，属于孛斡勒范围。所以它的质子在宗主家庭内仍被当作门户内的奴婢来对待。从这一点来说，上引誓约对我们理解本使和门户内奴婢的人身役属关系，具有一定程度的普遍意义。

在最极端的情形下，某些门户内奴婢的地位，似稍接近于经典意义上的奴隶。元朝中叶被辗转贩卖到漠北的一名汉人牧奴，叙述他的亲身经历说："主人以察罕名我，且授皮衣一袭、羊二千余头，命服而牧之。且戒曰：'羊有瘠者、伤者、逸者、无故物故者，必汝挞。'"[3]地位最低的门户内奴婢，后来多为来自异族的私属人口。而对于同族的私属人口，则这种奴役多少还带着一层父家长制形式下的温情

---

[1] 《元朝秘史》第137节。
[2] 《元朝秘史》第137节总译。
[3] 张养浩：《佟锁住传》，《归田类稿》卷11。

薄纱。本使家族成员称呼同辈的门户内奴婢为弟（迭兀，de'ü）。成吉思汗对背弃他而去投靠王罕的门户内奴婢脱斡怜，在历数他们之间世代隶属的关系后说："你是我祖宗以来的奴婢，我唤你做弟的缘故如此。"①

除了父家长家庭所容纳的门户内奴婢，13世纪初叶蒙古社会中的私属人口，还有另外一种相当普遍的存在形式。他们有自己的家庭，带着属于自己的牧畜、帐幕和简单生产工具归属于本使，同时并没有失去上述财产。于是，若干个这样的私属人户，便可能与本使家族一起，形成一个阿寅勒，随同本使一起游牧。由以上关于斡脱古孛斡勒的论述可以知道，孛斡勒的概念，本不仅限于住在本使的父家长家庭内并受其役使的门户内奴婢。其内涵还包括那些住在本使家庭之外，但属于他私人所有的人户。不过在蒙文文献中，更一般的情况是，后面这一部分孛斡勒，往往与作为黄金氏族一般属民的普通蒙古部众同样，被称为哈兰（haran）。

对哈兰一词的解释颇为困难。按《元朝秘史》中的用法，它在许多场合被汉译为一般意义上的"人""人每"。此外，蒙古学家们一般都同意，这个字在中古蒙古语里，或许带有臣仆、处于属民地位的百姓的含义。札木合被擒获后向成吉思汗指控出卖他的伴当，提到了"下民"（哈喇出，qarachu）、孛斡勒与罕，以及孛斡勒、"家人"（捏坤，nekün，指女奴婢②）与"本主"（不敦额毡，büdün ejen）之间的从属关系。成吉思汗在他的答复中则两次强调"古温"（gü'ün）与自己的罕

---

① 《元朝秘史》第180节总译。
② 《圣武亲征录译注》，页49。

(tusqan)、哈兰与自己的罕之间的领属关系①。在这段文字中,哈兰的概念既与古温相当,意为泛指的"人",同时也可以理解为与哈剌抽和孛斡勒的集合相当,泛指各种性质的领属民。正像 emchü-inchü 可指不同层次上的"梯己份子"一样,哈兰也被用来指称不同层次上的属民。如果门户内奴婢可以被认为是父家长家庭中的准家庭成员,那么,本使的私属人户就构成了哈兰人口中地位最低的一个层次。汉文文献中,"家人"往往不仅是指门户内奴婢,也指这种私属人户而言。

上述私属人口虽然已自立门户,但仍要为本使的家庭提供各种各样的服务。一个服侍帖木真妻子的老妇人豁阿黑臣对前来搜寻其使主的篾儿乞人们说道:"我帖木真的有,大家里羊剃来了,家自的行回着有来。"②引文第一句话,伯希和译为"我属于帖木真的"③。所谓"大家",相对于同一阿寅勒之内的诸哈兰人户,指支配该阿寅勒的使主家庭而言④。也客扯连弟弟的"哈兰"乞失里黑和巴歹,负责为其主人牧马⑤。他们正是在送马奶到主人家里时,偶尔发现克烈部企图谋害帖木真,并因当夜便向帖木真暗送情报而立了大功的。著名的锁尔罕失剌老人,也是泰赤兀部合丹太师之子脱脱格的"哈兰"。"[他]家的记号,是把鲜马奶子灌到[盛]酸马奶子[皮囊]里。从夜间一直拌搅到天明。"⑥这显然是在为其本使家族提供捣酸奶子的服役。

---

① 《元朝秘史》第 200 节。"不敦"的读法,见村上正二:《蒙古秘史日文译注》卷 2,页 337—338。
② 《元朝秘史》第 100 节旁译。
③ 伯希和:《元朝秘史蒙文复原及一至六卷法译》,巴黎,1949 年,页 143。
④ 村上正二:《蒙古秘史日文译注》卷 1,页 168 注 3。
⑤ 《元朝秘史》第 169 节。
⑥ 《元朝秘史》第 146 节、85 节。此处用札奇斯钦译文,见《蒙古秘史新译并注释》,页 92。

被称为哈兰的私属人户,对其本使还有一种很重要的义务。那就是在本使需要时,把自己的子女送到前者那里去做家内奴婢。据拉施都丁,锁尔罕失剌作为脱脱格的哈兰而自立门户。他的儿子赤老温,却在本使处充当 khawāṣṣ。《史集》俄译者将 khawāṣṣ 译为"个人的军队"(личные войска),汉文转译本作"亲军"①。而《亲征录》则简单地写作"脱脱哥家人"。按,khawāṣṣ 是波斯语 khāṣṣ 的复数形式。在花剌子模朝,凡属于沙的私人仆役、私人卫军、宫廷近侍等私属人员,统称为"khāṣṣ 人员"②。因此,khāṣṣ(khawāṣṣ)最基本的一点,即他是为主人所私有和直属的。锁尔罕失剌与赤老温都是脱脱格的私属人口。赤老温之为 khawāṣṣ 而有别于锁尔罕失剌,也就相当于门户内的奴婢与哈兰之间的差别。充当怯薛军的各级那颜及白身人子弟,按规定需携带数量不等的私人侍从。这些人实际上就是被从相应千户百户成员的私属人户中抽出来,做了前者的门户内奴婢的。孔温窟哇向成吉思汗输质,从这支札剌亦儿属于乞颜氏世袭孛斡勒的角度,亦可看作私属人户向本使家族提供门户内奴婢一个例证。

根据以上分析,漠北私属人口的两大部分,即门户内奴婢和被称为哈兰的私属人户之间,是互相联系的。从小被收养,或在战争中被掳掠,或者由哈兰身份的父母献给本使的门户内奴婢,一旦娶妻生子,亦可另立门户,自置家产,但仍要以各种形式为本使服役,包括把子女送去,继续做本使的门限里的奴婢。我们于是看到,门户内奴婢怎样转化为哈兰③;而在需要的时候,本使又怎样从哈兰中获得足够

---

① 《史集》汉译本,第 1 卷第 2 分册,页 117;俄译本,莫斯科,1952 年,页 90。
② 彼特鲁舍夫斯基:《13、14 世纪的伊朗农业和土地关系》,页 240。
③ 一部分战俘,恐怕从最初起就以私属人户(即哈兰)形式为本使占有。显然不是所有的哈兰都必须经由家内奴婢转化而来。

数量的门户内奴婢。对那些处于显赫地位的本使的哈兰们说来，向主人提供门户内奴婢，或许不仅不是强迫的负担，甚至还成为一种荣耀和幸运。我们还看到，依照"阶层累加"的特点，由门户内奴婢、私属人户（哈兰）、一般部众的逐级嬗变，使蒙古本族大多数成员的实际社会地位，逐渐地趋于一致。对于进入汉地的蒙古人来说，这种差别在名分上或许被各色户计的划分相对固定了。但是这种划分对于蒙古本部社会关系的发展，影响甚微。

哈剌抽和白身人的身份

除了已经提到的那些，当时文献中还有两个常见的身份术语，即哈剌抽（qarachu）和白身人（düri-yin gü'ün）。它们在千户百户的内部结构中又应居于何种位置呢？

哈剌抽，《元朝秘史》旁译作"下民"。它的意思是平民百姓出身的人、臣仆。自成吉思汗时代起，该词尤指非黄金氏族出身的人们。哈沙尼《完者都史》记载诸王钦察与诸王巴剌的异密札剌亦儿歹相訾。钦察说："你是什么人，居然干预我们宗亲之间的事情。"札剌亦儿歹回答："你要问我是什么人，我不是你的奴仆。我是巴剌的奴仆。"钦察说："一个哈剌抽有什么资格跟成吉思汗的子孙在一起说三道四，竟使你这样的家伙给我如何无礼的答复?!"可见哈剌抽包括替黄金氏族效力的那颜或异密们在内①。札剌亦儿歹自称巴剌的"奴仆"，波斯文作 bandah，拉施都丁有时也用这个词翻译蒙语的 bo'ol。但是，在很多需要确指字斡勒身份的场合，他往往将 bo'ol 一词引入波斯文，而以 bandah 泛指黄金氏族的所有臣民、臣仆②。上引史文中

---

① 参见德福：《新波斯语中的突厥、蒙古语成分》卷1，页397。
② 《史集》汉译本，第1卷第2分册，页15。

的 bandah,显然属于后面的那一层意思。弗拉基米尔佐夫把哈剌抽等同于黄金氏族、诸那颜以及"白身人"等所拥有的字斡勒和斡脱古字斡勒,德福对这一点提出质疑是很正确的①。

关于"白身人",弗拉基米尔佐夫解释这个词的时候,引用了卡法罗夫将秘史汉文总译翻译成俄文时所采取的词组 лыди свободного состояния。евободного 这个词,兼有"自由的""空闲的"等含义。弗拉基米尔佐夫按照"自由身份的人"来理解卡法罗夫的原意。因而他将"白身人"解释为处在那颜之下的各种平民中间地位最高的一类;在他看来,哈剌抽也是平民的一种,但地位低于白身人②。札奇斯钦称白身人为"家世清白之人",认为他们属于自由民中的上层③。也有学者认为,白身人属于哈剌抽的一种,但属于其中地位较高者。

将"白身"与"清白",因而又与较高的社会地位联系在一起,似有望文生义之嫌。其实,田清波早已指出,"白身人"的意思,只是普通人、普通百姓而已。汉文"白身"所对译的蒙古语词 düri,《华夷译语》又作"闲",即"未尝担任官职"的意思④。白身,即所谓 düri-in gü'ün,译言不做官的人。王恽在元初上书,主张对怯薛歹加散阶。他在奏章中写道:"切惟自古殿庭之间,内而近侍,外而宿卫,凡有职掌,俱带散阶。理无一概白身领宫掖之事者。"⑤此处白身的意思,就是没有做官的意思。村上正二日译《元朝秘史》已介绍田清波之说,作

---

① 德福:《新波斯语中的突厥、蒙古语成分》卷1,页398。
② 《蒙古社会制度史》,俄文本,页118。
③ 札奇斯钦:《蒙古秘史新译并注释》,页258、页260注5。
④ 田清波:《元朝秘史中的若干段落研究》,《哈佛亚洲研究》卷15(1952年),页382—383。
⑤ 王恽:《论怯薛加散官事状》,《秋涧集》卷84。

了正确的解释①。因此,所谓白身人,应该是指哈剌抽之中没有做那颜的那一部分人。也就是说,他们是哈剌抽中间地位较低的人们。

四 千户百户内部的社会关系

直接生产者及其地位

在分析千户百户中人们不同的身份和社会地位的基础上,可以如何界定当日蒙古社会的性质呢?

仅仅从逐级地分民分地这一点着眼,即使把千户百户纳入这个等级分封结构,它也至多只是一种统治形式。如像相当一部分西方学者认为的那样:"封建主义最初是一种统治方式,而不是经济的或社会的制度。尽管它显然改变了社会和经济环境,而且也被后者改变着。"②被克莱德称赞为"既有学术性又有简单美(simple elegance)"的梅特兰关于封建主义的定义说:"我们或许可以将'封建主义'表述为这样一种社会状态,其中所有或者大部分的公共权力和责任,都与土地的享有不可分割地交织在一起。在那里,整个控制体系,财政的、军事的、法律的,都是私有财产法的一部分。"③以上的表述,不能完全等同于经典意义上的封建制度。中国西周时代的封土建侯制度,至今仍被许多学者认为是奠基于奴隶制生产关系的上层建筑。近些年来,我国学术界比较流行的看法,既把大汗、诸王、千户、百户

---

① 村上正二:《蒙古秘史日文译注》卷3,东京,1976年,页41。
② 斯特莱耶和库勒邦:《封建主义的观念》,载库勒邦等:《历史上的封建主义》,普林斯顿,1956年,页4。
③ 梅特兰:《英国宪法史》,剑桥,1950年,页22;转引自克莱德:《封建主义与中世纪达靼人的制度》,《社会和历史的比较研究》卷1(1957年)。

置于逐级授民授疆土的同一系统的等级分封结构中,同时又认为它们"在本质上都是奴隶制的领地"。尽管具体结论还可以深入讨论,但这些看法本身已充分地反映出,分封制度与封建生产关系之间并没有必然的联系。按照经典作家的指示,决定社会生产关系性质的,是直接劳动者的地位(当然这一点又取决于生产资料归谁所有),而不是参加剩余劳动分配的那些中间层次之间的关系。

那么,蒙古千户百户组织里的直接生产者,或者更准确地说,当时蒙古社会主要生产部门即游牧经济中主要劳动的承担者,又是什么人呢?

对这个问题,过去曾经有两种看法。或者认为他们是一般部民的私属人口,相当于本文中的孛斡勒和作为私属人户的哈兰。或者认为他们包括一般部民和他们的私属人口在内,前者被弗拉基米尔佐夫称为"普通战士",他所指的是千户百户的一般成员,甚至包括十户长[1]。这样,对于千户百户内部社会关系根本性质的不同观点,也就分别地取决于对蒙古社会的私属人口,乃至一般蒙古部众及其私属人口在社会生产中之地位的各种不同估计。

近几年来,中国学者们颇倾向于把千户百户编制下的普通蒙古部众一概视为其领属者的奴隶。要使这种观点能够成立,从理论上说,那就需要把一般千户百户成员与黄金氏族(而不是与各级那颜)间的人身领属关系理解为绝对人身占有。然而这些普通蒙古部众从开始被编入千户百户组织时,即有相当部分各自拥有着数量不等的私属人口。如果他们自身业已成为"他人底或社会底自然生产条件"[2]而被完全占有,他们怎么还能够去占有(哪怕是不完全占有)属

---

[1] 《蒙古社会制度史》汉译本,页113、118。
[2] 参见马克思:《政治经济学批判大纲》第3册,页114。

于他们自己的那些孛斡勒和哈兰(私属人户)呢？于是,我们只好修正经典意义上"奴隶"概念的最基本的规定性,以便将这种不完全的人身占有纳入奴隶制范畴。然而一经上述修正,经典意义上"奴隶"的内涵,究竟还剩下多少呢？

认为千户百户内部的阶级关系是奴隶制关系的另一种观点,把孛斡勒和其他私属人户归为使主的奴隶。根据前文的分析,私属人户与主人之间虽然有一定的人身隶属关系,但是他们有自己的家庭和财产,一部分甚至还有他们自己的私属人口①。如果我们坚持"奴隶"之经典定义的质的规定性,那么这种私属人户,显然更接近于部分失去人身自由的农奴。马克思写道,"还有一种关系——在这种关系中,劳动者本身、活的劳动能力体现者本身,还是直接属于生产的客观条件,而且作为劳动能力的体现者,他们被占有,因而成为奴隶或农奴"②。经典作家的这段话指出,直接劳动者本来是生产的主观条件,但是在某些历史阶段,他们自身被他人或者国家连同生产资料一起作为生产的客观条件来占有,由是形成奴隶制的或者农奴制的生产关系。在什么情况下它是奴隶制的,在什么情况下它又是农奴制的呢？于是我们又回到了前面的问题。毫无疑问,只有当这种占有是一种完全的人身占有时,直接劳动者才成为奴隶。否则,他就应当是封建的农奴,被称作哈兰的私属人户与其本使之间的关系,本质上只能属于后一种封建的隶属关系。

那么孛斡勒的性质又怎么样呢？现代蒙语确实用 bo'ol 来对译经典著作中的奴隶一词。但历史上的阿尔泰语诸人群对"奴隶"的概

---

① 例如拉施都丁说锁尔罕失剌是"带着家口和部属"一起投奔成吉思汗的。《史集》汉译本,第1卷第1分册,页284。
② 马克思:《资本主义生产以前各形态》,北京:人民出版社,1956年,页37。

念,往往是在其内涵和外延的不同层次上很宽泛地加以使用的。隋朝使臣虞庆则建言突厥沙钵略可汗向隋廷遣使称臣。"沙钵略谓其属曰:'何名为臣?'报曰:'隋国称臣,犹此称奴耳。'沙钵略曰:'得作大隋天子奴,虞仆射之力也。'"①这里的"奴",无疑是突厥文苾伽可汗碑中"本奴隶者自有奴隶,本婢妾者自有婢妾"一语所谓奴隶本义的伸延②。与孛斡勒相当的满语单词 aha,译言奴仆,奴才③,即指奴户仆役,又用作满族大臣对清朝皇帝的自称,汉族官员欲求为奴才亦不可得④。不仅需要对名词的内涵和外延加以区别,即使就奴隶一词的内涵本身而言,它在长期的历史变迁中,也不是始终如一的。因此我们只能根据孛斡勒在彼时彼地的具体经济状况去判断他们的阶级地位,而不是相反。

不应该机械地割断孛斡勒和哈兰之间的联系而去孤立地考察孛斡勒。他们虽一度被本使的父家长家庭所占有,但往往在若干年以后即转为与本使分另立户的私属户计。这种在本使家中被当作迭兀("弟")对待的孛斡勒,实际是为他本人的家庭或者为他的哈兰身份的父母家庭向本使支付的封建的劳役服务。孛斡勒与哈兰一样,是封建的隶属关系下的游牧生产者。

上面所说的这种生产关系,在蒙古对外征服战争导致大批异族孛斡勒流入蒙古本部的情形下,是否发生了什么变化呢? 没有充分的材料使我们得以比较详细地回答这个问题。能够大致加以推断

---

① 《隋书》卷 84《突厥传》。
② 突厥文苾伽可汗碑东面第 18 行,见韩师儒林:《突厥文苾伽可汗碑译释》,《禹贡》6 卷 6 期(1936 年)。
③ 《蒙古语大辞典》,影印日本陆军部编印本,页 852—853;羽田亨:《满和辞典》,东京:国书刊行会,1972 年,页 7。
④ 见陈垣:《释奴才》,《陈垣史学论著选》,上海:上海人民出版社,1981 年。

的,恐怕有以下几点:首先,彭大雅说:"牧者谓之兀剌赤。回回居其三,汉人居其七。"①据此遽然断定漠北的畜牧业生产当时已完全由外族劳动者所承担,那是十分危险的;但是这种异族孛斡勒已构成蒙古社会生产主要承当者中的一个重要组成部分,则没有问题。这与元朝中叶佟锁住说的"同牧者十数辈,皆中国良家子,为奸民所贩至此",亦能符合②。其次,这些异族孛斡勒,在相对而言比较长的时期里,可能会受到比同族孛斡勒更差的待遇,而且也更难于改变自己的恶劣处境和低下的地位。他们所从事的,在很大程度上或许可以说是奴隶劳动。但是没有确凿的材料帮助我们判断,这种奴隶劳动在整个社会生产中究竟占据什么样的比重,或者它是否已经在畜牧部门的生产方式中居于支配的地位。第三,只要是在沉重的奴役和不易适应的自然和文化环境中终于生存下来并繁衍后代的异族孛斡勒,他们或者他们子孙中的大部分人,经过若干年代,必然地被蒙古族所同化。没有什么理由认为他们将会世代保持着与蒙古孛斡勒不同的身份地位,并且永远处在蒙古社会的最底层。至少在对外扩张受阻而断绝了大量"新鲜"奴隶的情形下,蒙古社会的封建化过程,最终将把这种奴隶制关系扭转到封建依属关系的轨道上来。

所以,即使我们有保留地同意孛斡勒相当于奴隶的阶级地位的说法,这种孛斡勒,主要也只能指异族孛斡勒而言。而在成吉思汗建国初期,这种异族孛斡勒的数量显然还不可能很大。这时候本使与其孛斡勒和私属人户之间的关系,主要地还带有封建依附关系的性质。

最早指出孛斡勒属于封建隶属民的,是弗拉基米尔佐夫。与此

---

① 《黑鞑事略》。
② 张养浩:《佟锁住传》,《归田类稿》卷110。

草原蒙古国的千户百户制度

同时,他把普通蒙古部众即千户百户的一般成员,当作是与孛斡勒、斡脱古孛斡勒处于同一身份性质,亦即封建隶属民阶级中的一个稍高的阶层。弗拉基米尔佐夫似乎不言而喻地认为,千户百户的一般成员也完全像孛斡勒和其他私属人户一样,是畜牧经济的直接生产者。而这一点恰恰是首先需要加以证明,同时又很难加以证明的。

游牧经济完全不同于集约式的农业劳作,甚至与粗放的农业经济相比,也不需要太多的劳动人手。在比较普遍地存在着孛斡勒即门户内奴婢的情况下,一般蒙古部众是否还需要大量投入日常畜牧业生产,是值得考虑的。普通蒙古部众中间,当有一部分人没有或者只拥有少量的门户内奴婢,因此他们本身也必须作为直接劳动者从事畜牧和其他辅助性生产劳动。他们与他们所隶属的诸王驸马之间,自然是纯粹的封建生产关系。也会有一部分普通的千户百户成员,由于拥有较多的门户内奴婢和私属人户,因而可以脱离主要生产活动。在这种情况下,他们实际上就变成了一种"非身份性"的小封建主。如果说他们与他们所属的诸王驸马等之间,也存在着一种封建的隶属关系,那么这种隶属关系的性质,实际上是受前者对其私属人口(孛斡勒和哈兰)实行的封建剥夺方式所制约、所规定的。

由以上讨论可知,在漠北人口中占了很大比重的普通蒙古部众,他们的阶级地位,实际上长期处于不断变迁、流动的不稳定状况中。在蒙元时期,他们中间不少人或许从"非身份性"的小封建剥削者甚至封建隶属民变成小奴隶领主,不少人从封建隶属民转变为"非身份性"小封建剥削者,同时也有很多人从剥削阶级的下层跌到封建隶属民的地位。但是,从总的发展趋势来看,尤其是在14世纪下半叶元亡之后,漠北普通蒙古部众主要是大量向封建隶属民的地位淀积。与此同时,如同前面已经指出过的,孛斡勒和哈兰随着时间上的推移,也在逐渐地向一般封建隶属民靠拢。这个过程的细节,目前还远远没有弄清楚。然而到 16 世纪中后叶,当蒙古社会再次通过比较翔实的历史文献展现在我们眼前时,它已经基本完成了封建化的过程。矗立在这个社会中的两个对立的身份集团,一边是主要由黄金氏族(现在叫博尔济锦氏)组成的封建主贵族,另一边则是属于他们的数量庞大的封建附属民。

那颜的地位

千户百户的那颜们,应当比普通蒙古部众拥有更多一些的私属人口。从这个意义上,那颜们可以说属于"非身份性"的中小封建主。在近代蒙古社会里还存在一种剥削方式,大私有者将自己的牧畜以租佃方式按小股强制分配给独立经营小规模或中等规模游牧业的牧民家庭去放牧。俄罗斯学者从这一事实推断,它作为"封建主经济中经常起作用的社会制度和正常生产过程的规律",自从 13 世纪以后即已存在于蒙古社会①。在蒙古时代的波斯,我们确实知道有一种被称作塔拉兹(tarāz)的契约。据此,羊群所有者在约定的时期内把羊交给签约的另一方牧放;这个时期的畜产品(乳、皮毛、繁衍的牧畜)按一定比例由双方分享。伊利汗国宰相、《史集》作者拉施都丁除了大量的地产以外,还拥有三千匹马、一万头骆驼、五百群羊(每群五百头)、一万头乳牛、二万只母鸡、二万只鹅和鸭子。其中相当一部分是通过塔拉兹契约由别人借牧的②。这种借牧方式,是否由游牧的突厥

---

① 兹拉特金:《游牧民族社会经济史的几个问题》,《亚非民族》1973 年第 1 期,汉译文见《民族译丛》1981 年第 5 期。
② A. 兰普顿:《波斯的地主和农民》,牛津,1953 年,页 80、页 908 引《拉施都丁书集集》;又见前引书,页 351、页 2、页 441。

人带到伊朗,尚待深考。13、14 世纪的蒙古那颜们,如果也以这种方式把自己的部分牧畜强行分配给属下的普通蒙古部众牧放,那么那颜与其管领的部众之间,当然也就存在着不折不扣的封建剥削关系。可惜我们没有掌握在此期间的任何有关这种借牧的史料。

毫无疑问,那颜们也会向其千户或百户内的成员征取某些实物和劳役。不知道对此是否曾有过什么规定,很可能是按习惯法处理的。需要强调的是,这种征取,除带有旧领属关系残余的性质以外,并不是基于对普通蒙古部众人身领属的权利(那颜没有这样的权利),它更像是作为替黄金氏族服务的一种报酬而由他们直接从普通部众那里征收的。《元史》卷156《董文炳传》记传主于至元初向忽必烈建言:"将校素无俸给,连年用兵,至有身为大校出而无马乘者。臣即所部千户私役兵士四人、百户二人。听其雇役,稍食其力。"至是"始颁将校俸钱,以秩为差"①。董文炳的手下主要是汉军。命汉军千户百户私役所部兵士以为俸给,或许就是仿效蒙古军中千户百户那颜们的一贯做法。

那颜们对其统领的部众有所征收的事实,也间或反映在元以后的史料中。据明代魏焕的记载:"房中走回人口传说:胡运盛时,凡部落皆太师统之。太师即华所谓大将也。有纪律,志不在抢掠。后废太师,以那颜领之。那颜即华所谓小官也。而差遣日繁。惟台吉领者得免差遣。是以诸部落乐为台吉所领。台吉即华言所谓宗室也,凡台吉在孕,即争以为主,而供给其母,生即奉归本营。故今之部落,多领于台吉。"②详绎史文,这里所谓"后废太师,以那颜领之",当指博尔济锦氏的可汗、济农、大台吉等从太师、宰桑等人手中,夺回对

---

① 这段史料,承正在研究元朝俸禄制度的沈仁国提示。
② 《皇明九边考》卷1,页37上。

普通蒙古部众的领属权,而把他们交给重新落到官吏身份的赛特(那颜)们治理。游牧民除了完成对于可汗、济农等人的封建义务外,还要负担那颜们的行政开支及其各种索要,因此厌于"差遣日繁"。而被逐级分封给王爷各支后裔的百姓,分得越细,则属于各人的百姓人数越少,于是便可由诸多的小台吉们直接统领。少了那颜这个层次,游牧民受到的盘剥就可能减轻一些。"是以诸部落乐为台吉所领。"这条史料说明,那颜的征收所得,确有一部分为其截留,而不是完全上缴给封主的。同时,那颜显然又不是以封主身份去占有这种赋敛的。这里可能有利用职权的非法侵吞,但无疑也有一部分实际上是对于他们为领主的服务所支付的报酬。似可相信,这种做法,不会是到了15、16世纪方才出现的。

上面所说归那颜支配的"差遣",大约属于习惯法范畴,并未形成严格的俸禄制度。对成吉思汗时代的大蒙古国来说,甚至可能根本不存在"俸禄"这样一个概念。《元朝秘史》上先后两次出现过由大汗颁给"斡克里格·莎余儿合勒"的语句,该词旁译分别作"赏、赐""支请、恩赐"①。或者认为,此处斡克里格,就是"俸禄"的意思。

蒙古语经常选用两个内涵比较接近的语词,以构成并列复合词组,用这样的修辞法来增强语言的色彩。现代蒙古语里,"羊"也可以用并列复合词组 quni qucha 来表达。quni 译言绵羊,qucha 译言种绵羊②。类似例子在《秘史》中也时有所见。比如兀鲁思·亦儿坚(ulus irgen),译言"众百姓"③;合蓝伯·那豁速(qarambai noqosu),旁译

---

① 《元朝秘史》第279节、204节。
② 此项知识承在内蒙古从事蒙文文献编译工作的一位汉族老师教示。他曾访问南京大学历史系,当时作者恰在研读《元朝秘史》,正好向他求教。惟已不克回忆他的具体姓名。
③ 《元朝秘史》第281节。

"黑鸭名""鸭子",总译惟作"鸭子"①。合剌出·孛斡勒也作为复合语词组出现过,因为相对于"图思罕"(tus qan,译言自己的罕,《秘史》旁译作"正主皇帝")来说,它们在作为后者的臣仆这一点上也具有共同之处②。看来斡克里格·莎余儿合勒这个词组本身,在《秘史》中仅仅是在一般赏赐的意义上被使用的。即使个别地拿斡克里格一词来说,似乎也不一定就是俸禄的意思。据清朝官书《五体清文鉴》,俸禄一词,蒙古语作 bunglu,分明是对汉语"俸禄"一词的音译③。而斡克里格(öklige)在现代蒙语里主要的是惠赠、施与的意思④。因此该词在《秘史》中是否能译言俸禄,尚须再予斟酌。

以上逐一讨论了千户百户内各种人们的不同身份和他们的阶级地位。现在依据前面的论述,再对 13 世纪以往蒙古社会的性质问题作一简单概括,并就此结束关于千户百户内部结构的讨论。

成吉思汗创建大蒙古国前夕,蒙古高原上的实际社会关系早已超出了氏族部落制阶段。但当时已经出现的新的社会关系,还只能曲折地发育在氏族部落组织的外壳约束下。千户百户制度最终打破了这一外壳。封建关系在广大蒙古部众与其私属人口,在黄金氏族与一部分千户百户成员这两个层次中不同程度地发展起来。蒙古社会由此呈现出早期封建制形态。由于对外征服战争的结果,蒙古社会中奴隶劳动的比重日渐增长。但目前还没有足够的证据能让我们相信,这种逆转已然导致蒙古社会转变为一个奴隶制社会。至少在 14、15 世纪及以后,蒙古社会又重新回到封建化的轨道。与博尔济锦

---

① 《元朝秘史》第 200 节。
② 同上。
③ 《五体清文鉴》,北京:民族出版社,1957 年,页 294;《蒙古语大辞典》,页 890。
④ 《蒙古语大辞典》,页 445。

氏重新夺回对东蒙古游牧民的领属权同时,大多数普通蒙古部众和他们过去的私属人口,随着历史的变迁在阶级地位方面日益接近,全都变成了受博尔济锦氏封建剥削的农奴式的游牧生产者。至此,约从12世纪开始的蒙古社会的封建化过程,遂告完成。

五 对蒙古社会发展的影响

从宏观角度对历史上阿尔泰语诸族社会关系和国家结构进行比较研究的,目前主要还是文化人类学家,而不是历史学家。这里至少应该指出下述三部与本文课题有关的专门著作,即克莱德的《突厥蒙古游牧民的社会组织》(1972年)、《中亚诸民族》(1963年),以及E.巴肯的《斡孛黑:欧亚内陆的社会结构研究》[1]。

父系的亲缘组织对阿尔泰游牧社会关系和政治结构的影响,受到文化人类学家们的高度重视。但是,将这些游牧国家的政治结构在形式上不加以区别地全都看作父系亲缘组织的伸延,仍然是不恰当的。克莱德说:"蒙古人极快地(可能不是第一次地)从氏族的血缘组织过渡到一个帝国政治组织。他们将父系血缘联系的遗产带进了帝国时期。根据这种血缘的联系,每一个蒙古人,从最低身份的人到最高身份的人,都是汗的家属。"[2]这个至为基本的看法,并不符合成吉思汗时代按千户百户制度组织起来的蒙古社会的实际状况。千户百户并不是以广泛的虚拟的亲属纽带为约束的基本社会组织。它恰恰是用来取代具有这种特征的氏族部落外壳的。随着元末农民起义而来的蒙古国的衰解,千户百户组织消失在漠北草原。虽然如此,

---

[1] 巴肯著作在国内各大图书馆均未有收藏,虽多方设法,终不得寓目。至为遗憾。
[2] 克莱德:《封建主义与中世纪达靼人的制度》,《社会和历史的比较研究》卷1。

经过千户百户制度的冲击,氏族部落组织,即使是它的外壳,也难以在漠北复原了。明代蒙古的部族组织,正是在这样的背景下形成的。

关于千户百户制度在蒙古统一国家和蒙古民族共同体形成过程中的重大作用,学者们已作过深入的研究和论述[①]。本文的这一部分,将围绕千户百户制度如何促使蒙古游牧社会最终摆脱了氏族部落外壳之羁绊的问题来展开。

13 世纪初叶的斡孛黑

大多数研究者都主张,在 11、12 世纪,蒙古的基本社会组织在形式上仍然是氏族,即斡孛黑(oboq)。弗拉基米尔佐夫在最早指出这一点的同时又补充说,蒙古氏族社会这时已经处于其最后或解体阶段,和原始氏族的生活状况距离十分遥远[②]。他认为这时候的所谓斡孛黑,是经历了由最初从同族人,亦即从兀鲁黑那里分离出来成为"独树一帜"的家庭、家族,再转变为"大家庭",而后又进一步扩大而成。在这样的"氏族"中间,并没有多少同族人。其成员包括"主人们"及其属部、斡脱古孛斡勒、孛斡勒和那可儿等。另外,他还带一点含糊地提到,除了以上列举的那些人以外,还存在着另一种"没有列入草原贵族行列的各蒙古氏族的成员"[③]。他说,无论如何,上面提到的所有这些人们,在当日蒙古社会的观念中,其实是一概被当作本斡孛黑的成员来看待的。例如关于主儿乞部,弗拉基米尔佐夫写道:"人数不多的氏族,不如说是领主氏族成员的'大家庭',掌握着

---

① 可参见亦邻真:《成吉思汗与蒙古民族共同体的形成》,《元史论集》,北京:人民出版社,1984 年。
② 《蒙古社会制度史》汉译本,页 74、100。
③ 同上书,页 114、118、187。

人数众多的孛斡勒、札剌兀、那可儿们。他们的有人身关系的附庸,即孛斡勒出惕(bo'olchut),在他们的名义下行动,虽然他们和自己的所有者并没有血缘的联系。反正一样,从12世纪蒙古人氏族习惯的观念来说,主儿乞的名字包括了所有的人,他们——也就是主儿乞氏族的兀鲁黑们——都是负有责任的。"①

弗拉基米尔佐夫关于斡孛黑的定义,实际上为德福所采纳。德福在区分uruq、oboq、yasun等概念的时候强调,斡孛黑是指神话中某个祖先的全体裔孙,包括在经济上依附于他们的隶民和奴婢们。因此,他补充说,斡孛黑是自古以来隶属于同一个固定联盟的政治单元、作为一个外婚集团的族人②。两位作者都同意,当时蒙古的实际社会关系,还被束缚在以血缘观念为纽带的原始的社会组织形式之中,这种组织形式就叫作斡孛黑。

拉施都丁的《史集》,正是在此种意义上使用斡孛黑一词的。他写道:所谓斡孛黑,就是出自同一骨头和子孙后裔(az ustukhwān wa naslī)的人们③。此处的波斯语词ustukhwān(骨头),显然是蒙古语牙孙(yasun,译言骨头)的对译词,意指出自共同始祖的父系亲属。牙孙在突厥语里经常用兀鲁黑(uruq)来对译,后者曾出现在鄂尔浑突厥文碑铭中,原义种子之谓,引申为子孙④。事实上,拉施都丁也确实把它们当作同义词来使用。关于阿兰豁阿的长子不浑合塔乞,他说:

---

① 《蒙古社会制度史》俄文本,页72;参见汉译本,页116。
② 德福:《新波斯语中的突厥、蒙古语成分》卷2,页49—51。
③ 《史集》汉译本,第1卷第1分册,页251;德黑兰刊本,页113。
④ 护雅夫:《〈元朝秘史〉中斡孛黑语意考》,《内陆亚细亚研究》,Eurasia学会研究报告,东京,1954年,页49;村上正二:《蒙古秘史日文译注》卷1,页25。按,yasun在突厥语文献里也可以用本意为"骨头"的突厥语词sünek来对译。详下。

"所有合塔乞斤各部都出自他的兀鲁黑(az ūrūkh-i ū)。"①关于额勒只斤,他使用相同的句式写道:"所有的[额勒只斤人]都出自他的骨头(az ustukhwān-i ū)。"仅相隔数页,拉施都丁再次提到额勒只斤时又说:"额勒只斤所有部落都出自那个儿子(按指额勒只斤)的后裔(az nasl-i ān pisar)。"②

在拉施都丁的书里,上面这些血缘团体之间的划分,可以很整齐地对应于不同部落或部落分支之间的划分。他对于阿兰豁阿后裔各个宗支与被他们掌握着的部落(qaūm,复数作 aqwām)之间,基本未加区别。他不下几十次地提到某部落"出自"某支骨头、nasl 或兀鲁黑。关于阿兰豁阿,他又写道:"有许多分支和部落产生自阿兰豁阿的后裔。如果把他们的人数统计一下,将会达到一百万以上。"前一句话,俄译本作"有许多支系与部落是阿兰豁阿后裔"③。是知拉施都丁把绝大部分的蒙古部众看作以阿兰豁阿为始祖母的亲属成员的集合。以出于同骨但属于不同分支的斡孛黑为基础产生的诸部落,其基本成员都互为亲属。兀鲁、忙兀的部众全被看作忙兀部贵族者台那颜的"族人"(khwayash,波斯语译言亲戚、亲属);撒勒只兀惕部众,则被看作成吉思汗的"同族人"(khwayash)④。

这个意义上的斡孛黑,也曲折地反映在《元朝秘史》叙事里。帖木真早年被篾儿乞人袭败。蒙古部击败这支篾儿乞部落后,帖木真的异母兄弟别勒古台四处寻找早先被篾儿乞人俘虏的母亲未果。"为那般,但见篾儿乞人呵,教鞘头箭射着说道:'将我母亲来'。"引

---

① 《史集》汉译本,第 2 卷,页 13;德黑兰刊本,页 171。
② 《史集》汉译本,第 1 卷第 1 分册,页 268、271;莫斯科刊本,页 405、412。
③ 同上书,页 11;德黑兰刊本,页 170。
④ 《史集》汉译本,第 1 卷第 1 分册,页 303、294;德黑兰刊本,页 146、141。

文内"但见篾儿乞人"一语,旁译作"篾儿乞歹但骨头的人行"（merkidai ele yasutu gü'ün-yi）①。可见蔑儿乞部内民众全被看作属于同一血族的成员。既然如此,斡孛黑作为牙孙的不同分支（详下）,自然就更应该是一种以血缘为纽带的社会组织的基本单元了。

值得注意的是,尽管上述意义的斡孛黑确实可以说反映了"12世纪蒙古人氏族习惯的观念",但以《元朝秘史》为代表的蒙元文献,对斡孛黑的意义却还有另一种颇不相同的界定。

帖木真九岁时,也速该带他到斡勒忽讷兀惕部求亲。父子俩在路上遇到帖木真未来的岳父德薛禅。据《秘史》,德薛禅称帖木真的父亲为"也速该亲家"②。《蒙古源流》在"亲家"之前加上也速该的族属,称为"却特之嫡派博尔济锦氏亲家"③。复按施密德蒙文刊本,该词原作乞牙惕·牙速秃·孛儿只斤斡模黑（Qiot yasutu Borjigin omoq）④。逐字直译,当即"乞牙惕骨头有的孛儿只斤氏"。在这里,斡孛黑是牙孙的一个分支。拉施都丁告诉我们,合不勒汗的子孙后裔称为乞牙惕。其中的一个分支即也速该把阿秃儿的后人,又称为孛儿只斤氏或者乞牙惕-孛儿只斤⑤。足见《源流》虽然晚出,所记并非无据。正因为斡孛黑是牙孙的分支,所以阿布勒嘎齐又说"omaq意思是骨头、氏族（sūnāk）"⑥。

---

① 《元朝秘史》第112节。此语按逐词对译作"篾儿乞骨头有的但凡人行",意谓"对篾儿乞种姓的任何[一个]人"。
② 《元朝秘史》第612节。
③ 《蒙古源流》满文汉译本,卷3。
④ 施密特:《东蒙古人及其汗族史》,页62。omoq 是 oboq 的异写。该词在《源流》中亦有写作 oboq 的,见同书页8,dorban oboqtan。
⑤ 《史集》汉译本,第2卷,页38、61。
⑥ 阿布勒嘎齐:《莫卧勒人和达靼人历史》卷2,戴麦桑编译,法译本,页32。sūnākak,见卷1,察合台文刊本,页33。该词突厥语作 sünek,见拉德洛夫:《突厥方言辞典》第4卷,1960年重印本,页577。

问题在于,蒙元时代所谓乞牙惕或者孛儿只斤,无疑只能指由合不勒汗或也速该的人数有限的直接后裔所构成的宗族。护雅夫早已指出,秘史所谓斡孛黑,其成员的范围有相当明确的规定,不容外人羼入①。在这个意义上,它们可以说几乎与兀鲁黑(uruq)一词同义。牙孙或斡孛黑成员的明确界限,亦可由《秘史》关于泰亦赤兀台部的叙述见之。帖木真在阔亦田之战中击败泰赤兀部后,"泰亦赤兀台骨头有的人行,阿兀出把阿秃儿、豁团斡儿昌、忽都兀答儿等泰亦赤兀的子孙的子孙直到,灰飞般尽杀了;国百姓行他的教动着来着"②。帖木真把属于泰赤兀牙孙的宗族成员,包括他们子孙的子孙(uruqun uruq),全部在肉体上予以消灭。而对不属于这个宗族的泰赤兀部众(ulus irgen),则加以收掳。在这里,泰赤兀部被分解为两大部分,一为泰赤兀牙孙,它可以由若干支泰赤兀兀鲁黑组成;一为不属于这一血族集团的其他泰赤兀亦儿坚。后者把前者称为"泰亦赤兀惕·阿合·迭兀"(泰赤兀族哥每弟每)、"泰亦赤兀惕可兀惕"(泰赤兀子孙们)③。两者之间界划判然。

以上述观点复按《秘史》,便不难明了,由朵奔篾儿干的弟弟和子孙各支所先后繁衍而成的众多斡孛黑坛④,其成员都只包括这些斡孛黑始祖的直接后人们(阿合·迭兀或可兀惕)。所有这些斡孛黑,又

---

① 护雅夫认为,当日蒙古社会"以血缘作为纽带的自然发生的基本社会集团,依血缘关系由疏而密,及其包括范围由宽而狭的顺序",应当依次为牙孙—兀鲁黑—斡孛黑。他又说,所谓斡孛黑,"至少在成吉思汗国家形成、成立时代作为支配性意义上的所谓斡孛黑,乃是由统率着各自麾下与自身未必有血缘关系的隶属游牧集团,也就是ulus的君长、首领们互相联合而形成的同族结合集团,亦即指'领主'们之同族结合集团而言"。见护雅夫上引文,《内陆亚细亚研究》,页53、76—77。
② 《元朝秘史》第148节旁译。
③ 《元朝秘史》第82节、第83节。
④ 按《秘史》表述,作"某斡孛黑坛那每做了",或"某斡孛黑坛做了"。斡孛黑坛,由oboq加表示集合名词的后缀tan构成,参阅《元朝秘史》第11节、第40节以后各节。

可以上溯到同一对始祖,就是《秘史》一开头说的孛儿帖赤那("苍色狼")和豁埃马兰勒("惨白色鹿")。明初的《秘史》总译,将苍狼、白鹿理解为"当初元朝的人祖",亦即全体蒙古部众的共同始祖。但秘史原文,仅说他们是"成吉思合罕的根源(忽札兀儿)"。忽札兀儿分别被札奇斯钦和伯希和译为"先世"或"起源"①。也就是说,就《秘史》作者而言,从苍狼白鹿开始的著名系谱,其实只是黄金氏族以及与之有血统关系的那些宗支的系谱,并不是覆盖了全体蒙古人的系谱。斡孛黑坛,《秘史》旁译作"姓氏每"。在这里是指各支可以凭依口传世谱来追溯其世代成员的单系传嗣的氏族姓氏。这与下述情形完全不是一回事:"胡俗本无姓氏,以部落为号,因以为氏。凡一部为一氏。故胡姓多即其部名。"②尤其因为后面这种观念也存在于《史集》以及其他蒙元历史文献中,所以更应谨慎地对二者加以区分。

设若以上分析能够成立,则可以认为,成吉思汗兴起前后,蒙古社会关于什么是斡孛黑的观念已经发生某种程度的分化。斡孛黑最初的意思是指由血族观念纽结而成的基本社会单元。存在于其主体成员间的共同血统观念,体现在两种互有联系的方式里。斡孛黑贵族的成员们拥有一个口传的以单系传嗣方式代代承袭和延续的世系谱。但它不止属于该贵族家支所有,并且也是全体斡孛黑成员们之共同血统与共同历史经历的证明。与贵族家支主要成员多被列入那个世谱不一样,普通的氏族成员之间,以及他们与贵族家族之间那种普遍而湮远的共同血统,并不能从世谱中获得证实。事实上它也不需要如此证明。这些成员祖辈生活在同一斡孛黑之中,该事实本身

---

① 札奇斯钦:《蒙古秘史新译并注释》,页 3;伯希和:《元朝秘史蒙古原文及一至六卷法译》,页 121。
② 姚薇元:《北朝胡姓考》,北京:科学出版社,1958 年,绪言。

就足够说明他们拥有共同的血统。

关于斡孛黑的另一种观念看来是由前者中演变出来的。它仅指由原先氏族里的贵族成员们所构成的斡孛黑。也就是说,这种观念的斡孛黑,倾向于排除贵族与原先斡孛黑普通成员之间曾经存在过的普遍而湮远的共同血统观念,从而形成仅仅由单系传嗣的世系谱来界定的近亲血族集体。反映在此种观念中的斡孛黑,不再能被看作构成蒙古社会组织的基本单元,而仅成为这种基本单元的中核部分,在人数上不占很大比重。

流行于 12 世纪蒙古社会的有关斡孛黑的这样两种并不相同的观念,并不表明有两种不一样的斡孛黑组织并立存于当日社会之中。但它们却能很真确地反映出,当年的斡孛黑组织正摇摆于这两种互有区别的观念所体现的两种不同形态之间,并逐渐朝向不再继续作为社会组织的基本单元而存在的趋势演变。就是在这样的形势下,内部关系正处于微妙变化之中的原先那个社会组织的基本单元,逐渐被改称为阿亦马黑。

13 世纪初叶的阿亦马黑

阿亦马黑曾被 19 世纪前半叶的学者褒格斯泰尔认为具有同骨、同一血缘联系的意思。不过这是他把阿布勒嘎齐关于斡孛黑的叙述误读成对阿亦马黑的注释的结果[①]。弗拉基米尔佐夫认为,"中期(14—17 世纪)"蒙古社会的阿亦马黑,"乃是互有亲属关系的家庭,从古代氏族(斡孛克)的分裂中产生出来的不同分支的联盟或结合

---

① 小林高四郎:《蒙古史论考》,东京,1983 年,页 30 引褒氏《钦察的金帐汗国史》;参见戴麦桑:《莫卧勒人和达靼人历史》卷 2,法译本,页 32。

体"①。N.鲍培完全赞同弗拉基米尔佐夫的意见,几乎逐字逐句地重复前者的论述道:"阿亦马黑基本上是从各旧氏族或者所谓斡孛黑的解体当中分离出来的互为亲属的那些家庭的结合体。"②

弗拉基米尔佐夫跳过千户百户制阶段,把元明之际以往的阿亦马黑直接同"古代氏族"联系在一起。这无论如何是低估了插在二者之间的蒙古国千户百户制度的历史作用。明清蒙古的阿亦马黑,或许包含着诸多互为亲属的游牧家庭。但这是原先构成某一千户或百户的那些游牧人户,在长期聚居、世代繁衍的基础上形成的次生亲属关系。它相当于农耕定居文化中的地缘亲属关系,而与原始人类中间由"自然发生的共同体的脐带"所缔结起来的氏族血缘观念根本不相同。如果这样来定位明清时期的阿亦马黑,那它就与蒙元时代用它来指称由几个千户、百户或十户组成的大小游牧集团,或用以专指隶属于诸王位下及投下的那些千户百户集团,性质大体类似。

用阿亦马黑泛指游牧集团,可以追溯到《元朝秘史》关于蒙古建国前的叙述。据《元朝秘史》第156节,帖木真征服察阿安等塔塔儿分部后,将塔塔儿部的也遂姊妹收纳为妻。某日,也遂夫人宴饮时忽然"长声叹息"。帖木真心中疑惑,下令"聚会的人都按部落、部落(阿亦马黑、阿亦马黑)立您"。结果,原先混迹于人众之中、现在却因无所归属而被孤立在外的也遂原配夫婿,就很容易地被发现并捕杀了。按各自所属的游牧集团站立开来的人,显然包括作为其核心斡孛黑的成员们、他们的领属民以及各种私属人口全体。

但是,另一方面,我们也不能忘记,正如同当日史料反映着有关

---

① 《蒙古社会制度史》汉译本,页214。
② N.鲍培:《巴思巴字的蒙古文文书》,威斯巴登,1957年,页97。

草原蒙古国的千户百户制度

斡孛黑的两种不同观念,当时对阿亦马黑也不止有一种理解。前面已经说到过,在《史集》里,作为社会组织基本单元的各血缘共同体的划分,总是相当整齐地与不同部落或部落分支的划分相对应。以出于同骨但属不同分支的斡孛黑为基础产生的诸部落,其基本成员也都互为亲属。兀鲁、忙兀的部众全被看作忙兀部贵族者台那颜的"族人"(khwayash)。撒勒只兀惕部众也被认为属于成吉思汗的"同族人"(khwayash)。撒勒只兀惕部和成吉思汗所属的孛儿只斤部落之间,一直保持着互不婚娶的外婚习俗①。因为既然二者互为亲属,则这两个部落的全体成员之间都被视为具有"血亲"关系,于是必须被纳入同一个外婚制下的禁婚范围。甚至两个没有任何亲缘关系的部落,一旦结盟"互为兄弟",亦即遵循"互不聘娶"的外婚法则②。札剌亦儿部因为"亲连天家",遂与元室"世不婚姻"。之所以如此,就因为木华黎家族,连同他们全部的同部落成员,统统被当作孛儿只斤部内成员一样看待的结果③。

与前文对斡孛黑的分析相类似,不应该从反映在文献里的对于阿亦马黑的不同观念得出结论说,当日有两种形态不同的阿亦马黑并存于世。我们不如认为,它们反映的,其实是阿亦马黑的内部关系正在发生某种演变。看来阿亦马黑最根本的属性,乃是对团聚在一起共同游牧的大小群落集团的指称。当蒙古人群处于按血缘观念纽带来划分其社会组织基本单元的阶段时,阿亦马黑成为与斡孛黑相重叠的血缘集团。但当斡孛黑趋向于特指一种由单系传嗣的谱系来界定的相对少数的贵族成员,而不再覆盖整个游牧集团的主体部众

① 《史集》汉译本,第 1 卷第 1 分册,页 303、294;德黑兰刊本,页 146、141。
② 《史集》汉译本,第 1 卷第 1 分册,页 272。
③ 此点曾蒙周清澍老师教示。

时，阿亦马黑却仍被保留为对原先范围的那个游牧集团的指称。这时它不但包括了范围已收缩的斡字黑，而且也把正在逐步丧失普遍而湮远的血缘联系的普通部落成员，以及保留着对自己所从出的根源部落记忆的外族属民都包括在内。

阿亦马黑从凭借血缘观念纽带来团聚的游牧集团到一个普遍血缘观念纽带在其中变得极其松散甚至几乎无足轻重的游牧社会组织基本单元的演变，在《元朝秘史》的记载里似仍有迹可寻。

《秘史》追叙成吉思汗先世故事说，阿兰豁阿死后，幼子孛端察儿被他的四个兄长"不做兄弟相待"，遂只身出走。来年春天，他碰到"有一丛百姓，顺着统格黎河边起来"。不久，孛端察儿五兄弟一起掳掠了这群百姓。"于是拥有着牧畜和食物、人口和仆役而安居。"① 被抢掠来的这群百姓，无疑是构成后来孛端察儿弟兄各支斡字黑内领属民的重要组成部分。《秘史》除了提到从外部落嫁到这群百姓中的一个妇人是札儿赤兀勒·兀良合部人以外，没有交代这一丛百姓的族属。《蒙古源流》称他们为 ughurchagh ulus。从满文转译的汉文本将该词音译为"鄂郭尔察克人众"。不过这并不是一个部族的名称。ughurchagh 译言被离弃的、抛弃的，因此施密德将这个词翻译为"被遗弃的无头领的一群人"②。所谓"无头领的"，显然是由于施密德看到《秘史》说他们"无头脑管束"，故而增益进去的意译。

从《秘史》的这段故事中可以看出下面这样一个基本事实：在 12 世纪称为阿亦马黑的游牧集团中，被贵族家支统领下的属民开始分化为两部分。一部分属民始终保持着对自己所从出的那个部落的记

---

① 参见《元朝秘史》第 23 节至 39 节。最后一句引文，用伯希和法译（页 126）。伯希和并在此处加注谓："是亦可理解为：拥有着供其食用的牧畜、为其使唤的人口。"
② 《蒙古源流》卷 3，施密特德译并蒙文刊本，页 60、61。《蒙古语大辞典》，页 291。

忆,不论它当时作为一个实体还存在着,抑或是仅仅存在于他们的归属情感和同族意识之中。另一部分属民则已逐渐丧失有关自己来源的记忆。他们好像很久以来即已从属于该部落的贵族家支,但在根源上似乎又不同于后者。当《秘史》作者力图尽可能早地把统治和服属的关系推广到作为苍狼白鹿直系后裔的各支贵族斡孛黑和所有其余蒙古部众时,他说不出这一部分属民的来历和他们原先的族属。因此他只好置而不论,或者则如后来的蒙古史编纂家那样称之为"鄂郭尔察克人众"。我们甚至应该反过来说:《秘史》作者其实并不是在被迫回答一个他无法提供其他答案的问题。他之所以要编述这样一段故事,正是为了通过将一部分普通游牧部众定位为来历不明的"无头领管束"的人民,从而排除他们与其贵族之间曾经存在过的普遍血统联系的观念。这也再一次证明,按照《秘史》作者的见解,苍狼白鹿的血统传嗣,并不扩展到普通蒙古部众的范围。

从今人阅读《秘史》的角度去看,这些"鄂郭尔察克人众",与他们所属的贵族斡孛黑,本来应该处于同一个原生形态的由血缘观念纽结而成的氏族之中。他们是这个氏族中的一般成员,甚至在更早的社会阶段,斡孛黑这个词本身,也就是氏族的意思,而"姓氏"则是它后来的转义。

逻辑地说,姓氏的概念,是同单系传嗣的世谱形式联系在一起的。历史上有些庞大的游牧部落,曾将一个出自同一始祖的单系传嗣系谱象征性地覆盖其所有部落成员。这一类世系谱中的虚拟成分是显而易见的。如果我们同意人类自产生之日起就是形成为群体从事生产和社会活动的,那么即使一个纯而又纯的氏族,也只能是作为其先祖的那一群人,而不是其中任何一个个体的直系后裔。同时,如果我们同意普那路亚婚姻曾经是人类社会演化过程中一种带相当普遍性的婚姻形态,那么氏族血统观念的功能在这个阶段还只限于一群父母和一群子女之间的辈分区别。所以,单系传嗣的世系本身,远没有与氏族同样古老的历史。姓氏当然也是这样。

由此不难发现,血缘观念下的氏族组织本身,要早于作为对这一社会现实的再解释而被创造出来的共同始祖及其单系传嗣的系谱。这曾经是使得19世纪许多社会人类学家为之绞尽脑汁而不能解决的问题。正如马克思指出的:"名称本身就是共同氏族的证据。……由于血族的联系(尤其是一夫一妻制发生后)已经湮远,而过去的观点看来是反映在神话中,于是老实的庸人们便作出了而且还在继续作出一种结论,即幻想的系谱创造了现实的氏族。"①而当氏族组织中某个父家长大家族凭借单系传嗣的谱系从氏族内部普遍而湮远的亲缘观念中凸显出来时,它必定属于该部落氏族的贵族们。部落氏族的分化、新氏族的形成,多与其中贵显家族之分化成互为亲属的若干宗支联系在一起。在许多场合,氏族的名称,也就是分离出来的那支贵显支系始祖的名字。看来最先形成的姓氏,也往往是氏族中这些贵显世系的姓氏。唐代的黠戛斯,"其君曰阿热,遂姓阿热氏……余以部落为之号"②。这就是说,除部落酋长家族以外,一般部众无姓氏可言。

上述情况完全适合于早期蒙古社会。或许就始于朵奔篾儿干和孛端察儿的时代,氏族贵族明确无误而且不容随便羼入的血统世次,也就是姓氏观念,逐渐地从他们与其他氏族成员间普遍,但是湮远而淡薄的共同血缘观念中越来越凸显出来。于是,冠以某个支系始祖之名的斡孛黑,例如撒勒只兀惕斡孛黑、兀鲁兀惕斡孛黑、忙忽惕斡孛黑等,先是在作为整个那支游牧人群冠名的同时,也用以兼指氏族贵族的家支,后来则逐渐趋向于专指该宗支世系及其成员。在斡孛

---

① 马克思:《摩尔根〈古代社会〉一书摘要》,北京:人民出版社,1965年,页172—173。
② 《新唐书》卷217《黠戛斯传》。

草原蒙古国的千户百户制度

黑的转义过程中逐渐被排除出它的覆盖面的那一部分普通氏族成员,转而成为阿亦马黑中间的一部分。

他们只是斡孛黑之外阿亦马黑中的"一部分",因为后者还包括另一部分的人众。大约也在朵奔篾儿干与孛端察儿时代前后,由于各种原因进入诸蒙古斡孛黑的外人,有些不再像从前那样被接纳为本斡孛黑的成员,并因此逐渐地丧失对自己来历的记忆,而是变成为世代保留着对原来族属记忆的外族人与这些斡孛黑成员生活在一起。因此他们也构成了阿亦马黑成员的一部分,处于阿亦马黑的外缘。

以上分析,可简单地图示如下①:

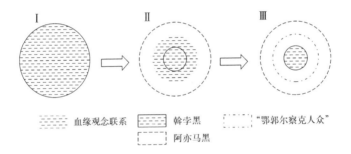

千户百户制度的历史地位

现在可以回到千户百户历史地位的问题上去了。迄于成吉思汗

---

① 图中Ⅰ表示完全由共同血统观念联系在一起的氏族组织(斡孛黑);作为一个自成单元的游牧集团,它同时也是一个阿亦马黑。Ⅱ显示的阿亦马黑,是由斡孛黑和一部分保持着对自身根源历史记忆的附属成员共同构成的游牧集团。这时候的斡孛黑内部,则被划分为拥有单系传嗣世谱的贵族家支和由普遍而湮远的共同血统观念互相联系,并且也与相关贵族家支联系在一起的普通部众。更外圈的留白部分则是部内外族成员。在Ⅲ所意的情形中,斡孛黑的范围发生收缩。从与贵族家支的共同血统中被排除出来的普通部落成员,现在成为"鄂郭尔察克人众"。阿亦马黑不再可以被看作是一个血族的集团。蒙古社会里斡孛黑和阿亦马黑,直到13世纪初叶为止,似处于从Ⅱ所示向Ⅲ所示形态的过渡之中。

兴起时代前后,存在于蒙古社会的斡孛黑与阿亦马黑之中的那种普遍而湮远的共同血统观念,虽然业已渐趋疏弛,但还不能说已然瓦解了。13世纪初叶蒙古游牧民的主体,仍处在日益松散变质的氏族组织的形式下。只是当成吉思汗的政权确立之时,在千户百户组织取代原先的斡孛黑与阿亦马黑后,这一形势才真正发生整体性的演变。不论是原来的氏族显贵还是普通平民,全都以黄金氏族领属民的身份被编入千户百户之中。由于中世纪游牧经济的限制,千户百户组织很难说是一种按照地缘关系,或曰人-地结合的关系来划分人民的制度;它是按游牧群集来划分人民的。一部分游牧群集,由原来属于不同氏族或部落的人口组成。但是也有一部分游牧群集,仍由原来处在同一氏族组织之下的成员们所构成。虽然如此,实际社会关系长期被纳入氏族、部落组织形式的状况,现在从根本上得到了转变。如果我们承认社会组织基本单元的构成形式对于实际社会关系具有某种反制约、反作用,那就应当看到,千户百户制度的采纳,是如何有利于极大地促进新划分的游牧群集中那种不同于原生血缘观念制约下的人-人关系,进一步地发展起来。这在千户百户组织里成为一种既定的、越来越占主导地位的趋势。人们的族属与他们所在的社会的和军事行政的组织,也就逐渐成了两回事。

在元代,一部分千户最初尚被冠以某族属的名称,表示其主体成员之来源。它们之中有一些保留下来成了明代鄂托克或 qoriya 的名称。但这时候,除了作为对于很久以前历史遗迹的回忆而外,它们大都丧失了原有的族属含义,只是当作一般营名来使用了。1550年代,鄂尔多斯部王公墨尔根济农的九个儿子分析所属部众。四子诺木塔尔尼所分得的"右翼巴苏特、卫新"二部,其部名系承袭自元代的别速特和许兀慎。它们的游牧地在后来的伊克昭盟鄂尔多斯右翼旗,即乌审旗(按乌审即许兀慎、卫新的别译)。该旗统辖下的十甲喇中,既有称为卫新、巴苏特的,又有冠以大、小克烈,察哈尔,哈尔嘎坦等部名的游牧集团。可见巴苏特、卫新不过是诺木塔尔尼所领有的两个游牧集团而已,其内部不再由过去那种同一族属的成员所构成。

在某些场合,为明清游牧集团所沿用的古代部族名称,甚至在当地人群里出现了通俗词源学性质的新解释。例如根据锡林郭勒盟苏尼特旗内部众的传说,"他们原是从外蒙古三音诺颜部脱离出来、移至今地的蒙古人子孙。他们是在汗的幼子率领下,趁夜间(süni)离开本部的,故以苏尼特(sünit)来称呼本部"①。这些苏尼特人似乎已经不知道自己的部名源于蒙元时期的雪你惕部。

元代的千户百户组织未能保留在明清蒙古人中间。然而正是经过千户百户制的冲击,明后期大大小小的蒙古游牧集团,无论是阿儿秃斯(鄂尔多斯)、土蛮(土默特)这样的大部,还是它们之下被称为爱马(阿亦马黑)、鄂托克、豁里牙的分支部落,都已经不再具有如同13世纪初蒙古部落那样以共同血缘观念作为纽带的亲属集团的基本特征②。比较困难的问题是,在鄂托克内部划分游牧人众时,由同一斡字黑构成的单元,是否还像氏族社会时期那样,各自作为相对独立的游牧集团,参与经济及社会生活其他各方面的活动?

关于明清时代蒙古人中间的斡字黑,田清波《鄂尔多斯志》一书

---

① 海斯隆特:《蒙古包:在中亚游牧人中间的经历记》,转引自吉村忠三:《内蒙古:它的地理、产业与文化》,东京,1935年,页128。
② 见乌兰:《〈蒙古源流〉研究》,沈阳:辽宁民族出版社,2000年,页119—200。又,关于鄂托克取代千户的问题,参见弗拉基米尔佐夫:《蒙古社会制度史》汉译本,页204—216。

留下了许多非常珍贵的历史资料。书里载录了他搜集到的实行盟旗制三百年后尚仍保留在鄂尔多斯诸部记忆中的一百八十余个斡孛黑(鄂尔多斯方言作 omoq)名称。其中有的是诸如克烈、巴尔忽、阿鲁剌惕(arlat)等古代部族的名称,或者是大都属于元代的差职名称及意味着某种资质、特权和荣誉的称号,如阿黑塔沁(aqtachin)、哈剌沁(qarachin)、达尔哈特(darqat)、乌尔鲁特(örlü'üd)等,也有的是"大力士"(bökes)、"七呆子"(doloo teneg)等纯属外号的称谓①。

斡孛黑一词,被田清波著录在《鄂尔多斯蒙语辞典》里,主要有两层意思。一为氏族(clan);一为氏族姓氏或家族姓氏(nom de clan, nom de famille)②。在关于鄂尔多斯的探察报告里,他把当时人记忆里的斡孛黑,作为具有共同血缘意识的基层游牧共同体来理解。但是,田清波说,当他在鄂尔多斯从事调查时,经常会遇到那些不知道自己所自出之斡孛黑的人,年轻的人们尤其如此。另外,蒙古人除了自己那个斡孛黑的名称以外,往往只知道很少几个其他斡孛黑的名称;鄂尔多斯人通常不知道其近邻们的斡孛黑。田清波认为,蒙古人开始忘记斡孛黑,因为实行盟旗制度以后,"某人是某旗的"代替了过去"某人是某斡孛黑的"这种指认方式③。他的意思是说,斡孛黑之所以被忘记,是因为当时早已不再按它(也就是按氏族),而是按旗、甲喇(xara)、苏木(佐领)来划分人民的结果。

那么,田清波根据什么知道,盟旗制度推行之前,蒙古人仍将血缘观念下的氏族作为划分人群的基本社会单元呢?他举出的证据,是前后相隔两三百年之久的蒙古文献有关指认人物的方式之间的连

---

① 田清波:《鄂尔多斯志》,《辅仁英文学志》第 9 期(1934 年 11 月)。
② 田清波:《鄂尔多斯蒙语辞典》卷 2,页 511。
③ 田清波:《鄂尔多斯志》。

续性。他写道:"我们在《元朝秘史》里读到'塔塔儿的帖木真兀格''翁吉剌歹德薛禅'等。17世纪初叶《黄金史纲》的著者,正如同稍晚一点的撒冈彻辰一样,也都用相同的方式来指称人物。"①

《元朝秘史》确实经常通过在人名之前标示其部落-氏族的方式来说明该人的血统。被孛端察儿掳来的妻子在回答"你是甚么人氏"的问题时说:"我是扎儿赤兀惕·阿当罕·兀良合真的人氏。"也就是说,她出于兀良合部落的扎儿赤兀惕氏族②。《秘史》第18节讲述朵奔篾儿干用一条鹿腿向一个叫"马阿里黑·伯牙兀歹·古温"的人换回后者的一个儿子做家人。这个人名的意思正是"伯牙吾牙孙、马阿里黑斡孛黑人氏"③。在《秘史》里,凡人名之前用一个部落名称后带-un或-ün后缀来修饰,多用来说明此人血统之所自。在偶尔提及某些服务于非本族集团的人物时,《秘史》也会把他们当时所在的那个非本族的部落标示在人名之前,但在形式上仍与说明出身血统的标注有所区别。如第129节说到受亦乞列思贵族孛秃差遣到成吉思汗处报告作战情报的两个巴鲁剌思血统的人,便称他们"亦乞列思处来的木勒客·脱塔黑、孛罗勒歹两个"。第177节叙述也速该带领两名身处泰亦赤兀部落的非本族勇士去救援王汗,称这两人为"泰亦赤兀处来的忽难、巴合只两个"。在上述两例中,部名之后的后缀都不用-ün或-un,而使用了夺格后缀-eche-/acha,《秘史》旁译作"处"。

共同血统观念在13世纪初依然是蒙古社会组织的基本纽带;尽管在一些氏族部落内部,联系着贵族和普通游牧家庭乃至所有普通

---

① 田清波:《鄂尔多斯志》。
② 《元朝秘史》第38节。村上正二:《蒙古秘史日文译注》卷1,页41—42。至于阿当罕究竟是部落分支的名称还是一个人名,尚难确知。
③ 参见乌兰:《〈蒙古源流〉研究》,页178。

游牧家庭之间的那种普遍而湮远的血缘,已在遭遇氏族贵族有意无意的淡化甚至否认。出于对当日蒙古社会组织中存在着普遍血缘关系的把握,田清波对《秘史》文本的解读是很精当的。

明清文献在交代人物的出身背景时,多使用与《秘史》差不多的修辞方式。但是由于社会关系的结构背景已大不相同,与三四百年前类似的指称,其内涵遂亦不宜同日而语。例如,《蒙古源流》把斡赤斤的后裔多郭朗叫作"多伦·土默特之多郭朗"。多伦土默特既非其牙孙(却特),又非其斡孛黑(博尔济锦),而是他所领有的部落名称,即七土默特部(蒙语多伦译言七)。哈萨尔后王锡古苏特巴图尔,《蒙古源流》称他"鄂罗郭特巴图尔锡古苏特"。被冠于人名锡古苏特之前的,同样是他份下的部落兀鲁部之名的复数形式。关于同书中的"图默特之鄂木博洪台吉"所指究竟是谁,尚有不止一种见解,但他无论如何总是黄金氏族中人,土默特也只指由他所领有的部落而已。明代前期著名的和宁王阿噜克台,在《蒙古源流》里称为"阿萨克之阿噜克台太师"。同书又称阿噜克台之弟蒙克拜为"蒙郭勒津之蒙克拜"。弟兄俩人的姓氏(斡孛黑)自然是一样的。惟所在游牧集团不同,因此被冠以不同的指称。在这些例证里,史文在部落名之后所加的后缀,都是与《秘史》同样的-un/-ün;但是现在,这些语词所指明的,不再是它所修饰的那些人物的出身血统,而是他们各自所在的游牧集团。《宝贝念珠》把意欲娶满都海寡妇的哈撒儿后王兀捏孛罗称为"坏心眼的往流(Ongliqud)"①。这里的"往流"(又译"罔留"或"翁牛特"),也是指他领有的部落,而不是其出身或血统。

除了用于黄金家族之外,明清蒙古文献中仍很少看见"某斡孛黑

---

① 艾宏展(Johan Elverskog):《宝贝念珠:阿勒坦汗和16世纪的蒙古人》,莱顿,2003年,页711。

之某人"这样明确的用语①。但是类似的意思也可能表现在某些称呼里。例如《蒙古源流》称火筛塔不囊为"满官嗔-彻兀人"(Monggholjin-u Chegüd)。乌兰认为,彻兀应该是一个姓氏②,亦即其人之斡孛黑。同书所谓"阿儿秃斯-可兀人帖木儿"(Ordos Köbegüt-ün Temür),其中的"可兀"(Köbegüt)大概也属一个斡孛黑的名称③。但是这里的斡孛黑是否还像它在13世纪初叶那样,自成一个游牧的经济单位,抑或已经从很久以前的氏族变成分散在各个游牧单位里的"姓氏",似乎还值得深究。

在部落及其较高层的分支中,以血缘观念纽带缔结的社会结构既然已经瓦解了,它就不能不逐渐影响到更基层的组织。成吉思汗的黄金氏族,或许最先以单系传嗣的谱系形式割断与其斡孛黑内一般成员间的普遍血缘联系,形成明白无误而不容随便羼入的姓氏集团。之后乃是与之同祖的其他姓氏,以及千户百户那颜们的姓氏纷纷成立。接着,蒙古姓氏的使用大概就扩大到了普通部众之间。于是,在同一千户百户里,尤其是后来在同一鄂托克里,不同族属的成员,才可能利用自己的族属作为姓氏,来相互区别各自的身份。在同一族属的成员较多的地方,则可能有人以祖先或本人的官号甚至外号等作为姓氏,以便自我标识。

姓氏使用范围的普遍化具有十分重要的社会意义。从此以后,血缘认同的功能,就可能主要地以单系传嗣的严格血统世系来为其

---

① 黄金家族在《宝贝念珠》里也叫"博尔济锦的黄金兀鲁黑"(Borjigin-u altan urugh)、"博尔济锦的兀鲁黑"等,见上引书,页222、223。后一称呼亦见于《蒙古源流》,见乌兰:《〈蒙古源流〉研究》,页649。
② 《〈蒙古源流〉研究》,页282、666、345。
③ 同上书,页355、654。

载体了。无论同一部族的人们采取相同的姓氏,还是采取不同的姓氏,这种情况都是如此。一般意义上的同姓,在划分社会的和行政-军事组织时不再起任何规定性的作用,它只剩下了与"五百年前是一家"的观念相类似的象征性意义。

因此,元代的千户百户制度对于此前流行的斡字黑组织所造成的重大冲击,很可能被田清波过于忽视了。

如果说姓氏过去是从血亲观念下的氏族当中生成和发育起来的,那么当姓氏发展起来以后,氏族的概念现在反而需要从姓氏当中再派生出来。它首先指的是某一始祖单系传嗣的后代的集合。田清波记录的鄂尔多斯诸多斡字黑中有所谓乌尔鲁特。这个名称的单数形式为 örlük,《秘史》旁译"豪强"。"九个乌尔鲁克",在明代蒙古史籍如《白史》《蒙古源流》《黄金史》等书中间,被普遍地附会为成吉思汗时代十分显赫的九个官号。据施密德收藏的卡尔穆克文书,这是指木华黎、博尔忽、失吉忽秃忽、者勒篾、哲别、锁尔罕失剌等九人[①]。乌尔鲁特斡字黑,当然只能是明代鄂尔多斯蒙古部落中的某些人物,以传说附会的祖先官号为姓氏,繁衍而成的。

这一类出于单系传嗣血统的同姓氏成员,可能形成一个或若干个互有亲属关系的父家长大家庭。但是它们并不由此而排他地构成独立的军事-行政划分单位或基本社会单元。例如鄂尔多斯蒙古人的近二百个斡字黑名称中包括有孛儿只吉特氏。田清波解释说,这是"鄂尔多斯台吉的氏族名称,众所周知,该氏族的名称是孛儿只斤,而这个鄂尔多斯语词的形式是它的一个复数"[②]。黄金氏族在这时候已被分为很多宗支以及宗支的分支,各自都分别领有大小不等的

---

① 见施密特:《东蒙古人及其汗室史》,页 381 注 30。
② 田清波上引文。

游牧集团。孛儿只吉特氏族的界限是严格分明的。在任何一个层次上,他们都不可能独立地构成一级社会组织。后者必然要包括孛儿只吉特氏以及领属于他们的其他姓氏的游牧民,由后者向他们提供各种生产的和生活的服务。至于只有相同的姓氏而没有共同的单系传嗣血统可以追溯的人们,那就只是在对于过去的遥远记忆和外婚习俗的意义上,才保持着某种残余的同族意识。它对游牧民的军事行政划分和基本社会组织构成,已经完全没有任何确定的和必然的联系了。

根据上面的叙述,明代鄂尔多斯蒙古中的斡孛黑,它所显示的,主要似乎还是姓氏的功能,即使在盟旗制度推行之前,氏族也已经不再是鄂尔多斯蒙古社会划分游牧民的基本组织单元①。

---

① 对本文的这一结论,尚有进一步加以探讨的必要。据田村英男利用满铁调查资料写成的《蒙古社会构成之基础单元苏木考:以伊克昭盟准噶尔旗河套以北地区为中心》(《满铁调查月报》1942 年 2 月号),乌兰察布盟西公旗和伊克昭盟达拉特旗的诸苏木,都由同一个斡孛黑构成,而伊盟准噶尔旗的苏木则由一至数个斡孛黑构成。他枚举了西公旗共十二个苏木及其相应斡孛黑的名称。兹以"苏木名/斡孛黑名"的排列方式,将其对应关系转录如下:1. yeke somu/yi;2. baga somu/ba;3. dotong somu/to;4. egcigcin somu/wu;5. yehe eldacin somu/jilung;6. baga eldacin somu/jing;7. gool somu/wan;8. olaganoot somu/hong;9. gerenoot somu/gu;10. taboot somu/wu;11. haranot somu/ha;12. jiocn somu/ju。从田村这篇文章看,近代蒙古人的基本游牧单位,似乎仍然保持着以血缘纽带缔结起来的斡孛黑形态。惟细绎以上冠名形式,更可能的情况好像是,诸斡孛黑名称似乎源于苏木名称,而不是相反。其中多数可看作即是蒙古语苏木之名的首音,并且很可能已被转换为同音汉字来标示。如第一和第二苏木,即蒙语"大苏木""小苏木"之意。yi 恐即以汉字"伊"为姓,源于 yeke 的口语形式 yihi 读音;ba 即以"巴"为姓,是为 baga(译言"小")一语的首音节。也有一些采用意译汉字的同音字。第八苏木的姓氏译言"红眼",作汉姓恐为"洪",即"红"的同音字。又如第十苏木的姓氏应该就是"吴",此盖蒙语 taboot 的意译"五"的汉语同音词也。此种形态的姓氏显然形成较晚。它与编组苏木之前原有的斡孛黑到底有什么样的联系? 如果苏木与斡孛黑的一一对应在蒙古社会是比较普遍的,那么鄂尔多斯的蒙古人为什么会像田清波所说的那样容易忘记邻近人们,甚至是自己斡孛黑的名称? 对诸如此类的问题,还需要由进一步的研究予以解答。

千户百户制度对于促进蒙古社会最终摆脱氏族组织外壳的历史进程的重要作用,从蒙古社会组织和哈萨克社会组织的横向比较中,或许可以看得更为清楚。

自16世纪以后,哈萨克人的政治组织,长期地是在血缘观念的氏族部落外壳下行使其职能的。巴肯的一段话概括了学者们对于哈萨克社会部族组织特点的认识。她说:"虽然游牧营地事实上并不总是父系家庭集合,但哈萨克社会组织的模式却是建立在这样的假说之上的。哈萨克人都相信他们自己全部来自同一个祖先的男系传嗣。19世纪考察家们所收集到的各种部族系谱在细节上出入极大,甚至对始祖的名字也说法不同。但是,在下面的这一点上它们却众口一词。即这位始祖有三个儿子,他们分为三个单独的阿吾勒(ayl),于是确立了哈萨克人的三个主要分支:大帐、中帐和小帐。根据部族世系,这三个儿子的儿子们,又依次分立,成为诸帐下各分支的始祖。而后者的儿子也依次分立成为更小的分支的先祖。这样一直分叉下去,直到阿吾勒。在其中,所有的男子和未出嫁的女人都出自一个共同祖先。于是,哈萨克民族和它的所有分支,全都被认为是一个扩大的家庭集团的各支系。"①

哈萨克社会内部的层级分化与阶级对立,亦即 aq süök("白骨头")连同 qara süök("黑骨头")中的统治者和 qara süök 的主体即平民之间的对立,为什么在长期的发展中一直与氏族部落的血缘外壳并存,而不是冲破和打碎这种外壳结构,似乎还没有得到足够充分的

---

① E. 巴肯:《俄国统治下的中亚民族:文化变迁研究》,Ithaca,1968年,页32以下;并可参见同氏:《论哈萨克父家长封建国家组织的基本特征》,《中亚评论》第9卷(1961年),我没有见到本文。

解释①。从国家组织形式的角度考察,它同突厥语族游牧国家采取氏族部落组织的传统恐怕不无关系。

阿尔泰语人群游牧国家在匈奴时期采取的是单于氏族同姓和异姓王分封下的氏族部落联合体形式。后来的突厥语诸族的游牧国家,都采取了这样的组织形式。例如西突厥有十部,分为五弩失毕、五咄陆,分居西、东。岑仲勉以"失毕"一词当突厥文阙特勤碑中 shadapyt 之官号,可从之②。东突厥以失毕为右厢之一种官号,应与西突厥名西方五部为五弩失毕具有某种联系,惟对"弩"字尚无妥帖的解释,它也许是一个东伊朗语词,译言"新"。五咄陆之咄陆,与作为可汗称号的咄陆 tutruq(译言强固、坚强③)不应是一个词。它或许是 turuq 的汉字转写,译言停止(驻扎地),派生于词根 tur④。五咄陆,意为五部驻扎地。阿史那氏与十部没有血缘关系,可由阿史那贺鲁与五咄陆之一的部落氏族首领胡禄屋阙啜联姻一事知之⑤。是证西突厥国家同样是氏族部落联合体的政权。

对漠北回鹘国家政治结构的考察,亦可以导致相似的结论。回鹘国家有"内九姓""外九姓"之两层结构的问题,近几年来受到一部分学者的怀疑。他们或者以"内九姓"中的嗢罗勿(俱勃)、葛萨都是早已见于铁勒中间的大部为理由,根本反对"内""外"层次的分别。

---

① 克莱德主要从长子继承权利的角度去解释这个问题。参见他的著作《突厥蒙古游牧民的社会组织》,莫顿,1963年,页202以下,又页322以下。又见同氏:《论草原游牧民组织的原则和结构》,《西南部人类学集刊》卷11(1955年)。
② 岑仲勉:《突厥集史》下册,北京:中华书局,1958年,页889。
③ 拉德洛夫:《突厥方言辞典》卷3,页1281。
④ 克劳逊:《13世纪前的突厥语辞源学辞典》,页538;拉德洛夫上引书,页1452—1453。
⑤ "其咄陆五啜……二曰胡禄屋阙啜,贺鲁以女妻之。"《旧唐书》卷194下《突厥传》下。

或者把"内九姓"理解为"外九姓",即包括回纥在内的九个大部的族长姓氏。后一种意见,引用了钢和泰发现的一份和阗语的文书为证。在其中,作为回鹘"内九姓"的药罗葛(yahä：dakḡrä)、貂歌息讫(bāsäkättä)、嘔罗勿(kārabarä)、药勿葛(yabüttäkarä)等,与仆固、同罗、思结、契苾等"外九姓"是被平行列举的部族①。

把内九姓分别看作外九姓之内的统治氏族姓氏,至少目前还是一种尚待进一步证实的推想。但是以上两种看法有一个很值得重视的共同之处。那就是"内九姓"诸族也可能曾是一些相对独立的社会实体,像仆固、同罗等一样。回鹘药罗葛氏较早征服了内九姓中其他部族或者是诸部的分支,组成部族组合体,再依靠这个力量慑服同罗、仆固等"外九姓"诸部。这证明回鹘游牧国家在"内""外"两个层次上,都是以部族联合体形式存在的。"内""外"之分,似乎正好反映了漠北游牧政治结构"累层地叠加"的特点。

在蒙古时代,突厥语诸族游牧经济下社会关系的发展,不应当低于蒙古语人群在建国前夕的水平。但是,处在突厥文化优势地区的哈萨克人,他们的政治组织形式,不是从氏族部落的联合体走向打破氏族部落的外壳,而是采取以虚拟方式扩大的同一个单系传嗣谱系去包摄它所领有的全体氏族部落。这两个地域相邻近的游牧社会政治结构的差异,证明了古代阿尔泰语游牧国家政权形式的发展路线似乎不是单一的。由此,我们也得以更明确地看到,千户百户制度在蒙古社会摆脱氏族部落外壳的历史进程中所曾发挥过的重要作用。

(补记：这是我于1986年末提交答辩的博士学位论文《论蒙古

---

① 片山章雄:《脱古思乌古思与九姓诸问题》,《史学杂志》90编第12号(1981年)。

游牧国家的政治制度：蒙元政治制度史研究之一》中的一部分。学位论文里若干比较成熟的见解，曾在后来撰写的相关主题的论文里有所利用和发挥。现在发表在这里的，除第五部分作了较多修改外，基本上是最初提交稿本的原貌。在进行本论文答辩时，我的两名指导教师韩儒林、翁独健教授都已先后去世，故由翁先生的同事和朋友刘荣焌教授作为我的导师代表，出席答辩会。谨以此文表达我对三位恩师的终生难忘的感谢和怀念）

成吉思汗,还是成吉思合罕
——兼论《元朝秘史》的成书年代问题

一

据《元史·太祖纪》,"元年丙寅,帝大会诸王群臣,建九斿白旗,即皇帝位于斡难河之源。诸王群臣共上尊号曰'成吉思皇帝'"。《圣武亲征录》所记略同。此处所谓"尊号"实由两部分构成。前者"成吉思"用来拟写蒙语 chinggis 一词的语音,或许来源于突厥语 chingis,译言"强硬的、凶猛的";但它也可能是突厥语词 tengiz(译言"海洋")的蒙古语读法①。而所谓"皇帝",则必定是某个蒙古语原词的汉语对译语。现在的问题是,这个用来指称大蒙古国最高统治者的蒙古语原词究竟是什么?

---

① 罗依果(Igor De Rachewiltz):《再论"成吉思汗/合罕"之称号》,海希西(W. Heissig)与萨迦斯特(K. Sagaster)主编:《尼古拉·鲍培九十诞辰纪念文集》,威斯巴登:哈拉索威兹出版社,1989年。此文的复印件,蒙乌兰教授在百忙中寄赠,谨此致谢。按:亦邻真曾在提交给"中国民族古文字研究会第二次学术讨论会"(1983年)的论文《至正二十二年蒙古文追封西宁王忻都碑》中断言,有关"成吉思"一词的义训,"还是拉施都丁《史集》的解释最为可信"。他并举萨满教的古祷文及《华夷译语》所录"呈·巴图"(译言"坚·固")一词印证之。见《亦邻真蒙古学文集》,呼和浩特:内蒙古人民出版社,2001年,页692。又按,草成此文后获悉,罗文已由陈得芝老师译为汉语,以《成吉思汗—合罕称号再探》为题发表于《元史及民族史研究集刊》第16辑,海口:南方出版社,2003年。

志费尼在13世纪中叶写成的《世界征服者史》中告诉我们,萨满巫师帖卜腾格理曾在当时传达上天的意志,赐予帖木真以"成吉思汗"之号;拉施都丁的《史集》重复了这个说法①。关于这个问题,《元朝秘史》写道:"虎儿年……于是对成吉思合罕奉与了罕的名号。"②这一叙述包含着某种程度的含糊。帖木真被赋予的正式称号似乎是"罕",也可以译写作"汗"。然而几乎是在所有的场合,《秘史》在提及这位大蒙古国的缔造者时,又总是称呼他为"成吉思合罕",而不是"成吉思汗"。白鸟库吉因此曾推断,当日蒙古语对"汗"与"合罕"不甚分别,所以二者经常被混用③。但是舒尔曼不太同意此一看法。他指出,在蒙元政治体系之下,理论上只能有一个合罕;然而无论是理论上还是在实际上,帝国之内都允许存在远不止一个的汗④。

我们知道,不论"汗"与"合罕"在作为外来词进入突厥语之前是否完全等义,以及它们是否具有构词法意义上的联系,它们在13世纪前的突厥语中乃是两个在构词法方面已全然没有联系,而实际上又语义相近的普通名词⑤。如果以此种状况作为考察相关问题的起

---

① 《世界征服者史》,何高济译,呼和浩特:内蒙古人民出版社,1980年,页40;《史集》第1卷第1分册,余大钧、周建奇据俄译本汉译,北京:商务印书馆,1992年,页273。
② 《元朝秘史》第202节。按,"罕的名号",蒙文作 qan nere。
③ 舒尔曼(H. P. Schurman):《13世纪蒙古的赋役体制》,《哈佛亚洲研究集刊》卷19(1956年)。参见该文注19所引白鸟之说。
④ 舒尔曼前揭文,注19。
⑤ 克劳逊(G. Clauson):《13世纪前的突厥语辞源学词典》,牛津,1972年,页611、630;罗依果前揭文,尤其是注52。又按:罗依果写道:"自从迦特梅尔于1836年发表有关'合罕'与'汗'的长篇注释以来,仅列举涉及这个话题的相关文献的目录,就需要占用好几页的篇幅。"他在该文中详细介绍了伯希和未刊手稿从构词法角度对 qaγan 与 qan 这两个"原蒙古语"语词间相互关系的分析(qaγan>qa'an>qān>qan)。罗氏又指出,ā>a 的语音变化在蒙古语中远不如在突厥语中那般普遍。因此,毋宁认为中期蒙古语中的 qan,是 qān 在突厥语中先已演变为 qan,继而返游于蒙古语的结果。但是据《资治通鉴》卷80《晋纪二》武帝咸宁三年(277年)条,(转下页)

点,那么我们或许可以说,"汗"出现在蒙古诸部的政治语汇之中,大概要远早于"合罕"一词之被引入。可是由于今本《元朝秘史》基本上把"合罕"当作专用于出自成吉思汗一族的王者之称,而只用"罕"来称呼几乎所有的其他首领或王①,遂使上述历史真相变得甚难窥破。

二

文献中明确记载的蒙古部最早的汗,似是成吉思汗的七世祖既孥笃儿罕②。他的儿子海都,《史集》亦称之为"汗"③。海都之后,他的孙子敦必乃也拥有"汗"的称号,此可见于《史集》。敦必乃之后的三任蒙古部的汗,先后为葛不律寒(按:"葛不律",一译"合不勒",而"寒"即"汗"或"罕"的异译)、咸补海罕("咸补海"一译"俺巴孩")和忽都剌罕;其中二者见于《元史》的《宗室世系表》(忽都剌讹为忽鲁剌),咸补海罕则见于《太祖纪》。值得注意的是,上列最后三个蒙古

(接上页)qaγan 与 qan 的最早见于使用,似乎同在拓跋鲜卑的力微时代,而二者所指,在地位上或许已有高低之分。由此看来,关于这两个词汇的历史语言学解释,仍然稍有未惬之处。
① 小泽重男日译:《元朝秘史》(上),东京:岩波书店,1997年,页48。
② 《元史》卷107《宗室世系表》。按:此人之名在《元朝秘史》里被记为合赤曲鲁克(qachi külüg)。又据拉施都丁,成吉思汗的七世祖是蔑年吐屯;而据《元史·宗室世系表》,蔑年吐屯应是既孥笃儿罕之父,亦即成吉思汗的八世祖。参见《史集》汉译本,第1卷第2分册,页18。
③ 《史集》汉译本第1卷第2分册专设《海都汗纪》,用来叙述他的事迹。《元史·太祖纪》追述海都时代说,其时,蒙古部"形势寖大。列营帐于八剌合黑河上,跨河为梁,以便往来。由是四傍部族归之者渐众"。据此则海都称汗或为当日事实,而他又把"汗"的名号追溯到自己父亲的时代,这也是可以理解的。

部先祖,在《元朝秘史》里都已被赋予"合罕"的尊号①。《史集》虽对合不勒仅只称"汗"而已,而对俺巴孩和忽图拉两人,却亦以"合罕"称之。《圣武亲征录》对"可汗"一称的使用最滥,不但忽都剌,而且连他的儿子搠只、俺巴孩的儿子阿丹(又译合答安),以及被《史集》明言从未正式取得过"君主"地位的叶速该(一译也速该,成吉思汗之父)②,都被冠以"可汗"的名号。

然而出现于上述种种场合的"合罕"或"可汗",很可能都是对原始记录的事后追改所致。若以目前确知的写成于1250年代之前的历史资料为依据,那么我们只能承认,"合罕"作为一个普通名词,尚未被纳入直到那时候为止的大蒙古国政治语言之中。伯希和曾写道,在蒙古史的范围内,"最先采取合罕称号的是窝阔台,而它只是某种属于个人的名号,以至于后来'合罕-汗'甚至成了对他的特定指称。只有在忽必烈治下,它才被当作专用于大汗的称号。或许有人会反对说,《秘史》总是使用'成吉思合罕'的提法,并且甚至还用它来指称成吉思汗之前那个最初的短暂的蒙古帝国的君主们,诸如'合不勒合罕''忽图剌合罕'等。但所有这些均须归因于较后来的习俗,那时在蒙古人的习惯用法中,'合罕'已经取代了'汗'。它们或者出于1240年时的《秘史》编写者之手,但愈加可能是被时代更晚的文本抄写者所追改。无论如何,我们有不可否认的证据说,成吉思汗并没有采纳'合罕'的称号。保存在列宁格勒的所谓'成吉思汗石'就以 chinggis qan-i,亦即'成吉思汗'一语的属格开头。……直到贵

---

① 《元朝秘史》的叙述在有意突出三人的统治身份时,往往叫他们"合罕"。但当他们在一般性的叙事中被提及时,又多写作"罕"。关于这一点,且详下文。
② 《史集》汉译本,第1卷第2分册,页57。值得注意的是,《元朝秘史》在大多数场合称也速该为"罕",只有一次叫他"合罕",见第150节。

由的时代,情形依然如此。众所周知,在1246年写给印诺森教皇的信中,他用突厥语自称为talui-nung han,而他的蒙文印玺则写作dalai-in qanu(属格形式),也就是说,在上述两种场合,他的尊号都是'汗',而不是'合罕'"①。

伯希和关于今本《秘史》中的"成吉思合罕"系对原来文本里"成吉思罕"称呼之改书的看法,确实是很有见地的。今本《秘史》第255节留下了全书中仅有的一处"成吉思罕"的用例。这一语词在亦邻真和小泽重男的畏吾体蒙古文《元朝秘史》复原本中,都未经任何说明地被改写作"成吉思合罕"②。事实上,它所反映的,很可能恰恰就是原始文本的面貌,而在十分偶然的情况下为后世抄写者所漏改。类似的情况也发生在《秘史》所记成吉思汗诸子对其父亲的称呼中。今本《秘史》一般是注意到"罕·父"(qan echige)与"合罕·父"(qaghan echige)这两种不同身份称呼之间的区别的。但是文本中成吉思汗诸子对父亲的叫法,却既有"合罕·父",又有"罕·父"③。后者同样应当是改削未尽所致。另外,札木合对成吉思汗的称呼,有一处作"合罕·安答"(qaghan anda),还有两处又作"罕·安答"(qan anda)④。后者无疑也属于因抄写者的疏漏而得以保留下来的更早时代的原文。

---

① 伯希和(P. Pelliot):《马可波罗注》卷1,巴黎,1959年,页302。按:伯希和谓窝阔台在后来的文献里被称为"合罕-罕",恐怕是由汉译圣旨碑中的"合罕皇帝"一语倒推出来的结论。实际上,汉文"合罕皇帝"当即蒙语qaghan的对译语词。元代蒙文中也许并不存在qaghan qan这样一个语词。又按:突厥语词talui-nung han和蒙古语词dalai-in qan都译言"海内汗"。见伯希和:《蒙古与教廷》,冯承钧译,北京:中华书局,1994年,页25。
② 亦邻真(Yikminghatai Irinjin):《畏吾字复原本〈蒙古秘史〉》,呼和浩特:内蒙古大学出版社,1987年,页250。小泽重男:《元朝秘史全释(下)》,东京:风间书房,1989年,页310;因手头缺书,不克检阅小泽复原本,此项知识承蒙乌兰赐告。
③ 例如这两种称呼就同时出现在《元朝秘史》第255节里。
④ 见《元朝秘史》第200、201节。

尽管"合罕"作为"专用于大汗的称号"并不存在于早期蒙古部的社会-政治结构中,但在 13 世纪的上半叶,在漠北草原上那些社会关系和政治组织最为发达的部落联盟中,它确实早已被用作最高首领的尊号了。这里需要重提《圣武亲征录》所枚举过的那些"可汗"。虽然蒙古部先祖中之被命名为"可汗"者,十有八九出于后来的追溯,但也不应该由此就全盘否定《亲征录》所言及的西辽国王乃至克烈、乃蛮等部落联盟的最高首领之称为"可汗"的真实性。他们中间包括西辽王朝的"契丹主菊儿可汗",克烈部的"汪罕可汗"(又写作"王可汗")、其父"忽儿札胡思·盃禄可汗"、其叔父"菊儿可汗"(亦作"菊律可汗"),乃蛮的"亦难赤可汗""盃禄可汗""太阳可汗"等①。如果说在《亲征录》所据的诸种原始的民族语文资料里,这些人物原本就只是这样那样的"汗",那么汉文移译者还有什么必要多此一举,特意去为蒙古敌对方面的此等首脑们的地位升格?

还需要强调的是,《亲征录》的相关记载并不只是孤证而已。《秘史》里的"王罕",在《元史》的列传中多次被称为"王可汗"②。至于西辽国主称"可汗",则更是情理中事,因为"可汗"一词虽不见于女真语,却完全可能作为契丹语旧有词汇而被带入西辽的政治语言。在突厥语中原本与"汗"近乎等义的"可汗",开始在语义方面显得越来越更其隆重,西辽的影响或许是不可忽略的。耶律楚材有《过云中和张仲先韵》诗云:"挂冠神武当归去,自有夔龙辅可汗。"此诗的写

---

① 札木合在该书里也被称作"菊儿可汗"。如果其记载属实,那么这或许可以看作是蒙古部采纳"可汗"名号的一次最初的但为时短暂的尝试。
② 见《元史》卷 119《木华黎传》、卷 120《术赤台传》、卷 130《不忽木传》、卷 136《哈剌哈孙传》、卷 150《耶律阿海传》、卷 196《拜住传》等。按:诸传记显非皆以《亲征录》为其史源。刘敏中《丞相顺德忠献王碑》追叙哈剌哈孙先人史事,即把王罕称为"可汗"。文见《元文类》卷 25,又见《中庵集》(北京图书馆古籍珍本丛书)卷 4。

作时间当与《过云中和张伯坚韵》相近。后面这篇作品中有一联写道:"射虎将军皆建节,龙飞天子未更元。"是知它们都写于成吉思汗死去不久、拖雷监国之初,正当作者从西夏经云中北返漠北的旅途中。诗中所谓"可汗",应当来源于他扈跸西征时所游历过的受突厥政治文化支配的西域地区,包括西辽故地在内①。

  我们知道,蒙古部在政治、社会与文化方面的发达程度,远不如比他们更突厥化的那些原蒙古语部落(如克烈),以及位于漠北草原中西部的突厥部落(如乃蛮)。蒙古部在乃蛮人的眼里是一帮"歹气息、衣服黑暗"的乌合之众②,根本不能与克烈部相提并论。甚至直到蒙古部取得草原霸权将近半世纪之后,游牧民们仍然没有忘记,与乃蛮、克烈、塔塔儿等部相比,"蒙古人是人类中最可怜的人"③。超乎"汗"的权威及身份的"合罕"没有从蒙古部的内部结构中产生出来,看来也不是没有原因的。

---

① 两诗俱见《湛然居士集》卷 3。王国维《耶律文正公年谱》把它们的写作时间系于元太祖二十二年丁亥(1227 年)。见《湛然居士文集》,北京:中华书局,1986 年,附录二《耶律文正公年谱》。当然,对于此处的"可汗"之语,也可能像"夔龙"一样,只是耶律氏在辞赋创作时袭用的一个传统语汇而已。《全唐诗》卷 86 收张说《奉和圣制送宇文融安辑户口应制》云:"至德临天下,劳情遍九围。……作非夔龙佐,徒歌鸿雁飞。"柳宗元《唐铙歌鼓吹曲十二篇·高昌》:"咸称天子神,往古不得俱。献号天可汗,以覆我国都。"(《柳河东集》卷 1,上海人民出版社,1974 年,页 16)又按:在讹迹干一座建立于 1152 年的喀剌汗朝王陵的题词中,我们可以读到"公正的、至高无上的合罕"(al-khaqān al-'adil al-āʾzam)一语。柯尔巴斯(J. Kolbas)以为,此时距离喀剌汗朝的灭亡仅只十一年,王室最高权威的式微遂使"王室一个地方分支的统治者得以将虚而不实的至高尊号据为己有"。出现在这里的"合罕",或许已不能认为仍然同它早先在突厥语中的情况一样,乃是一个基本上与"罕"等义的称号。见柯尔巴斯:《蒙古人在伊朗:从成吉思汗到完者都时期,1220—1300 年》,伦敦:劳特里奇出版社,2006 年,页 42。
② 《元朝秘史》第 189 节。
③ 此说见于 1250 年代访问漠北的鲁布鲁克的记载,但它传达的,显然是当日尚流行于蒙古社会的一种深刻记忆。见《出使蒙古记》,吕浦、周良霄译,北京:中国社会科学出版社,1983 年,页 140。

三

以上讨论想已说明，窝阔台是从哪里采纳了"合罕"这个称号的。但在当时它不过是专属于窝阔台个人的尊号而已。《秘史》曾反复说及，窝阔台所登临的"大位"（yeke oron），仍然叫作"罕"，而不是"合罕"①。如前所述，继承窝阔台的贵由，依然袭用"汗"作为自己的称号。

然而，就目前所知道的钱币学证据来判断，从成吉思汗尚仍在世时的1220年代开始，在更深地受到突厥文化浸染的蒙古帝国西半部，人们已开始把大蒙古国的最高统治者统称为"合罕"。1221年发行于巴达黑山西北之瓦哈希河谷的金属制币，已经把此前制币上的铭文"罕之底儿罕姆"（khān-ī dirham）改书为"合罕之底儿罕姆"（khāqān-ī dirham）；同样的变化亦可见于1221年冲制于不花剌的钱币上；同年冲制于马鲁的钱币铭文读作"至高的合罕，公正的成吉思汗"（al-khāqān al-'āzam, chingiz khān al-'ādil）；这时候的喀兹尼钱币铭文则写作"公正，至尊，成吉思汗"（al-'ādil, al'āzam, chingiz khān）；而在讹答剌发行的钱币的铭文中，我们发现"合罕"一词的正字法形式已开始被写作 qā'ān②。

自窝阔台时期始，qā'ān 在西域钱币铭文中的用法便日益普遍，

---

① 例如，《元朝秘史》第269节描写鼠儿年（1229年）的忽里台大会说，诸王宗戚"成吉思合罕的［提］名了的只圣旨依着，窝阔歹合罕行罕立了"。第270节又说："窝阔歹合罕自己罕被立了着……"
② 见柯尔巴斯前揭书，页38、42、51、63。值得注意的是，柯氏书中已被本文引述过和未加引述的所有那些铭文都使用"成吉思汗"的称呼，而尚未看见"成吉思合罕"的例证。前者在当时早已成为一个太过响亮的尊称，因此即使在西部蒙古帝国，当人们以十分熟悉的"合罕"名号来改易东部蒙古语用指最高统治者的"汗"时，"成吉思汗"这个传统的称号却依然被沿用下来。

如 al-qā'ān al-'ādil al-'āzam("公正的至尊的合罕")之类①。据爱尔森的研究,此后出现在西亚钱币上的贵由帝号,有一些简单地写作"公正的合罕(qā'ān)"。而1247年由谷儿只王大卫冲制于桃里寺的钱币铭文则作"天底气力里,贵由合罕(qā'ān)统辖里;奴仆达乌德"。贵由派往西亚的军事统帅拜住写给教皇印诺森四世的信件,亦称此举出于"合罕本人的神圣意旨"②。至于蒙哥时代,我们有早至1252年冲制于谷儿只的钱币,其铭文里有"世界之国蒙哥合罕福荫里"等语③。

有关蒙古帝国最高统治者的名号问题,志费尼在《世界征服者史》中的记载非常值得重视。这位西亚历史学家显然更重视出自中央兀鲁思方面的正式称谓。因此,尽管"贵由合罕"已是当日西方广泛流行的称呼,但志费尼还是把他叫作"贵由汗"。另一方面,在他的书里,蒙哥的帝号却已与同书所记录的其前辈成吉思汗和贵由汗不同,他被很明确地叫作"可汗"。不过,该书记事虽终止于蒙哥朝晚期,惟志费尼死于1280年代,所以也无法绝对排除他把一个略晚于蒙哥朝才

---

① 柯尔巴斯前揭书,页94—95,及此后各页。
② 爱尔森(T. T. Allsen):《伊朗蒙古政权合法性形式的转变》,希曼(G. Seaman)与马科斯(D. Marks):《来自草原的统治者》,洛杉矶:南加州大学,1991年。按:"达乌德"即该钱币冲制者大卫(David Narin)一名的异读。另外值得注意的是,今日所见的拜住这封书信,其文本不是蒙古语的,它出于西亚译人之手。所以此处的"合罕"仍可视为流行于西部蒙古世界的称号。
③ 帕科莫夫(E. A. Pakhomov):《格鲁吉亚的金属钱币》,第比利斯:梅茨涅伯出版社,1970年,页133。转引自爱尔森(T. Allsen):《蒙古时代欧亚大陆的文化与征服》,剑桥:剑桥大学出版社,2001年,页21,注16。又按:谷儿只发行的钱币上,也有的在两面分别冲压阿拉伯文和波斯文的"长生天气力里,世界皇帝蒙哥汗"等字样。这似乎应当是蒙哥汗正式改称"合罕"之前留下的。中央兀鲁思的官方称呼在此时远达西亚,或许可以表明,与贵由相比,蒙哥在西部蒙古世界的政治权威获得了某种程度的增长。见柯尔巴斯前揭书,页142。

形成于蒙古本部的称号倒溯到蒙哥汗头上的可能性。幸运的是,现有的蒙文资料已可以证明,蒙哥在世时,确已将自己改称为"合罕"。

在晚于上引钱币铭文的蒙古文碑铭,即颁发于1254年初的畏吾字蒙文少林寺圣旨碑中,蒙哥尚仍沿用"汗"的头衔①。现在可知的最早称他为"合罕"的蒙文资料,应是著名的蒙文"释迦院碑记"。原碑的第二行可读作:"'愿蒙哥合罕万万岁'么道巴立托建立[此碑]。"②该碑的建树年代为1257年。对这些证据加以排比分析,我们似乎有理由说,把大蒙古国的最高统治者命名为"合罕",最先发生在突厥文化占支配地位的帝国西半部分。同时也正是在西域地区,它最先被黄金家族的成员自身所采用③。而后在1250年代中叶,也就是1254年到1257年间的某个时候,这个词汇终于被帝国东半部的蒙古人接纳到自己的政治文化之中。"合罕"从此成为蒙古大汗的正式名号。而1261年的少林寺圣旨碑表明,忽必烈从即位之初,所使用的便是"合罕"的称号④。

德福在四十年前曾经认为,大蒙古国使用"合罕"的称号,是受汉地影响的结果⑤。现在看来,其直接推动力恐怕还是来自西部蒙古帝

---

① 道布、照那斯图:《河南登封少林寺出土的回鹘式蒙古文圣旨碑考释》,《道布文集》,上海:上海辞书出版社,2005年,页204。本文最初连载于《民族语文》1993年第5、6期,1994年第1期。
② 参见陈得芝:《元外剌部〈释迦院碑〉札记》,《元史论丛》第2辑,北京:中华书局,1983年。
③ 例如旭烈兀在1254/1255年以及1255/1256年发行的钱币上,铸有"至高无上之合罕,蒙哥合罕;旭烈兀汗"(Mūnkkā Qā'ān/Hūlāgū Khān)之语。在这里,"合罕"和"汗"两称号之间的等级差异,已确凿无疑。见米哈伊尔·魏厄斯:《伊朗出土的蒙古伊尔汗国钱币铭文》,《加拿大蒙古学评论》第4期1分册(1978年),页46。转引自爱尔森前揭书,页21,注18。
④ 道布、照那斯图前揭文,页216。
⑤ 德福(G. Dörfer):《新波斯语中的突厥语与蒙古语成分》卷4,威斯巴登:弗朗兹·斯坦讷出版社,1966年,页144。

国。即使在契丹语中"合罕"被赋予至高身份的含义最初可能与汉地皇帝制度的影响有关，即使十二三世纪漠北草原上"合罕"身份的提高果真是西辽政治文化的作用使然，蒙古人却好像还是经由了突厥文化的中介环节再采纳这个概念的。

四

大汗的蒙古语称号由"汗"改为"合罕"之后，它又被倒溯性地用来界定蒙古部过去几个首领的身份。孛端察儿、俺巴孩和忽图拉在《史集》里都是"合罕"。这当然不会是拉施都丁自说自话的发明。因为他在处理诸如此类的历史细节时是十分小心谨慎的。例如，尽管他极口赞扬合不勒汗的声名威望，肯定他是"自己部落和属民的君主和首领"，《史集》仍然小心翼翼地避免把他称为"可汗"。又如，尽管他将忽图拉汗死后选举蒙古部首脑的那次大聚会误记为发生在俺巴孩汗死后，但拉施都丁的有关叙述仍然保持着据实直书的风格。他写道："在这次聚会上，谁也没有被确定为他们的君主。"同时他又根据他所了解的有关史实推断说，后来这个地位"想必一定授予了"阿答勒汗的儿子塔儿忽台。不过他也没有忘记补充说，"可以确信的是，他（此指俺巴孩）的侄儿忽图拉合罕死后"，成吉思汗的父亲也速该"进行了统治"①。这段叙事既保留了蒙古部内的泰赤兀氏和乞颜氏两支贵族之间争权夺利的珍贵情节，又在照顾到乞颜氏后人维护也速该正统地位之良苦用心的同时，揭示出也速该未能获得对于全

---

① 《史集》汉译本，第1卷第2分册，页42、57—58。按：这段故事显然发生在忽图拉汗，而不是《史集》所称的俺巴孩汗死后。当时争夺汗位的两个人，应即塔尔忽台与也速该。

蒙古部落的统治权这一事实。

所以,拉施都丁把孛端察儿、俺巴孩与忽图拉叫作"可汗",一定是有其依据的。这个依据,无疑来源于《史集》所依赖的最重要的一种史源《金册》。是知在这部由元朝大汗颁发的具有官方档册性质的史书里,成吉思汗直系中的若干早期的汗(包括肯定属于被后来人追认的"孛端察儿汗"在内),已经被改称为"合罕"了。但是,这样的推断马上会遇到一个乍看起来极难回答的问题。《史集》对也速该、成吉思汗和贵由都没有使用"可汗"的称呼。按照同样的逻辑,我们就必须承认,其所据也应当是《金册》中的记载。否则,拉施都丁如何敢将权威文本中的"合罕"称号擅自降格为"汗"?那么,《金册》对祖先追赠"合罕"称号,为什么会采取舍近求远的奇怪态度呢?

现在就必须说到元代的太庙制度了。至元元年(1264年),元廷依汉制定太庙七室,分别供奉成吉思汗、窝阔台、拖雷、术赤、察合台、贵由、蒙哥以及他们各自的皇后。次年尊成吉思汗为"太祖";三年(1266年),增祀也速该,并为其中的元室直系祖先及诸先帝制"尊谥庙号",遂列为八室供奉。在一个以蒙、汉双语为共同官方语文的时代,为列祖列宗确定汉语名号,当然也意味着需要重新肯定他们原有的蒙古语称号,或是另外予以新号。也许是因为汗与合罕的分辨在当时尚不如更后来那般严格鲜明,或者"成吉思汗"之称号所蕴含的崇高权威性使其子孙觉得完全不需要再易"汗"为"合罕"。总之,诸人被列入太庙时,其蒙古语的称号均未经改易。既经这次极隆重严肃的再确认,上述诸人的蒙古语旧称反而被赋予了极大的权威性,并且从此固定下来。正因为如此,《金册》才会在追称蒙古部先祖为"合罕"时,不及于也速该、成吉思汗和贵由三人。事实上它也是终元一代的定制。在今存蒙汉合璧或蒙文的圣旨及令旨公文碑里,元太祖大多写作"成吉思汗",其中只有五通称"成吉思合罕",时代最早的一例写于至元十九年(1282年)①。这些用例,似可看作当日社会已流行的用词法对公文写作的侵蚀。

肯定元太祖在《金册》中被称为"成吉思汗",也就是肯定下述事实,即至少直到编写《金册》时为止,《元朝秘史》对元太祖的称呼也只能是"成吉思罕"。对先祖尊号的等级,一般总是只能提升,而难以降低的。《元朝秘史》既是宫廷秘藏的珍贵史册,又是编撰《金册》时的第一等史源。如果那时的《秘史》文本已经称元太祖作"成吉思合罕",《金册》怎么可能把他的地位再从"合罕"降等为"汗"?所以,今日所见的《秘史》文本,其抄录并在抄录过程中对某些语词加以修改,必定是在《金册》修撰完成之后。《金册》的编定年代于是也就变成判断今本《元朝秘史》形成时代之上限的关键②。

---

① 这些碑铭分别为1282年《八思巴字蒙文与汉文合璧阿难答令旨碑》、1289年《泾州华严海水泉八思巴字蒙文圣旨碑》、1303年《平阳路河中府河东县延祚寺八思巴字蒙文小薛令旨碑》、1314年《真定路元氏县开化寺八思巴字蒙文与汉文合璧圣旨碑》,以及1314年《大重阳万寿宫八思巴字蒙文与汉文合璧圣旨碑》。参见松川节:《新发表的蒙古文命令文碑三件》,载松田孝一:《由对碑刻等史料之综合分析着手的蒙元政治经济体系的基础研究》,平成十二至十三年度科学研究基金研究成果报告书,2002年。按:除所谓"命令文碑"以外,其他类型的蒙汉合璧碑铭也有写作"成吉思合罕"的,1362年的忻都碑即一例。见亦邻真:《至正二十二年蒙古文追封西宁王忻都碑》。
② 现存《元朝秘史》的汉字音写本,是明初的官方翻译机构为教授蒙古语而制作的。据小泽重男的研究,这个音写教本先后有"'巴·别·伯'字本"[约与洪武十五年(1382年)《华夷译语·语汇》的编撰同时]、"准'巴'字本"[约成于《华夷译语·来文》编写(1389年)后不久],以及现行的"'罢'字本"[成于洪武三十一年(1398年)]等三种文本。见小泽重男:《元朝秘史》,东京:岩波书店,1994年,页223—226。本文所指"今日所见的《秘史》文本"或"今本《元朝秘史》",系指汉字音写本所据的蒙文原本而言。现有研究已经能够很确定地断言,它并不是用八思巴字,而只能是用畏吾字体来书写的。

五

拉施都丁所说的《金册》，未见于汉文文献记载。但它极有可能就是用泥金粉汁书写的元朝诸先帝《实录》的蒙文译本或其节译本。

至元十三年（1276年）六月，"诏作平金、平宋录，及诸国臣服传记，仍命平章军国重事耶律铸监修国史"①。又据《元史·王利用传》，传主在至元年间"与耶律铸同修'实录'"，时在他"奉旨程试上都、隆兴等路儒士"之后。元廷差官对儒户实行大规模的甄别考试，完成于至元十三年三月②。足证"本纪"所谓"监修国史"，实指撰修"实录"而言。元制不置"日历""起居注"，"独中书置时政科，以一文学掾掌之，以事付史馆。及一帝崩，则国史院据所付修《实录》而已"③。元为前四汗补修《实录》，始见于此时。十年之后，即至元二十三年十二月，"翰林承旨撒里蛮言：'国史院撰修太祖累朝实录，请以畏吾字繙译，俟奏读然后撰定。'从之"④。至元二十五年二月，"司徒撒里蛮等进读祖宗实录。帝曰：'太宗事则然，睿宗少有可易者，定宗固日不暇给，宪宗汝独不能忆之也？犹当询诸知者。'"二十七年六月，"大司徒撒里蛮、翰林学士承旨兀鲁带进《定宗实录》"；同年十一月，又有撒里蛮与兀鲁带进《太宗实录》的记载⑤。这里说到的"祖宗

---

① 《元史》卷9《世祖纪》六。
② 萧启庆：《元代的儒户：儒士地位演进史上的一章》，《元代史新探》，台北：新文丰出版公司，1983年。
③ 徐一夔：《上王待制书》，《始丰稿》卷6。按：四库馆臣为《元史》所写的书目提要已引此语，见《四库全书总目》卷46。
④ 《元史》卷14《世祖纪》十一。
⑤ 《元史》卷15《世祖纪》十二、卷16《世祖纪》十三。

实录"等语，无疑是指国史院所修汉文《实录》的"畏吾字繙译"而言。史文没有具体提及《太祖实录》，但既然撒里蛮在奏议中明言拟翻译的是"太祖累朝实录"，它恐怕是有畏吾字蒙文译本的。或许它就被包括在至元二十五年二月由撒里蛮进读的"祖宗实录"之中。不过因为世祖听读后没有对它提出什么修改意见，所以后来对此少有言及。前四汗的《实录》，并没有类似"日历""起居注"那般完整的原始记录作为依据，因此它的篇幅远不像后来的《实录》那么大。把它们全篇译为蒙古文，还不算是一项太大的工程。

元世祖《实录》的修撰，在他去世后不到半年就动工了；次年（元贞元年，1295年）六月，"翰林承旨董文用等进《世祖实录》"①。元贞二年十一月，"兀都带等进所译太宗、宪宗、世祖《实录》"②。是知当日对蒙文本的《太宗实录》又做过一次修改；《宪宗实录》的蒙文本大概也完成于此时；而《世祖实录》的篇幅太过庞大，实难在这么短的时间内就被全文翻译出来，其所指当即以下就要说到的蒙文节译本而已。

修订前四汗《实录》最终告一段落，要晚至元成宗后期。大德七年（1303年）十月，"翰林国史院进太祖、太宗、定宗、睿宗、宪宗五朝《实录》"③。史文没有明确交代这究竟是在说《实录》的汉文本抑或其蒙文译本。不过此中意思，仍能从稍后的一条相关记载里揣摩出来。大德八年二月，"翰林学士承旨撒里蛮进金书《世祖实录》节文一册，汉字《实录》八十册"④。撒里蛮是蒙译诸朝《实录》的自始至终

---

① 《元史》卷17《世祖纪》十四、卷19《成宗纪》二。
② 《元史》卷19《成宗纪》二。按：文中的"兀都带"与前引史文里的"兀鲁带"或为一人。
③ 《元史》卷21《成宗纪》四。
④ 同上。

的主持者。由他进呈的"金书《世祖实录》节文一册",必为蒙古文译本无疑。由此可以明白以下两点:其一,翰林国史院于大德七年十月与次年二月所进呈给皇帝的,显然属于按同一编写方案与体例先后写定的事关两个不同时段的《实录》。因此,前一次所进"五朝《实录》",也应像后一次那样包括汉文原本及其蒙古文的翻译本。其二,《实录》的蒙古文译本,应该都如同《世祖实录》的蒙文节译本那样,是用泥金粉汁来书写的。

综上所述,拉施都丁在伊利汗国看到的宫廷密档《金册》,其实就是由元朝大汗颁发给黄金家族各支后王的"金书"《实录》蒙译本,就《世祖实录》而言则是其蒙文节译本①。它的编写始于1287年,而最后完成于1303年。由是推知,称元太祖为"成吉思合罕"的《秘史》文本,其形成必晚于1303年。这个文本远不止改"成吉思罕"为"成吉思合罕"而已。蒙古部的祖先,包括在《金册》中已被升格为"合罕"的俺巴孩、忽图拉,以及尚未被《金册》改称为"合罕"的合不勒、也速该等人,在《秘史》的这个文本中都被赫然赋予"合罕"的地位。克烈、乃蛮等部的首领本来已有"合罕"之称,现在却统统都被降格为"罕"。亦邻真曾举"汪罕被写得简直是个草原哈姆雷特"为证来说明,"《秘史》对有些事件和人物的描述,与其说是历史的记录,不如说是文学的创造"②。从对"汗"与"合罕"称号的对位移易中,我们再次看到,对胜利者的偏袒,是如何被"层累"地积淀在历史书写之中的。

---

① 陈得芝主编《中国通史》第8卷《中古时代·元时期(上)》(上海人民出版社,1997年)已指出,《金册》"可能就是元朝颁发给各汗国的《实录》"。见该书页65。
② 亦邻真:《〈元朝秘史〉及其复原》,《亦邻真蒙古学文集》,呼和浩特:内蒙古人民出版社,2001年。

六

对《秘史》写作年代的讨论,已有长达一百多年的历史。如果我们采纳伯希和把《秘史》的原始文本与其"时代更晚的"抄写文本加以区别考察的见解,则有关它的原始文本的写成年代问题似乎就会变得简单了。第247节中出现的"宣德府",第248节中的"东昌",肯定都是要到忽必烈时代才存在的地名。过去曾有学者据此推断这部史诗写于1260年代或者更晚。但是倘若考虑到今本《秘史》的抄写是在1303年之后,那么上述情况的出现也就不足为怪了。

这么说来,《秘史》的原始文本,又形成于什么时候呢?

今本最后一节(即第282节)那段著名的"尾跋"写道:"大聚会聚着,鼠儿年七月行,克鲁涟河的阔迭额·阿剌勒的七孤山行失勒斤、扯克两峰间营帐下着有时分写着毕了。"亦邻真指出,要说时间(鼠儿年)、地点(曲雕阿兰,按即"阔迭额·阿剌勒"的异译)、事件(召开忽里台大会)"三个条件具备的,只有1228年戊子。第269节明确写着鼠儿年在曲雕阿兰开了忽里台,奉窝阔台为帝。所以,《秘史》第282节的鼠儿年应该是1228年"。不过,这一节原本应该排在第268节,即有关成吉思汗记事的最末一段之后。但后来又有人续写了有关窝阔台的记事,附加在成吉思汗记事的后面。"明翰林译员音写《秘史》之后,把原来附在最初部分后面的'鼠儿年撰写完了'一段文字,顺手置于全书的末尾。"① 也就是说,《秘史》的第1节至第268节,再加上现在成为全书尾跋的第282节,写成于1228年推举窝

---

① 亦邻真前揭文。

阔台为汗的忽里台大会上①。那么,它后面的关于窝阔台的记事,又著成于何时呢?

前文已提及,大蒙古国的最高统治者在《秘史》的后续部分里仍然叫作"罕",而未曾改变为"合罕"。这一点极其关键。因为它最明显地反映出相关文本写作的时间性:《秘史》后续部分的写作时间,乃是在"合罕"作为一个用指最高统治者的普通名词进入中古蒙古人的政治制度体系之前。这也就是说,它的完成应早于1260年代,从而最可能是在推选蒙哥为汗的1251年的忽里台大会期间。

把全部窝阔台记事的写作定于1251年,也会遇到某些难以解释的疑问。第274节最后叙述蒙古征高丽的史事说:"又在先女真、高丽处,曾命札剌亦儿台征进去,至是再命也速迭儿为后援征进了。就为探马赤以镇其地。"那珂通世在九十多年前就已经揭出,《秘史》提到的这两个蒙古将领,在《高丽史》中分别写作"车罗大"和"余愁大"。据此,则这次军事行动实系发生在1254年到1258年之间。那珂通世认为,这是一段羼入《秘史》文本中的后人增补的文字②。

事实上,这还不是仅有的存在问题的地方。紧接着这一节之下,《秘史》又叙述了拔都和贵由及察合台后王不里在结束"长子西征"的宴会上交恶的故事。贵由在争吵中辱骂拔都是"有髯的妇人",声称"我脚后跟推倒踏他"。不里则骂道:"他是带弓箭的妇人,胸前教

---

① 小泽重男认为,现存的十二卷与十五卷汉字音写本都在第246节处分卷。从其形式与内容结构分析,写成于1228年的部分应该是第1节至第246节,再加上今本的尾跋。见小泽前揭书,页130及其后。
② 村上正二日文译注:《蒙古秘史》第3册,东京:平凡社,1976年,页338、393。

柴打他。"他们的亲信也帮腔说:"他后头接与他个木尾子。"拔都是蒙哥当选大汗最关键和最有力的支持者。1250年代游历欧亚大陆的西方旅行家说,拔都在蒙古帝国东半部的威望及其所受到的尊敬,要超过蒙哥汗在帝国西半部的声望①。在蒙哥汗即位的大聚会上书写并朗读这样的诗句,似乎是不太可能的。因此,《秘史》第274节至第277节也应当是后来补入的文字。只有在术赤系后王因支持忽必烈的对手阿里不哥,以及为争夺高加索以南的牧地而与拖雷系后王由结盟转为互相敌对之后,这些文字的创作才会变成顺理成章的事情。那当然只能是在忽必烈的时代了。

七

现在把本文的结论简述如下。

一、终元太祖之世,他的称号始终是"成吉思汗",而从未有过"合罕"之称。

二、蒙古政治体系采纳"合罕"作为帝国最高统治者的正式称号,乃始于蒙哥时期。

三、随着"合罕"之称号流行日广,在忽必烈朝及此后,元太祖有时也被叫作"成吉思合罕"。但他正式的官方尊号仍然是"成吉思汗"。

四、拉施都丁所说的《金册》,就是用金字书写的元《实录》的蒙译本和蒙文节译本。它编写于1287年至1303年之间。

五、《秘史》的原始文本分别写作于1228年和1251年。不过,其

---

① 《出使蒙古记》,页153。

续写部分中有四个段落是元世祖时期增补进去的。

六、今本《秘史》是在14世纪抄写并被部分地加以改写而成的文本。

（原载郝时远、罗贤佑主编：《蒙元史暨民族史论集：纪念翁独健先生诞辰100周年》，北京：社会科学文献出版社，2006年）

论蒙元王朝的皇权

一 引 言

中国历史上存在过很多由北方民族建立在汉地社会的区域性或全国性的政权。国外学术界往往把它们称为中国史上的"异族王朝"或者"征服王朝"。前一个名称很容易使人们将体现着多民族王朝国家内部民族关系的历史事件与来自今日中国境外的入侵互相混淆；后者则难以概括这些王朝按其立足汉地之快慢而可以分为"扩并型"和"渗透型"两种范式的显著历史特征（说详下）。事实上，汉语的历史文献常常把这些"入主"中原的少数族统治者称为"北人"或者"北族"。因此，把它们称为"北族王朝"，或许是更贴近史料也更为平实的一个称谓。

就十六国到清朝这一系列北族王朝的历史而言，公元第10世纪上半叶是非常重要的时代界限。在此之前的北族王朝建立者，在进据中原以前，多经历过一个在汉族社会周边地区长期活动、以雇佣军身份介入汉地农业社会政治斗争、逐渐演变为支配汉地政治-军事局面的重要势力，乃至最后在那里建立自己政权的漫长过程。在这个过程中，他们得以对汉文化取得相当深入的了解，同时却逐渐疏远甚至完全断绝了与位于或者连接着腹地亚洲的其原居地之间的联系。

这段经历,被魏特夫称作向汉地社会逐渐"渗透"的历程①。与此相比较,自 10 世纪的辽王朝起,情况就大为不同了。辽、金、元、清等政权,都在一个很短的时期内就完成了对于被它们纳入版图的那一部分汉地社会的征服②。与此同时,在它们的版图之内,始终包括被视为北族"祖宗根本之地"的位于腹地亚洲或其伸延地区的根据地,作为其族裔及文化认同的一种最重要的资源③。把 10 世纪之后北族王朝疆域结构的这一特点,看作仅仅是由于中央王朝首都北移而导致的北部边界线向腹地亚洲的进一步推进④,似乎有一点低估了这一变化所隐含的历史意义。据此,自十六国中的北族王朝至北魏及其继承王朝,迄于 10 世纪上半叶即五代时期的后唐、后晋、后周,可以看作同属于"渗透型"的北族政权;而辽、金、元、清则属于"扩并型"王朝。

在扩并型北族王朝中,蒙元政权又具有与其他三者相比都显然不同的历史特征。考察这一历史特征是如何影响了蒙元王朝的皇权形态,无疑会促进我们对 10 世纪以后北族王朝皇帝制度一般特点的深入分析。

---

① 魏特夫(K. A. Wittfogel)、冯家昇:《中国社会史:辽(907—1125)》,"总导论",费城:兰卡斯特(Lancaster)出版社,1949 年。
② 元朝和清朝对全国的征服都是分为几个阶段实现的。但蒙古人和满洲人从进入汉地社会到在汉地确立自己的统治体制的过程,仍然都在相对短暂的时期内就完成了。福赫伯(H.Franke)认为,蒙古人经过持续三代的长时期经营才取得对中国全境的支配,是"中世纪的中国记录内绝无仅有的一个例子"。这一点与本文论述没有实质性冲突。见福赫伯:《从部落首领到普天下的皇帝和神》,《蒙古统治下的中国》,Aldershot, UK:Variorum, 1994 年。
③ M. R. Drompp:《论内陆亚洲"腹地"的离心力》,《亚洲史杂志》23 卷 2 期(1989年)。关于辽及辽以后北族王朝领土结构的这一重要特征,内蒙古大学教授亦邻真在向 1980 年代后期一次学术讨论会提供的蒙文论文中,也曾加以讨论,并且率先提出了类似的看法。
④ 崔瑞德(D. Twichett)、福赫伯(H. Franke):《剑桥中国史》卷 6,"异族王朝与边地国家,907 年至 1638 年",导论,伦敦:剑桥大学出版社,1994 年。

前四汗时期的"大蒙古国",曾经是横跨欧亚大陆辽阔地域的帝国式政权。1260年代初叶先后发生在中国的汗位继承战争,以及术赤后王与旭烈兀之间为争夺高加索山南麓领土而爆发的战争,导致了大蒙古国的分裂。但是,在这以后相当长的时期内,南移到漠南汉地的大汗仍然是中亚各国名义上的最高统治者;大汗所在的兀鲁思与中亚各兀鲁思,仍在名义上构成一个以大汗为首、由成吉思汗各支后裔所组成的"黄金家族"统治下的政治共同体。相对于"大汗"(qaghan,元代汉语又译作"合汗")的名号,中亚各兀鲁思的统治者长期沿用低一等的"汗"(qan)的名号①。旭烈兀后王把自己的政权称为"伊利汗朝"(Ilkhāniyyah)。Il-khan的意思,即从属于大汗的汗。前半期伊利汗朝的钱币上,总是冲制着"上位的大汗与伊利汗"的字样。伊利汗的名号不再具有"从属于大汗"的意义,始于合赞汗在位期间(1295—1304年)。这时距离从"前四汗"政权向元王朝过渡的完成已经近四十年了②。金帐汗国的术赤后王采纳"合汗"的称号,

---

① 早期突厥语中的"汗"与"合汗"的名号,被很多学者看作基本上是一对同义词。但在有些场合,从对它们的使用中似乎又仍能看出隐含在二者之间的某种地位上的差别。韩师儒林认为,突厥文《暾欲谷碑》第一碑西面的几个"汗"字,系指汉文史料中的"小可汗",即分统突厥一部落或数部落的首领,而非雄长突厥全境之"可汗"(按唐代汉语译qakhan为"可汗")。吐鲁番出土的回鹘文残卷中有qakhan qan的语词,译言"最高地位的qan",也可见二者在词义上的细微差别。无论如何,当它们进入蒙古语的时候,其词义区别已经十分显著了。从窝阔台称"大汗"时起,在统一的蒙古帝国政治结构中,就只能有一个合法的大汗,同时可以有很多拥有"汗"的称号的成吉思汗诸子诸弟各支后裔的首领。参见克劳逊(Sir G.Clauson):《13世纪之前突厥语辞源学词典》,牛津,1972年,页611、630;纳捷里雅耶夫(В. М. Наделяев)等主编:《古代突厥语词典》,列宁格勒,1969年,页405、417;韩儒林:《突厥官号考释》,《穹庐集》,上海:上海人民出版社,1982年。

② 爱尔森(T. T. Allsen):《蒙古统治时期伊朗政权正统形式的变迁》,载Gary Seaman主编:《来自草原的统治者》,洛杉矶,1992年。在为《剑桥中国史》卷6所写的有关章节里,爱尔森认为,il-khan的意思是,旭烈兀作为晚于成吉思汗诸子接受分封的宗王,是比成吉思汗诸子的后王们更次一等的汗。见《剑桥中国史》卷6,页408。

更要晚至1340年代①。

因此,至少是在14世纪之前,也就是在蒙元王朝奠定它的几乎所有重要典章制度的那个时期,控制着漠北"祖宗故地"的大汗政权,实际上是属于一个更大范围的蒙古政治共同体内的一个组成部分而已,尽管它至少在名义上还是这个政治共同体的最高权威所在。元代的汉人,把中亚的各兀鲁思看作元朝的"宗藩之国"②。不过蒙元王朝与西北各兀鲁思的关系,与秦汉以往汉式王朝体系中宗藩关系的性质仍有很大差异。古代蒙古社会中的政治关系,经常用亲属关系的概念来比拟和表述。由一方主动降附而形成的支配与被支配的关系,被比拟成父子关系。所以尚处于势单力薄境地中的成吉思汗称克烈部的脱斡邻勒王汗为"罕·额赤格·米讷",译言"我的汗父"③。主动投降蒙古的畏兀儿部首领亦都护获得了成吉思汗"第五子"的名义。元朝与被它所降服的属国间的上下关系,被当时人认为"义虽君臣,恩若父子",也有此种意思在其中④。这一层关系也许可以说与秦汉以后汉式王朝与其"藩属"之间的关系还比较接近。但是蒙元王朝与其他兀鲁思之间则互为"兄弟之国",大汗与诸兀鲁思汗之间,互为"诸王哥哥兄弟每"⑤。因为在出于成吉思汗诸子这层意

---

① 斯普勒(B. Spuler):《金帐汗国:蒙古人在俄国》,威斯巴登,1965年,页260。
② 《元史》卷35《文宗纪》四,中华书局标点本,页790。
③ 《元朝秘史》第177节等。汉字音写的蒙文原作 qan echige mina,旁译"皇帝·父·我的"。这层关系的缔结,亦与成吉思汗之父曾与王汗结为"安答"有关。
④ 《元史》卷208《日本传》。
⑤ "兄弟之国"语见袁桷:《拜住元帅出使事实》,《清容居士集》卷34。"诸王哥哥兄弟每",语见《元史》卷29《泰定帝纪》一,页638。按该词的蒙文原文或作 köüd [-ün dotora?] aqanar de'üner,即"大王每[的内?]哥每弟每"。据上下文,此处"诸王哥哥兄弟"是指忽必烈后裔各支宗王。但这个指称无疑也适用于拖雷及其兄长的子孙们。在周代分封制度下,"兄弟之国"曾是华夏社会中十分流行的概念。秦汉以后,中原王朝在势力下衰时也会与周边邻国结成兄弟之国。唐肃宗为借回鹘(转下页)

义上,宗族各支间所构成的自然是"哥哥兄弟"的关系。

大蒙古国留下的这笔政治遗产,当然深刻地反映在蒙元王朝的皇帝制度中。最近出版的《中国政治制度通史》"元代"卷,列有专节叙述元代皇帝制度,指出它是"蒙古统治机构与中原王朝传统政治制度相结合的产物,包括年号、国号、帝号、印玺、诏旨、朝仪、都城,及巡幸、岁赐、怯薛、忽里台等内容"①。本文拟围绕以下三方面的问题对元代皇权加以讨论:元代皇权正统性的资源问题;怯薛在元代皇权体系里的作用问题;元代皇权在专制君主制从宋代迄于明清演变过程中的地位问题。

二 双重身份:皇帝与大汗

有元一代,一直存在着分别以蒙制和汉制两种形式标志的用来表明本朝统治权力合法性的双重符号体系,包括蒙汉并行的国号、庙号、纪年形式、两种官方语言、两种即位仪式和祭祀仪式等。

前四汗时期,蒙古的国号为 Yeke Mongqol Ulus,译言"大蒙古兀鲁思",或径译作"大蒙古国"。当时北部中国的汉人普遍称蒙古政权为"大朝"。但它并不是上述蒙古语国号的专用汉语对译词,而是

(接上页)兵力镇压安史之乱,就曾与回鹘有"兄弟之约"。甚至尽管代宗把自己的女儿宁国公主嫁给磨延啜可汗,后者的儿子移地健仍然在继可汗位后认为自己是代宗的弟弟。德宗写给移地健之后的回鹘可汗顿莫贺的信里,也继续称他"可汗弟"。中原王朝在与邻国"约为兄弟"的同时仍对之行册封,这似乎是一个不太多见的例证。无论如何,唐与回鹘的这种关系,并不是典型的宗藩关系。参见《旧唐书》卷145《回纥传》;《新唐书》卷142《回鹘传》;陆贽:《与回纥可汗书》,《全唐文》卷464。

① 参见陈高华、史卫民:《中国政治制度通史》卷8,"元代",北京:人民出版社,1997年,页34—46。关于元代皇权符号系统的两重性,又见蔡美彪:《明代蒙古与大元国号》,《南开大学学报》1992年第2期。

汉语中早已流行的一种尊称，本意为圣朝、本朝。唐人、金人都曾用它称呼自己的政权①。明初人也用"大朝"指称未正式建立国号时的朱氏政权②。如果说这时候的蒙古政权有一个比较正式的汉语国号，那么它只能是"大蒙古国"一名。

如上所述，在13世纪下半叶，所谓"大蒙古国"内部早已形成了好几个具有相对独立地位的诸王兀鲁思。因此，虽然只有大汗所在的兀鲁思才有权力继承"大蒙古国"的国号，但它其实是由大汗兀鲁思和其他诸王兀鲁思所构成的政治共同体的集体国号。蒙古人曾经把成吉思汗诸子所领有的相对独立的兀鲁思以外的蒙古草地（理论上似乎还应排除成吉思汗诸弟所领东道兀鲁思）叫作"中央兀鲁思"。汗庭南移到华北以后，"中央兀鲁思"的称呼似乎未见继续使用，取代它的乃是"蒙古兀鲁思"的指称③。在当日蒙古人的观念中，大汗兀鲁思所辖地区也许被称为"大兀鲁思"。不过关于这一点，目前还没有十分的把握④。

在统治中心南移以后，大汗再也没有能力直接支配大蒙古国的全境。除继承原有的国号以外，适应政治地理的变化，为大汗兀鲁思

---

① 贾敬颜：《称"大朝"》，载同氏：《民族历史文化萃要》，长春：吉林教育出版社，1990年。
② "是岁（1256年），大朝起建康。"见权衡：《庚申外史》卷下。此处"大朝"一语，他本亦有作"国朝"者。不赘。
③ "中央兀鲁思"一词见《元朝秘史》第270节，蒙文作qul-un ulus，旁译"在内的兀鲁思"。"蒙古兀鲁思"见《经世大典·站赤》，《永乐大典》卷19420，页13。
④ 据《史集》第2卷（余大钧、周建奇据俄译本汉译，北京：商务印书馆，1985年）页308，蒙哥汗亲征四川时，把"大兀鲁思"委托给幼弟阿里不哥。其所指当即大汗兀鲁思。这个指称未见于现存蒙语文献。但《史集》波斯文本中的ulūs-i buzurg，无疑是蒙语yeke ulus的对译词。又按，南俄草原的金帐汗国亦曾使用ulugh ulus的名号来指称自己的政权。ulugh即蒙古语yeke的突厥语对译词；ulugh ulus亦即"大兀鲁思"的意思。金帐汗政权使用这个指称，当是在它与大汗兀鲁思完全脱离隶属名义以后。容后详考。

的存在开发新的合法性资源也不再是多余的事情。正是在这种形势下,忽必烈于即位十一年后,决定采用"大元"的汉语国号。当时发表的建国号诏书指出,这是为了"绍百王而纪统"①,就是要在历代中原王朝的统系中争一个正统地位。但是,对传统中原政治资源的利用,并不意味着蒙古政权就此放弃了源于蒙古政治传统的合法性象征。从这时候直到元末,汉、蒙两种国号一直并行于中土。元末的蒙古语碑铭提到本朝国号,仍作"大蒙古国",或作"大元大蒙古国"(Tayi Ön Yeke Mongqol Ulus),或则曰"称为大元的大蒙古国"(Tayi Ön kemeke Yeke Mongqol Ulus)②。

到接近元代后期的时候,汉人中关于两种国号的观念却发生了某种变化。在1329年编定的《经世大典》里,忽必烈前期对汉式国号的采纳被解释为"易大蒙古之号而为大元也"③。作为一部全面纂辑政府档案文书的官修政书,我们不能不承认《经世大典》的观点在很大程度上具有官方性质。元后期官修政书所采纳的上述说法,自然不能认为是对忽必烈当初建"大元"国号的合乎事实的解释。不过它仍然反映出,元代后期随着中亚各兀鲁思与大汗兀鲁思关系的日益疏离,随着作为"祖宗故地"的蒙古高原对漠南内地的军事压力和政治影响日益削弱④,蒙古旧制在保障元政权正统地位方面的意义已经

---

① 《元史》卷7《世祖纪》四,页138。
② 柯立夫(F. W. Cleaves):《蒙汉合璧〈忻都公碑〉释读》,《哈佛亚洲研究杂志》卷12(1949年);萧启庆:《说"大朝":元朝建国前蒙古的汉文国号》,载同氏:《蒙元史新研》,台北:允晨文化实业股份有限公司,1994年。
③ 《经世大典序录·帝号》,《国朝文类》卷40。
④ 1323年元英宗被刺杀后,泰定帝以镇守漠北的宗王身份入继大统。这是元代历史上由蒙古草原贵族军事集团支配汗位继承及漠南政局的最后表现。1328—1329年的两都之战的结局,及随后明宗和世㻋从草原南下争位的失败,被达尔德斯(J. W. Dardess)看作"草原势力在元代政治之衰落"的标志。他甚至以此作为自己讨论元代晚期政治史专著中一章的标题。见氏著:《征服者与儒家》,纽约,1973(转下页)

明显削弱了。尽管如此,如前所述,蒙语国号直到元末仍一直沿用不废。

这样,以"大元"国号的建立和《经世大典》的修成作为两个界标,关于蒙元王朝国号使用的状况,实际上可以划为三个时期来加以描述:前四汗时期使用的是蒙语国号;元代前期和中期蒙语国号与汉语国号并用;元代晚期仍然是两种国号并行,但汉语国号的地位与作用获得明显的提升。

与双重国号并行相适应,蒙元王朝也有两种纪年方式一起行用。蒙古旧制以十二生肖纪年。汗庭南徙后,汉语的政府文献采用汉式的皇帝年号加干支纪年,但蒙语文献乃至一部分译自蒙文的汉语政府文书仍长期以十二生肖纪年。在记录大汗圣旨的公牍体文书末尾,经常用十二生肖纪年加汉地农历月日,再加所在地的格式化语言,来表述命令发布的时间和地点。如"猴儿年二月十八日,漷州有时分写来";"鼠年二月十五日,大都有时分写来"①。

给予去世皇帝的汉语庙号,在《元史》里也多与"国语尊称"相提并论。如忽必烈及其继承者铁穆耳的汉语庙号和蒙古语尊号分别是"世祖"-"薛禅合罕"(Sechen Qaghan, sechen 译言贤明)、"成宗"-"完者都合罕"(Üljetü Qaghan, ülje-tü 译言有福的)。这两种称号之间不存在蒙、汉语的对译关系,可见它们分别属于两种相互独立的名

(接上页)年。元末的镇北宗王彻彻秃,竟然可以被朝中权臣擅杀,又一次表明草原政治-军事优势的急剧跌落。

① 《元典章》卷33,"礼部六","为法箓先生事";卷29,"礼部二","拘收员[圆?]牌"。参见海老泽哲雄:《关于〈元典章〉内圣旨的一个问题》,《木村正雄先生退官记念东洋史论集》,东京,1975年。

号系统。据袁桷说,武宗、仁宗二帝的"庙讳",是依道教领袖张留孙提议的汉名再倒译为蒙古语的。袁桷说的"庙讳"其实并不是指这里正在讨论的"国语尊称"。他是在说,两人出生时被给予的蒙古语名字乃是张留孙所择汉语"嘉名"的蒙古对译语词①。现在看来,元朝皇帝的蒙古语尊称,其实不是死后的追谥,而是他们生前就已在使用的名号②。

也是元代,最先将官方语言的多元化制度大规模推行到中国全境。蒙元王朝在有关国内事务的官方文书中所使用的文字,包括用八思巴字拼写的汉文、蒙文、藏文,畏兀儿字蒙文,藏文,畏兀儿文,波斯文(用于例如官颁回回历书)。在具有半官方性质的佛教碑铭中,八思巴字也曾被用来拼写西夏文、梵文等。这中间最重要的两种官方语文,自然是蒙文和汉文。汗庭中有关军国重务的讨论,在很长的时期中主要使用蒙古语。所以深谙蒙古语的史天泽位为宰相,要对不大懂蒙语的汉人大臣们说:"老夫通译其间,为诸君条达耳。"③皇帝在庙议过程中作出的决定,由在场的书记官用蒙文当场记录在案。由于蒙文笔录的重要性,按蒙古制度,这件事由大汗身边轮番入值的当值怯薛长亲自掌管。克烈部人答失蛮"自幼事世祖。初与今太师淇阳王月赤察儿同掌奏记,后独掌第一宿卫奏记"。所谓"奏记",意

---

① 袁桷:《张留孙家传》,《清容居士集》卷34。按,伯希和据早期蒙文文献对武宗名讳的拼写形式断定,它必是汉语"海山"一词的蒙古语音写;因此它其实未经"用国语……释之"。此名暗含道教关于"福海寿山"的观念。仁宗晚生,其"国语"名讳"爱育黎拔力八达",实为梵语 āyurparvata 的汉字音写,译言"寿山"。"寿山"大概就是由张留孙奉制呈进的汉名原型。参见陈得芝:《读伯希和译注八思巴字怀宁王海岭旨》,《蒙元史研究丛稿》,北京:人民出版社,2005年。有关仁宗之名的语义,承丁一同学检核后示知。谨致感谢。
② 参见洪金富:《元朝皇帝的蒙古语称号问题》,《汉学研究》23卷1期(2005年6月)。
③ 王恽:《秋涧集》卷81《中堂事记》中。

即蒙文笔录之事。月赤察儿至元十七年（1280年）掌领大汗的第一怯薛，至元二十一年调任第四怯薛长。答失蛮当在这时实际负责第一怯薛①。可见具体承担蒙文笔录的书记官要对当值的怯薛长直接负责。

元代很大一部分敕令就来源于怯薛用蒙文记录的庙议奏对。所以元人说："国朝以国语训敕者曰圣旨。史臣代言者曰诏书。"②可见蒙元时期"圣旨"一词的特殊含义，是从蒙语廷议制度中派生出来的。记录大汗听断政事的蒙文敕书，以及在基本保留蒙语文本原有词序的情况下对它机械地逐字"硬译"而成的汉语文本，都称为"圣旨"。兹举一条文字较短的圣旨为例：

> 大德十一年十二月初六日，中书省特奉圣旨。"蛮子田地（指南宋旧土——引者按，下同）里似巴儿斯烈纳（译言"虎纹"）的皮子一般石虎儿皮子出有"么道。"如今你提调各处行了文字，寻着呵，铺马里与将来者"么道，圣旨了也。③

在上引记录公文中，只有"么道，圣旨了也"（蒙语应作 keyen jarligh bol-ba，译言"作了如上圣谕"）之前的一句话，才真正是大汗的圣谕（jarligh，元代译作"圣旨"）。在更多的同类文书里，大汗圣谕甚至还要简短。在大臣们的意见之后，往往只有"那般着"（意即"就照你们说的那般办"）几个字。"圣旨"的本意应该仅指大汗本人的指

---

① 姚燧：《达实密神道碑》，《牧庵集》卷13；叶新民：《关于元代的"四怯薛"》，《元史论丛》第2辑，北京：中华书局，1983年。
② 《经世大典序录·帝制》，《国朝文类》卷40。
③ 《元典章》卷38，"兵部五"，"收拾石虎皮"。该圣旨大意如下：[中书省臣？]启奏："南方出产与虎纹毛皮相类似的石虎皮。"圣谕："着汝等行文各地，若有发现，即用驿站铺马送来。"按蒙语巴尔思（bars）译言虎；烈纳似应为 ireyen 的音写，译言"有斑纹的""有条纹的"。

令而言,但实际上它指的是包含大汗指令在内的更完整的文书。当日的人们都极其熟悉这种奇特的公文语体。有一个县学官甚至将圣旨中习见的用语嵌入春联以为嬉言:"宜入新年怎生呵,百事大吉那般着。"结果他被人告发,丢了官职①。圣旨而外,由汉人大臣直接用汉文代皇帝起草的文书,称为"诏书"。汉文诏书也要被翻译成蒙文,以便两种文本同时发表②。

大汗-皇帝即位时,实际上也要履行两种仪式。据《元史·礼乐志》"皇帝即位受朝仪"条,自即位人进入"登极、正旦、寿节、会朝之正衙",亦即大明殿后③,全部即位仪式分前后四个程序进行。首先,"诸王以国礼扶皇帝登宝位",并由"后妃、诸王、驸马以次贺献礼"。其次,参议中书省事四人从大明殿的左边门(即日精门)托着装有即位诏书的竹盘行至皇帝御座前,跪奏诏文;掌御印的典瑞使加盖御印于诏书,将它复置于竹盘中;前述四人从正门(即大明门)将竹盘持出大殿,放在大殿之前预先设置的宣诏案上。复次,穿着公服的文武百僚都列队迎候在大明殿外,面对宣诏案上的即位诏书行跪拜礼,听读诏文(先用蒙语宣读,随以汉语译之),再行大礼,山呼万岁。最后,百官由典引官引领,分左右从日精、月华门入大明殿,拜舞祝颂,进酒献表,并由新皇帝赐宴。

《元史·礼乐志》将皇帝即位仪式与"元正"、"天寿节"、郊庙等许多朝仪一起归为中原范式的制度,声称只有"大飨宗亲、赐宴大臣,

---

① 周密:《癸辛杂识》续集卷下,"桃符获罪"。
② 虞集《送谭无咎赴吉安蒙古学官序》云:"集昔以文史末属得奉禁林。见廷中奏对,文字、语言皆以国语达。若夫德音之内出者,皆画以汉书而下之。诏诰出于代言者之手,又循文而附诸国语。其来尚矣。"见《道园类稿》卷21。
③ 陶宗仪:《辍耕录》卷21,"宫阙制度"。

犹用本俗之礼为多"。但从上面概述的即位典礼程序来看,它的第一部分仪式即由蒙古旧制中最核心的成分所构成。把这一套程序看作蒙汉杂糅的仪制当然也不可以说有什么错误。不过,如果把它放在蒙元王朝采用的二元符号体系的整个背景中加以理解,我们毋宁将上述即位典礼看作两套仪式的并联。事实上,如果把蒙古式即位仪式看成是在它之前已开始的"忽里勒台"选君仪式的一个组成部分,那么两套仪式的说法似乎就更没有什么可以怀疑的了。

很可惜,在履行大汗即位的蒙古仪式时,除诸王、宗亲,也许再加上驸马们以外,汉族大臣们无由在场。所以除了"诸王以国礼扶皇帝登宝位"外,我们不能从汉文史料中获悉更多的有关细节。不过,通过前四汗时期亲历大汗即位典礼的西方旅行家记录,以及接近蒙古上层的穆斯林作家的著述,可知它应当还包括舆毡、献盏、誓约等情节①。惟前四汗时期大汗即位之时,尚须到宫帐外拜天。这一道仪式,在大明殿内即位的元朝皇帝或许没有再履行。

关于元朝的祭祀礼仪,《元史·祭祀志》和《经世大典·礼典》所列种种祭祀项目的次序大体相同。池内功认为,该次序仅只反映了汉人对这些祭祀项目重视程度的轻重,它并不反映蒙古人的观点。池内功因此按忽必烈一朝采纳汉式祭祀项目的先后,来考察蒙元政权汉式祭祀体系的再构成。根据他的结论,元朝最早确认的汉式祭祀,是向五岳四渎等自然神祇及圣帝、名王、忠臣等地方保护神的献祭。这可以看作蒙古人从土地神崇拜和多神信仰的角度去理解汉地世界的结果。元朝其次采纳的是设太庙八室安放列祖神主、每年十

---

① 参见萧功秦:《论元代皇位继承问题》,载《萧功秦集》,哈尔滨:黑龙江教育出版社,1995年;周良霄:《蒙古选汗仪制与元朝皇位继承问题》,《元史论丛》第3辑,北京:中华书局,1986年。

月例行享祭的汉制。但是太庙享祭的具体方式却完全是蒙古式的。而且忽必烈并没有亲祀祖宗，足证汉人倍加重视的太庙亲享，在蒙古人看来，远不及蒙古人在自身日常生活空间中的祖先祭祀活动来得重要。被汉人视为第一重要的郊祀，则在忽必烈一朝从未实行。因为蒙古人有自己传统的"洒马奶子"的拜天仪制①。

两套符号体系的并存，再清楚不过地象征着元朝君主或者按当日蒙古人的叫法称为"国的主人"（ulus-un ejen）所拥有的两种不同的权力资源和合法性基础②。在大汗与西北各兀鲁思的关系方面，我们看到，大汗在相当长的时期内一直保持着西北藩王间纠纷的最高调停人和"哥每弟每"中最高权威的地位，至少在名义上长期保留着对各兀鲁思后王人选的法定确认权。但他对继位为兀鲁思汗的嗣君颁行册封，乃至向伊利汗赐印、向伊利汗朝权臣颁赐官号等做法，显然又受到汉式宗藩体系的制度形式之影响③。

在大汗兀鲁思内部，君主权力的实现形式更值得我们作进一步的分析。一方面，就制度性的安排而言，元朝的君权结构表现为一个由两种制度成分镶嵌而成的复合体。另一方面，不仅大汗和皇帝的

---

① 池内功：《忽必烈朝祭祀考》，《中国史上的正统与异端》，"平成二年度科学研究成果报告书"的一部分，筑波大学，1991年。
② "国的主人"，语见《元朝秘史》第121节。
③ 关于蒙元政权与西北诸汗国关系的概述，可参见陈得芝主编：《中国通史》卷8，"中古时代·元时期"，上海：上海人民出版社，1997年，页551—584；刘迎胜：《西北民族史与察合台汗国史研究》，南京：南京大学出版社，1994年，页80—198。在历任伊利汗使用的几方汉字印章中，"辅国安民之宝"和"王府定国理民之宝"应当是大汗颁赐的。至于1304年即位的完者都汗所使用的"真命皇帝和顺万夷之宝"，则不大像是得自大汗，因为大汗不可能将"皇帝"的称号赐予别人。这大概是侨居伊利汗国的汉人依完者都汗的命令为他雕造的。参见爱尔森前揭论文。又，参见田清波、柯立夫：《梵蒂冈秘密档案中的三件蒙古文书》，《哈佛亚洲研究杂志》卷15（1952年）。惟该文将最后那颗印文读作"真命皇帝天顺万事之宝"，稍有小误。

不同角色总是由同一个人承担,高层权力圈内的蒙古权贵也有很多人身兼汉式中枢机构的要职。因此,大汗与其蒙古那颜、专制君主与其汉式官僚这样两套角色关系,又必然会由于最高统治集团成员角色的部分重叠而相互渗透。本文的以下两部分,实际上就是对上述两个方面的分别讨论。

三 皇权与怯薛制

忽必烈即位以后,相继设立中书省、枢密院和御史台。此后,以大汗-皇帝为核心的蒙元最高权力集团决策、施政的机构组织及其运作程序,表面看来已在很大程度上被纳入了汉式的专制君主官僚制形式之中。就制度史角度而言,专制君权受蒙古旧制的影响,最显著的方面就反映在怯薛制与皇权之间的关系问题上。片山共夫着重从怯薛成员(尤其是"天子身边最侧近的怯薛歹")在保持与天子的主从领属关系同时又兼任高级官僚的"任使"制、怯薛的官署化、对怯薛歹的初任官职及其仕途升迁的优遇等方面,考察了"怯薛官僚制"在"元朝皇帝的支配权力结构"中的特殊功能[1]。李治安则就参与御前决策、抑制相权、介入宫廷政变与皇位转移等三方面,揭示出怯薛制对官僚制所产生的牵制作用[2]。本文拟对上述研究作若干补充。

怯薛在番值期间"密近天光",自然拥有很多"随时献纳""乘间进说"的机会。这些是他们参决机务的重要形式和合法途径,而不同于"少数近臣或'近侍'僭越或篡夺政府机构应有的权力"的行为[3]。

---

[1] 片山共夫:《怯薛与元朝官僚制》,《史学杂志》89卷12期(1980年)。
[2] 李治安:《怯薛与元代朝政》,《中国史研究》1990年第4期。
[3] 萧启庆:《元代的宿卫制度》,《元代史新探》,台北:新文丰出版公司,1983年。

这一点现在已经比较清楚了。问题是,在大汗-皇帝与省、院、台高级官员议决国务时,在御前侍奉大汗的怯薛人员有没有参与讨论的权利?李治安猜测说,某些带"大夫""院使"职衔的怯薛人员以内廷宿卫的身份出现在陪奏场合,并且总是和省、院、台大臣一起被写进圣旨或政府公文里。"这似乎说明,参加陪奏的怯薛和朝廷宰相同样具有参议机务的合法权力。"①元代圣旨公文经常用明确的方式分别载录以上两类不同角色的人物。圣旨开首部分最常见的叙述方式如下:

> 至正十二年二月初九日,脱脱怯薛第三日,嘉禧殿里有时分。速古儿赤朵烈帖木儿、云都赤朵儿只、殿中燕赤不花、给事中塔海帖木儿等有来。省、院、台众人商量了,普化平章、朵儿只中丞、哈麻同知、蛮子参议、燕帖木儿员外郎、直省舍人完者帖木 㐲、蒙古必阇赤拜家奴等奏……②

在有些场合,陪奏人员也记录在公文结尾处:

> 至元二十九年闰六月二十日,也可怯薛第三日,失儿斡鲁朵里有时分。本院官,剌臣平章、斡罗思同知、昔宝赤同佥、火你赤院判等奏:……钦此。奏时分,火儿赤阿失、速古儿赤也先帖木儿、塔儿忽歹、沙沙、宽只秃、昔宝赤只儿哈忽、这吉儿等有来。③

很可惜的是,在从元代遗留下来的这一类圣旨公文中,我们找不到当值怯薛参与国是议论的直接例证。不过,我们还是有办法间接地证明上述猜测。

---

① 李治安:《怯薛与元代朝政》,《中国史研究》1990 年第 4 期。
② 《南台备要》,"剿捕反贼"条,《永乐大典》卷 2611。
③ 《经世大典·站赤》,"安置龙门站"条,《永乐大典》卷 19432。

关于这个问题，《元史·世祖纪》里有三条记录很值得引起我们的注意。至元八年二月癸卯，"四川行省也速带儿言：'比因饥馑，盗贼滋多，宜加显戮。'诏令群臣议。安童以为：'强窃盗贼，一皆处死，恐非所宜。罪至死者，仍旧待命。'"九年三月乙丑，"谕旨中书省，日本使人速议遣还。安童言：'良弼请移金州戍兵，勿使日本妄生疑惧。臣等以为，金州戍兵，彼国所知。若复移戍，恐非所宜。但开谕来使：此戍乃为耽罗暂设，尔等不须疑畏也。'帝称善"。又，二十二年二月戊辰，"车驾幸上都。帝问省臣：'行御史台何故罢之？'安童曰：'江南盗贼屡起，行御史台镇遏居多，臣以为不可罢。然与江浙行中书省并在杭州，地甚远僻。徙之江州，居江浙、湖南、江西三省之中为便。'从之"①。

安童自中统初即被召入长第三宿卫。《元史·兵志》谓木华黎后人所领第三怯薛的轮值日支为寅、卯、辰三日。片山共夫在研究四番卫的轮值日支时曾认为：《元史·兵志》所记，与至元二十五至二十八年间的某个日期以后直到元末的实际情况基本相符；惟在该日期之前，四怯薛入卫的日支要比后来提前一日。但是他的结论后来遭到洪金富的质疑。后者在对元怯薛轮值史料进行细致排比考释的基础上提出，"兵志"记录的日支顺序其实是准确的。"可以断言，三十

---

① 《永乐大典》卷2610载录《南台备要》"行台移江州"条云：至元二十二年三月二十五日，于大口北虎皮察只儿（按蒙语"察只儿"译言帐幕）里，御史台官对安童丞相、阿必失阿平章、卢右丞、撒的迷失参政、不鲁迷失海牙参政等奏："'罢了行御史台底勾当'俺提说来，圣旨'大都里问省官人每'么道道来。"奉圣旨："问省家为什么罢来？"安童丞相奏说："台官家人每说有：'江南盗贼几遍生发，这行台镇遏来。'我也俺每伴当每根底说来：'罢了呵，不宜的一般。'"圣旨："依着您底言语，教行御史台移去江州立者。钦此。"按，这件史料与正文内采录的《元史·世祖纪》至元二十二年二月壬辰条关于移徙江南行御史台于江州的记载，所述实为一事。大口是由大都"驾幸上都"的必经驿站；而"本纪"所谓"二月壬辰"，正是二十五日。是知《永乐大典》中的"三月"必为"二月"之讹。

条有问题的史料,十之八九出在日期或日支记载错误."①在这里,我们甚至可以不必对以上两种见解之谁是谁非作出抉择。因为无论安童所领第三怯薛的轮值日支是丑、寅、卯日,还是寅、卯、辰三日,在上举三例之中,他都至少有两天(丑、卯日或卯、辰日)是以当值怯薛长,而不是以中书省丞相的身份,在殿廷陪奏时参与最高决策的②。这几条史料对解明怯薛与君主官僚制之间的关系极其重要。因为它为我们回答一个迄今为止始终是相当飘忽的问题,即御前当值的怯薛长究竟是否具有在廷议时参决国政的法定权利,提供了虽然间接但又无疑是十分确凿的肯定答复。

那么,除当值怯薛长以外的其他陪奏怯薛,是否有权置喙朝议呢?

我们知道,在陪奏的近侍怯薛中,有些人属于朝中最有权势的大臣之列。如忽必烈晚年时期的"月赤彻儿宣徽赤",至正前期的"也先帖木儿大夫",至正九年脱脱复相后重新得势的"速古儿赤哈麻",元仁宗时期的"速古儿赤也先帖木儿院使、唆南院使",泰定帝时期的"秃鲁院使",等等③。既然他们作为最高级官员在权力核心圈内拥有毋庸置辩的发言权,既然当值怯薛长有权参加朝议,那就很难设

---

① 《元史》卷126《安童传》;片山共夫:《元朝四怯薛的轮番制度》,九州大学《东洋史论集》2期(1977年)。洪金富:《元朝怯薛轮值史料考释》,中研院《历史语言研究所集刊》第47本第2分(2003年)。

② 《元史·世祖纪》又载至元四年三月壬寅日安童建言裁省官员等事。寅日亦属安童当值日支。惟据史文无法判断这是他的"随时献纳",还是在更正式的殿廷陪奏时参与集议。

③ 参见《经世大典·站赤》,"河南立站"条,《永乐大典》卷19423;《南台备要》,"剿捕海贼"条,《永乐大典》卷2611;《秘书监志》卷5,"秘书库"引延祐六年九月初一日圣旨、泰定二年十二月二十三日圣旨。又据《南台备要》"剿捕反贼"条(《永乐大典》卷2611),哈麻在至正十二年二月初九日时已重莅枢密院为同知。故知他在同年四月三十日廷议"剿捕海贼"时,已是兼有同知枢密院事身份的速古儿赤。

想,当这些人以陪奏怯薛现身时,他们的发言权就会因此而被剥夺。所以,尽管他们的具体言辞未见于圣旨公文的简略记载,但他们完全可能与当值怯薛长一样是参与朝议的。

陪奏怯薛中的另一些人,地位就要低一些了。我们偶尔也能看到他们在庙堂上发言。尚未成年的阿沙不花以世祖宿卫目睹朝廷接待吐蕃使臣。数日后世祖以当时奏对细节问近侍左右,"诸大臣莫能对。阿沙不花从旁代对甚详悉"。世祖遂以"卿等任天下之重,如何反不如一童子耶"斥责诸人①。至元二十二年(1285年)十月二十一日,御史台奏事毕,忽必烈问:"忙古歹说监察的勾当,是谁说来?"怯里马赤阿散问答:"忙古歹教我说来。"接着他转达了忙古歹关于监察御史视事过宽的奏议②。不过,这些人加入廷议,似乎都由很特殊的情形引起。在一般情况下他们大概没有这种权利。

随着政治重心的南移和政治结构的复杂化,元代怯薛的内部组织与蒙古初期相比变化颇大③。《元史·兵制》"宿卫"条按怯薛正式成员所承当的职责把他们分为"预怯薛之职而居禁近者"(即"近侍怯薛")和"宿卫之士"两大部分。虽然他们都是三日一更,史文却在很短一段文字里不避重复,分别交代他们"分番更值,亦如四怯薛(按此指四怯薛长)之制";"亦以三日分番入卫"。后者最多时超过一万人,主要用于环卫禁庭、警跸大内,"犹天子之禁军"。他们与最高统治圈实际上还有一定的距离。前者则直接进入帐殿之内,包括手执重兵器或

---

① 《元史》卷136《阿沙不花传》。
② 《元典章》卷5,"台纲","监察则管体察";又见《永乐大典》卷2608,引《宪台通纪》同条。
③ 蒙古初期的怯薛组织,见《元朝秘史》第124节、第191节、第192节、第225—227节、第229节等。

弓箭在殿中担任大汗贴身警卫的人员在内①。他们是真正的"天子左右服劳侍从执事之人",与最高统治圈内人物有很多接触的机会,对处理军机政务耳濡目染。由怯薛而出职做官的人,大多数应出自这一部分"近侍当怯薛人员"②。其地位显然比"宿卫之士"要高得多。

执役殿庭之间的近侍怯薛究竟有多少人,现在颇难确知。《元史·兵志》枚举"怯薛执事之名"近二十种。其中属于四怯薛的速古儿赤(掌内府尚供衣服者)至少有二十四员。"侍上带刀"的云都赤大约也有二三十名。诸色名目的近侍怯薛总数,约当数百人至千余人。其中一部分是"有官怯薛歹",包括因怯薛机构官署化而获得官职者,以及由怯薛出职为官,"昼出治事,夜入番直"的双重身份者。还有很多是暂时还没有官职的"白身人"。不过随着"齿长劳久",他们大都也有机会得兼一官半职③。

上述近侍怯薛并不是都能获得随大汗听政并在圣旨公文中被记录在案的殊荣的。这样的人只是少数。元代史料中还没有发现给予他们的专门称谓,我们暂以陪奏怯薛指称之。就今日所能看到的圣旨公文而言,列名陪奏的近侍怯薛一般不超过十人,最多一例则记录了近二十人④。怯薛在当值的三天内又分为昼、夜两组轮值⑤。不过

---

① 《辍耕录》卷1"云都赤"条云:"……云都赤,乃侍卫之至亲近者。虽官随朝诸司,亦三日一次,轮流入直。负骨朵于肩,佩环刀于腰,或二人、四人,多至八人。……盖所以虞奸回也。虽宰辅之日觐清光,然有所奏请,无云都赤在,固不敢进。"按,同书此条后又有"大汉"条云:"国朝镇殿将军,募选身躯长大异常者充。凡有所请给,名曰'大汉衣粮'。年过五十,方许出官。"这种"大汉",当属殿前仪仗,待考。
② 语见《宪台通纪》,"整治事理"条,《永乐大典》卷2608。
③ "齿长劳久"之语见林弼:《迭里迷失传》,《林登洲集》卷21。
④ 见《经世大典·站赤》"河南立站"条,《永乐大典》卷19423。
⑤ 董文忠侍奉忽必烈卧榻办公,"日鸡一鸣而踣,烛入而出"。是知白昼当值者至夜更班。见姚燧:《董文忠神道碑》,《牧庵集》卷15。姚燧《贺仁杰神道碑》云:"他人满直,三日而更。独公与董文忠为长上侍疾,或一月不至家。"见《牧庵集》卷17。

大汗晚间大约不会听政。这样推算起来,四怯薛中的陪奏怯薛总数或在六七十人之间。怯薛组织的上层即由他们构成。其中真正进入权力核心的,大体有十余人,就是上文讨论过的那些有权在大汗-皇帝主持下议决军国大事的最高国务会议,或如杉山正明所称"御前会议"上参与决策讨论的核心怯薛成员①。这样看来,元时期的怯薛组织内部应当存在着下述金字塔式的身份等级结构:禁军→近侍怯薛→陪奏怯薛→参与御前会议决策的核心怯薛成员。

应该指出,处于金字塔顶尖的核心怯薛成员,绝大多数都身兼汉式官僚机构即中书省、枢密院或御史台的要职。不过这一点并没有削弱他们以当值怯薛身份参与机务之制度性安排的意义。首先,怯薛组织核心成员中,并不是所有的人都自始至终地兼任汉式的高级官僚职务的。安童入长一宿卫,事在中统初;他做丞相则在至元二年,中间相隔四五年之久。虽然现在留下的文献中有关安童以怯薛长身份参与廷议的情节发生在他出任中书丞相后,但他既然是以当值怯薛长的角色如是行事,我们便没有理由认为他在做丞相以前就不能这样做。月赤察儿十六岁领"四怯薛太官",三十四岁"长一怯薛",翌年才出职任宣徽使。假若这个"四怯薛太官"与《元史·兵志》所言"四怯薛之长,天子或又命大臣以总之,然不常设也"同指一事,那么月赤察儿当时的身份比四名怯薛长更高。也就是说,他在近二十一年内一直位居核心怯薛成员之列而没有汉式官职②。至于陪奏怯薛,其中除怯薛长以外其他核心成员的身份,由于史料语焉不详,我们更只有根据他们身兼省、院、台重任的迹象,通过反推有所知悉。所以自然不能排除他们中还有一些人,因为未兼汉式官僚要职,

---

① 杉山正明:《大蒙古的世界》,东京:角川书店,1992年,页269。
② 《元史》卷119《月赤察儿传》。

因而无法被我们指认的可能性。

其次,即使是在角色重叠的情形下,参加廷议的这部分人,事实上可以按照当值或不当值的日支分别承当其中的一种角色。这样,除了可能在场的具体办事部门的负责官员以外,参加御前会议的法定成员,实际上由两部分人所组成。一部分是汉式官僚机构即省、院、台的高级官员,另一部分则是当值怯薛长和其他核心怯薛成员。元朝的最高决策集团就由这两部分人构成。其中有不少人兼有两种身份;但也有一些人仅以省院、台、高级官僚或核心怯薛成员这样一种身份进入该权力核心。

因此,我们现在可以说,就最高权力结构的内部关系而言,元政权的特殊性不仅表现在它是一个由半身份性的蒙古贵族集团(加上若干色目人和少数汉人上层)控制下的汉式国家机器,或许更加值得指出的,还有以下两点:

第一,元朝皇帝以他所兼具的大汗角色,得以动员汉式体制以外的权力资源,来支持他对汉式官僚中枢的调节与控制。怯薛制度的这种关键性功能,表现在以下四个方面:怯薛可以在侍奉大汗起居的各种非正式场合乘间进言,对大汗的决策施加影响;作为官僚后备队,他们成为元朝中、高级官员的一种最重要、最可靠的来源;通过大多来自蒙古、色目贵胄子弟的近侍怯薛,大汗得以维持着与半身份化的官僚贵族集团之间浓厚的个人联系;核心怯薛成员拥有参与廷议的法定权力,在最高权力圈内形成一种对汉式中枢机构运作程序及其官僚行为的制约力量。这里的前三个方面早已受到学者们较多的关注;最后一方面则是本文所力图阐明的主要话题之一。

再者,蒙古制度成分在被作为特殊的制度性安排用以制衡汉式中枢体系的过程中,它本身也会由于它的某种特殊功能被有意识地加以强化而发生演变。《元朝秘史》和《元史·兵志》对怯薛制度的描述给人留下颇为不同的印象,应当就反映了这种情况。

上面这两点,事实上体现了大蒙古国的汗权制度在被征服社会"地方化"过程中所呈现的一般特征。因此,从这个角度将元朝和伊利汗朝的有关史实加以对比考察,会把我们的讨论进一步推向深入。

检阅《元史·宰相年表》,很容易发现有元一代位至右、左丞相及平章政事者中间,属于蒙古人群出身的占压倒多数。而在伊利汗朝,担任波斯-突厥官僚制的首席大臣瓦即儿(wazīr,或者 nā'ib)的人,则绝大多数是波斯社会的当地人[①]。那么,伊利汗是如何可能驾驭主要是由波斯人所控制的当地传统下的官僚中枢体制的呢?

著名的英国波斯学家兰普顿在分析蒙古时代伊朗的瓦即儿制度时指出:蒙古西征时代一度中断的瓦即儿的权力,从旭烈兀在位时开始恢复;在接近伊利汗朝晚期时,瓦即儿似乎至少是在理论上获得了这个职位从前所拥有的大部分功能。她引用伊利汗后期及其继承王朝札剌儿政权的公文汇编集《书记规范》(*Dastūr al-katīb*)里载录的瓦即儿任命书,说明瓦即儿拥有在行政领域内,尤其是在财政方面的充分权力,有权任命包税人和各地方、各省区的民政长官,受命监督各个等级的宗教职业者,委任宗教官员。另一方面,与过去时代相比,瓦即儿再也不能保持一支私人的军队,不能再控制管理军籍军饷的底万(dīwān al-'ard);过去隶属于瓦即儿的负责维持收入平衡的专业部门(dīwān al-inshā 'wā'l-tughrā),现在丧失了它的重要性,或者甚至不复存在。瓦即儿与其原先的下属,即负责国家岁入的官员

---

① 参见斯普勒:《蒙古人在伊朗》,柏林,1955 年,页 285—288。

（mustaufī al-mamālik）之间的关系似亦有所变化。有时后者直接被任命为伊利汗的全权代表，而不像过去那样只是瓦即儿的代表①。

从兰普顿的论述中可以看出，她倾向于认为，伊朗的瓦即儿制度虽在蒙古入侵的前期曾"暂时中断"，但嗣后就逐渐被重新确立。兰普顿所关注的，乃是蒙古统治时期伊朗本地政府制度的变迁与延续性问题。至于蒙古旧制成分在其中的消长变化，原不在她当时写作的聚焦范围之内。所以她没有提到《书记规范》一书里直接与前述问题相关的另外几通极其重要的文书。幸而它们已由本田实信翻译介绍，使我们能逾越波斯文本的语言障碍，比较方便地利用它们。

按《书记规范》一书，自伊利汗不赛因在位期间（1316—1335年）开始着手编纂，成书于札剌亦儿王朝近一百年中间最强盛的乌歪思一世在位时（1356—1374年）。本书的地位应当与蒙元时代的《元典章》相仿佛。全书分为序章、第一部（"书简"）和第二部。第二部由"财务命令书""职务任命书"和结语构成。"职务任命书"部分又分为三章。第一章是对蒙古诸异密的委任书，计十二节，含三十六通委任文书。第二章是对瓦即儿及大财务部诸官员的委任书，计二十五节三十六通。第三章是对伊斯兰教圣职的委任书，共二十节二十三通。本田实信认为，上述三分法不像仅仅是为便于公文集的编纂才产生的，"恐怕可以认为是当日国家构造的反映"②。

在对各种蒙古异密的任命书中间，有一个职务显然十分特别，叫作"兀鲁思异密"（amīr-i ulūs），译言"国家的异密"。从本田译出的

---

① 兰普顿（A. K. S. Lambton）：《延续性与变迁：11 至 15 世纪波斯的政府和社会》，伦敦，1988 年，页 50—62。
② 本田实信：《札剌亦儿朝蒙古异密制度考》，载同氏：《蒙古时代史的研究》，东京：东京大学出版会，1991 年。

三通兀鲁思异密委任状来看,这个职位具有君主权威代理者的地位,乃是伊利汗之下国家军事和民政事务的最高负责者。他每周有两天要与瓦即儿们、哈的们(伊斯兰宗教法官)和其他重要大臣一起会审诉讼,根据伊斯兰教的圣法、正义和蒙古札撒来处断案件①。毫无疑问,在伊利汗朝,高居于伊朗本土官僚制的首脑瓦即儿之上的,就是此种由蒙古人担任的兀鲁思异密,由他协助伊利汗,或者代表伊利汗去控制日益变得伊朗化的官僚行政机器。

蒙古时代的穆斯林史料表明,西半部蒙古势力范围内的人们,几乎是固定地采用突厥语借词"异密"(今译埃米尔)来对译蒙古语词"那颜"(noyan,译言"官人")。因此不难推知,波斯语文献中的 amīr-i ulūs,实际上是对蒙语中 ulus-un noyan 的移译②。问题是在漠北时期的蒙古制度中,却似乎从来没有听说过这样一种身份称谓或者官号。事实上,即使是在伊利汗国,兀鲁思异密的称号见于使用,按现在所知也要在完者都汗(1304—1316 年在位)的时代③。那么,兀鲁思异密或者兀鲁思那颜会不会是由渊源于蒙古旧制中的某种制度成分逐渐演变而来的产物呢?

本田译介的三通兀鲁思异密委任书里,受命的蒙古人都具有"大异密"的身份地位。这一称号曾反复出现在拉施都丁的《史集》里。

---

① 见本田前揭文。按,兰普顿实际上也提到过瓦即儿每周要与兀鲁思异密、哈的和伊玛目会审刑狱诉讼之事。她在提到兀鲁思异密一名时使用的是复数形式。可见同时代亦可有不止一名兀鲁思异密在位。见兰普顿前揭书页 62。
② P. D. Buell 在《蒙古时代不花剌的汉—契丹式行政机构》(《亚洲史杂志》卷 13,1979 年)的一条注解里指出,蒙元时代西域穆斯林文献里的异密一语,除用指当地的有权者、有势者以外,还用来作为蒙古语词 noyan 的对译语。amīr-i ulūs 在阿拉伯语文献写作 amīr al-ulūs。在金帐汗国也有这个官号。见乌马里:《眼历诸国行纪》,克劳斯·莱西(K. Lech)德译本(《蒙古的世界帝国》,威斯巴登,1968 年),页 136。
③ 本田实信:《札剌伊儿朝蒙古异密制度考》。

前四汗时期被拉施都丁指为"大异密"的人物，包括成吉思汗的"四俊""四狗"中人，担任中军万户长的纳牙阿，作大札鲁忽赤即最高行政长官的失吉忽秃忽、忙哥撒儿、不只儿，成吉思汗的塔塔儿妃子之胞弟忽秃忽惕，以及他本人的继父蒙力克之子速秃、脱栾扯儿必、速客秃，还有翁吉剌部的合台，雪你惕部的也可也速儿，速勒都思部的札兰等人①。这份名单并不完备；其中有些人的事迹已湮没无闻，以致我们今天很难确知为什么他们在当年会如此显赫。但它仍足以说明，大异密是位于一般千户长之上，由大汗最亲信、最倚重的心腹骨干所构成的权力核心的圈内人。它绝不是一种随意的指称，而是使用于很有限的少数人的身份标志。大异密的身份，很可能会随大汗的更迭而转移或重新予以确认。

"大异密"一词波斯文作 amīr-i buzurg。它无疑就是蒙古语 yeke noyan 的对译语词。yeke noyan 在元代蒙古语里有两个含义。一是对成吉思汗幼子拖雷的专称，波斯语文献在这种场合往往把它当成一个专用名词作直接转写处理，或用突厥-蒙古语的合成词汇 ulugh nūyān 来翻译它②。yeke noyan 的第二个含义即指高于千户长的大汗心腹们，波斯语文献把这个意义上的 yeke noyan 意译为"大异密"。这与元代汉语文献对 yeke noyan 两种含义所采纳的不同处理方式简直不约而同。汉语史料将拖雷的这个名称音译为"也可那颜"；同时 yeke noyan 的第二义则被意译为"大官人"，例如对失吉忽秃忽等中

---

① 见《史集》第 1 卷第 1 分册，余大钧、周建奇据俄译本汉译，北京：商务印书馆，1983 年，页 276—278、257、306、173、155、305、179、274、266、161、285 等处。
② ulugh 是突厥语，译言"大"。在西方蒙古人中间突厥语甚为流行，出现这样的突厥-蒙古合成词汇不足为奇。《史集》汉译本第 1 卷第 1 分册页 231 将 yeke 一词的波斯文转写读作 ikā，似应改读 yakā 为妥。

原"大断事官"就有这样的称呼①。

在《史集》的第二卷里,拉施都丁也多次提到入元以后的大异密们。他所枚举的人物,或则居于省、院、台要职,或则就是四怯薛中的核心成员②。这种蒙古旧制的成分在汉地似乎逐渐失去了它的重要性,乃至留存至今的汉文史料对它只字不提。恰恰因为在伊利汗朝,大异密制曾具有十分关键的功能,所以反而是拉施都丁对东方的"大异密"颇有关注。根据《史集》记载,旭烈兀身边的大异密有阔阔额里怯、失克秃儿父子,还有兀鲁黑秃、阿儿浑、孙札黑、孙台、撒马合儿等人③。1970年,赫尔曼(Von Herrmann)从发现于伊朗阿塞拜疆省区阿达比勒(Ardabīl)的大约五百多件波斯文古代档案里,意外地找到数十件蒙文、突厥文的谕旨文告或其残片。其中有两件蒙文谕旨提到两个地位极其重要的蒙古官员 Elege 和 Shigtur。德福认为,他们就是《史集》述及的阔阔额里怯和失克秃儿父子④。不过文书没有提到两人的大异密身份或者失克秃儿的瓦即儿之职⑤。阿鲁浑汗时代

---

① "[太宗]十年戊戌六月二日圣旨:谕札鲁花赤大官人胡都虎、塔虎觯、讹鲁不等,节该……"见《永乐大典》卷19416页9引《经世大典·站赤》。胡都虎即失吉忽秃忽异译。蔡美彪编《元代白话碑录集》(北京:科学出版社,1955年)所收圣旨碑文内,亦有称失吉忽秃忽为"大官人"之例。惟校内图书馆未藏此书,故不克详引。
② 拉施都丁提到的元朝大异密中最奇怪的一个人,名叫脱儿塔合,活动于忽必烈、成宗两朝。据说他曾出任"底万及诸瓦即儿之异密"(引者按,当即任职于中书省),后来被派往西北,成宗时从西北叛王处逃归元廷。据《史集》波斯文本莫斯科汇校本页218,脱儿塔合之名的异写作?ur?ana,其中的两个未详字母,可能是 n、t、b 或者 y。无论取何种读法,都无法将此人与汉语文献中所见人物相勘同。补记:近据邱轶皓同学见告,此人即元代文献中的朵儿朵怀。
③ 《史集》汉译本,第3卷,北京:商务印书馆,1986年,页59、103。
④ 德福(G.Doerfer):《阿达比尔发现的蒙古文书考》,《中亚研究》9(威斯巴登,1975年)。
⑤ 蒙文谕旨表明,Elege 是掌管国家财政的"强有力异密",见德福上揭论文。失克秃儿在1292年曾任瓦即儿。见《蒙古人在伊朗》,页286。失克秃儿的名字在该书中写作 Sīkpūr(或作 Sīkūr、Shīkpūr)。

的大异密有失克秃儿、脱合察儿、撒马合儿、弘出黑巴勒等人①。

看来至少是在伊利汗前半期,伊朗蒙古王朝的最高权力集团,乃是由伊利汗与他的十名上下的蒙古大异密所组成的。这些大异密有时会身兼瓦即儿之职,但大多数似乎没有兼任此职。他们是一个凌驾于瓦即儿制度这种波斯-突厥式的中枢体制之上的权力集团。稍后出现的兀鲁思异密,大概就应当是从出自这群大异密中间的一名或几名首脑角色转变而来的。

伊利汗朝的大异密制与它的怯薛制之间存在着什么样的关系,目前由于史料不足,尚难深究。尽管在选择哪一种蒙古旧制成分方面有所不同,从伊利汗以大异密制和兀鲁思异密制去驾驭波斯-突厥式的瓦即儿制度,与元王朝用怯薛制去制衡汉式中枢机构的制度性安排之间,不是依然可以清楚地看到蒙古统治在各被征服社会地方化过程中的某种共同取向吗?

四 主奴观念的泛化与皇权

1980年代中叶,安迪科特-魏思特已在她的研究中注意到大汗与专制君主的角色差异问题。她认为,大汗依草原制度约束诸王勋戚的权威不足,实际上干扰了元代专制君权的充分实施②。在另一篇论文里,魏思特以元王朝的皇帝庙号制度和宦官制度为例,在分析蒙古统治者怎样为了"有限的目的"而采纳汉制的同时,又指出元朝宫廷礼仪的流行基调是非正式性和"权威共享性"(collegiality)。她接着

---

① 《史集》汉译本,第3卷,页206。
② 安迪科特-魏思特(E. Endicott-West):《论元代君权》,《哈佛亚洲研究杂志》卷46·2(1986年)。

说:"以这样的非正式性或者宽松性去对待皇帝所应承担的传统汉制的礼仪责任,表明了蒙元皇权的异化,或者是为使草原统治者们能与包围他们的农耕社会及其价值体系相隔绝而故意建立的一道障碍。"①

魏思特的看法颇有切中事理的地方。基于家产制国家观念的分封制度,始终使大汗权威受到来自元朝宗室成员的很大牵制;导致元朝行政效率低下和权力滥用的重要原因之一,即蒙古统治方式(尤其在实际操作层面)的随意性,确实也很突出地表现在大汗与其蒙古那颜们之间的相互关系方面。为了把握处于大汗和汉式皇帝这两种角色张力之间的元朝君权的整体状况,我们还需要考察其他一些有关层面。

关于元代的君臣关系,有一个重要的事实似乎至今尚未引起学者们的足够注意:元人将大汗-皇帝和他的臣僚们的关系,看作与使长和奴婢相类似的关系。至元三十一年(1294年)五月,御史台蒙古官员们在给新即位的成宗皇帝的上奏中称自己为"歹奴婢每":

> 如今皇帝新即位,歹奴婢每比之在前更索向前用心出气力。②

至正四年(1364年),御史台首席大夫伯撒里改任太保,原御史台第二大夫也先帖木儿递补为首席大夫。他上奏谦让云:

> 奴婢年幼事上,不省的上位可怜见着,自从台里第二大夫名分委付的其间,"自己不能的意思奏"么道想着有来。如今上位将奴婢这般可怜见台里教为头委付呵,大匃当里有窒碍的一般。

---

① 魏思特:《契丹辽与蒙元帝国式统治的比较研究》,载《来自草原的统治者》。
② 《元典章》卷6,"台纲二","有司休寻廉访司事"条。

可怜见呵,伯撒里大夫从前出气力得好名儿的人有。教他依旧为头,也先帖木儿做第二,与上位出气力。①

元末权臣脱脱第一次辞相位后赴甘州侍亲,父亲马札儿台死后他回到京师。召对之际,他对顺帝说:"郎主使奴婢侍亲,今日幸亲终服阙,故来尔。"上引史文对召对细节的记载或与事实有出入。但"郎主""奴婢"等称谓,显然反映着当时朝廷上的流行用语②。

值得注意的是,对皇帝自称奴婢的人,并不限于蒙古族出身的官僚。至元十年(1273年)九月,行秘书监事、著名的回回天文学家札马剌丁为签署公文书时的位序安排问题对忽必烈说:

> 皇帝委付奴婢与焦大夫一处秘书监勾当有来。圣旨:"画字底再奏者"么道。奴婢为住夏勾当上与伴当每商量了,依着钦授到宣命画字来。兼自焦大夫比奴婢先出气力多年,合在上头。③

南宋降将范文虎在至元十七年的廷奏中也自谓奴婢:

> 伯安歹、李占哥招收已前做罪过私投亡宋蒙古、回回、汉儿诸色人等圣旨有来。如今出来底也有,不出来底多有。乞降圣旨,委付奴婢并李拔都儿再行招收,尽数出来底一般。④

以上引述的,似为现存汉文史料中所见廷臣以奴婢自谓的全部例证。虽然例证的数量并不多,但我们有理由相信,它们反映了当时在蒙古、色目、南人,包括北方汉人官僚中十分通行的情况。这些例

---

① 《宪台通纪续集》,"命也先帖木儿、帖睦儿达实并为御史大夫制"条,《永乐大典》卷2609引。
② 任崇岳:《庚申外史笺证》,郑州:中州古籍出版社,1991年,页52。
③ 《秘书监志》卷1,"位序"。
④ 《元典章》卷34,"兵部一","招收私投亡宋军人"条。

证大多来自"硬译"体圣旨公文的事实本身,也说明主奴观念进入元代君臣关系是受蒙古旧制影响的结果,并且它已经渗透到汉式的皇帝-官僚关系中间。

在元代蒙古文里,"奴婢"一词作 bo'ol,汉字音译为"孛斡勒"。它的本义,是指贵族和平民们的私属人口,主要来源于军前掳掠或在战胜一方全体成员中被俵分的战败一方的百姓。本使对孛斡勒的役属权可以世代传袭,并且总是在本家庭的成员间分配、继承。孛斡勒有两种基本存在的形式。一种是纳入本使家庭内的"门限内的奴婢"("孛莎合因·孛斡勒",bosoqa-yin bo'ol),或曰"门内的梯己奴婢"("额乞圊讷·奄出·孛斡勒",e'üden-ü emchü bo'ol),即家内奴婢①。另一种则自立门户,拥有自己的家庭、个体经济甚至属于自己的孛斡勒。但他们仍需为本使家庭提供各种劳役或实物的服务,并在本使需要时把子女送到本使家庭中,继续充当后者的家内奴婢。

这种主奴(额真—孛斡勒)名分及其相应关系入元以后仍世代延续。元末曾威福一时的篾儿乞氏伯颜,原来是蒙哥汗的曾孙郯王彻彻秃的"家奴","谓郯王为使长"。他做到太师之后愤而出言道:"我为太师,位极人臣,岂容犹有使长耶?"于是诬奏郯王谋为不轨,杀郯王并杀王子数人。时人遂有"奴婢杀使长"之讥。伯颜宗族应即拖雷家的私属人口,主奴名分一直保留下来了。而伯颜的弟弟马札儿台,更似乎直到相当晚近时仍以世仆身份为顺帝家提供服务。顺帝的儿子爱育失黎达腊即由马札儿台的儿子脱脱之妻哺乳,由是"人皆呼脱脱为奶公"。脱脱子加剌张与爱育失黎达腊同岁。某日二人嬉戏宫内,加剌张背负皇太子绕行殿阶。已而皇太子亦欲负加剌张趋行。

---

① 《元朝秘史》第 137 节。

加剌张跪曰:"加剌,奴婢也;太子,使长也。奴婢不敢使使长负。"结果惹得幼稚的皇太子因未遂其愿而放声大哭①。

伯颜、马札儿台兄弟与元皇室的主—奴关系,无疑是从将近一百年前的征服与被征服关系中延续下来的,尽管这种关系的实际性质已经发生了一定程度的变化。类似伯颜、马札儿台的情形肯定不是个别的。它说明,很普遍地存在于13世纪初叶被成吉思汗统一的蒙古草原社会内部的那种主奴关系,给元代社会关系的某些领域,包括君臣领域关系在内,带来一种主奴观念泛化的趋向②。

在13世纪之前的蒙古人中间,早已发展出十分成熟的统治与被统治的政治关系;不过这种关系仍被包容在以血缘观念为纽带的氏族组织内部,以氏族贵族(那颜)与氏族平民("哈剌抽",qarachu,元代汉译作"下民")之间领属与被领属的关系为基本形态。氏族的血统谱系完全以那颜家族为核心编织而成,它同时也是那颜核心家族的谱系。氏族平民成员并没有被具体记载在这个谱系之中。他们与核心家族成员间只存在着普遍而湮远的血缘观念的联系。那颜对哈剌抽的领属权,以后者在共同血统观念基础上产生的对前者的归属感为合法性渊源。这种状况,在成吉思汗的"黄金家族"确立起自己对全蒙古部众的统治之后发生了重大的改变。

正像巴托尔德指出过的,在突厥-蒙古游牧社会中,家产制观念总是"由私法领域转向国家法律范畴"③。在成吉思汗帝国里,对全

---

① 权衡:《庚申外史》卷上。
② 庞特森(Willard J. Peterson)教授对我在1995年美国亚洲学会年会一个分组会上的报告所作的评论中,称之为元代社会关系中的"奴婢化"(slaverization)趋向。
③ 巴托尔德(W. Barthold):《迄于蒙古侵寇之前的突厥斯坦》,吉布纪念丛书英译本,伦敦,1928年,页228。

体游牧平民的领属权,只属于黄金家族的成员,只在他们中间进行分配并世代承袭。从前的那颜处于这个分封体制之外,他们自己也变成了黄金家族的哈剌抽,不过同时又作为黄金家族的"官人",替他们管理被收编在千户百户组织里的一般游牧人。

我们由此看到,与过去时代的那颜不同,自成吉思汗建立他的帝国起,黄金家族与蒙古游牧平民之间领属与被领属的关系,不再以共同血统观念作为缔结的纽带。于是,社会关系中原先根据血缘观念来界定的不同身份地位,逐渐地在很大程度上变成由主—奴观念来定义。像过去一样,那颜和哈剌抽仍然都可以拥有属于自己的孛斡勒。但是现在,那颜、哈剌抽本身的名分地位却又都向着孛斡勒跌落。主奴观念的泛化趋向就是这样被增强的。

哈剌抽名分地位向孛斡勒的跌落,很清楚地反映在元代蒙古语使用的"哈剌抽·孛斡勒"("下民·奴婢")这个并列复合词组的构成中。按《元朝秘史》记载,成吉思汗的宿敌札木合被他的五个"伴当"("那可惕",nököt,即"那可儿"nökör的复数)缚送到成吉思汗处。札木合在成吉思汗面前谴责"伴当"对自己的背叛行为。在同义反复的言说修辞中间,他把"哈剌抽·孛斡勒"与"罕"(按即"汗"的异译)之间的关系,看成与"孛斡勒·捏坤"("奴婢·家人")与"不敦·额真"(büdün ejen,译言"本主")之间的关系性质相似[①]。在蒙古语中常见的一种修辞方法,就是把两个内涵比较接近的语词放在一起,构成并列复合词组,用以增强语言的色彩[②]。从"哈剌抽·孛

---

① 《元朝秘史》第 200 节。
② 例如"羊"作 quni qucha。按,quni 译言绵羊,qucha 译言种绵羊。类似例子在《元朝秘史》中时有所见。如"兀鲁思·亦儿坚"(ulus irgen),分别指处于某种政治权力控制下的游牧集团全体成员和未带政治界定涵义的百姓人群,译言"众百姓";(转下页)

斡勒"这个词组,可知两个名词的内涵虽有区别,但亦必有相近之处。那么,二者之间,究竟是身份地位较低的孛斡勒在向哈剌抽靠拢,还是正相反呢？我们看到,《元朝秘史》是将"哈剌抽·孛斡勒"与"孛斡勒·捏坤"相比拟的。"捏坤"在《元朝秘史》里被旁译作"家人",实际是女奴婢(nekün)的意思①。足证,哈剌抽和孛斡勒确实是在二者内涵中与男女"奴婢"相近的意义上,显示其一致性的。

关于那颜身份向哈剌抽的跌落,我们也有一个很能说明问题的例证。哈沙尼《完者都史》记载了 1270 年前后发生在诸王钦察与诸王巴剌的异密札剌亦儿歹之间的一次争吵。钦察说:"你是什么人？居然干预我们宗亲之间的事情？"札剌亦儿歹回答:"你要问我是什么人,我不是你的奴仆,我是巴剌的奴仆。"钦察说:"一个哈剌抽,有什么资格像这样对成吉思汗的子孙答话和提问？"②根据这段对话,异密或那颜无疑被归入哈剌抽的行列；而且哈剌抽和奴婢之间似乎也已没有什么严格的观念区别。

在主奴关系泛化的趋势下,用奴婢来指称大汗-皇帝的官员,它的含义与孛斡勒的本义肯定有一定的距离。但在古代蒙古粗犷质朴而少文饰的社会文化环境里,它也绝不是一个没有什么实质性意义的谦辞。由此可见大汗与那颜之间尊卑名分的差别之明显,尽管这种差别最初可能并不像汉式君臣关系那样,由严格的礼仪形式所规

（接上页）"合蓝伯·那豁速"（qarambayi noqosu）,旁译作"黑鸭名·鸭子",总译惟作"鸭子"。见第 281、200 节。又"孛斡勒·捏坤"一词,第 200 节总译惟作"奴婢"。
① 伯希和（P. Pelliot）、韩伯诗（L. Hambis）：《圣武亲征录注》卷 1,莱顿,1951 年,页 49。
② 参见德福：《新波斯语中的突厥、蒙古语成分》卷 1,威斯巴登,1963 年,页 397。哈沙尼关于此事记载的史源为拉施都丁书。见《史集》汉译本,第 3 卷,页 115。惟"奴婢"一词,汉译文本作"仆人"。

定。就这个意义而言,魏思特用"非正式性"来描写元代宫廷礼仪的特征,是很有见地的。主奴关系向汉式君臣关系的渗透,结果便以很曲折的方式促进了专制君主与其官僚们之间尊卑名分差异的扩大。

按中原王朝的传统体制,君主对官僚士大夫和宦官的人格尊重与否,区别颇为显著。唐朝一般不对士大夫施以杖刑。秘书监姜皎以三品朝官被朝堂决杖,带伤配流而死,不仅被当朝人反复引为"事往不可复追"的教训①,而且直到宋代仍然被认为是"唐家待士不用廉耻"②"唐时风俗尚不美也"的一项证据③。按士大夫的看法,大臣有罪,"应死则死,应流则流",就是不可以"轻加笞辱,以皂隶待之"④。但是对宦官就不一样了。唐宣宗公然在宫中置杖,"内官有过,多杖之延英"。有人向他劝谏,宣宗理直气壮地回答:"此朕家臣,杖之何妨。如卿等奴仆有过,不可不决。"⑤足见对宦官所以杖之无妨,因为他们是天子"家臣";"比于人臣之家,则奴隶之流"⑥。因此唐朝君臣有时率以"家奴"指称宦官⑦。士大夫所以不能接受笞辱,因为将对待奴仆的办法施用于士大夫,就是"以皂隶待之"。宋朝士人自己感觉,他们受到的优礼要超过唐朝。"待士大夫有礼,莫如本朝"⑧;"惟本朝用法最轻,臣下有罪,止于罢黜"⑨。可是到了元代,大

---

① 语见《资治通鉴》卷212,"唐纪"二八,玄宗开元十年(722年)十一月。《旧唐书》卷99《张嘉贞传》、《唐会要》卷39"议刑轻重"亦载此事,惟文辞稍异。
② 陈世崇:《随隐漫录》卷3。
③ 孔平仲:《珩璜新论》。
④ 《资治通鉴》卷212,"唐纪"二八,玄宗开元十年(722年)十一月。
⑤ 钱易:《南部新书》卷10。
⑥ 《旧唐书》卷184《杨复恭传》引乾宁二年十一月诏。
⑦ 《新唐书》卷207《仇士良传》、卷208《杨复恭传》。
⑧ 孔平仲:《珩璜新论》。
⑨ 周辉:《清波杂志》卷1。

臣竟可以由皇帝下令在朝堂上受批颊①。朝臣受杖之事在现存史料中虽然不多见,但看来人们对此亦颇已习以为常,再也没有什么异议了。桑哥失势以后,忽必烈怒"御史台臣不善瘅恶",台臣们竟自承"夺职、追禄、杖三者唯命"②。成宗初,江南行台御史及浙西廉访司劾江浙行省平章不法者十七事,平章反告御史违制调阅军防机密档案。省台大臣主张宽宥平章而处死御史。经尚文廷前力辩,"平章、御史各杖遣之"。消息传出,居然"众呼万岁"③。吴晗认为,明朝的"廷杖"是从元朝学来的。在蒙古人统治下,"朝官一有过错,一顿棍子板子鞭子,挨不了被打死,侥幸活着照样作官"④。把朝杖当作惩戒廷臣的一种方法,已被元人普遍接受;吴晗的这一猜想,大概是对的。

朝杖的流行或不始于元,而始于金⑤。惟金人的统治仅限于北部中国,它还没有中止唐宋体制的存在。只是到元代,北族因素对传统皇权制度的影响才扩大到全国。臣下面对大汗-皇帝自视为奴婢,再也没有勇气像唐人那样反对朝杖。可见有元一朝君臣之间名分地位的尊卑,与唐宋相比,其悬殊确实是明显增大了。

---

① 《元史》卷130《彻里传》。
② 姚燧:《彻里神道碑》,《国朝文类》卷59。
③ 《元史》卷170《尚文传》;学术鲁翀:《尚文神道碑》,《国朝文类》卷68。
④ 吴晗:《论绅权》,载《吴晗史学论著选集》第2卷,北京:人民出版社,1986年。
⑤ 关于朝杖的记载在《金史》中屡见不鲜。风纪之臣失纠者皆决以朝杖,"考满,校其受决多寡以为殿最"。见《金史》卷45《刑志》。又参阅《金史》卷70《完颜忠传》、卷77《完颜亨传》、卷83《张通古传》《张浩传》、卷95《张万公传》《程辉传》、卷100《路铎传》、卷108《尤虎高琪传》、卷120《徒单恭传》。《中州集》云:"贞祐中,高琪当国,专以威刑肃物。士大夫被捃摭者,笞辱与徒隶等。医家以酒下地龙散,投以蜡丸,则受杖者失痛觉。此方大行于时。极之(苑中字极之)有戏云:'嚼蜡谁知味最长,一杯卯酒地龙香。年来纸价长安贵,不重新诗重药方。'时人传以为笑。"见卷8"苑滑州中"条。

五　蒙元皇权与中国专制君权的演变

在主奴观念被内化于元代君臣关系的同时，唐宋以来专制君主与以宰相为核心的整个官僚士大夫集团"共治"天下的观念，却在元代历史性地淡化了。

半个世纪以前，吴晗就征引《续资治通鉴长编》卷221所载文彦博"为与士大夫治天下"之语，以锐利的眼光把宋代君主政治的特征概括为"共治"两字①。所谓"共治"，确实是宋代君臣们耳熟能详的言说。政和二年（1112年）九月二十五日《新定三公辅弼御笔手诏》称："所与共天下之政者，惟二三执政之臣。"大中祥符八年（1015年）十月己丑《令冯极等举可充川峡知州通判诏》云："汉宣有言，与我共治者，惟良二千石。"②崇宁五年（1106年）六月三日诏曰："诸路监司，所与共治而寄制举耳目之任，顾不重哉！"③可见君主对士大夫阶层的广泛倚靠。

上引诏文中相当程式化的措辞，出典是《汉书》卷84《循吏传·序》所载录的汉宣帝的一句话："与我共此者，其惟良二千石乎！"值得注意的是，这句话从唐朝开始，即以"与我共治者，惟良二千石"的形式被人广为引用④。语词的改动并不大，意思也可以说没有走样；

---

① 吴晗：《论绅权》。
② 《宋大诏令集》，北京：中华书局排印本，1962年，页163、165。
③ 《宋会要辑稿》第86册"职官"四五之三。
④ 语见《贞观政要》卷4褚遂良上疏所引。原文中"共治"一语，为避李治之讳改为"共理"。《资治通鉴》卷196"唐纪"十二复易为"共治"，作"汉宣帝云，与我共治天下者，其惟良二千石乎"。又据《资治通鉴》卷192，武德九年（626年）十二月魏徵谏言："陛下所与共治天下者，在于守宰。"此语在《贞观政要》卷2作"又共理所寄，在于刺史"。此处"理"字仍由"治"字所改易。

但"共治"的观念则在改动后的语词中被凸显出来。按后人追述汉代政事,提及"共治"一语之事例凡二。除上面已引述的一例外,另一事例亦见于《资治通鉴》。武帝元狩三年(前118年),汲黯谏汉武帝滥杀大臣谓:"陛下求贤甚劳。未尽其用,辄已杀之。以有限之士,恣无已之诛。臣恐天下贤才将尽。陛下谁与共为治乎?"①据《白氏六帖事类集》卷11推测,《资治通鉴》引录的这段话,或出于《汉武故事》的唐宋文本。总之,"共治"作为一个明确的政治观念获得强调,迄今所知,似在唐代。而当两宋之日,它更成为官僚政治中不容置疑的共识。

与"共治"观念联系十分密切的另一种看法,是以法度为天下公器而非天子所独有。唐初的殿中侍御史李乾祐就公然对太宗宣称:"法者,陛下所与天下共也,非陛下所独有也。"②陆贽也主张,"爵人必于朝,刑人必于市","此圣王所以宣明典章,与天下公共者也"③。宋人许翰则曰:"天下之法,当与天下共有之。有司守之以死,虽天子不得而私也。"④这种看法在两汉时亦已有之。张释之就对汉文帝发过"法者天下公共也"的议论⑤。从法理逻辑说来,"共治"观念应当就是从这里引申出来的。

唐宋时期这种"共治"天下的观念,虽然在两汉时并非绝无端倪可寻,总的说来却应当是在士族势力"平行于或超越于皇权"的东晋门阀政治的惯性或持续影响之基础上形成的⑥。支撑着这种观念的

---

① 《资治通鉴》卷19,"汉纪"一一。
② 《唐会要》卷40,"臣下守法"。
③ 《资治通鉴》卷234,"唐纪"五十,贞元九年(793年)二月。又见陆贽:《谢密旨因论所宜事状》,《翰苑集》卷17。
④ 许翰:《上钦宗论御笔手诏不由三省而下者取旨方行》,《宋名臣奏议》卷23。
⑤ 《史记》卷102《张释之传》。
⑥ 语见田余庆:《东晋门阀政治》,北京:北京大学出版社,1989年,页337。田余庆将门阀政治看作"皇权政治在特殊条件下的变态",是皇权政治的"不平常、不正常状态"(页353、338)。

制度性安排或政治惯例,主要有给事中及中书舍人的封驳制度、朝廷"体貌大臣"的优容措置,以及臣下论执上谕的惯行体例。

按照唐宋定制,三省分工为中书取旨、门下封驳、尚书奉行。帝王号令凡"不经三省施行者,自昔谓之斜封墨敕,非盛世之事"①。中书、门下两省长官作为宰相往往共议国是,而到宋代他们更经常在御前共奏,同奉圣旨。因此门下省内真正承担封驳职责的,实为给事中:"既已奉之,而又审之,亦无是理。门下省事,惟给事中封驳而已。"②中书省送审的诏令如有不宜,给事中可以扣下呈缴。据《汉唐职官制度研究》所进行的经典性分析,门下省从汉魏之际作为协助君主处理尚书省章奏的专门机构出现,一直到西晋后期,它的主要功能是封驳尚书省的章奏。门下对君主诏令实行封驳,最早的例证见于东晋和刘宋。因此这部著作的作者认为,诏令必经门下,是在典型的门阀政治时期即东晋朝成为正式制度的③。自那以后迄于两宋,给事中的职掌遂成为对君权的一种制约。

给事中封驳,事行于制命草成之后。到了宋代,受命起草诏令的中书舍人、翰林学士,如果以为王命未当,竟可以拒绝为皇帝撰拟诏敕。宋人费衮说:

> 唐制惟给事中得封驳。本朝富郑公在西掖封还遂国夫人词头。自是舍人遂皆得封缴。元祐间,东坡在翰林,当草文潞公、吕申公免拜不允批答,及安厚卿辞迁官、宗晟辞起复诏,皆以为未当。不即撰进,具所见以奏。朝廷多从之。④

---

① 曾肇:《上徽宗论内降指挥不可直付有司》,《宋名臣奏议》卷23。
② 叶梦得:《石林燕语》卷3。
③ 陈仲安、王素:《汉唐职官制度研究》,北京:中华书局,1993年,页51—53。
④ 《梁溪漫志》卷2,"学士不草诏"。

中书舍人、翰林学士和给事中的封驳权,都是在诏敕经由门下审核、正式发出之前行使的。为弥补诏敕颁降之后可能发现的误差,唐宋两朝又都曾授权官僚可以"执奏"。唐太宗时,"敕百司,自今诏敕行下,有未便者,皆应执奏。毋得阿从,不尽己意"①。政府希望有司"执奏"的诏令,包括由门下颁发的,也包括那些未经门下而直接下达执行部门的诏敕,就是所谓"斜封""内降"。"盖为非时内降,亦有所不得而出者。正赖臣僚执持覆奏,以拒止之也。"②这一类督责臣下执论的诏文,措辞有时还相当强烈。靖康元年(1126年)正月三日诏曰:"凡诏敕有不经三省者,官司勿行。违者并以违制论。"③当然,品级较低的官员想据法执奏或不奉诏,实际上还得凭借个人的人格力量才有可能成功,所以敢冒这种风险的人毕竟不很多。

作为官僚群的首脑,宰相"师长百僚"④。宰相所受到的待遇如何,是专制君权下官僚地位高低的一种指征。宋人对这一点的意识最为敏感。在他们看来,"《周官》'坐而论道谓之王公'者,非人臣也"⑤。西汉一朝,除哀帝时孔光外,"为丞相者有就国,有免归,有自杀,有伏诛,而无复为他官者"⑥。因此尽管宋人批评"汉世待士大夫少恩",但当日对丞相的尊崇仍使他们颇生感慨。自东汉而后,始有自丞相而易职为他官者,"其体貌大臣之礼亦衰矣"⑦。唐宋对受贬责的宰相固无复礼貌,不过在位宰相仍保留着他们的特权。宋人说:

---

① 《资治通鉴》卷193,"唐纪"九,贞观四年(630年)七月。
② 李常:《上哲宗论内降乞有司执奏》,《宋名臣奏议》卷23。
③ 《宋会要辑稿》第58册,"职官"一,页44。
④ 语见《资治通鉴》卷258,"唐纪"七四,龙纪元年(889年)十一月。
⑤ 《石林燕语》卷2。
⑥ 朱弁:《曲洧旧闻》卷10。
⑦ 洪迈:《容斋四笔》卷16,"汉重苏子卿";《容斋随笔》卷10,"汉丞相"。

"唐世用宰相不以序,其得之若甚易。……才居位即礼绝百僚。"①司马光这样解释"礼绝百僚":

> 宰相自唐以来谓之"礼绝百僚"。见者无长幼皆拜。宰相平立,少垂手扶之。送客未尝下阶。坐稍久则吏从旁唱:"相公尊重。"客踧踖起退。②

可见此种惯例至于宋朝仍一直被人们遵循。不仅如此,按"祖宗故事",宋朝"宰相去位,例除本官。稍优则进官一等,或易东宫三少。……盖自非降黜,皆建节或使相,为优恩加职名"③。"共治"天下的观念在此种体貌大臣的风气中流行,也是其势所使然。

前朝"共治"天下的那些程序或惯例,在元代有很多被中止或削弱了。元与金同,有给事中而无封驳司;两朝给事中职掌则不完全一致。金给事中隶于"掌朝会燕享、凡殿庭礼仪,及监知御膳"的宣徽院。金后期虽有审官院,"掌驳除授失当事",但它的审驳对象主要似是"拟奏未受时"的奏章,而不是奏断之后颁下的诏敕④。元初有人建议朝廷仿金制设审官院;元中叶又有人请以翰林国史院兼封驳之事,都没有结果⑤。元给事中"掌随朝省、台、院、诸司凡奏问之事,悉纪录之",所以后来定制给事中兼起居注⑥。从元中后叶的硬译体圣旨公文看,担任给事中与监掌殿廷纪律的殿中丞之职的人,多为官僚化的怯薛近侍,所以他们经常出现在陪奏怯薛行列里。之所以如此,

---

① 《容斋五笔》卷5,"唐用宰相"。
② 司马光:《涑水记闻》卷15。
③ 《石林燕语》卷6。
④ 《金史》卷55《百官志》一、卷56《百官志》二、卷54《选举志》。
⑤ 张帆:《元代宰相制度研究》,北京:北京大学出版社,1997年,页125—128。
⑥ 《元史》卷88《百官志》四。

或因最高权力圈内的议论多用蒙古语,故须以本族人执掌记录之事。总之,给事中拥有封驳诏敕的权力已成为往事。

元朝的翰林、集贤学士也经常奉命草诏。但我们只听说翰苑词臣因奉命拟进的诏告得罪了后来继位的皇帝而险遭清算,却没有再见到类似宋朝那样缴还词头的记载。

宰相和诸有司执奏或论执的权力,其形式在元代似无大变化。惟较多见于使用的已是"覆奏"或"回奏"等词①。从字面上看,覆奏与执奏似无大区别。但至少是从唐代使用这两个词的具体场合看,执奏多指奉敕令者不同意敕令裁定,因而暂不执行。覆奏的本意则似乎是把君主原已作出的决断再向他本人呈报一遍,由他重行斟酌是否妥当。《宋史·刑法志》提到唐朝对死刑判决有"三覆奏""五覆奏"的做法,表明宋人似乎尚能意识到覆奏与执奏二者间的差别。又《元史·选举志》谓:"亦有传敕中书,送部(按:指吏部)覆奏,或致缴奏旨,斯则历代以来封驳之良法也。"根据这段话的意思,覆奏的一种结果是皇帝收回原敕,造成"缴奏"的事实,遂形成类似前代驳正诏敕的效果。但覆奏本身,似不应看作就是封驳。

元代的覆奏体例,可能有与前代执奏相同的校正君主裁决失误的功能,同时又有其特殊的作用。元近侍怯薛以口传圣旨和以文记至省两种形式自内降旨,是导致朝政紊乱的一个重要原因。这些自内传旨,有很多根本就是妄传,也有一部分是趁君主疏忽时蒙混奏准的。元廷敕"诸臣传旨,有疑者须覆奏"②,正是意在防止这一类乘间奏请的王命扰乱国事。它形式上针对诏敕,真正的用意并不在制衡君权。

前代"体貌大臣"的成例,在元朝也由于种种具体原因而不克实

---

① 张帆:《元代宰相制度研究》。
② 《元史》卷5《世祖纪》二。

行。与宋朝任相采取使职差遣制不同,元中书省宰执之品位本身就很高。因此由宰相去位,再要"进官一等",就职官制度的结构本身而言已很少可能。据张帆《元代宰相制度研究》统计,有元一代宰相去位后情况比较明朗的,共259人次。其中大体属于平调的有77人次,实际上带贬黜色彩的外调(任行省、行台、宣慰司等地方官)占50人次,因受弹劾、犯罪而罢黜(包括被杀、被流放)的占56人次。另一种情况是,从怯薛近侍中出任宰相的人选,去职之后仍领宿卫事如旧。所以对他们亦不需再有其他"优恩"。"史籍中很多出身于怯薛,罢相后又去向不明的蒙古、色目宰相……大概都属于此种性质。"①

元代宰相的权力,与前代相比有加重的趋势②。有趣的是,相权的扩张,在很长的时期内并没有对专制君权构成真正的冲突与威胁③。家臣专权而进退惟君命是从。元廷调节君臣关系的这一部分资源明显地来源于蒙古旧制。另一方面,除了燕铁木儿这样特殊形势造就的权臣,尽管宰相相对于其他百官的权势加强了,我们却难得再听见"礼绝百僚"的说法④。也许这与当时官场礼仪的"非正式性"有一定关系。不过它又恰恰可以说明,相对于主奴之间判然有别的区

---

① 张帆前揭书,页100—105。
② 张帆概括元政治体制中促成宰相权力上升的因素有:皇帝不行常朝;不得隔越中书奏事;议政由首相定谳;少数宰相入宫奏禀;宰相兼三公;宰相干预枢密院事务;宰相兼领卫军;宰相直接监督六部事务;宰相入总宿卫、出理机务,等等。按,便殿奏对、省院合议军事、宰相"留身"独对天子等体例非始于元。又,元常朝虽无定制,但朝会仍时有举行。虞集《道园学古录》卷2有《正月十一日朝回即事》,杨仲弘有《七月十九日大明殿早朝》(《杨仲弘诗集》卷6),揭傒斯有《大明殿退朝和周待制》(《揭傒斯集》卷2),萨天锡有"退朝西殿承平日"句(《西宫即事》,《萨天锡诗集》"前集"),所指恐怕都是平时朝会。但皇帝与百官的接触,毕竟比前代减少了。再加上其他种种因素,尤其是宰相兼领诸卫亲军,元代宰相的权力上升确是不争的事实。见《元代宰相制度研究》页214及有关各处。
③ 张帆前揭书,页212。
④ 燕铁木儿"礼绝百僚",语见《庚申外史笺证》,页9。

分,同样地被压缩到"奴婢"行列里的宰相与百官之间的名分地位,总的说来在元代似趋向于互相接近。只是到元代末期,随蒙古体制影响的削弱,而汉制中约束相权的资源又没有得到充分利用,才出现过一两个危及君权的"权相"。由"上把君欺,下把民虐"而终至于暗谋"行废主之事"的伯颜,恰恰是一个"奴婢杀使长"的角色①。这看来是历史的巧合。但是此种巧合又极具象征性地揭示出,一旦从草原时期延续下来的身份关系松弛失效,元代皇权约束臣下的机制就可能发生障碍。

以上描述的这些变化,无形地,可是却深刻地影响到元代士人心态的变化,在他们中间形成与两宋士大夫差异很大的精神气质。他们当然不可能完全忘记"共治"这个字眼,只要他们还在翻阅前人留下来的各种著述。如苏天爵在《建白时政五事》里就写过:"天下之大,万机之繁,朝夕都俞,共图为治者,二三大臣而已。"欧阳玄在为皇帝起草的诏文中写道:"朕与丞相,共理天下。"他袭用"共理"这个唐代词汇,或许正说明元人对两宋流行的"共治"理念已没有多少深刻的印象了,尽管此后人们也还偶尔会提及它。元明之际的陶安说:"窃观近数十年,朝廷拔文学之士共治天下,不过征求隐逸也,作养胄监也,开设科举也。"②无论如何,士大夫和官僚贵族往日与皇帝"共治"天下的身份意识,已经随着制度保障的消退,以及受主奴观念的销蚀而虚化。连士人们自己恐怕也已把它当作政论文里说说而已的一句套语,不再严肃地对待它了。

元朝皇权的特殊性,对中国皇帝制度在包含元代在内的那个更

---

① 《庚申外史笺证》,页 21、25、28。
② 苏天爵:《建白时政五事》,《滋溪文稿》卷 26;欧阳玄:《命再出师诏》,《圭斋集》卷 13;陶安:《送笃彦诚赴官绍兴序》,《陶学士文集》卷 12。

长时段中的演变过程发生了什么样的影响呢?

为了回答这个问题,首先需要对元以前的宋代皇权的基本状况有一个估价。但是对此,学者们的看法差异却非常大。一种意见认为,宋代是专制君主的中央集权制获得极大加强的时期,制度化的权力分割使君权比过去得到进一步的伸张。这种看法在目前的历史教科书里占支配地位。另一种意见以王瑞来讨论宋代相权和皇权的两篇论文为代表①。他认为,应当将君主专制和中央集权制度区分开来加以考察;同时,在政治制度史研究中,不但应当重视制度框架的法定形式,而且也要注意制度运作过程中的实际状况及其效果。按照王瑞来的看法,宋朝官僚政治体现了"从皇帝独裁到群臣专政",或曰"皇权象征化和作为集体领导的相权的强化"之趋势。他又说:两宋是"皇权全面衰微、走向象征化的开端";从宋代官僚政治的局面,"我们看到了古老的中国在封建社会的母体上,由专制走向民主的征候"。持第三种看法的是虞云国。在他的许多篇有关两宋监察制度的专题论文里,虞云国认为:宋代官僚政治中出现了君主、台谏和宰执"三权制衡"的局面;但在这种分权制衡结构中,最高主宰者和终端调控者仍然是专制君主,所以这种制衡结构并不能改变宋政权"君主独尊"的性格②。

支持着上面这些不同看法的大量证据,表明宋朝的专制君主官僚政体中同时存在着两种不同趋势,即专制君权的增强,和以宰执、台谏为主角的官僚集团在制衡君主权力方面力度的增强。实际上,

---

① 王瑞来:《论宋代相权》,《历史研究》1985 年第 2 期;《论宋代皇权》,《历史研究》1989 年第 1 期。
② 虞云国:《宋代台谏系统的破坏与君权相权的关系》,《学术月刊》1995 年第 11 期;《分权制衡的失败尝试:以宋代台谏系统为中心》,《中国研究》第 23 期(1997 年 2 月);《论宋代对台谏系统的监控》,《史林》1997 年第 3 期。

这两种趋势并不仅是在宋朝才出现的。以下就让我们把考察的时限再上推到隋唐之际，看看从那时起直到宋末的七百多年间这两种趋势的大致演变线索。

东晋以后，随着皇权逐步摆脱贵族政治的残余影响，专制君主对其臣僚们的权威，一直处于缓慢增强的过程中。有关朝堂礼仪显示出君臣之间尊卑反差的变大。据《隋书·礼仪志》引晋咸康元年所定令，"故事，自天子已下，皆衣冠带剑"。江左陈朝的朝服，凡诸王、有爵位贵族、高级官僚皆"腰剑"。在北方，"周武帝时，百官燕会，并带刀升座"。隋初因之。直到开皇十二年（592年），"始制凡朝会应登殿坐者，剑履俱脱。其不坐者，敕召奏事及须升殿，亦就席解剑，乃登"①。到唐朝，百官入宫殿门，须经监搜御史搜身。太和元年（827年）诏今后坐朝，众僚既退，宰臣复进奏事，其监搜宜停止，表示对宰臣的优遇②。大臣的尊严虽已不如从前，但这时他们在御前议政时，仍然可以坐在皇帝面前。有些受恩宠的人甚至得与皇帝同榻而坐。这一项权利在宋初也被赵匡胤取消。

关于宋初宰执在御前被撤座的故事，宋人自己就有不同的说法。朱弁说：

> 国初，宰执大臣有前朝与太祖俱北面事周，仍多出己上。一日即位，无所易置；左右驱使，皆委靡听顺，无一人敢偃蹇者。始听政，有司承旧例设宰相以下坐次，即叱去之。③

叶梦得说这是臣下自请的结果：

---

① 《隋书》卷12《礼仪志》七。
② 《石林燕语》卷2，并参字文绍奕考异。按叶梦得谓搜身始于"魏晋以来"。惟殿前防刃之制既始于隋，则搜身之制似不应早于兹。
③ 《曲洧旧闻》卷1。

> 本朝范鲁公(质)为相,当禅代之际,务从谦畏,始请皆立。①

另一种说法则以为是宋太祖的秘密安排:

> 自唐以来,大臣见君则列坐殿上,然后议所进呈事。盖坐而论道之义。艺祖即位之一日,宰执范质等犹坐。艺祖曰:"吾目昏,可自持文书来看。"质等起进呈罢,欲复位。已密令中使去其坐矣。遂为故事。②

也有人说,这是大臣觐见天子时由议政改为当面候旨的结果:

> 旧制宰相早朝上殿命坐,有军国大事则议之。常从容赐茶而退。……国初范鲁公质、王宫师溥、魏相仁溥在相位,上虽倾心眷倚,而质等自以前朝旧相,且惮太祖英睿,"具札子面取进止,朝退各疏其事。所得圣旨臣等同署字以志之。如此则尽禀承之方,免[贻]误之失"。帝从之。自是奏御寖多,或至旰昃。啜茶之礼寻废,固弗暇于坐论矣。于今遂为定式,自鲁公始也。③

以上说法虽小有不同,总而言之,从宋代起,殿前赐座,就变作对极少数人的一种特殊恩宠了。从脱剑履上殿到御前撤座,在礼仪安排的背后,我们确实看到天子至尊地位的逐步加强。

从职官制度的角度而言,中枢官僚从唐初的三省制到唐后期、五代、北宋的使职差遣制④,也反映了皇帝驾驭宰执的势能在提高。前面引述过的洪迈的话,在慨叹唐人一至相位便十面威风的同时,也道出了事情的另一面,即用文人或资浅望轻的人员以他官居宰相职,可

---

① 《石林燕语》卷2。
② 邵博:《闻见后录》卷1。
③ 王曾:《王文正笔录》;又见王辟之:《渑水燕谈录》卷5。
④ 《汉唐职官制度研究》,页5。

以更易于进退。他说:"唐世用宰相不以序,其得之若甚易。然固有出入大僚……而不得相者。……如人主所欲用,不过侍郎、给事中,下至郎中、博士者。"①宋朝又把分割宰相的军权和财权当作一条心照不宣的"家法",就是深得神宗信任的王安石也无法改变它②。宋朝中叶以后的许多权相在位时势焰熏天;但如果皇帝真要下决心罢免他们,却又显得十分容易。不少人甚至好几次入相,又好几次被罢免。吕夷简"当国柄最久,虽数为言者所诋,帝眷倚不衰"。但他一旦失宠,即被轻而易举地逐出朝廷。据说解职诏令公布之日,"夷简旁押班,闻唱其名,大骇,不知其故"③。蔡京四度入相,屡罢屡起。"每闻将退免,辄入见祈哀,蒲伏扣头,无复廉耻"。宋帝最后一次强迫他辞职,还"命词臣代为作三表请去,乃降制从之"④。这是体现君主专制和"体貌大臣"如何相为表里的生动例证。宰相的易制,与他们不得控制军权有很大的关系。南宋末年,宰相兼枢密使成为固定制度,这恐怕是宋末皇权下衰、权臣迭相专政的一个重要原因⑤。

至于官僚组织是如何与专制君权形成制维关系的,本文在讨论"共治"观念时已多有涉及。在这里需要再着重加以强调的,还有以下三点。首先,由从贵族政治时代延续下来的政治文化遗产和新历史条件下产生的统治制度成分相整合,宋代的专制君主官僚制形式已相当成熟。按照虞云国的表述,在它的中枢权力结构中,出现了由

---

① 《容斋五笔》卷5,"唐用宰相";参见《资治通鉴》卷129,"唐纪"八,贞观元年(627年)七月壬子胡注引欧阳修语。
② 邓广铭:《宋朝的家法和北宋的政治改革运动》,载《邓广铭治史丛稿》,北京:北京大学出版社,1997年。
③ 《宋史》卷311《吕夷简传》;徐自明:《宋宰辅年录》卷4,引《续资治通鉴长编》。
④ 《宋史》卷472《蔡京传》。
⑤ 虞云国:《宋光宗·宋宁宗》,长春:吉林文史出版社,1997年,页299。

君主、宰执和台谏组成的分权制衡系统。御史台和谏官的纠举对象，都拓展到上自天子、下至百官的范围。政令未正式发出时，"在中书则舍人封驳之，在门下则给事中封驳之"；发至尚书省奉行过程中，又有"侍从论思之，台谏劾举之"①。宰执自身也可以通过执奏形式向皇帝决策提出质疑。

其次，也像前面已指出过的，专制君主官僚制体系的成熟虽然在宋，它的绝大部分制度成分，在宋以前早已存在了。唐朝的御史台和谏议大夫各司其职，宋代不过将台、谏的原有功能合二而一，使之互相伸延到对方的领域，并且在有关制度方面进一步细密化而已。中书舍人、草诏学士缴还词头，被有些宋人看作当朝的新体例。可是根据司马光说，唐制，"凡军国大事，则中书舍人各执所见、杂署其名，谓之五花判事"。胡三省在《资治通鉴》的注文中也说，"按唐制，中书舍人则署敕"②。对拟议中的政令"各执所见"，与缴还词头所差似亦不远矣。

第三，更重要的是，虽然宋代的分权制衡结构在专制皇权与官僚机器之间造成了某种张力（有时候这种张力甚至还很大），但这绝不意味着专制皇权因此就会"全面衰微"，或者它就会变得只具有象征的意义。因为分权制衡的机制并不否定专制君主对军国大事的最终裁定权。作为这种最终裁定权的体现，中枢机构处置公事，凡无成例可援者必须奏断。徐度说：

> 赵韩王（普）在中书，权任颇专。故当时以为堂帖势力重于敕命。寻有诏禁止。其后中书指挥事，凡不降敕者曰札子，犹堂帖

---

① 陈亮：《论执要之道》，《龙川文集》卷2，转引自前揭《分权制衡的失败尝试》。
② 《资治通鉴》卷193，"唐纪"九，太宗贞观三年（629年）四月；卷192，"唐纪"八，高祖武德九年（628年）十二月胡注。

也。……太宗大怒曰:"……且前代中书有堂帖指挥公事,乃是权臣假此名以威福天下。太祖已令削去,因何却置札子?札子与堂帖乃大同小异耳。"张洎对曰:"札子是中书行遣小事文字,犹京百司有符牒关刺与此相似,别无公式文字可指挥常事。"帝曰:"自今但干近上公事,须降敕处分。其合用札子,亦当奏裁方可行遣。"至元丰官制行,始复诏尚书省,已被旨事许用札子。自后相承不废,至今用之。①

奏裁制一方面使皇帝避免被纠缠在常规性公务中,另一方面使他能够在了解、选择和采纳中枢机构对"近上公事"所拟处理办法的同时,牢牢控制决策终端而不致大权旁落。唐太宗曾批评隋文帝"事皆自决,不任群臣"。他以为,"天下至广,一日万机。虽复劳神苦形,岂能一一中理"?所以,皇帝应当"择天下贤才,寘之百官,使天下之事,关由宰相,审熟便安,然后奏闻"②。宋人总结本朝体制,谓"权在人主",而"政由中书"③。可见"君本"论的观念和体制,从唐到宋,一脉相承。

皇帝的最终裁定权,又充分体现在他对于宰相委用权的独断。"人君所论,只一宰相"④,"帝王之职,在论一相"⑤。这是宋元议论中极常见的言说。如果说官员任免始终是君主控制朝政的一个重要方面⑥,那么任命宰相更成为被他绝对垄断的权力。君主左右的"佞幸",即嫔妃、内臣、戚里、幸臣之类,可能对君主任用大臣的决策施以影响,但这是法定程序以外对君主权威的隐性盗用,而"人主不知为

---

① 徐度:《却扫编》卷上。
② 《贞观政要》卷1;《资治通鉴》卷193,"唐纪"九,太宗贞观四年(630年)。
③ 刘克庄:《郑观文神道碑》,《后村大全集》卷147,转引自《分权制衡的失败尝试》。
④ 何薳:《春渚纪闻》卷5,"明皇无心治天下"。
⑤ 袁桷:《特命右丞相诏》,《清容居士集》卷35。
⑥ 中下级官僚的任命,由中枢大臣提出拟选名单,供皇帝采择或裁定。皇帝有时对进拟名单不满意,会命臣下重拟,或者自行提名。三品以上官员不入常选,由皇帝点用;但他在正式任命前也会以各种方式征求臣下意见。

左右浸润,只道我自能进退大臣"①。所以邵博说:

> 仁皇帝问王懿敏素曰:"大僚中孰可命以相事者?"……懿敏曰:"唯宦官、宫妾不知姓名者可充其选。"帝忾然有间,曰:"唯富弼耳。"……既告大庭相富公,士大夫皆举笏相贺。②

唐宣宗夜半召令狐绚在含春亭问对,"尽蜡烛一炬,方许归学士院",俄而即命为宰相③。"韩康公、王荆公之拜相也,王岐公为翰林学士,被召命词。既授旨,神宗因出手札示之曰:'已除卿参知政事矣。'"④命相出于君主睿旨,唐宋殆少有例外。

皇权凌驾于官僚组织之上,也体现为君主所拥有的法外用刑的权力。所谓"生死之柄,人主合专;轻重有条,臣下当守",就是承认君主得法外用刑或违法宽赦,惟一旦付之有司,则只能据法惩治。唐御史中丞狄兼暮回答文宗询问一桩已结法案时说:"臣是法官,只知有法;陛下若欲原宥,特降恩旨即得。"⑤这条原则在两宋仍然有效。《宋史·刑法志》谓:"太祖以来,其所自断,则轻重取舍,有法外之意焉。然其末流之弊,专用己私以乱祖宗之成宪者多矣。"志文引崇宁五年(1106年)诏曰:"出令制法,重轻予夺在上。比降特旨处分,而三省引用敕令以为妨碍,沮抑不行。是以有司之常守格人主之威福。夫擅生杀之谓王,能利害之谓王。何格令之有?臣强之渐,不可不戒。"⑥可见法律条文对专制君主本身是没有约束力的。

---

① 马永卿:《元城语录》卷上。
② 《闻见后录》卷20。
③ 《却扫编》卷上。
④ 同上。
⑤ 《唐会要》卷40,"臣下守法"。
⑥ 《宋史》卷200《刑法志》二。

另一条被用来论证宋代相权提升的理由,似乎出于对当时敕令转发程序的误解。按中书省既然是发令机构,皇帝的诏敕便也要经由中书省下发。它们公布时,宰相要在敕尾署名,当时称为"签书""署诏敕""署敕""署字""押敕""签敕"等①。论者或以为这是宰相在敕文上"副署"。皇帝的命令必须由宰相"副署"才能下行,这不是表明宰相的权力差不多可以与皇权相比肩吗?

按宋代敕令内容,多由两部分组成。一是臣下进呈的处置有关事宜的建议,二是皇帝的裁决或批示。裁决可能是口头的,由进呈宰相负责"署字以志之"。《涑水纪闻》云:

> 真宗晚年不豫,寇准得罪。丁谓、李迪同为相,以其事进呈。上命除准小处知州。谓遂署其纸尾曰:"奉圣旨除远小处知州。"迪曰:"向者圣旨无'远'字。"谓曰:"与君面奉德音。君欲擅改圣旨以庇准耶?"由是二人斗阋,更相论奏。②

同书记王钦若事亦云:

> 真宗末,王冀公每奏事,或怀数奏,出其一二,其余匿之。既退,以意称圣旨行之。尝与马知节俱奏事上前。冀公将退,知节目之曰:"怀中奏何不尽出之?"③

上引两例表明,敕文中的君主裁断可由宰相事后代书。有时候,

---

① "签书"语见《石林燕语》卷5:"大事三省与枢密院同议,进呈画旨,称'三省、枢密院同奉圣旨'。三省官皆签书。""署诏敕"语见《贞观政要》卷1:"若惟署诏敕、行文书而已,人谁不堪,何烦简择以相委付?""署敕"语见《资治通鉴》卷192,"唐纪"八,高祖武德九年(628年)十二月胡注。"署字"语见王曾:《王文正笔录》。"押敕"见《石林燕语》卷6:"中书无人,乃以太宗押敕。""签敕"语见《曲洧旧闻》卷10:"凡以节度使兼中书令、侍中、同平章事,并谓之使相。唐制皆签敕。"
② 《涑水记闻》卷6。
③ 《涑水记闻》卷5。

皇帝也会在进呈的奏札上留下简短的批语。如：

> 淳熙十年(1183年)十月二十日敕：臣僚奏，欲令吏部将二广申到选人，京朝官、大小使臣用考任关升。如已经本路运司公参，照四川已得指挥一体施行。奉圣旨：依奏。①

从散见在《宋会要辑稿》《庆元条法事类》《永乐大典·吏部条法》等史料中的宋代敕令来看，记录御笔批语的格式相当固定。其中多数作"奉圣旨：依"。也有的作"奉圣旨：依总制司所申"；"奉圣旨：依户部勘当到事理施行"；"奉圣旨：依户部措置到事理施行"。或者作"有旨：依""诏：可""诏：依"，等等。

值得注意的是，记录君主裁断的文字，都以"奉圣旨""有旨""诏"等语词开头；而据现存史料，似以"奉圣旨"开头的数量最多。那么究竟是何人在"奉圣旨"呢？当然不是君主本人，只能是那些"面取进止"的宰相。由此可知，就内容而言，敕文中臣下对处分有关事宜的建议，一经君主批准，也就变成了君主的命令。但是就体裁而言，敕令乃是"奉圣旨"者转达君主意志的一种纪录性公文。所以，宰相署敕，不应看作是他们以"副署"资格与皇帝一起发布诏令，而只是把他们在"面取进止"时已奉到的君主命令，以纪录性公文的形式向有关部门或天下传达而已。

诏制的性质与敕有些不一样。诏制应当是完全以天子身份发表的词章文字。宋代文书中出现敕中有诏的例证，似可证明这种区别确实是存在的②。宋代宰相如何署诏，尚无实例可以征引。从元代诏

---

① 《永乐大典》卷14628页3引《吏部条法·关升门一》。
② 《宋会要辑稿》第83册，"职官"四二，页45："大观元年(1107年)八月二十五日敕：湖南路中……臣契勘……乞将……乞依……诏：西外宗室年，今后不许诸处截留及就京下卸，余并依奏。"是为敕中有诏之一例。文字过长，兹不全录。

令行文看,宰相署名的情况似乎是存在的,因为很多诏令须经由中书省发布。《行蒙古字诏》的文书以"至元六年二月十三日钦奉诏书"起首。类似的格式还有"钦奉皇帝圣旨""钦奉圣旨"。《元典章》所辑存的这一类文件,有的又写作"钦奉诏旨节文""钦奉诏书节该"等。这是因为辑录者删节了诏令中所附的蠲赋、省刑、便民一类安抚天下的具体条画,因此加入"节文""节该"等字①。在上面列举的诸种行文里,宰相署名都表明他们是"钦奉诏书"的中枢机构负责人,而不是意味着他们本身具有以仅次于皇帝的地位与皇帝一起诏告天下的权力。这样的行文程序大概是相当长时期的通行惯例。宋代即便如此,亦不应视为有宋一朝的独特之处。

现在我们看到,唐宋几百年间,君臣之际尊卑名分的差异,持续呈现一种缓慢但又是确凿无疑的增强趋势。元王朝在采纳汉制过程中,基本上接受了体现在中原皇帝制度中的这部分政治遗产。而泛化的主奴观念渗透到元代君臣关系之间,甚至还在进一步强化上述趋势。所以,尽管元朝相权比前代有所扩大,到后期还出现过个别权相,被当时人认为比梁冀、曹操有过之而无不及②,大汗-皇帝相对于其"奴婢"——官僚的至上权威,大体上是稳定的。最终取代元王朝的朱元璋对元末的朝纲混乱深引为戒。在他看来,元末大乱的症结,似乎并不是皇帝所拥有的权威不够强大,而是他本身荒怠失检,于是导致大权旁落、奸相柄政。所谓"主荒臣专,威福下移",所谓"后嗣

---

① 《元典章》卷1,"诏令"一,"行蒙古字""建国号诏""皇帝登宝位诏""至元改元诏"等。
② 杨瑀:《山居新话》卷3。

沉荒,失君臣之道,又加以宰相专权,宪台报怨"①,都是这个意思。对元君批评的侧重点,乃在于他放弃皇帝的职责而"委用权臣"②。如果元朝末年的形势让人产生元代君权衰弱的印象,那么这种印象其实并不准确。

另一方面,两宋时期曾经相当有力的臣下制衡君主权威的制度性安排和惯行体例,在元代却被中止或受到很大削弱。在元末宰臣的专权自恣行为中,人们看不出过去那些体现权力制衡的法定程序,有的只是对权力的窃取与滥用。"共治"观念的淡薄和支撑着"共治"观念的分权制衡程序之弱化二者,肯定存在互为因果、互相促进的关系。所以,唐宋两朝皇帝制度中,专制君权持续强化和制衡君权的程序效力同样在增强这两种趋势之间的张力,由于元政权的建立而被破坏了。渗透到元代君臣关系之间的主奴观念虽然没有在明代君臣关系中留下直接的痕迹③,但是,过去时代长期形成的"共治"观念之淡化和约束君权的传统程序之削弱,贯穿了元朝对整个中国近一百年的统治。它的一个重要的历史后果,就是为朱元璋在明初大幅度地强化专制主义君权,扫清了唐、宋两朝的君主们所无法克服的来自中原传统的制度化障碍。

(原载《学术集林》卷 15,上海:上海远东出版社,1999 年)

---

① 《明太祖实录》卷 14,"甲辰(1364 年)正月戊辰"条;宋濂:《檄谕齐鲁河洛燕蓟秦晋之人》,《明太祖实录》卷 26,"吴元年(1367 年)十月丙寅"条引录。
② 《明太祖实录》卷 59,"洪武三年(1370 年)十二月己巳"条。
③ 吴晗用主奴关系来概括元、明、清三代君臣关系的特征。然而就明朝而言,此种概括并不符合当时人们自己的观念。参看吴晗前揭论文。

从"大断事官"制到中书省
——论元初中枢机构的体制演变

一

1259年秋,大蒙古国合汗蒙哥在四川攻宋前线,因伤染病而死。翌年春夏,蒙哥的两个皇弟,正在汉地率军作战的忽必烈和留镇漠北的阿里不哥先后宣布即大汗宝位。双方间延续四年的汗位争夺战争以忽必烈的胜利告终。

中统年间这场汗位之争,远远超出了应由谁来继任大汗这个问题本身所具有的意义。忽必烈动员和倚靠中原汉地的军事、政治资源,最终夺得大汗地位和"大蒙古国"国号这笔政治遗产①,有力地推

---

① 成吉思汗国家的蒙古语名称 yeke mongqol ulus,作为大汗统领下的"大兀鲁思"(yeke ulus, ulūs-i buzurg)的国号,最终为忽必烈所继承。中统、至元之初,它在汉语中仍按先例被移译为"大蒙古国"或者"大朝"。至元八年(1271年),忽必烈颁诏建汉语国号"大元"。但直到元朝后期,在蒙文文献中,与"大元"相对应的蒙古语国号还是写作 dai-ön kemekü yeke mongqol ulus(译言"称为大元的大蒙古国"),dai-ön yeke mongqol ulus(译言"大元大蒙古国"),或者径作 yeke mongqol ulus(译言"大蒙古国")。可见此名一直行用不废。见萧启庆:《说"大朝":元朝建号前蒙古的汉文国号》,《汉学研究》第3卷第1期,1985年;贾敬颜:《称"大朝"》,载于《民族历史文化萃要》,长春:吉林教育出版社,1990年;F. W. 柯立甫《蒙汉合璧〈忻都公碑〉释读》,《哈佛亚洲研究杂志》卷12(1949年)。ulūs-i buzurg 一词,见《史集》,卡里弥波斯文刊本(德黑兰,1959年),页629。

动了大汗统治重心南移的历史过程,因而从两个方面给予大蒙古国的政治发展以不同程度的影响。一方面,此种政治地理的变动,使大汗对远在漠西的术赤和旭烈兀等后王的四个兀鲁思更加鞭长莫及,因而更增强了它们相对独立的倾向,并最终使它们各自从大蒙古国的组成部分演变为分别处于"黄金氏族"各支后裔统治之下的互相独立的国家。从旭烈兀到伯都,波斯蒙古诸汗相对于蒙元王朝的大汗一直自称伊利汗(il-khan,译言地方的汗、臣属的汗),但到合赞汗(1295年即位)时终于也采取了合汗(qa'an,即大汗)的称号。在钦察汗国,汗的称号被大汗所取代发生于1342年札尼别即位时①。另一方面,大汗兀鲁思的"内地"而今从漠北草原转移到中原汉地②,又从主、客观两个方面极大地增强了大蒙古国制度体系更积极地接纳汉制影响的可能性和必要性。元初行政中枢的体制演变,正是在这样的背景之下发生的。

漠北时期,大蒙古国执掌民政的最高官员是也可札鲁忽赤(yeke jarghuchi),译言"大断事官"。大蒙古国的行政中枢即由一名或数名大断事官及所属必阇赤(bichikchi,译言文书官、书记官)所组成。从窝阔台汗开始,燕京、别失八里等地即有由大汗派遣的最高行政官长驻,负责总揽当地民政;中原汉人以金代的行台尚书省制相比附,称之为"行尚书省"。掌管汉地行政财赋的"行尚书省"首长,就是大断事官。大断事官制在忽必烈即位最初仍一度被沿用。此后不久,元廷很快就以燕京大断事官的必阇赤班子为基础,建立起一个汉式的中枢分支机构,使它担负起对华北全部的实际控制地域实施行政指

---

① 见 B. 斯普勒:《蒙古人在伊朗》,柏林,1955年,页2、70—71;B. 斯普勒:《金帐汗国:蒙古人在俄罗斯》,威斯巴登,1965年,页260—262。札尼别在斯氏书中写作瞻别(Ğambek)。
② "太祖皇帝肇定区夏,视居庸以北为内地。"而忽必烈朝以后,华北始有"中州内地"之称。见袁桷:《华尹寺碑》,《清容居士集》卷25;苏天爵:《送蔡白序》,《滋溪文稿》卷5。

导的职责。这个新官衙被称为"燕京行中书省"。中统二年,以燕京行中书省的建构和任职其中的人员为基础,元廷对建国伊始就已经宣布成立、但几乎只在名义上才存在的"中书省"进行充实、调整,从而真正使它能担负起政府的行政中枢的功能。

根据以上的简要概括,我们可以看到:一、《元史》有关中统元年先立中书省,而后才建燕京行中书省的说法虽然不能算错,若从它们发挥实际功能的角度来看,其实中书省的真正建立,倒是以燕京行中书省作为其组织基础的。二、元初行政中枢从大断事官机构演变为中书省,并不是为大断事官制改换或者重新创制一个新的汉语译名的问题,而恰恰反映了元代中央官制的主干部分从蒙古旧制向中原王朝传统体制演变的实质。三、唐宋时期的三省制在金代后期演变为一省即尚书省制,元朝虽然效仿金代以一省总政务,却名之以中书省而不称尚书省,也正因为后者在当时早已被比照为蒙古旧制中统领国家行政的大断事官机构了。

本文拟就蒙元王朝行政中枢由大断事官制到中书省的演变问题,作比较详细的讨论。

二

《元史·百官制》概括蒙古初期的中央官制说:"惟以万户统军旅,以断事官治政刑,任用者不过一二亲贵重臣耳。"蒙语札鲁忽(jarghu)译言法庭、听讼。但大蒙古国时代札鲁忽赤(即断事官,又译作"断公事官"[①])一职不止是司法长官,而且是"总裁庶政",全

[①] 《畿辅通志》卷139《金石志》二,"大佛顶尊胜陀罗尼幢"条。

面负责户籍、赋敛、狱讼和监察的中央执政长官。建国之初任断事官的是失吉忽秃忽和别里古台两人。前者被封为"古儿迭额列因札儿忽[赤]"(gürde'ere-yin jargh[chi],译作"普上的断事[官]")①。这个称号在忽秃忽之后未见有他人使用。别里古台的蒙语官号史书不载,或许就是也可札鲁忽赤,即大断事官。当时在断事官之前冠以"大"或"普上的"之类词语,似为表明系由大汗委任,而区别于代表各支宗王的一般断事官。后来,大断事官亦转指高于一般断事官的上级断事官。惟汉文史料对二者区别并不严格。如《元史》称忙哥撒儿为蒙哥朝的"断事官",波斯语文献则作"大札鲁忽赤"(yārghūchi-yi buzurg),"大异密和诸札鲁忽赤之首长"②。《元史·别里古台传》的撰者当即依上级断事官的含义理解传主的官号,所以说他"长札鲁火赤"。

窝阔台即大汗位后,除了忽秃忽,汗庭大断事官还有额勒只吉歹。《元朝秘史》第 278 节记窝阔台的诏令说:"众官人每额勒只吉歹为长着,额勒只吉歹的言语依着行。"学者们都同意,此人与《黑鞑事略》中的按只觡,即 1247 年被贵由指派领军西征的野里知吉带是同一个人③。作为窝阔台系的亲信,他在乃马真称制(1242—1245 年)

---

① 《元朝秘史》第 203 节。
② 志费尼:《世界征服者史》,哈兹维尼波斯文刊本(吉布纪念丛书卷 16·3,莱顿,1937 年),页 48;J. A. 波义耳英译本(曼彻斯特,1958 年)页 581 作 the chief yarghuchi,何高济汉译本(呼和浩特:内蒙古人民出版社,1980 年)页 686 返译为"大札鲁忽赤"。拉施都丁:《史集》,卡里弥波斯文刊本,页 51;泰克斯顿英译本第 1 部(哈佛大学近东语言文化系出版,1998 年),页 40。英译文作 a great commander and chief of the yarghuchis。余大钧等据俄文本转译的《史集》第 1 卷第 1 分册的译文,则作"大异密和断事官之长",见页 155。
③ 额勒只吉歹(eljigidei)一名中间音节的喉音弱化(-jigi->- * ji'i->-ji-),遂可读作按只觡(eljidei)。见村上正二译注:《蒙古秘史·成吉思汗传》卷 3,东京,1975 年,页 360—361;并参阅韩百诗、伯希和:《元史宗室世系表译注》,莱顿,1945 年,页 29—30,关于诸王合赤温之子按只吉歹之名的正字法讨论。

时期及贵由初年很有可能连任大断事官之职。此外,大约是在1234年忽秃忽调任中原汉地后,大必阇赤镇海也擢任窝阔台汗庭的断事官。窝阔台末年,汗庭大断事官还有昔里钤部和也速折儿两人①。作为执掌天下庶务的最高行政长官,断事官,尤其是大断事官在元代汉人眼里,相当于中原官制中的宰执,因此称他们为"国相"或"丞相"②。

漠北时期的"丞相"与"中书右丞相""中书左丞相"一类官员区别甚大,后者是自从窝阔台"改侍从官名"后给予汗庭大必阇赤们的汉式官号。但是因为"丞相"与中书右、左丞相等在汉语语境里的意思相近,尤其因为大必阇赤乃是协赞大札鲁忽赤处理政务的主要助手,而蒙古旧制中又缺少专制君主官僚制下严格的等级观念,所以这两类官职从元代前期即已开始混淆了③。在有关漠北诸汗时期由大必阇赤升任或兼任大断事官的若干人物如镇海、孛鲁合等人的史事记载里,这一类混淆更为常见。

《元史·镇海传》谓:"定宗即位,以镇海为先朝旧臣,仍拜中书右丞相。"这段话很容易被误读作:镇海在贵由朝被恢复了他在窝阔台前期担任过的大必阇赤("中书右丞相")的官职。但是,从《世界征服者传》记载窝阔台朝史事时,曾提到"镇海、?儿纳勒和众札鲁忽异密中的其他一些人"(jīnqāī wa ?ārnāl wa jam'ī dīgar az umarā-ī yārghū)④,可知镇海当时业已位至相当于丞相的大断事官。

---

① 程钜夫:《爱鲁先世述》,《雪楼集》卷25。按,也速折儿即也速迭儿异译。
② 《元史》卷117《别里古台传》;姚燧:《达实密(答失蛮)神道碑》,《牧庵集》卷13。
③ 如《黑鞑事略》即把大断事官额粗只吉歹与当时的大必阇赤耶律楚材("中书令")、镇海和粘合重山("中书左丞相")三人一起列入"其相"条中。
④ 哈兹维尼波斯文刊本,页233;据英文转译的汉译本页592作"镇海、台纳尔及札儿忽的其他一些首脑"。

伊利汗朝称丞相为wazīr,有时也叫nā'ib。所以《史集》又先后称镇海是窝阔台汗的wazīr-i buzurg(译言大wazīr)和贵由的na'ib①。若以上引穆斯林史籍为参证,则又可知汉文的《镇海神道碑》谓碑主曾为"札鲁花赤"实非无根之说②。所以镇海在贵由朝所担任的"中书右丞相",实当为大断事官。孛鲁合的情形颇与镇海相似。他在蒙哥即位时拜"中书右丞相",亦即出任大必阇赤,而与大断事官忙哥撒儿"密赞谋议"。1253年至1254年间,忙哥撒儿因酗酒过度故去之后,史称孛鲁合"领中书省,终宪庙世,权宠不移"③。此处所谓"领中书省",似已用指由孛鲁合继任的大断事官职务而言。恰在此时游历漠北的欧洲教士鲁布鲁克,明确地称孛鲁合是"大文书官和法官",证明他实以大必阇赤身份兼任断事官④。《至元辨伪录》卷3称呼此时的孛鲁合为"丞相钵剌海"。此处的"丞相",应指大断事官而言。

到现在为止,我们业已述及漠北时期尚可考见的大多数汗庭大断事官,兹复列简表如下:

时　　代	汗庭大断事官(在职年代)
成吉思汗时期	失吉忽秃忽(1206—1227) 别里古台

---

① 《蒙古人在伊朗》,页282;《史集》,卡里弥刊本,页564、574。波义耳英译本《成吉思汗的继承者》(纽约,1971年)页176、188分别译作"chief vizier"和"minister"。
② 见许有壬:《圭塘小稿》卷10。惟此碑记事之不依年月先后为序,为元代碑传所罕见。因此颇难据是碑确定碑主担任断事官的时代。
③ 《元史》卷134《也先不花传》;姚燧:《达实密神道碑》,《牧庵集》卷13。
④ C.道森编:《出使蒙古记》,纽约,1955年,页184;T. T.爱尔森:《蒙哥汗时期的宿卫和行政制度》,《哈佛亚洲研究杂志》46卷2期(1986年)。

续 表

时　代	汗庭大断事官(在职年代)
窝阔台时期	失吉忽秃忽(1229—1234) 额勒只吉歹(1229—1241) 镇海(1234[?]—1241) 昔里钤部(1241) 也速折儿(1241)
乃马真时期	额勒只吉歹(1242—1245)
贵由时期	额勒只吉歹(1246—1247) 镇海(1246—1248) 昔里钤部(1246—1247)① 合答(1246—1248)
蒙哥时期	忙哥撒儿(1250—1253 或 1254) 孛鲁合(1253 或 1254—1259) 哈丹(1253—?)②

三

除了设置于漠北"龙庭"即"在内的兀鲁思"(qol-un ulus)的大断事官机构以外，征服各农耕城郭国家之后，大汗又先后在中原汉地、畏兀儿与河中，以及阿母河以西这三大区域之内分别建立总领当地政务的首脑机构。汉文史料称这些首脑机构为"行尚书省"。自此，汗庭断事官的直接辖理范围基本上局限于漠北本部，而三个"行尚书省"则在本辖区内被赋予几乎与中央大断事官相对等的权限，并且直

---

① 《雪楼集》卷25，《爱鲁先世述》："定宗即位，又命公(按指昔里钤部)与合答为也可札鲁火赤。丁未年，又命与牙老瓦赤为也可札鲁火赤，治事于燕京。"
② 《元史》卷3《宪宗纪》。

接对大汗负责①。在中原汉地,这个首脑机构实质上就是蒙古制度中的大断事官衙署的分支机构。它最早开始于1234年窝阔台以汗庭大札鲁忽赤失吉忽秃忽改任中州断事官之时。这件事标志着大汗政权对新征服地区统治的进一步秩序化。

在华北各地拥有封邑的诸王和勋贵,也都向中州断事官派遣代表各自封主的断事官,以便在处理本位下或投下封邑内的有关事宜时,与大汗的断事官"会决庶务"。所以姚燧追溯漠北四汗时代的史事时写道:"诸侯王与十功臣既有土地人民,凡事干其城者,各遣断事官自司,听直于朝。"②《元史》提到真定有"本路断事官",又有"平阳道断事官",蒙古忙兀部有"本部断事官"等,就是代表了封邑分别在真定路、平阳道、泰安州的拖雷、拔都、畏答儿等诸王位下或投下而"听直于朝"的断事官们③。邢州是著名答剌罕启昔礼后人的封国。月赤察儿从祖脱兀脱和赵瑢尝"以断事官镇邢",似即代表启昔礼家族莅事彼地④。此类断事官有时还以一身而兼任该投下封邑的达鲁花赤。贵由、蒙哥时,昔里钤部即在担任贵由封地大名路达鲁花赤的同时,"遇至燕,则行也可札鲁火赤事"⑤。布鲁海牙在窝阔台朝以真定路达鲁花赤兼授燕京断事官⑥,显然也是代表拖雷后妃唆鲁禾帖尼位下莅任是职的。

中州断事官之设的意义非同寻常。1210年,成吉思汗率主力北

---

① 前田直典:《元朝行省的成立过程》,《元朝史的研究》,东京,1973年。
② 《元史》卷87《百官志》三,"大宗正府";姚燧:《博罗罕神道碑》,《牧庵集》卷14。
③ 《元史》卷134《小云石脱忽怜传》、卷146《杨惟中传》、卷121《博罗欢传》。
④ 《元史》卷159《赵良弼传》;姚燧:《赵夫人杨君新阡碣》,《牧庵集》卷27。
⑤ 程钜夫前揭碑铭。参阅周良霄:《元代投下分封制度初探》,《元史论丛》第3辑(1983年)。按:蒙哥即位之初,曾对昔里钤部"有颛面西土之寄,以年高辞,不拜",因而复授大名路都达鲁花赤。见王恽:《昔里钤部神道碑》,《秋涧集》卷51。
⑥ 《元史》卷125《布鲁海牙传》。

归后,封木华黎为"国王",委以全权负责对中原汉地的军事经略①;复以札八儿相公为"黄河以北铁门以南天下都达鲁花赤",总领中州行政②。但是都达鲁花赤之职其后即不显于世。西征结束后,成吉思汗从河中带回牙剌瓦赤,"委付(他每)与(俺每的)众达鲁花赤一同,教管汉地的百姓每"③。牙剌瓦赤的职掌,主要应是管理汉地的户计赋调。窝阔台即位后以耶律楚材和牙剌瓦赤分掌汉民和西域户口赋税,当即沿袭乃父生前业已形成的制度格局。拉施都丁说,牙剌瓦赤在窝阔台时曾任 sāhib-i dīwān,该词在此处当作财务大臣解释④;耶律楚材这一职掌的汉式官称没有保留下来,它很可能叫作"行尚书六部事"⑤。而对蒙古人来说,这两人的身份和官号无疑都是大必阇赤。

因此,直到中州断事官的建置,在漠北草地和其他被征服地区,大蒙古国的政治统治体系才真正开始进入被有意识地整合为一体的新阶段。作为大汗行政中枢的分支,大断事官行署成为辖区内诸多"也可达鲁花赤""都达鲁花赤",以及1236年起遍置于"州县守令

---

① 木华黎的"国王"称号,汉语、蒙古语和波斯语文献都有记载,可见是大汗给予他的正式封号。但他的"都行省"官号则仅见于汉文文献,或当出于中原汉人的意会。见前田直典上揭论文。
② 《元史》卷124《札八儿火者传》。
③ 《元朝秘史》第263节;参阅 F. W. 柯立甫:《蒙古秘史》英译本,伦敦,1982年,页204。英译者补入的"他每",意思当指牙剌瓦赤和他的儿子马思忽惕。但据本节上文,马思忽惕被委任管辖的,实为河中及畏兀儿地区诸城池。
④ 《成吉思汗的继承者》,页177。sāhib-i dīwān 在伊利汗时期亦时常用指由财政大臣地位入相的人,见《蒙古人在伊朗》,页282。因此,在牙剌瓦赤于窝阔台末年接替忽秃忽任中州大断事官后,这个称号对他仍然是适用的。
⑤ 当时汉人时常把这个官号用于主管汉地财赋的官员。见《元史》卷147《史天倪传》、卷153《王檝传》。而从1234年以后,"行尚书六部事"成为燕京行省大必阇赤的正式汉语官号,详下文。

上"的一般达鲁花赤们的最高行政上司①。到贵由、蒙哥时代,除汗庭大断事官外,以大断事官行署于燕京,并在别失八里和阿母河迤西地区亦各设"行尚书省"主理当地行政的政治统治格局遂臻于定型②。

与汗庭大断事官一样,燕京行省大断事官也被当时汉人称为丞相。据萧𣂏《石天麟神道碑》,窝阔台时,"诏名王帅师征西域,王以神佐为请,命公(按指石天麟)辅行,由是分隶为断事官,兼教诸王子。宪宗即位,熟公才德,复选为诸路断事官。时省部未立,犹相职也"③。刘敏任燕京断事官前后历三朝,以至在汉人中获得"大丞相"的尊号④。孟速思在蒙哥时与不只儿同署燕京大断事官,也被时人称为"丞相蒙速速"⑤。

按金制,决定军国大计的中枢机构及其官员,称为尚书省和尚书省宰执。现存文献中尚未发现称汗庭大断事官机构为尚书省的直接例证。但是分别统领三大行政区的官署在汉文史料中完全比照金行台尚书省之制而被称为"行尚书省"或者"行台"。史料追述前事时,亦有径指以"尚书省"的。《元史·宪宗纪》把它们分别定名为"燕京

---

① "太宗之八年丙申(1236年),州县守令上皆置监。"见《谭澄神道碑》,《牧庵集》卷24。
② 与中原汉地的情形不同,位于西域的那两个"行尚书省",似乎并不是由汗庭札鲁忽赤派生出去的分署机构。对这个问题的认识,还需要靠进一步的研究来推进。又,1253年,忽必烈"受京兆分地"。此后陕西可能脱离了中州断事官管领的范围。所以1257年蒙哥从忽必烈手中收回关中时,遂立陕西行尚书省于彼。参见前田直典上揭论文;陈得芝、王颋:《忽必烈与蒙哥的一场斗争》,《元史论丛》第1辑(1982年)。
③ 《勤斋集》卷3。引文中"名王"或指拔都。是则所谓"诸路断事官",当即拔都封户所在的平阳诸路断事官。
④ 姚燧:《王兴秀神道碑》,《牧庵集》卷21;元好问:《大丞相刘氏(刘敏)先茔神道碑》,《遗山集》卷28。
⑤ 《元史》卷124《孟速思传》、卷167《张惠传》。

等处行尚书省""别失八里等处行尚书省"和"阿母河等处行尚书省"。牙剌瓦赤主管汉民公事，文献亦以"行台于燕"志之①。这一类例证不胜枚举。

在行尚书省建立以后，具体负责辖区内财政赋调等事的大必阇赤即被赋予"行尚书六部事"的汉式官号。《元史·宪宗纪》所记辅佐阿母河行省首长阿鲁浑的法合鲁丁、匿只马丁，在穆斯林史料中称为大必阇赤；而燕京行省里处于相同地位的赛典赤在汉文史料中作"行六部事"。马月合乃曾"赞卜只儿断事官事"，掌中州民籍赋调及军中馈饷，故《中堂事记》称他"前行部尚书"②。赵璧在蒙哥初"总六部于燕"，也就是行六部尚书事于燕。上述诸人的身份，无疑都是大必阇赤③。

由于大必阇赤们在太宗初年曾被赋予中书省建制下的各色官号，所以他们也往往被当日人们称为"相""丞相"或"相臣"。但他们与担任大断事官职务的丞相在身份上高下判然。佛教史料提到的"厦里丞相"、王恽提到的"前相臣安天合"，真实身份恐怕都是燕京必阇赤④。前者或许就是至元初任职中书的阿里⑤。盖厦字属匣母，该声母在清代颚化之前与影母音值相近。故厦里与阿里似即同名异译。而后者则应是从回鹘译史晋身的大必阇赤。

---

① 姚燧：《姚枢神道碑》，《牧庵集》卷15。称窝阔台时代的燕京大断事官行署为"尚书省"的例子，见元好问：《刘汝翼墓碑》，《遗山集》卷22；王恽：《韩仁神道碣》，《秋涧集》卷60。
② 《世界征服者史》英译本，页509、513。《元史》卷125《赛典赤瞻思丁传》、卷134《月合乃传》。王恽：《秋涧集》卷81《中堂事记》中。
③ 张之瀚：《赵璧神道碑》，《西岩集》卷19。按，王逢《梧溪集》卷4《题马季静怀静轩序》谓月合乃"以白衣官断事"，误。
④ 《佛祖通载》卷21，"大元"；王恽：《中堂事记》中，《秋涧集》卷81。
⑤ 此人在《元史·宰相年表》中写作阿里别。别即 bei 或 beg，多源于突厥语的官号。

行尚书省这个名称的使用,在前四汗时期的中原汉地,时而会有些混乱。蒙古前期,根据"北人能以州县下者即以为守令"的原则①,汉地有很多乘乱而起、据地自雄的军阀,在投附蒙古后,被授予统治当地军民的权力。这些所谓"世侯"多仿效金末的行台尚书省制度,把自己的统治机构称为行尚书省、行台或者是行省。以金代的山东西路为核心的严实,即仿金代东平行省而自称山东西路行省、东平行尚书省或东平行台。石抹咸得不则仿效金中都行省,把自己的地盘称为燕京行尚书省。此外还有张荣的山东行尚书省(济南行省)、石天应的陕西河东路行台等。因为它们的地域大体上与金代作为地方行政区划的路的范围相当,因此前田直典在他关于元朝行省制度形成过程的出色研究中,称它们为"路的行省"。事实上,蒙元时期的行尚书省,最初仅指"路的行省"。不过有一点不同的是,世侯们虽然把自己的地盘和统治机构称为行省,但却从没有人敢使用"丞相"的官号。窝阔台中叶以后,随着中州断事官的建立和对中原汉地统治机构的全面调整,世侯们以路的长官的身份使用行省官号的情况逐渐减少,行尚书省才日趋固定地成为大断事官行署的正式名称。

从窝阔台到蒙哥时期,燕京行省的大断事官和断事官,可考见的约有 20 余人,兹列表如下:

时　　代	燕京断事官(在职年代)
窝阔台时期	失吉忽秃忽(1234—1241),即阿同葛,断事官按脱 耶律买奴(1235—1236) 术忽觯(1237)

---

① 语见姚燧:《高泽坟道碑》,《牧庵集》卷 25。

续 表

时　代	燕京断事官(在职年代)
窝阔台时期	月里麻斯(1237) 布鲁海牙(1234—?) 塔鲁虎 讹鲁不 岳璘帖穆而 牙剌瓦赤(1241) 刘敏(1241) 赛典赤
乃马真时期	奥都拉合蛮(1242—1245) 刘敏(1242—1245) 昔里钤部(1244—1245)
贵由时期	奥都拉合蛮(1246) 牙剌瓦赤(1247—1248) 昔里钤部(1247—1248) 刘敏(1246—1248)
蒙哥时期	牙剌瓦赤(1251) 不只儿(1251—1259) 昔里钤部(1251—?) 讹鲁不(1251—?) 觐答儿(1231—?) 也里干脱火恩 刘敏(1251—1254) 孟速思

四

蒙哥死后,争夺汗位的阿里不哥和忽必烈双方,都曾很快建立起大断事官样式的行政中枢。阿里不哥在召集大会正式登位以前,即以留守漠北的宗王身份"行皇帝事","令脱里赤为断事官、行尚书省,据燕都,按图籍,号令诸道"①。拉施都丁记述脱里赤当日频频往返于漠北与燕京之间的活动甚详。《元史》和《史集》还极其一致地提到,岭北集团的主要谋臣有不鲁花(即孛鲁合)、忽察、秃满、阿里察、脱忽思等。据拉施都丁,他们中间地位最高的是"大根脚"(ustukhwān-i buzurg)出身的秃满②,阿里不哥任命的汗庭大断事官必在这几个人中间。可惜其具体人选无从考知。至于忽必烈初年的中枢机构,则因草创当日及后来记录的疏略不详,以致其真相长期以来未克完全解明。

据《元史·世祖纪》,中统元年(1260年)三月忽必烈即位当天,就下诏"以赵璧、董文炳为燕京路宣慰使"。四月朔日,"立中书省,以王文统为平章政事,张文谦为左丞"。七月中,复立行中书省于燕京,"以燕京路宣慰使祃祃行中书省事,燕京路宣慰使赵璧平章政事,张启元参知政事"。王恽《中堂事记》载录的四名主要行省官员则是丞相祃祃,平章政事王文统、赵璧,参知政事张易③。

按蒙古制度,新汗即位后,前朝原委官员都要缴回所受符命,由新汗重加委任或别授他人。中统初,原燕京行尚书省的不只儿、月合乃等官员都已离任④。自蒙哥征蜀以往,漠南"府库已竭",而忽必烈又亟须依靠汉地人力物力与漠北一争高低。因此很容易理解,为什

---

① 《元史》卷157《郝经传》。
② 《成吉思汗的继承者》,页263;引文内"大根脚"一词,波斯文原文直译作"大骨头",见卡里弥刊本,页629。
③ 《秋涧集》卷80《中堂事记》上。
④ 中统初,孟速思恐不只儿有二心,会在忽必烈身边肇事,遂奏徙之中都;月合乃诸人则在新朝"争相为用"。可见他们都已卸去原职。见《元史》卷124《孟速思传》;《秋涧集》卷82《中堂事记》下。

么他要在即位当天就派宣慰使到燕京主持整个汉境政务,尤其是"经画供馈"之事①。当时似未任命燕京断事官,而宣慰使在金代官制中,是比行尚书省事更带有"临事而设、事罢则已"的临时差遣性质的朝廷大员。但据《中堂事记》间接透露,他们实际上是以蒙古必阇赤身份"宣慰燕南诸道"的。王恽写道,祃祃"初与赵相(按指赵璧)行六部于燕"②。我们已经知道,"行六部"乃是燕京行省大必阇赤的汉语官号。因此这个新建机构尽管由于大断事官的缺任而很不健全,实际上仍可看作是行尚书省旧体制的延续③。

从另一个角度看问题,赋予燕京断事官的必阇赤们以新的汉语官号,表明忽必烈在仓促之间权宜沿用漠北中枢制度的同时,亦已产生了某种更张旧制的意图。此后不到一个月,他又宣布建立一个以"中书省"为名称的新机构。但是对这个新机构的政治定位及其功能,在之后将近一年中,实际上一直有些暧昧不清。在中央一级行政层次上,按中原王朝体制的框架来重建行政中枢,似需等到中统元年七月间"燕京行中书省"的成立,才算获得真正的落实。这时祃祃和赵璧都结束了"行六部于燕"的职务,似乎也可以看作是由旧制向新的官制系统过渡的迹象。

据《中堂事记》,燕京行中书省设丞相、平章、参政主领省事,建左、右司为幕府,司置郎官八员参佐机务,并分别掌管左、右两房诸掾属及所司文牍事宜;此外又置架阁库官、奏事官、客省使,监印、掌记、

---

① 《元史》卷159《赵璧传》。
② 《元史》卷156《董文炳传》;《秋涧集》卷80《中堂事记》上。此处引文在通行的四部丛刊本中讹为:"初与越用行六部于燕。"兹据四库全书本改正。以下凡在正文中已说明出自《中堂事记》的引文,一般不再出注。
③ 前四汗时期以中央大必阇赤身份按行各地、承宣王命者,亦曾称"行中书省"。如杨惟中、粘合重山、胡天禄("胡秀才")等。祃祃、赵璧等不使用"行中书省"的官号而称"行六部",更可证他们最初确实是被纳入大断事官制的必阇赤。

检法、详定、书填勘合令使等各色省属掾吏;收储玉器及缎匹等物的万亿诸库、提举汉地交钞和榷货等事的专设机构,这时也直接隶属于行中书省。为适应扩充机构的需要,经汉地十道宣抚司举荐,数十名通晓钱谷簿书的儒士吏员被驿召至燕京听任。

如果说蒙古大断事官行署曾被汉人比照为金代的行台尚书省制,这主要是因为二者具有相类似的行政功能,那么此种类似的行政功能,实际上是通过了差别很大的不同制度形式去实现的。而燕京行中书省的建制表明,在制度形式及其所实现的行政功能两方面,它都与金行尚书省毫无二致。把行尚书省改为行中书省的原因,应当是前者在当时已成为蒙古也可札鲁忽赤行署的固定的汉语对译。沿用这个名称有失忽必烈"祖述变通""宜新弘远之规"的用心①。这时候的中书省,既与前四汗时期的行尚书省不过是蒙古"国制"的汉语译名不同,也与过去作为按行各地的大必阇赤的汉译官号完全是两回事。对于草原旧制来说,它纯属外来的制度成分。正因为如此,这个机构及其诸多官号在蒙古语中甚至连现成的对译词汇也找不到。它们嗣后多以汉语音译的形式进入当时的第一官方语言即蒙古语,例如 qing jung shu shing 或径作 shing("行中书省")、ching-sang("丞相")、bingjang jingshi("平章政事")、yiuching("右丞"), sooching("左丞")、samjing("参政")等②。

---

① 《元史》卷4《世祖纪》一,"即位诏"。
② 蒙古语中的这些汉语外借词(也包括 jungshu shing,即"中书省"),现在只能在难得保留至今的很少几通元代后期蒙古语碑刻中发现,而且也并不用指元初燕京行省。但这对于此处的论证似无影响。参阅 F. W. 柯立甫:《蒙汉合璧〈忻都公碑〉释读》。《元朝秘史》第132节载有 chingsang("丞相")一词,但此处所录为金朝官名,与蒙古官制无涉。元代丞相官号的蒙古语名称 chingsang 亦见于《蒙古源流》汉文本卷4,见 I. J. 施密德刊行并译注:《东蒙古人及其汗室史》(按: 此即蒙德文合璧本《蒙古源流》),彼得堡,1829年,页123等处;伯希和:《马可波罗注》卷1,巴黎,1959年,页365。

作为大汗中枢机构的分支，首先完成了体制转换的燕京行中书省，接着就成为整个国家行政中枢向中原王朝制度体系过渡的重要依托。中统二年二月，燕京行中书省大小官员奉诏"阖省北上"，赴开平觐见忽必烈。汉地十道宣抚使也都偕与随行。是年夏秋两季，忽必烈与他的高级行政官员们在开平的重要活动，相当详实地反映在王恽采摘当时的日志片段而编成的《中堂事记》里。概括起来，这些活动主要有三方面的内容：一是考核中原民赋虚实，议定钱谷大计；二是讨论制定若干施政条画以稳定社会政治秩序；其三就是在燕京行中书省规模的基础上进一步扩大机构，充实和调整人选，树立起以中书省和左、右两部为主要机构的全新的行政中枢。它拥有左、右丞相各两名，平章政事、右丞、左丞和参知政事的员数在建置之初时有增减。除了直属中书宰执（"都堂"）的幕府机构左右司以外，在都堂之下又增设了左部（后来分为吏、户、礼三部）和右部（后来分为兵、刑、工三部）两个并列的下级行政机构，由它们分别执行例行性政务。在完成对中书省的组织之后十天，又拟定将都堂宰执及省府掾属分为两部分，其一部分随驾"留中"，另一部分仍行署燕京。中统二年八月，燕京行省官员由开平南返。中、行两省在忽必烈于中统四年以燕京为大都之前似已合并，其具体过程今难确考。

由上所述，可知中统二年五月真正完成建制的中书省及左右部，既从制度形式方面截然有别于过去的大断事官制，又与窝阔台以来例用汉语笼统地称为"中书省"的汗庭大必阇赤具有显然不同的行政功能，因此标志着汗庭行政中枢在采纳中原王朝传统制度体系方面的又一关键步骤。

关于中统年间中书省的建置过程，因有前引《元史·世祖纪》的记载，一般很容易忽略了以下这个事实，即它只是在几乎全盘接纳燕京行中书省的人员编制之后,方才得以健全的。所以对这一点还需要再做若干申述。

五

中统二年五月以前,元朝的中书省并没有能够真正地"总内外百司之政"。很多事实可以有力地证明这一点。据王恽《中堂事记》,他在开平期间曾起草过一封给南宋政府的外交公文,其题署为"大蒙古国行中书省移宋三省"。这份送交宋朝行政中枢机关的牒文由行中书省署名,只能是因为当时的中书省尚无能力正式运转,所以只能由行中书省代行总理国政的权力。这时候的中书省,很可能连六部官员也没有任命。《元史·世祖纪》谓中统二年夏季出使大理的刘芳和出使高丽的高逸民都是"礼部郎中"。但据《中堂事记》,两人的职衔都系"借职"。因此这一类例子亦不能确凿证明六部机构的存在。《中堂事记》里的有关记载并非孤证。中统元年四月中,郝经在出使南宋前向忽必烈上《便宜新政》。针对"今之执政各各奏事,莫相统一,皆令陛下亲决",他建议忽必烈尽快"置省部以一纪纲"[①]。这份奏章,是在《元史·世祖纪》明言"立中书省"的四月朔日之后半个多月才写成的。如《元史》所记确凿,郝经为什么还会有"置省部"的建言?

当然,元代文献中多处出现有关中统初年的中书省的记载。但它们与本文的以上推断并不是绝对相悖、不可并存的。关于这一点,请再从两个方面略予阐释。

---

① 郝经:《便宜新政》,《陵川集》卷32。

首先，见于文献载录的中统初年的中书省，其所指实际上多是当时的燕京行中书省。赵璧的例子最为明显。他于中统元年四月出任燕京路宣慰使，七月就用为行省平章政事，翌年五月始任中书省平章。但他的神道碑及《元史》本传都说他中统元年即拜中书省平章政事。在《中堂事记》里被登录为燕京行省掾属而被《元史》本传记为中书省掾的，则有魏初、刘宣、王利用、张炤、袁裕、杨湜等人①。中统元年的燕京行省左右司郎中贾居贞，行省掾属周正和冯渭、冯崧父子，在元人文集中亦都被记录为中书省郎官或曹吏②。最有意思的还是《中堂事记》的作者王恽。一方面，他本人于中统元年入掾燕京行中书省的经历，被撰史者记为"擢为中书省详定官"；另一方面，在关于他自己的同事刘郁的碑传里，王恽又把传主当时所担任的行省左右司都事写作"中省"左右司都事③。

在把指燕京行省为中书省的诸多史料加以辨证以后，还需要深入讨论有关中统元年中书省的为数不多的其余几条记载。

《元史·太宗纪》记窝阔台三年八月史事云："始立中书省，改侍从官名。以耶律楚材为中书令，粘合重山为左丞相，镇海为右丞相。"众所周知，耶律楚材等人在当时的真正身份是大必阇赤，中书令、中书左右丞相云云，只是针对这个蒙古职官的略带随意的汉语对译名

---

① 《元史》卷164《魏初传》、卷168《刘宣传》、卷170《王利用传》《张炤传》《袁裕传》《杨湜传》。按，"张炤"在《中堂事记》中讹为"张焕"。
② 姚燧：《牧庵集》卷19《贾居贞神道碑》、卷20《冯崧神道碑》《冯渭神道碑》。程钜夫：《跋姚雪斋赠周定甫诗后》，《雪楼集》卷25。"周正"在《中堂事记》中讹为"周止"，其字"定甫"，《中堂事记》作"定夫"。
③ 《元史》卷167《王恽传》；王恽：《浑源刘氏世德碑》，《秋涧集》卷58。又据《元史》卷167《张础传》，以及卷168《陈思济传》，传主曾分别在初建省部时"权左右司事"或"俾掌敷奏"。惟此二人未见于《中堂事记》所列燕京行台职事官吏名录。其中详情尚待进一步考察。

词。大必阇赤虽然是大汗行政中枢即断事官机构中的重要成员和大断事官施政时的主要助手,但他们同时又与大断事官自身一样,仍兼有大汗"侍从"的身份。所以不能把这时候的"中书省"理解为就是断事官的一个下属机构。毋宁说,中书省乃是给予大汗身边地位低于大断事官的诸必阇赤群体的一个汉语泛称,而不是对一个固定机构的专名。他们中间为首的大必阇赤,拥有中书丞相一类官号;其他必阇赤,则可更一般地统称为"中书省官"。这个名词虽然仅见于后来颁发的政府公文书(详下),但它显然早已流行于中原汉地。此外,本文前已述及,以大汗派遣的大必阇赤身份按行各地,承宣帝命,有时亦名之以"行中书省事"①。关于在前四汗时期大断事官制的框架范围内"立中书省"的确切含义,大概就是如此。

如果这样的理解可以成立,那么我们甚至还能从现存史料里,发现更多的中统之初一度存在的大断事官旧制的遗迹。

虽说中统元年的燕京行尚书省因为大断事官的缺任显得很不健全,但在汗庭所在的开平,忽必烈确实任命过大断事官。对这件事,元代个别文献里尚留有若干蛛丝马迹,可供今日辨析。据姚燧《姚枢神道碑》,传主于中统元年秋季忽必烈领兵北征后,奉察必皇后懿旨入觐。"时木土各儿为丞相,惟专从卫宫闱诸事。"同一碑文的另一处还提到,木土各儿是"太师琪阳王之兄",亦即成吉思汗时著名的四杰之一、许兀慎部博尔忽的曾孙,也就是太傅月赤察儿的胞兄②。由于"丞相"的官号在此之前一直被用来称呼蒙古大断事官,这个被称为

---

① 《元史》卷146《杨惟中传》《粘合重山传》。
② 见《元文类》卷60所载碑文。按,同碑亦载于《牧庵集》卷15,其中木土各儿的名字被四库馆臣改为"图们格尔",则其所据原本或将此名写作"土木各儿"。而据拉施都丁书,博尔忽有子名术土忽儿。对这个人名尚须进行更深入的正字法研究。

"丞相"的木土各儿,其真正身份极可能就是当时的大断事官。另一名大断事官或许是土别燕部的缐真。黄溍写道,马月合乃兄弟于中统元年曾由"丞相缐真、内侍蒙速速引见世祖皇帝于白马甸"①。翌年秋,缐真领右军扈从忽必烈出征漠北,碑传中亦称他为"丞相"②。缐真在中统四年六月曾取代不花为中书右丞相,至翌年去职③。他被冠以"丞相"称号或源于此,但他在中统初年以大断事官身份而被称为"丞相",也不是没有可能性的。

至于蒙古旧制意义上的"中书省"之存在,则有中统元年五月关于站赤的一份公文书为证。其中提到一个"中书省官忽都不花"。前田直典认为,这个忽都不花与《中堂事记》载录的"内省官忽鲁不花"是同一个人④。不论他把忽都不花与忽鲁不花认作同名异译的推想是否正确,这时候的"中书省官"有"内省官"之含义当无问题。内省官亦作"内庭官"。《中堂事记》记中统二年五月七日事曰:"是夜内庭官忽鲁不花饮诸相于中省。既夕,继之以火,二鼓方散。""内庭官""内省官""中省"等用语,都确切地点出了中书省官供职内朝,"掌宣发号令、朝觐贡献及内外闻奏诸事"的必阇赤的真正身份。耶律铸在中统二年就任中书左丞相之前,业已被《中堂事记》著录为"耶律中书"。如果按照他后来的官职称之则当做"耶律丞相"。"耶律中书"的称号表明,他在中统元年的身份与忽都不花等人一样,也是"中书省官"。

这样看来,中统之初虽还保留着旧式的大断事官制,但与过去相

---

① 黄溍:《马氏世谱》,《黄金华集》卷43。
② 《元史》卷155《史天泽传》;王磐:《史天泽神道碑》,《畿辅通志》卷171。
③ 《元史》卷130《完泽传》。
④ 《经世大典·站赤》,中统二年五月二十一日,见《永乐大典》卷19414。参见前田上揭论文。

比,其基本性质毕竟发生了某些重要变化。大断事官的事权似乎受到了限制,大概只能听断蒙古公事。这从木土各儿虽为丞相,"惟专从卫宫阃诸事"可以略见端倪。另一方面,原来由身兼大汗"侍从"和大断事官助手的必阇赤集体组成的中书省,则在保留着旧制残余成分的同时也有所变更。王文统、张文谦在被纳入这个正处于新老交替的形式之间的中书省时,其所受中书平章政事、中书左丞等官号,乃是过去不曾被使用过的。从理论上讲,他们的职责,已是全权处理中原汉地事务,并直接对大汗负责。因此他们虽然拥有旧制度形式下中书省长官的职名,实际上却趋向于从过去的大断事官-中书省这样一个旧式制度系统中游离出来。不过这个蜕变伊始的中书省,显然还承担不起指导与实施全国政务的功能。在郝经看来,这时候的汗庭虽有"执政",但无"省部",所指不正是此种过渡阶段的情形吗?燕京行中书省建立次月,廉希宪拜中书省右丞,行省事于秦蜀①。他所担任的中书右丞,性质上亦应类似于王文统和张文谦的职务。

以上研究表明,忽必烈即位初年的中枢行政体制,虽然由于当时汉人的文饰,被蒙上了一层"内立都省,以总宏纲;外设总司,以平庶政"的中原制度色彩②,但其基本的制度形式仍处于由旧式的蒙古大断事官制向新的汉式制度体系的过渡之中。这里所谓"都省"(中书省)也好、"总司"(燕京宣慰使)也好,都还不能完全按照其定制之后的性质去理解。中枢行政机构采纳中原制度的根本变化,最先通过燕京行中书省的建立而获得实现。而真正具有中原制度形式的总领一国政务的中书省及六部,则是在燕京行省已有规模的基础上扩建

---

① 《元史》卷4《世祖纪》一。
② 同上。

而成的。这就是元初中枢体制演变的基本线索。

六

元朝是我国历史上由北方少数民族统治者君临中原汉地乃至全国疆域的不多几个王朝之一。不同制度文化之间的相互影响和融合问题，在北族王朝时代往往显得尤其突出和重要。从这个视角去观察问题，在元初中枢行政的体制演变过程中，有两个特点值得提出来再说一说。

一个特点是，随着汗庭南移，蒙古人统治的主要对象演变为有着广袤的农耕城郭区域和稠密人口的汉语人群，草原旧制必然要面对为提高统治效率而逐渐地方化的问题。若以不同的行政层次之间进行比较，这种地方化过程首先是从较低的行政层次发展起来，并不断向较高行政层次扩展的。如果就同一行政层次而言，那么正如本课题研究已揭示的，地方化过程很可能首先是从更具体地指导或承办地方政务的那些部门及机构开始的。在忽必烈的行政中枢体系里，燕京断事官行署改用中原制度先于汗庭大断事官机构，显然与前者更直接地负有总领中州政事的责任有关。在燕京断事官行署的组织系统中，较先呈现地方化趋势的则是具体从事考校簿书、检覆刑名的职能部门。自贵由汗在位前后起，燕京行台幕府参佐的职名，已有"行六部侍郎""左右司员外郎""郎中""都事"等[1]。中统之初汗庭大断事官机构中新设置的中书平章政事等官职，同样反映了这一点。与这些职名相应的中原官制成分，最先当是以比较零散无序的形式

---

[1] 元好问：《刘汝翼墓碑》，《遗山集》卷22；王恽：《韩仁神道碣》，《秋涧集》卷60。

逐渐被吸纳到蒙古旧制的结构形式中去的。这一过程的最终结果，就是以燕京行中书省的建立为标志的整个中枢行政的体制转换。

元初中枢行政体制演变过程所呈现的另一个特点是，在新确立的制度体系中，中原官制成分并没有完全排斥或者简单取代相应的蒙古旧制成分。行政中枢的新结构形式虽然总的说来已基本内地化，但它仍旧保留着原有的蒙古官制的主要成分，不过分别对其功能进行了一定程度的调整。大断事官制下的蒙古职官主要有两类。一类是断事官，另一类是必阇赤。燕京行省的大必阇赤转化为行中书省长官后，未再另设断事官职位；行省长官原先具有的大必阇赤身份也很快淡化了。但是在中书省的建制中，则始终设有断事官一职，员额多达三十余名。"其人则皆御位下及中宫、东宫、诸王各投下怯薛丹等人为之。"①他们的职责，当是代表黄金家族各支的意见和利益，参决有关蒙古公事。而断事官听断词讼刑名的功能，又另设大宗正府来承当，其断事官员数由十名渐增至四十余名。大宗正府除处断蒙古、色目词讼外，有时亦兼理汉人刑名。他们似乎仍然在循用蒙古旧制执法。所以当时汉人批评说："宗正处断大辟，但凭言语口宣，无吏牍可复视。人命至重，亏托枉滥。"②后世误将断事官看作专司刑名的职官，以至宋濂在追溯明初中书省设断事官一职缘起时写道："中书总天下之务，而必设断事之官，所以修明其法禁，以防人为非，实寓刑期于无刑之意也。"③这种说法，显然没有充分考虑元代中书省与大断事官机构之间的制度渊源。在中书省内，左、右两司共设蒙古必阇赤二十二员。只是他们的地位，与大断事官制时期的必阇赤

---

① 《元史》卷85《百官志》一。
② 吴澄：《董士选神道碑》，《吴文正公集》卷32。
③ 宋濂：《诰命起结文·中书断事官》，《宋文宪公集》卷1。

相比,同样也大为下降了。

北族制度成分与中原制度成分的并存,在元代宿卫、赋役、刑法、朝仪、祭祀等诸多方面的制度体系中间也表现得至为突出。若论二者结合的具体形式,它与辽、金两代相比,也具有相当独到的特点。因此,如何从这一角度更深入地探索北族王朝制度文化史发展演变的基本轨迹,确实还存在许多十分有价值的研究工作,在等待我们去开展。

(原载《历史研究》1993年第1期。收入本书时,对其中有些部分进行了较多的修改调整)

蒙古帝国分封制的原型与元王朝的国家构建[①]

在今天的报告里,我想主要讨论两个问题:一、在蒙古草原帝国的"原型",或如杉山正明所称,在蒙古帝国分封制的"原像"(gentsō)中,大汗支配"大兀鲁思"的权力究竟具有何种性质;具体地说,即除已分封给其诸弟及诸子的游牧部众之外,处于成吉思汗直接支配下的大部分游牧千户,是否作为成吉思汗私有的份子都由幼子拖雷所继承?二、蒙元王朝的国家构建对中国历史产生了什么样的重大意义?

一

关于成吉思汗时期的草地分封体制,有一个非常关键的问题尚未完全搞清楚:在把129个千户里的28个分封给左、右手诸王之后,剩下的101个千户是否全都属于成吉思汗本人所有,并因而可以被

[①] 本文据作者于2012年12月4日在首尔大学"东洋史集谈会"上的发言稿修改写成。在集谈会结束后的交流中,蒙金浩东教授见告:两年前,他在欧洲一次学术讨论会上发表过一篇论文,其主题、论证路线和结论都与本文第一部分颇相接近;这篇英文论文将会正式发表在不久后出版的会议论文集里。附志于此,殊因孤陋寡闻而深自愧疚,非敢于金先生谬托知己也。

全部遗留给他的幼子拖雷来继承？

最早明确地提出这一说法的，是波斯人拉施都丁。尽管他的著作《史集》具有偏袒拖雷系的明显倾向，但这一说法还是获得了大部分现代历史学家的认可。实际上，这个问题还难以就此定论，其理由如下。

首先，《蒙古秘史》明言拖雷与他的三位哥哥们一样接受过千户分封，并具体指称者台和巴剌两人为前者所属千户那颜。这恰与《史集》谓两人为拖雷"近臣"暗合。《秘史》与《史集》对术赤、窝阔台和察合台受封千户的记载亦颇相接近，这使我们有理由相信：上述暗合必非纯属偶然；《史集》"近臣"之说，颇可以看作是《秘史》该项记载的一种佐证。另外，蒙哥时先后担任大书记官和大断事官的孛鲁合，应该从其父亲失剌忽勒时起，就是世代隶属拖雷系的千户那颜。此点已经李治安在《元代分封制度研究》增订版内揭出（页27至28）。

其次，《史集》不止一次提到吉利吉斯是拖雷寡妻唆罗禾帖尼的封地，它当然就是原属拖雷所有的本支遗产。杉山正明在《蒙古帝国与大元兀鲁思》一书里已指出，窝阔台份地所在的叶密立、忽博，以及察合台份地所在的阿力麻里，都是较晚才被蒙古控制的地区，因而都不可能是两人的初封地（页50至52）。吉利吉斯的情况亦应如此。不过另一方面，它虽不可能是拖雷的始封地，但也应当像叶密立-忽博和阿力麻里一样，属于沿各自初封地的某个方向自然地向外展延出去的部分。这样看来，察合台、窝阔台、拖雷和术赤最初的禹儿惕，很可能是在分割乃蛮故地的基础上，由东南向西北沿阿尔泰山一字排开的。对目下的讨论来说，最重要的问题不在于拖雷的始封地是否邻近称海。问题在于，只要拖雷像他的兄长们一样接受了分封，那

蒙古帝国分封制的原型与元王朝的国家构建　　219

他还有什么理由能在成吉思汗死后继承大汗名下的人户？

　　复次，《元朝秘史》明确地说，在窝阔台登上可汗大位后，察合台与汗位空缺期间负责监国的拖雷一起，"将成吉思原宿卫护卫的一万人，并在内百姓（qol-un ulus）行，斡歌歹合罕行只依着体例分付了"（第269节）。由此可见，原归成吉思汗直接控制的大部分游牧民，并不是可以由拖雷继承的私产。

　　再次，拖雷未接受分封，而以"幼子守灶"身份继承留在父亲手里的"未分家子"的说法，实际上是把游牧人分配家产的方式直接等同于游牧政权最高首领家族对游牧人群政治统治权的分配方式。二者之间虽有联系，但也有区别。其区别恰恰在于游牧国家首脑的职位并不以"幼子守产"为继承原则，更为普遍的情况反而是长子继承或兄终弟及、叔侄相继。

　　最后，蒙古完成对黄河以北的北部中国的军事征服之后，在第二任大汗窝阔台主持下，于1236年实施了两项旨在巩固蒙古对华北统治的重大行动。其一即所谓"丙申（1236）分封"，即在成吉思汗各支后裔间分配他们对华北人口的领属权。其二则为丙申年"沿金之制画界"，或称"画境之制"。这主要是为了调整和加强对全部华北人口进行掌控和治理的行政划分体系。对这两大行动所给予蒙元统治体系的影响，无论怎样估计都不会过分。关于"画境之制"，近有温海清《画境中州：金元之际华北行政建置考》一书可资参阅。而"丙申分封"对我们更清楚地了解蒙古帝国分封体制的"原像"，乃至它在农耕地区施行过程中所发生的重大变化，具有十分关键的意义。所以还需要对它作进一步分析。

　　这次分封具有以下几个特点。

　　一是分封对象覆盖了成吉思汗时代曾经受封的各支宗王、驸马或其后裔。

二是不仅如此，分封对象并且扩大到成吉思汗时代未有受封资格的主要功臣勋贵。这是在将适用于针对草原人口的分配权益原则移用到被征服的农耕地区时，根据战功扩大受益者范围的结果。

三是当时的大汗窝阔台家族获得的封户数目最大。窝阔台利用最高统治权力，在尚未完全违反草原体制原则的空间内，为自己家族争得了尽可能多的好处。

四是丙申封授的民户数目，往往带着零碎的尾数。兹举十例为证：

分封对象	户数	分封政区
也苦（术赤合撒儿系）	24 493 户	益都、济南二府内
斡赤斤	62 156 户	平、滦州
别勒古台系	11 603 户	广宁府
拔都（术赤系）	41 302 户	平阳府
察合台	47 330 户	太原府
贵由	68 593 户	大名府
阔里坚	45 930 户	河间府
阔端	47 741 户	东平府
昌国公主（亦乞列思部）	12 652 户	东平府
木华黎家族	39 019 户	东平府

为什么会有尾数？这表明当时是沿用金代的行政区划，将原属于某一政区的民户整个地封授给某个诸王或功臣，所以才会出现封

户数目畸零的现象。试看金山东西路(元初多习称为"东平府路")下辖各相应府州的金代人口数与丙申被封授户口数之间的比较:

东平府路所置府州	金代户数	丙申封主及户数
东平府	113 046 户	带孙(札剌亦儿部):10 000 户(东阿)
济州	40 484 户	鲁国公主(翁吉剌部):30 000 户
徐州	44 689 户	
邳州	27 232 户	
滕州	49 009 户	
博州	88 046 户	赵国公主(汪古部):20 000 户
兖州	50 099 户	
泰安州	31 435 户	畏答儿(忙兀部):20 000 户
德州	15 053 户	术赤台(兀鲁部):20 000 户
曹州	12 677 户	和斜温:10 000 户
?		阔端:47 741 户
?		昌国公主(亦乞列思部):12 652 户
?		木华黎:39 019 户
小计	471 770 户	209 412 户

由于金元之间的战乱破坏,该地在金朝和平年代的户口与丙申年户口相比损耗大半是完全可以理解的。据《大元马政记》,该地区在1238年的登记户口为228 735户,即比两年前实行丙申分封时的人口仅多出两万。是知当时该地区总人口确实不过二十余万而已。由此可以推定,原山东西路全境是整个地被分封完毕了。

实际上,整个被瓜分完毕的地段,并不止上举一处。下表所列七路的分封人户共计达六十七万之多:

地 区	被分封的封主	户 数
河间府路	阔列坚等	50 000 户
真定府路	拖雷	80 000 户
	巴歹	14 087 户
	孛罗台	17 333 户
	斡歌列	15 807 户
	忒木台	9 457 户
益都府路	合赤温系	55 200 户
	合撒儿系	24 493 户
	答里台系	10 000 户
东平府路	参看前一表	209 412 户
大名府路	贵由等	100 305 户
太原府路	察合台	47 330 户
平阳府路	术赤	41 302 户
小 计		674 726 户

这个数字,约占当年为数一百余万的华北总人户三分之二,所以这七个路基本上都被分光了。这就是说,分布着华北人户三分之二的政区,当时是全拿来当作诸王勋戚的份地而被瓜分了。

五是窝阔台作为大汗,也在这次分封中获得了属于自己的一个份额。有关这一重要发现的论文,可参见松田孝一、村冈伦、李玠奭、邱轶皓等人论文①。非常重要的是,根据上述诸作,我们现在可以基本肯定,窝阔台本人在丙申分封时所获得的分地,位于山西太原(察合台分地)、平阳(拔都分地)之北的西京(大同)地区。

最后一点,这样一种将成块地区整个地交给各支诸王勋戚独自管领的分封方式,在丙申分封的实施过程中发生了一个重大变化。《耶律楚材神道碑》:"丙申……其秋七月,忽睹虎以户口来上。议割裂诸州郡,分赐诸王贵族,以为汤沐邑。公曰:'尾大不掉,易以生隙。不如多予金帛,足以为恩。'上曰:'业已许之。'复曰:'若树置官吏,必自朝命。恒赋之外,不令擅自征敛,差可久也。'从之"。《元史·太宗本纪》记载朝廷因此更改成命说:"耶律楚材言非便,遂命各位止设达鲁花赤,朝廷置官收其租颁之,非奉诏不得征兵赋。"这两段记载,治元史者几乎人人都知道。但是我认为,如非对丙申分封原方案里"割裂州郡"的实情有上面所说那样的了解,就难以懂得耶律楚材建议终止执行原方案,而改行令受封者衣食租税之制,其历史意义有多么重大。

就本文主题而言,丙申分封所揭示的最重要信息是,大汗像其他诸王一样,在分封时也分得属于自己的一份子。从中牵引出来的问题是:如果除去分封给各支皇亲国戚的那部分之外,其余人户与土

---

① 松田孝一:《关于小薛大王分地的来源》,《元史论丛》第8辑,南昌:江西教育出版社,2001年,页133—136;村冈伦:《蒙古时代的右翼兀鲁思与山西地方》,松田孝一编:《据碑刻等史料的综合分析展开的对蒙古帝国-元朝政治及经济体系的基础研究》,大阪:大阪国际大学经营情报学部松田研究室,2002,页151—170;李玠奭:《〈元史·郝和尚拔都传〉订误及几点质疑》,《南京大学学报(人文版)》2002年第4期;邱轶皓:《元宪宗朝前后四兀鲁思之分封及其动向——大蒙古国政治背景下的山西地区》,《历史语言研究所集刊》第82本第1分,2011年。

地都属于大汗私人所有,那么他为什么还要像别人那样从中分一份给自己?换句话说,大汗在分封时也划出属于自己的一份,正好证明除分封部分之外的人户绝对不属于他私有。因此这只能是由大汗负责看管的黄金家族公产。

所以,丙申分封透露给我们的有关蒙古帝国原型的最珍贵信息就是,帝国内的属民被划分为分别属于各支诸王贵戚的民户,以及被分配在大汗直接管领之下的民户这样两部分。汉文史料分别称它们为"诸王位下户计"和"大数目里的[人户]",后者又叫"大数目里人每"。十分有趣的是,波斯文史料里似乎存在着一对与"诸王位下户计"和"大数目里人每"相对应的概念。这就是 īnjū/īnjū-yi khāṣṣ 与 dalāī。

现在分别就这几个专门名词作一点解释。最先揭出"大数目"这个重要概念的是爱宕松南。他引用魏初《青崖集》卷 4 载至元八年(1271 年)的一篇奏议,内有"窃见目今除诸王位下户计外,系大官数目内送纳差发、米粮、种田等户,如耶律丞相、南合中书、杨中书、贾达、阿娄罕等投项甚多……"云云。爱宕认为这里的"系大官数目"与多次出现在元代政府公文里的"大数目里人每"是同义词。这个看法有误。因为这里的"系大官数目"指的是被分封给耶律楚材、粘合南合、杨惟中、贾答剌罕、阿剌罕等家族的人户。他们虽然不算诸王位下户计,但属于性质相近的"投项户计"或"投下户计",与作为"皇帝民户"的"大数目里人每"是完全不一样的类别。

尽管如此,爱宕敏锐地将诸王投下户计和大数目里人每区别为两种性质有所不同的户计范畴,则是非常有眼光的。波斯文献里的 īnjū 或 īnjū-yi khāṣṣ,是突厥语名词 inchü 和 inchü qubi 的对译词;而后两者来源于蒙古语词汇 qubi(份子)与 emchü qubi(梯己份子)。

比较困难的是,我们应当如何去认识 dālāī 这个词。在波斯文献里,它是与 īnjū 或 īnjū-yi khāṣṣ 相对的另一种土地分类范畴。也就是说,它是与 īnjū 不一样的另一类土地。dālāī 毫无疑问是来源于蒙古语的外借词。大多数学者相信,它与蒙古语 dalai-yin qaghan(海内的皇帝)是同义词。但是没有丝毫证据可以使我们相信,蒙古语的 dalai-yin qaghan 曾在蒙元时期或其他任何别的时代被作为一种户口/土地范畴来使用过。所以,如果 dālāī 确是元代用来指称户口或土地范畴的某个专用名词的波斯文对译语词,那它一定不会是 dalai-yin qaghan,而是另一个词汇。那么,这个在汉语文献里叫作"大数目里人每",而波斯文里叫作 dālāī 的语词,在当时的蒙古文到底叫什么呢?

在现存元明时期蒙古语文献里,没有留下这样一个蒙古语词汇。但是我们从出现在波斯语文献里的"大兀鲁思"(ulūs-i buzurg)以及突厥语的 uluq ulus,可以推知它们都来源于一个蒙古语词汇,即 yeke ulus。波斯语 ulūs-i buzurg 最原初的涵义,应该是指除分封给诸王们的分民-分地之外,直属于大汗支配之下的游牧人口及其地域。志茂硕敏在《蒙古帝国史研究序说》里讨论蒙古时代波斯文献中 amīr-i buzurg 的意思时指出,修饰"异密"的 -i buzurg 一语,不是一般意义上"伟大"或"大"的意思,它还具有"大汗私有的""直属大汗的"这样的意思(页 465)。《蒙古秘史》也在同一意义上轮换使用"老"(ötögüs)、"大"(yeke)二词,来形容成吉思汗的宿卫首脑。因此,用汉语翻译为"大数目里人每"的那个蒙古语原词,无疑就是 yeke ulus,即直属大汗的户计,也就是"皇帝民户"。

但若要这样理解 yeke ulus,还必须回答一个问题:它与出现在《秘史》里的 qol-un ulus 究竟是什么关系?《秘史》将 qol-un ulus 旁译为"在内[的]百姓";现代学者一般逐词硬译为"中央兀鲁思"。科瓦列夫斯基《蒙俄法词典》用完全相同的"中心、中央;中间、中部"来注解 qol/ghool 和 tüb 这两个蒙古语词汇(页 1071、1905)。但《秘史》对两字的使用是具有明确的意义区别的。它用 tüb-ün tümen 来指称纳牙阿出任的与"右手万户"和"左手万户"相对应的"中的万户"(意即中翼万户,第 220 节)。而对万人怯薛队,《秘史》采用的是 yeke qol(大中军)的称呼(第 226 节);又如汉文史料谓"帝与皇子拖雷为中军"那样,《秘史》把被编入成吉思汗亲自率领下的"中翼"的拖雷叫作"在内大王每"(qol köüd)之为首者(第 269 节)。在这里,所谓"中"与"在内"两种概念之间的区别在于,"中"似乎只有方位居中的词义,而"在内"还有更深一层的直属于大汗、直接听命于大汗调度之部众与地域的意思。

若细察《秘史》,可以发现 qol 一词有三种相关涵义:

其一指相对于头哨、前锋的大部队,《秘史》旁译作"大营"(第 142 节);村上正二《蒙古秘史日文译注》译为"本营所在"(卷 1,页 314);小泽重男《元朝秘史》日译本作"本队"(上册,页 153),罗依果英文译注本则写作"主力"(the main body of the army, the main army,页 705、988)。

其二是以 yeke qol 的专用名词形式特指护卫成吉思汗的万人常备军,即怯薛,《秘史》旁译为"大中军"(第 226 节),又称它"万梯己护卫"(tümen emchü kesikten)、"贴身梯己"(beye cha' ada emchü,第 231 节)。村上据田清波《鄂尔多斯蒙语辞典》,把 beye cha' ada 释为"与密切关系到某人生活环境之事相关联的各种人或物"(卷 3,页 54 至 55)。另据《史集》,直属成吉思汗的 101 个千户之首,即汉文史料所谓"御帐前首千户"(《元史·察罕传》),相对于被划分为右、左两

蒙古帝国分封制的原型与元王朝的国家构建　　　　　　　　　　　　227

翼的那 100 个千户,称为 qol,又叫作 hazāreh-i khāṣṣ(梯己千户,汉译本第 1 卷第 2 分册,页 363)。这一用法里的 qol,都有"直属于大汗""贴身于大汗"的意思。拱卫耶律阿保机的警卫部队,以"腹心部"为名(《辽史·曷鲁传》)。是 qol 之意本可与"腹心"通也。

　　qol 的第三层意思,即专指在三分化的蒙古草原帝国内,除去"右手大王每"(baraqun ghar-un köüd)、"左手大王每"(jeün ghar-un köüd,第 269 节)的势力范围之外,由大汗直接指挥和统领的人户和地域。此种意义上的 qol,实际上亦兼有"本部""主力",以及"直属大汗""腹心"这两个义项的意思在内。三大地域,都各自包含着不止一个兀鲁思(ulus)。具体到 qol 来说,其中包含着拖雷系的各兀鲁思,也可能还有陆续受分封的其他支系诸王的分民与份地,以及处于成吉思汗及其继任大汗直接掌管下、作为黄金家族共有产业的"皇帝民户"。正如前文所述,这一部分人户和牧地,在蒙古语中或即以 yeke ulus 称之。

　　这样看来,无论把拖雷和察合台共同移交给新任大汗窝阔台的 qol-un ulus 译为"中央兀鲁思",或者如《秘史》旁译那样把它理解为"在内[的]百姓",移交给窝阔台的,都不可能是作为大汗私有之"忽必"(qobi)的分民与份地,而是对 qol-un ulus 范围内全体民众实施指挥调度的政治权力。

　　以上讨论的这一系列互有关联的概念,在远离蒙古本部的蒙古时期穆斯林文献里,经常会发生某种变形,所以必须仔细予以辨别。如邱轶皓在前揭论文里引述过的瓦萨夫一段话说:"剩余部分签注为大中军,亦即大皇帝[所有]。"(wa bāqi ba-ulugh qūl ya'ni dalāi-i buzurg musauwam būd, and the remaining was marked by ulugh qūl, namely the great ocean) 瓦萨夫笔下的 ulugh qūl,即《秘史》所称 yeke qol,也就是万人怯薛军;他所谓 dalāī-i buzurg,是即"大数目里人每"。万人护卫和"大兀鲁思"确实都直属于大汗。但是二者并不是一回事。瓦萨夫对此恐已不甚了然。

拉施都丁将成吉思汗掌领的黄金家族公产与拖雷的分民、份地混为一谈,亦可作如是看。自从大汗的汗位转入拖雷系以后,qol 范围内的大汗直属人户与拖雷分民之间的区别就逐渐淡化了。尤其是相比于大汗的兀鲁思与西道四汗国之间权利关系的判然区别,蒙元皇室内部的权利与权力分割也不再被西部蒙古帝国内的人们所关注、所意识。

还需要顺便说一说的是,前田直典曾提出,汉地直属中书省管领的行政辖区,即山东、山西和河北称为"腹里",可能是与"中央兀鲁思"或 qol-un ulus 相对应的一个概念。最近,杉山正明已明确地把"腹里"看成就是 qol 的汉语对译,惟未见其细述之。我同意这个见解,对此再略作补充。

腹里概念的形成相当晚。忽必烈中叶,行省开始演变为路以上的常设性的最高地方行政区划。只有在这个时候,因为大都邻近地区未设行省,所以才会产生由中书省直接管领分布在山东、山西、河北等地域内的诸多路级政区,包括燕京等路的现象。也就是说,这是从元朝采纳的中央集权的专制君主官僚制对各地进行治理的过程中产生出来的现象。那么,如何来称呼这样一块未设行省进行管辖治理的地区呢?从蒙古人的角度来看,这既然是一个直属大汗中央政府管理的地方,因此可以在这一意义上用 qol 去命名它,就像草原上直属大汗的 qol 一样。汉语"腹里",看来就是用来音译蒙古语词 qol 的。

腹里之名在宋代文献里可泛指与沿边相对举的大小地域。元人谓中书省直辖政区之外的诸行省为"外头行省""外头底行省",而将中央各机构称为"里头省部台院等诸衙门"。至今未发现以"里头"指称中书直辖政区的用例。腹里作为元代出现的专指名词,不像是发生在纯粹汉语环境中的语词承袭现象,而更像是蒙汉用语交流的产物。

将 qol 音译为腹里者,可能是个兼通蒙汉双语的蒙古人或汉人。在汉语的元代官话里,唇齿辅音 f-早已从重唇辅音(pf-)中分化出来。所以那时腹字的读法已近于今音。可是蒙古语里没有辅音 f-。按元代编写的《蒙古字韵》,腹字的读音为 huu。蔡美彪写道:"八思巴字不分 f-和 xu-……。我以为这种特点不是属于八思巴碑文所根据的'古官话'方言方面的,而是由于译音人员自己的方言所致。"①因此一个以蒙语为母语的人读腹里这个汉语名词,则其音与蒙古语词 qol 颇为接近。另外,若音译者的母语虽为汉语,但属于将"非"声母(f-)读作 h-的某种方言,则汉语腹里的读音也极似蒙古语 qol。是知所谓"腹里",是用蒙古人自己的概念来称呼一个纯粹产生于汉式行政制度演变的政区单元的蒙古语名词,然后再被兼通学汉语的译音人用汉字记音方式返译到汉语中。采用"腹里"两字,做到了在译介外来语辞时兼顾"治耳"和"治目"两原则,是"译事"中的一则好例。

兹将涉及的一系列从蒙古语进入被统治地区不同语言的术语间的相互关系,列如下表:

汉语名词	蒙古语名词	突厥语名词	波斯语名词
份子	qubi	inchü	īnjū
梯己	emchü	khāṣṣah	

---

① 见罗常培、蔡美彪编著:《八思巴字与元代汉语》,北京:中国社会科学出版社,2004年,页 139、195。

续 表

汉语名词	蒙古语名词	突厥语名词	波斯语名词
梯己份子	emchü qubi	injū-yi khāṣṣ	
大数目里户计	yeke ulus	* dālāī	
腹里	qol[-un ulus]		

二

中国人口史学者都非常熟悉胡焕庸提出的那条著名的"黑河—腾冲线"。但它的意义其实远远不止是一条突显出在极长历史时期内中国人口空间分布特征的区隔线。研究民族史的人绝不能忽视它。把这根线叠加到中国民族分布地图上就很容易发现，排除为表达直线的视觉效果而未将关中括入东部的缺陷，它基本上可以被看作是汉族与中国许多大型少数民族历史区域的分隔线。毛泽东曾说："我们说中国地大物博，人口众多，其实是汉族'人口众多'，少数民族'地大物博'。""黑河—腾冲线"所反映的，就是这样一个事实。这二者的重叠并不是偶然现象。看看三百到四百毫米年等降水量带，以及农业与除绿洲灌溉农业之外的非农业经济区之间的分界线在中国国土上的走向，我们就能明白，以靠天吃饭的农业生产为基本经济活动的汉族，为什么会在"黑河—腾冲线"的西侧停止它拓展生存空间的顽强努力。

既然如此，中国又靠什么超越了区隔这两大板块的限制，从而建构出一个地域辽阔的多民族统一国家呢？在这个问题上，历史学研究者或许应该有一种意识和担当,去突破中国历史叙事中以不证自明的方式长期存在的两类误解。就像19世纪一位极睿智的法国历史学家说过的那样,造就民族的努力往往以历史学的错误作为代价。而以此建立起来的国家如果不纠正这些认识上错误,就会在现实中造成对国家利益的伤害。

上述两类误解之一,是从当代中国版图内全部地区的全部历史都是中国历史不可分割的一部分这个完全正确的陈述中,引申出一种似是而非的观念,即自古以来就存在着一个与今日版图相同,或者只能更大而绝不允许变小的中国。第二类失误与我今天发言的主题更密切相关。它把秦王朝以来两千年内中国国家形成、发育与成熟的历史,看作仅仅是外儒内法的专制君主官僚制这一国家建构模式产生和发展的历史。所以现在我的问题是,如果中国历史上果真只存在这样一种国家建构模式,它有可能把历史上以及现实中的中国这样广袤的国土纳入自己的疆域范围吗?

直到两宋为止,唐是中国历史上版图最大的王朝。检阅过现在最流行的总章二年(669年)唐代疆域图的人,都会不由自主地感受到,尽管尚未将云南西部以及包括今四川和青海一部分在内的整个藏地囊括在内,唐代拓地之广,它在西部和北部远超出今日中国疆界的幅员,确实令人印象深刻。

但这张地图也很容易对阅读者产生某些误导。正如濮德培曾指出过的那样,在唐的边界之内采用完全相同的政区底色,在很醒目地突显出唐代政治势力所及的地域范围同时,也不无遗憾地抹杀了唐政权在针对不同区域和人群的治理目标及国家权能实施方面一向存在的性质截然不同的多样性差别。与对郡县制度体系之内各州县的全方位治理相反,唐对处于光谱另一端的东、西、北三方最边远地区那些羁縻府州所能实施的主权,在不少场合虚弱到近乎只剩下一个空名的程度。可见带着现代国家的领土概念去理解唐代版图,很可能会使人产生某种不很准确并且一厢情愿的妄想。

不止如此,普通的读图人经常还会忽略历史地图上注明的标准年代。总章二年那幅地图反映的,是从630年代到660年代唐代疆域的基本状况。简直就好像是故意在提醒我们注意到这一点,只要将它的标准年代再稍稍推迟若干年,唐代的版图就已不再是本图所呈现的那个状态了。几乎从670年代开始,由于吐蕃和西突厥结盟反唐,今新疆维吾尔自治区的南疆以及北疆的相当一部分即长期沦为双方拉锯和争夺的地段。差不多与此同时,一度南下投唐的东突厥逃归漠北,复建第二突厥汗国,唐朝因此失去间接号令整个蒙古高原的地位。前后相加,唐维持对西域的间接统治,包括由孤军苦守几个军事据点的数十年在内,总共大约一百三四十年;而它拥有同样是间接控制下的蒙古高原,则只有四五十年而已。从这一事实出发,日本学者杉山正明把唐朝界定为"瞬间大帝国"。他的说法虽稍嫌夸张,但它对中国人普遍持有的"大唐三百年天下"这种模糊而僵化的传统观念,仍有振聋发聩的作用。

唐代治理州县制之外附属国家、地区或人群的羁縻体系,主要由册封和朝贡这两种制度构成。这一套控御边疆的制度体系为后来的历代王朝所继承并加以发展。处于受羁縻或受册封地位的依附者,其政治归属状况可能会沿着两个完全不同的方向发生演变。它们或者经历从宋元土官、明清土司和清代土流并设、改土归流等步骤逐渐内地化,最终被纳入府县管治体系。不过,中央王朝遵循这一途径完全"消化"边缘势力,具有两个必不可少的前提条件,就是它们必须是位于紧贴汉地农业社会沿边的可垦殖地区,并且规模不能过大,因此可以在那里培育出数量足够的由汉族农业移民和被汉化的当地人口构成的编户齐民，以便偿付治理该地区所必需的经济和人力成本。而缺乏上述前提条件、与中央王朝的往来只是长期停留在维持朝贡和册封关系的地区或人群，就会由于各种机缘的促成而趋向于最终脱离与中央王朝的附属关系，乃至与原先的朝贡接受方形成国与国之间的外交关系。朱元璋曾说："今天下一统，四方万国皆以时奉贡。如乌斯藏、泥八剌国，其地极远，犹三岁一朝。"他把明与当时西藏核心地区，以及与尼泊尔的关系视作属于同等性质，体现出当日的华夷立场与今日政治观之间的巨大差异。

直到清政府瓦解前夕，尚未完成改土归流的土司地区，其分布范围并没有超出前述"黑河—腾冲线"之西太远。这大概可以看作是一项经验证据，它表明了外儒内法的专制君主官僚制国家建构模式所能囊括并加以有效治理的最大国土范围。而西部中国的大部分地区显然未在其中。可见上述国家建构模式所产生的动力效果无法单独地解释中国何以能形成如此辽阔的疆域。

所以历史上中国之能形成远超出黑河—腾冲线以东的最大幅员，必定还有另一种国家建构模式在其中发生作用。这就是从汉地社会边缘的中国腹地亚洲边疆发展起来的边疆帝国模式：它萌芽于辽，发育并受挫于金，定型于元，而成熟、发达于清。

清朝当然也受"天下中国观"的传统观念和传统朝贡体系的影响。但它把传统的朝贡地区、人群和国家分置于三个不同的治理空间。一即传统的土司地区。一称"外藩各部"，包括内札萨克（内蒙古各盟旗）、喀尔喀（外札萨克蒙古，即今蒙古国）各部、青海、西藏诸地域，以及新征服的金川土司、南疆回部各伯克头人属下等部。凡有关对这些地方进行具体治理的政令、刑事、军旅、屯田、邮传、互市等方面的最高管辖权均属理藩院。另外一类,则称"域外朝贡诸国",清朝对它们完全不负国家治理的责任,处理与这些国家之间交往的职责,由类似外交部功能的礼部鸿胪寺来承担。

非常有趣的是,当清政府力图从传统体制中为它的每一项机构设施寻找合法性依据时,它不得不承认,除了元代管理西藏地方及全国佛教的"宣政院"以外,在明代和宋代的国家机构中,根本找不到类似于理藩院那样的建制。这是只有腹地亚洲边疆帝国才具备的特别管治体制。它不像外儒内法的专制君主官僚制模式所追求的目标那样,以"车同轨,书同文,行同伦,各要其所归,而不见其为异",也就是把用汉文化来覆盖全部国土当作理想中的治理目标,而是恰恰相反,力求把有效的国家治理与保持疆域内各人群的文化多样性最大限度地统一起来。

可见元和清这两个王朝在缔造多民族统一国家的体制方面,具有何等重要的历史地位。我们不难设想,如果没有元和清,继承了宋、明版图的中国与今日中国的版图面积之间将会有多么巨大的差别!由满洲人建立的清王朝,用他们虔诚地追随的藏传佛教信仰来亲善崇奉同一宗教的蒙古人,又在不同程度上依靠蒙古人将藏区、青海和西域成功纳入国家疆域。

清代中国是在多民族参与下构建起来并获得巩固的。中华民国用继续承认前清与列强签订的全部不平等条约义务为代价,换来国际体系对它继承清朝全部国家版图的承认。与这个世界上的绝大部分现代国家是旧式帝国瓦解与分裂的结果不同,现代中国形成的独特道路,使它变成非常例外的几乎完整地保留着自己帝国时代版图的现代民族国家。这种状况之所以能出现,与汉族之外还有诸多民族参与了清代中国的构建密切相关。

正因为现代中国建立在一个很少见的未曾全面分裂的帝国疆域基础之上,才会产生出中国国情中一个最为特殊的要素,即除了汉族以外,中国国土内还包含着几十个少数民族的世居家园。中国民族关系之所以有其非同一般的特殊性,它的全部原因就在这里!从中也可以看出,蒙元这段历史对我们理解当代中国,具有多么重要的意义。

(原载《历史地理》第 27 辑,上海人民出版社,2013)

元朝科举制度的行废及其社会背景

元代科举史是一个既老又新的课题。自1930年代以来,已有不少学者,从制度史的角度出发,搜检史料,对之进行考订和研究。关于元朝科举考试的各种具体规章制度或细节,虽然还有若干值得进一步探讨的地方,但总的来说,剩下的问题不多了。本文拟从政治文化史的角度,把元代科举置于其社会背景之下,去考察它的兴废、成败,以及对当时乃至后世的影响。

一 元朝设科取士的最初尝试：戊戌选试及其失败

窝阔台九年丁酉(1237年),因耶律楚材、郭德海等人力请,诏令术忽觯、刘中等历诸路遍试儒生。以论、经义、词赋分为三科,中试者复其赋役,并除本贯议事官,令与各处长官同署公事。考试在次年(即戊戌年)举行,因而以戊戌选试见诸史文①。

---

① 参见《元史》卷81《选举志》一,"科目";卷2《太宗纪》。按术忽觯(此据志文)一名当来自术忽,即波斯语 Juhud(源自阿拉伯语 Yahūdī,译言犹太人)的音译。但此人名字在《太宗纪》、苏天爵《陕西乡贡进士题名记》(《滋溪文稿》卷3)、李庭《郭时中墓志铭》(《寓庵集》卷6)等文中皆作术虎乃,一音之转,又成了一个基督教教名。术虎乃当即月合难(Johanan)的异译,系从 John(元代译为术安,今译约翰)（转下页）

按照元人以及明初《元史》修纂者们的观点,元朝科举制度,即滥觞于戊戌选试。这一传统见解,虽然从未经过严格的检讨,然长期为研究元朝科举史的学者们所首肯①。1959 年,安部健夫的遗作《元朝的知识人与科举》发表。他认为,由戊戌中选儒生可以获得豁免差发的特权,使人想起蒙古人对待宗教士的态度;而他们没有被要求替大汗告祷祝天,又好像表明他们的身份还是世俗人。中试儒人除授议事官参署政事的规定,也基本上没有实行。所以不清楚它究竟是一次性的考试,抑或原应继续下去,因受到阻力而中止。仅就这次考试本身而言,则很难说它显示了世俗的科举性质②。林元珠在《元史选举志译注》中也提到戊戌选试。她一方面认为,"就其相同之处而言,这次考试的结果,在促进布衣学士入仕为官的意义上,确实与中国历史上其他[朝代]的国家考试没有什么两样"。同时她也引述安部的见解,并认为不应当太强调中国科举制度的传统对戊戌选试所产生的影响。她写道,这只是一次应运而生的权宜之计,连考试的设计者自己大概都没有想到要通过它恢复科举制度③。

安部和林元珠的研究,都偏重于从戊戌选试的结果去分析它的性质,而对它的设计者从一开始就赋予它的某些特殊性似稍有忽略。如果戊戌选试的意义仅仅在于使四千多名儒生获得豁免差发的优

(接上页)演化而来。按 John 叙利亚文作 Iouhanan(即 Johanan),作为景教徒的教名,唐代已传入我国,见《大秦景教流行中国碑》两侧署名即知(佐伯好郎:《景教的研究》,东京,1935 年,页 603)。许有壬《上都孔子庙碑》(《至正集》卷 44)作木忽觯,木字恐系术字之误。清刻本《元史》卷 2《太宗纪》妄改作摩和纳,尤不可从。

① 参阅陈东原:《辽金元之科举与教育》,《学风》第 2 卷第 10 期(1932 年);杨树藩:《元代科举制度》,台湾"中央"政治大学学报第 17 期(1968 年);有高岩:《元代科举考》,《史潮》第 2 卷第 2 期(1932 年)。
② 安部健夫:《元代的知识人与科举》,《史林》第 42 卷第 6 期(1959 年)。
③ 林元珠(Yuan-chu Lam):《元史选举志译注之一》,博士论文的一部分,哈佛大学,1978 年,打印本页 178—182。

遇,那么类似的考试后来还进行过许多次,为什么大多数元人只是把戊戌选试与设科取士相联系呢?其次,考试儒生和考试僧道之间究竟是什么关系,也还需要进一步研究。

丁酉诏令的原文,保留在《庙学典礼》中。在规定考试程式的同时,诏令宣布:"其中选儒生,若有种田者纳地税,买卖者出纳商税,开张门面营运者依条例供差发除外,其余差发并行蠲免。……与各住达噜噶齐管民官一同商量公事勾当着。宜后依照先降条例开辟举场,精选入仕,续听朝命。"①大约一百年后,许有壬在追述戊戌选试时写道:"……遍试儒人,中者与牧守议,停蠲其役;且将辟举场,以精入仕。"②两段话互相印证,证明丁酉诏文确是可以信赖的史料。

从丁酉诏文,我们看出耶律楚材最初设计戊戌选试时,至少包含着三层意图。

首先,"停蠲其役",可以将中原大批儒生从杂泛差役、不时需索的沉重经济负担乃至奴隶境遇中解脱出来。

其次,戊戌选试之后,原拟再辟举场,"以精入仕",这说明戊戌选试本是取得参加"入仕"考试资格的预试,属于整个考试系列中的初试。再试取士之议,后来没有下文。《元史·选举志》称,"当世或以为非便,事复中止",即应指此而言。

最后,对于戊戌选试的中程者,除复其赋役外,得除议事官之职。这就更使它本身亦带有传统的科举考试的性质。当然,地方性的议

---

① 《选试儒人免差》,《庙学典礼》卷1。
② 许有壬:《上都孔子庙碑》,《至正集》卷44。最先利用丁酉诏令这一珍贵史料并将它与元志互相比照的,是柯劭忞。参见《新元史》卷64《选举志》一。所谓"入仕",应指由朝廷除授官职。

事官还不是由朝廷辟授的正选官员,而只是宾幕僚属。但是,我们也不应当忘记,当时官制紊乱,许多军、民官本来就没有经过朝廷辟署;即使在开科以后,以科举出身任宾幕之职的仍大有人在①。所以,如果认为议事官非朝廷辟署,就可以完全否定戊戌选试本身所带有的科试性质,是不妥当的。

由于监临各地的蒙古长官严重缺乏传统汉文化的素养和治理农耕定居地区的经验,惟以征敛、要索是务,蒙古统治下的华北地区秩序紊乱,政治黑暗,经济凋敝。耶律楚材企图大规模起用戊戌中试的儒生,通过参赞咨议的方式干预当地政局,改变"疲俗不禁新疾苦,滥官难治旧疮痍"②的局面,这在当时确属用心良苦的救弊之策。但是耶律楚材的初衷却未能实现。这一点虽然已经由安部和萧启庆指出,不过,他们对此都未加详论③。因此在这里仍有必要作进一步的阐发。

参加戊戌考试的儒生们入选之后是否都署于郡县、与牧守议呢?最直接的证据是他们的经历本身。搜寻史料,我们一共找到二十余名戊戌中选者:

---

① 议事官当时又称详议官。"天下既定,中书令耶律楚材奏,遣使分诸道设科取士。中选者复其家,择疏通者补郡县详议。"见刘因:《寇靖墓表》,《静修集》卷17。大蒙古国时期,各级官衙辟署详议官或议事官屡见于史载。这些人都是以"招置幕府""延致宾幕"的方式罗致而来的。语见《元史》卷159《宋子贞传》;张养浩:《济南刘氏先茔碑铭》,《归田类稿》卷8。其他如太傅国公府议事官,见李庭:《来献臣墓志铭》,《寓庵集》卷6;陕右行省议事官,见王博文:《李庭墓碣铭》,前引书卷8;大名课税所详议官,见陆文圭:《孙泽墓志铭》,《墙东类稿》卷12。又,元制以经历、知事、照磨为首领官,总领六曹,职掌案牍,称为宾幕,见郑玉:《送郑照磨之南安序》,《师山集》卷3。科举之士任首领官之职,在元代累见不鲜。
② 耶律楚材:《寄宋德懋韵三首·其二》,《湛然居士集》卷9。
③ 萧启庆:《元代的儒户》,《东方文化》第16卷第1—2期,香港:香港大学出版社,1978年。

序号	姓 名	出 处	备 注
1	杨奂	元好问：《杨奂神道碑》，《遗山集》卷 23	
2	弥坚	苏天爵：《弥坚神道碑》，《滋溪文稿》卷 7	
3	安滔	孤松：《安滔行状》，《安默庵集》卷 5	
4	赵 友	魏初：《赵友墓志铭》，《青崖集》卷 5	
5	赵良弼	《国朝名臣事略》卷 11 之三，"枢密赵文正公"转引《墓碑》	
6	张文谦	《国朝名臣事略》卷 7 之四，"左丞张忠宣公"转引《先茔碑》	
7	徐之纲	袁桷：《徐之纲墓志铭》，《清容居士集》卷 29	
8	刘德渊	王恽：《刘德渊墓表》，《秋涧集》卷 61	
9	石 璧	王恽：《义斋先生四书家训题辞》，《秋涧集》卷 43	
10	许 楫	《元史》卷 191《许楫传》	原文仅云赴试中选，当指戊戌之选
11	许 衡	欧阳玄：《许衡神道碑》，《圭斋集》卷 9	同上
12	雷 膺	《元史》卷 170《雷膺传》	同上。以上十二人，已见安部、余大钧文中著录①

---

① 余大钧：《论耶律楚材对中原文化恢复发展的贡献》，中国元史研究会成立大会论文，1980 年，打印本。

续 表

序号	姓 名	出 处	备 注
13	解祥政	姚燧：《解节亨坟道碑》，《牧庵集》卷25	
14	赵椿龄	姚燧：《赵椿龄墓志铭》，《牧庵集》卷28	
15	寇 靖	刘因：《寇靖墓表》，《静修集》卷6	
16	刘 祁	王恽：《浑源刘氏世德碑》，《秋涧集》卷58	
17	荆国器	王恽：《荆祐墓碣铭》，《秋涧集》卷60	
18	张 著	王恽：《张著墓碣铭》，《秋涧集》卷60	
19	郭时中	李庭：《郭时中墓志铭》，《寓庵集》卷60	
20	张葵轩	张之瀚：《葵轩小稿序》，《西岩集》卷14	
21	张 延	苏天爵：《张延墓碣铭》，《滋溪文稿》卷14	原文仅云赴试中选，应指戊戌选试
22	于伯仪	黄溍：《于九思行状》，《黄金华集》卷23	同上
23	任 某	李庭：《任公诔辞》，《寓庵集》卷8	同上
24	董文用	《元史》卷148《董文用传》	同上

在上表二十四人中，杨奂、刘祁、郭时中入选后被辟为别道考试

官。这是超乎丁酉诏文规定的例外情况,当然不能代表广大士人的际遇。此外,只有徐之纲、寇靖二人留下了被署名郡县、与牧守议的明确记录。

如果戊戌中选者都能以详议地位厕身政界,就应当有不少人由此渐致通显,在史籍上留下这样那样的记载。但事实正好相反。即使这四千多儒生中尚能为今日所知的极少数人,也都是因为其他各种原因才见诸史文,与戊戌选试没有什么直接关系。

有关戊戌选试的大多数记载,也只谈到对中选儒生给复其家,而根本没有提及除官署事的问题。把前面已引述过的刘因的记载与丁酉诏令相比较,我们发现他虽然提到"补郡县详议",但是在这句话之前加上了"择疏通者"的限定条件。这似乎是为了弥补丁酉诏令的条文与戊戌选试的实际结果之间所产生的严重的不一致。因此可以断言,中选儒生除议事官、同署当地公事的条文,实际上没有实行。后来对儒生进行的多次考试,干脆取消了这条具文,所以一般也就不再被当时人们认为是设科取士的科举考试了。

戊戌年考试,除儒生以外,也考了僧道。主司诸道考试的试官如赵仁、田师颜等,都是"三教试官"①。后来人常常把诏试儒生看作选汰三教的组成部分。但如果仔细追溯一下汰僧道的由来,就能发现它与选试儒生不完全是一回事。

蒙古统治者效法金朝,下令试经僧道,最早似乎是在 1235 年。其主要原因是以度牒受戒为名托庇释道的人口太多,影响了朝廷的赋税收入。可是当时由于海云禅师的反对,事情延宕了②。根据杨奂

---

① 傅若金:《赵思恭行状》,《傅与砺文集》卷 10;虞集:《赵思恭神道碑》,《道园学古录》卷 42。
② 《佛祖历代通载》卷 21,见大正新修《大藏经》卷 49。

的明确记载,朝廷再度下诏汰选道释,是在戊戌夏四月①。这时离窝阔台颁布遍试儒生的丁酉诏令已有半年,足见两件事本来是分别决定的。再从考试的初衷来看,对僧道主要是为了"汰",对儒生则主要为了选拔使用,二者亦不应同日而语。但因为它们事实上又是同时实施的,所以后来人就把"汰三教"完全认作同一件史事了②。

从上面的分析,我们也许可以得出以下结论:把戊戌选试看作元代历史上最早的开科取士,只在很有限的意义上才是正确的。因为丁酉诏令中若干带有恢复科举制度的初步因素的条文,后来都落空了。不仅如此,戊戌选试从形式上转变成为选汰三教的一部分。然而它毕竟与后来那种单纯为了籍定豁免差发的儒户而举行的考试存在着明显的差别。可以认为,它是元代最早一次恢复科举制度的流产的尝试。

对儒户豁免差发的优遇,以后虽然时有干扰,但毕竟成为一种制度,终元之世而无改③。可是,耶律楚材企图把戊戌选试作为科举取

---

① 杨奂:《于真人碑》,《还山遗稿》卷上。
② 参见宋子贞:《耶律楚材神道碑》,《国朝文类》卷57;屠寄:《蒙兀儿史记》卷4《太宗纪》转引《大方通鉴》。关于考试僧道的结果,据《佛祖历代通载》,无退däuser者。也有史料说凡试经通者方许给牒受戒。
③ 关于儒户豁免差发的范围,参见萧启庆在《元代的儒户》一文中所作的详细研究。对中产之家而言,丁粮重于地税,所以对儒户征收地税而不收丁粮,是一种优待。比较困难的问题在于,杂泛差役的豁免究竟是及于在籍儒户全家,抑或仅及儒生本人。不少述及戊戌选试的材料,都明确指出对中选者"给复其家"。胡祗遹甚至还把这种优遇与金朝作比较说:"亡金举子到殿,免身杂役。我朝全免一家差发,延及子孙,恩莫厚焉。"(胡祗遹:《语录》,《紫山集》卷26)当时的豁免及于全户,似乎不容置疑。萧启庆认为,中统至元以后,这一豁免"显然解释为仅免儒士本人"。他列举的材料确实能够支持上述论点。但是另一方面,也有史料说是豁免全户的。刘敏中《济南府学至大四年大成至圣文宣王加封圣号记》云:"国家以神武拯斯民,以人文弘治道。凡户以儒籍者世复其家,民从之学者,复其身。"(见《中庵集》卷11)根据程钜夫的记载:"至元十三年试诸郡儒生于真定,余五百人,君中高等,例复其家。"(程钜夫:《权秉忠墓志铭》,《雪楼集》卷22)甚至到元代后期,许有壬仍(转下页)

士制度的起点,从而改革大蒙古国的官僚构成和吏治,却无可讳言地失败了。这两个方面,都可以从当时的社会背景中找到深刻的根源。

成吉思汗曾宣布札撒说:"每一个纯正公平、博学智睿的人,都应受到尊崇。"①以蒙古人当日的文化水准去衡量,形形色色知天命、通鬼神的宗教士当然都是最使他们敬畏的博学公正之士。最早在蒙古人中间流行的原始宗教不足以排斥远比它精致发达的伊斯兰教、佛教、聂斯脱里教、道教等;对于它们之间不断为争宠而发生的互相斗争,蒙古人也不主张过分地偏护任何一方。他们对各种宗教采取宽容政策,只要求它们为自己告天祝寿、求长生天的福荫。根据14—15世纪的玛姆鲁克史家玛克利兹的记载,成吉思汗在札撒中明确规定:"一切宗教都应受到尊重,不能厚此薄彼。""对阿里别和阿布塔莱亨的后裔,无例外地免征赋税,对托钵僧、可兰经诵读者、司法律者、医生、学者、献身于祈祷和修行的人们以及为死者洁净身躯的人们,亦同样如此。"②对中原僧道给予豁免差发的优惠,也是从成吉思汗时代开始的③。

随着蒙古势力日益深入中原,他们与儒学的接触亦逐渐增加。有两方面的因素,使他们很容易将儒学作为一门宗教来认识。

(接上页)说:"圣朝戊戌之试,复其家者,子孙于今赖之。"(许有壬:《王濯缨集序》,《至正集》卷32)看来这个问题还有待于进一步发掘史料,研究解决。

① 《叙利亚编年史》,页411—412,转引自施甫勒:《蒙古人史》,纽约,1972年,页40。
② 梁赞诺夫斯基:《蒙古各部习惯法》,哈尔滨,1929年,页58。札撒中阿里别(Ali-Bek,Bek今译伯克)和阿布塔莱亨(Abu Taleb),大概是指先知穆罕默德的堂兄阿里(Ali)及其父亲 Abū Talib。参见《伊斯兰百科全书》,莱顿,1913年,页283、108。
③ 萧启庆对于成吉思汗时代给予释道的豁免,究竟是仅及全真教及海云门徒抑或包括全部僧道,认为不能肯定。但从《1223年盩厔重阳万寿宫圣旨碑》碑文以及《1261年林县宝严寺圣旨碑》所称引的成吉思汗圣旨来看,它无疑赐及全体僧道。参见蔡美彪编:《元代白话碑集录》,北京:科学出版社,1955年,页1、22。又,参见《金石萃编补正》卷4载录的诸碑文。

首先,儒学从本质上来说虽然没有偶像的崇拜,但它祭天地、祖宗,祀孔子、先圣,其释奠礼仪以及部分儒生所擅长的卜筮星历之术,都带有神秘的宗教色彩。

其次,魏晋以往,儒学在自身的发展过程中不断受佛教和道教哲学的影响。宋金时代,一些儒学派别(如蜀学)甚至公开亮出了"会通三教"的旗帜。融会三教的思潮在金末北方社会中尤其流行。耶律楚材就一再宣称:"三圣元来共一庵"①,"三教根源本自同"②;因此,"用我则行宣尼之常道,舍我则乐释氏之真如"③。在他看来,"以吾夫子之道治天下,以吾佛之教治一心,天下之能事毕矣"④。蒙古人正是通过耶律楚材等人为代表的北方士人阶层认识儒学的。从他们自身对宗教的感性经验出发,自然特别容易接受"三教"的观念。既然如此,儒士为什么不能像僧道一样享受豁免差发的优遇呢?

可是,如果要以戊戌选试为起点推行科举制度,那就超出了蒙古统治者所愿意采取的基本立场。耶律楚材在成吉思汗时虽以"蓍龟之任"受到尊崇,但在政治上并不得意⑤。蒙古入主中原以后,他最早主持中原课税,岁得银五十万两、帛八万匹、粟四十余万石,因此受到窝阔台的信用。在此前后,他利用政治上的有利地位提出了包括戊戌选试在内的一系列改革措施。但是,如果认为窝阔台也理解了这些改革,如果认为窝阔台对耶律楚材的信用包含了比依靠他来征取汉地财富更多的意义,那就恐怕脱离事实了。窝阔台后期,耶律楚材实际上已被调离主持中原税赋的职务。他屡次反对扑买课税,更

---

① 耶律楚材:《再和西庵上人韵》,《湛然居士集》卷7。
② 耶律楚材:《过太原南阳镇题紫薇观壁二首·其二》,《湛然居士集》卷6。
③ 耶律楚材:《寄用之侍郎》,《湛然居士集》卷6。
④ 耶律楚材:《西游录》上。
⑤ 耶律楚材:《进西征庚午元历表》,《湛然居士集》卷8。

引起当局的不满。当涉猎发丁、奥都剌合蛮等人获准以岁额激增的白银扑买天下课税时,耶律楚材终于失去了蒙古人的欢心。随着他的失势,一部分改革无疾而终。萌芽于戊戌选试的科举取士制度所遭遇的,正是这样的命运。

如果从更加广阔的历史背景去观察问题,我们发现,戊戌选试作为元代科举制的最初尝试而招致失败,还有更加深刻的原因。这就是因为它在大蒙古国的统治结构中找不到自己赖以存在的客观必要性。

窝阔台时期,大蒙古国在华北、西域广大的定居农耕区域基本完成军事占领,开始在那里确立自己的统治体系。在这个过程中形成的大部分出于当地的统治阶层——华北的大小世侯、中亚的各城邦贵族——仍被保留下来,以纳贡、纳质、领军从征为条件,在蒙古统治者派遣的达鲁花赤监临下,继续行使对其领地的统治。以漠北草原为中心的大蒙古国对汉文化地区以及伊斯兰文化地区的统治,并没有变成这些社会内部的有机构成部分,而只是"从外面"施临于其上的军事统治。对大汗直接负责的各地达鲁花赤与其监临下的世侯、城邦贵族们,则起了某种"铰链"的作用,把大蒙古国实体的两个层次——征服者的草原社会与被征服者的定居社会衔接在一起。保障这两个层次的衔接不致脱散的主要因素有两点:一是征服者强大的军事威慑;二是被征服地区的存在对于蒙古统治者的经济意义——这如果不是仅有的,至少也是最重要的意义,即从那里源源不断地摄取财富和劳动人手①。为此目的,在相当长的历史时期内,除军事机构以外,定居区内直属于大汗或诸王的仅有的比较完善的机构就是

---

① 参见达尔德斯:《从蒙古帝国到元王朝:对蒙古本部及中亚的统治形式之转变》,《华裔学志》卷 30(1972—1973 年)。

财赋征收机构。

很明显,在这样一种"从外面"进行统治的结构模式中,蒙古大汗既不需要强制性统一的意识形态,也不需要在行政、司法、监察等各个方面组织层次繁复的垂直系统,以便对全国进行集权统治。汉式传统的、中央集权的专制君主官僚制之所以产生科举制度的那些需要,对大蒙古国的结构体系来说全然不存在,蒙古统治者对这样的需要几乎毫无理解,是十分自然的。

当然,如果华北地区是作为一个中央集权的有机单元,接受"从外面"施临的统治,那么,在这个地区内推行科举制度仍然会有其必要性和可能性。但当时,在战乱中形成的割据状况已维持了很久,世侯们各自以相对独立的社会单元归降蒙古,并且在大蒙古国整个结构模式的制约下,继续享有实际上的割据权益。所以即使在中央集权制曾有过根深蒂固的历史渊源的华北地区,在窝阔台时代,企图统一地考试取士、设官分职,仍极难实现。

至此,我们也许可以做结论说,科举制度对于大蒙古国的结构模式,完全是一种异己元素。因此在当时的历史条件下,它的失败就是必然的了。

综上所述,戊戌选试作为一次失败的科举尝试,它的部分成果,只是在蒙古统治者的宗教宽容政策庇护之下,才得以保留。汉文化就在这样曲折的形式下逐渐扩展着它的影响。

二 元代前期科举长期停废的原因

从耶律楚材恢复科举制度的最初尝试——戊戌选试,到元仁宗正式设科取士,其间相隔有七十多年。即使从忽必烈开国算起,到仁宗复科，仍有半世纪之久。在整个中国科举制度发展史上，这是最长一次停废期。

1260年，忽必烈在开平称汗。这是从大蒙古国演变为专制君主官僚制的元王朝的转捩点。终忽必烈一生，在他大刀阔斧地改革旧制、行用汉法的过程中，元廷曾围绕科举的行废问题开展过多次争议。

至元初，史天泽条具当行大事，尝及科举①。

至元四年（1267年）九月，王恽等请行科举法。诏令中书左三部与翰林学士议立程式。其程式如何，正史中没有记载，只说"因有司阻难而止"②。

至元七、八年间，礼部又拟定以经义、词赋两科取人③；议案送达尚书省，省拟罢诗赋，止用经义、明经等科，举子须品官保举方许入试等规定④。可惜没有直接的材料提到这一议案的下落。我们所知道的，只是至元八年徒单公履曾奏请实行贡举。当时忽必烈召许衡、姚枢等廷辩。结果，徒单被董文忠斥为"俗儒守亡国余习"。事遂止⑤。不知道这场争论究竟发生在礼部和尚书省议定有关科举的上述原则规定之前，还是在它之后。

至元十年，诏议行科举。次年十一月，省臣将"翰林老臣等所拟程式"呈闻太子真金。真金允准设蒙古进士科及汉人进士科，令"参

---

① 《元史》卷81《选举志》一，以下简称元志。
② 元志；《元史》卷6《世祖纪》三。
③ 王恽：《论科举事宜状》，《秋涧集》卷89。按王恽此文收入《乌台笔补》（至元五年七月至八年初写成），而礼部从吏礼部中独立出来始于至元七年。故此议当在至元七、八年间。
④ 王恽：《论明经保举等科目状》，《秋涧集》卷86。
⑤ 《元史》卷148《董文忠传》。

酌时宜,以立制度"①。参加集议的,有窦默、姚枢,以及刚刚奉召进京的杨恭懿。这次议定的格式,"条目之详,具载于策书"②。元志说世祖之朝,"事虽未及行,而选举之制已立",恐怕就是指此而言。十二年,徒单公履大约以为新制已定,再次上奏,敦促元廷开取士之科。但忽必烈只是命儒臣"杂议",结果仍不了了之③。

至元二十一年,和礼霍孙继阿合马死后当政的第三年,又一次建言设科,诏中书省议。但不久后他就被从中书省罢免,事复中止④。

尽管我们今天已经很难得悉每次廷议的细节,但从屡议不果的事实,仍可想见当时斗争之曲折。

有元一代重要的典章制度,几乎都在忽必烈时代立定规模。科举却成了十分醒目的例外:"计古今治道,良法美意,行之略遍。独此未及行耳。"⑤对这个问题,如果我们不满足于"未遑举行"⑥"议者不一而罢"⑦之类的表面解释,那就必须从元初政治、经济状况的诸特点中去寻找它的原因。

(一)元朝自开国之始,官员来源就比较充足,因此对设科取士的需要,不像其他朝代那么紧迫。从成吉思汗最初侵入华北,中经窝

---

① 元志。
② 苏天爵:《陕西乡贡进士题名记》,《滋溪文稿》卷3。据苏天爵的记载,参加这次集议的还有许衡。事实上,许衡自至元十年告退南归,到十三方年被召回。苏说殆误,故不从。
③ 姚燧:《杨恭懿神道碑》,《牧庵集》卷18。从碑文节录的杨恭懿奏议,略可窥见至元十一年议定的科举程式的若干特点。除分设蒙古、汉人进士科外,与试儒生需经有司保举,考试内容为五经四书经义、史论、时务策等。
④ 元志。按元志记此事之后接着说:"继而许衡亦议学校、科举之法。"许衡卒于至元十八年。故不从。
⑤ 王恽:《元贞守成事鉴·选士》,《秋涧集》卷79。
⑥ 王结:《书松厅事稿略》,《文忠集》卷10。
⑦ 蒲道源:《跋秋谷平章试院中所作诗》,《闲居丛稿》卷10。

阔台灭金,至忽必烈立国中原,前后经过了半世纪。在这个时期中,无论是担任方面之寄的蒙古军政长官或者汉人世侯,都通过"承制宣署"及自行辟署两途除授了大量军政官员。到忽必烈更定官制时,"先帝朝廷旧人,圣上潜邸至龙飞以来凡沾一命之人,暨诸经省部、宣抚、宣慰司委任之人,随路州府向曾历任司县无大过之人,暨亡金曾入仕及到殿举人"①,都成了既定官员人选。从这个角度来说,另辟取仕途径的客观需要,在当时并不很迫切。

假如与其他朝代开国之初的情况相比较,这一点就更为明显了。女真人在不到十年的时间内灭辽,既而又以一年多的时间逼宋南迁,占领华北大部。金在灭辽之前即已开科取士,显然是为急于遴选官员以统治新征服的大片领土②。明初文职官员总数五千四百人③,仅为历代正常情况下文官总数的三分之一弱。所以,"既治天下,三年一宾兴……犹以为未足,复敕有司,自壬子至甲寅(1372—1374 年)三年连贡,岁擢三百人,逮于乙卯,始复旧制"④。

元初却不是这样。至元七、八年间,已经出现"到部听除职官,缘员多缺少,填积停滞"的现象⑤。直至灭南宋后,官员需要量一度激增。中原士大夫多不乐仕南方⑥。仕于南者,除行省、宣慰、宪司诸大衙门出自皇帝亲选外,其余郡县官属,虽有超升二等之优遇,仍

---

① 胡祗遹:《议选举法上执政书》,《紫山集》卷 12。
② 金代科举始于天会元年(1123 年),"时以急欲得汉士以抚辑新附"。见《金史》卷 51《选举志》一。天会五年八月诏:"河北、河东郡县职员多阙,宜开贡举取士,以安新民。其南北进士,各以所业试之。"见《金史》卷 3《太宗纪》。
③ 据《元明事类钞》卷 6 引《明史稿》。
④ 宋濂:《会试记录题辞》,《宋学士集》卷 6。此后朱元璋曾一度停止科举。但这并不影响明初扩大科举规模是出于对官员需求量激增的结论。
⑤ 王恽:《请职官依旧三十月迁转事状》,《秋涧集》卷 87。
⑥ 陈基:《王鉴墓志铭》,《夷白斋稿》补遗。

多空缺①。这本来是设科取士的极好时机。可惜元廷采取的却是另外两种对策。一是对南宋故官验资换授,予以登用②。其二,当时正值阿合马、桑哥相继当权,他们趁这个机会大肆卖官鬻爵,不问犷痴黠憿,一视货财轻重,皆署江南官,名曰"海放"③。甚至有持空名告身到处兜售者④。程钜夫说:"南方郡县官属,指缺愿去者,半为贩缯屠狗之流、贪污狼籍之辈。"⑤其中当有不少属于"海放"之选。平宋仅数年,官员又开始冗滥⑥。在这样的情况下,每议科举,"论者必曰,今以员多阙少,见行壅滞。若复此举,是愈壅而滞之也"⑦。这个很现实的困难,是科举长期停废的一个不可忽视的原因。

(二) 科举制在长期推行过程中,其自身流弊日甚一日。元灭金宋,无异乎振聋发聩。科举的声望几乎降到最低点,因此难以取得蒙古统治者对它的信任。

自唐宋以降,考试取士的标准,或则记诵注疏,或则词赋文学。"举业移素习"⑧。结果,儒生专心于场屋程文,"士风颓弊于科举之

---

① 程钜夫:《吏治五事·取会江南仕籍》,《雪楼集》卷10;苏天爵:《韩冲神道碑铭》,《滋溪文稿》卷12。
② 至元十五年六月,诏"宋故官应入仕者,付吏部录用"。见《元史》卷10《世祖纪》七;又见程钜夫上引文;黄溍:《黄顺翁墓志铭》,《黄金华集》卷32。又按,蒙古军队经略华北之初,即对降官采取"官从其旧"的政策(《元史》卷155《汪世显传》)。至元三年,元廷明确宣布:"诏四川行枢密院,遣人告谕江、汉、庸、蜀等效顺,具官吏姓名,对阶换授。有功者迁,有才者用。"(《元史》卷6《世祖纪》三)许宋故官持告阶换授新命,当即上述政策的延续。
③ 柳贯:《宋敬之墓碑铭》,《柳待制集》卷10。
④ 宋濂:《李士华墓铭》,《宋学士集》卷50。
⑤ 程钜夫:《吏治五事·取会江南仕籍》,《雪楼集》卷10。
⑥ 参见《元史》卷12,《世祖纪》九、卷132《昂吉儿传》。
⑦ 王恽:《上世祖皇帝论政事书》,《秋涧集》卷35。
⑧ 王恽:《论科举事宜状》,《秋涧集》卷89。

业"①。胡祇遹批评当时的经学说:"记诵章句、训诂注疏之学也,圣经一言,而训释百言、千万言。愈博而愈不知其要。劳苦终身而心无所得,何功之有?"②元代有名的学者如许有壬、吴澄,也都指责宋代"时文弊极,世因一以为无用之学"③。"一旦弃举子业,登吏部选,有民有社,临事懵然者众矣。"④连某些从前颇热衷于功名的人,也不得不承认,这样的科举制度、这样的"学问",实在到了非变革不可的地步。赵文在南宋灭亡、代革举废后悻悻写道:"四海一,科举毕。庸知非造物者为诸贤蜕其蜣螂之丸,而使之浮游尘埃之外耶?"⑤

不仅如此,国破家亡,痛定思痛,科举程文的消极方面,甚至被人们不自觉地夸大了。忽必烈曾就"金以儒亡"之说问臣下⑥,说明这是当时社会上相当流行的见解。宋朝向来标榜"以儒立国"⑦。"不由科举程文奋身,必不得行其志。"⑧但是,一旦国难临头,北兵渡江,"举朝相顾失色","台谏哭声震天"⑨。陆文圭后来回顾这段历史时不胜感慨:"浮诞补缀之词章,清高虚旷之议论,怠玩姑且之政事,百五六十年而后亡,独非幸耶!"⑩谢叠山更直率地说:"以学术误天下者,皆科举程文之士。儒亦无辞以自解矣。"⑪

忽必烈很早就对儒生"日为诗赋空文"深怀不满。不难理解,社

---

① 戴良:《夷白斋稿序》,《九灵山房集》卷12。
② 胡祇遹:《语录》,《紫山集》卷26。
③ 许有壬:《皆山亭记》,《至正集》卷39。
④ 吴澄:《师济叔墓志》,《吴文正公集》卷36。
⑤ 赵文:《学蜕记》,《青山集》卷3。
⑥ 《元史》卷163《张德辉传》。
⑦ 袁桷:《徐之纲墓志铭》,《清容居士集》卷29。
⑧ 谢枋得:《程汉翁诗序》,《叠山集》卷6。
⑨ 王义山:《徐卿孙逸事状》,《稼村类稿》卷28。
⑩ 陆文圭:《送曹士宏序》,《墙东类稿》卷6。
⑪ 谢枋得:《程汉翁诗序》,《叠山集》卷6。

会——包括相当多知识分子自己——对科场流弊和章句注疏、声律对偶之学的严厉批评,是如何地投合他的主观成见而乐于为他所接受,从而又如何地影响到他对科举的态度。徒单公履以"科举类教、道学类禅"为喻,向忽必烈建言行贡举,被董文忠斥为"守亡国余习"的"俗儒"。在这一类辩论中,上面指出的这种舆论以及忽必烈本人拒绝科举的倾向表现得相当明显①。

以许衡为代表的元初理学家,在加强忽必烈上述倾向方面,也起到不小的作用。他们反对汉代注疏之学,一尊朱子之说,以为"曩所授受皆非"②。元初理学在北方的传布并不广。"金之亡,一时儒先,犹秉旧闻于感慨穷困之际,不改其度,出语若一。故中统、至元间皆昔时之绪余。"③在这样的时候开科取士,只能助长道学家们所忌恶的宋金遗风。因此,许衡等人着重强调举办学校、作新人才,而对科举制度十分冷淡。一个很有趣的事实是,尽管元人总是喜欢把许衡说成元代科举的倡导者,可是事实证明他在这个问题上态度向来十分暧昧。忽必烈曾问许衡:"科举何如?"他回答:"我不会。"他在当日北方儒生中已有相当声望。这样的回答,与忽必烈本意一拍即合。怪不得忽必烈听了当即宣布:"卿言务实,科举虚诞,朕所不取!"④

---

① 据《元史》卷148《董文忠传》,徒单知帝"于释教重教而轻禅",故有是言。又按"佛宗有三,曰禅、曰教、曰律。禅尚虚寂……而教则通经释典"(刘仁本:《送大璞纪上人序》,《羽庭集》卷2)。"教者犹儒而穷要,得其本矣。"(谢应芳:《送琇上人序》,《龟巢稿》卷14)徒单金末以经义中第(王恽:《文天铎墓表·碑阴先友记》,《秋涧集》卷59),他把科举比作"教",亦有褒扬经学,通过科举推广章句注疏之意。
② 《元史》卷158《姚枢传》。
③ 袁桷:《乐侍郎集序》,《清容居士集》卷21。袁桷的评论,是指当日诗歌创作而言;但在实际上,这段话也反映了元初学术界承袭金、宋旧学风的概况。
④ 《国朝名臣事略》卷8,"左丞许文正公"引《许衡考岁略》。

（三）忽必烈在理财问题上与朝中诸儒的观点分歧，亦促成了他对儒臣和科举制度的疏远乃至排斥。

元王朝建立以后，对北方诸王、南宋以及海外诸国的战争连年不休，再加上宫室廪禄、宗藩岁赐，这些都需要巨额经费才能支持。面对国用不足的困难，忽必烈在依靠儒臣定纪纲、立制度的同时，越来越明确了以理财为中心的施政方针。然而除了被许衡等人斥为"学术不正"的王文统，朝中诸儒几乎没有人提出过什么切实可行的对策。李璮之乱平定后，忽必烈盛怒之下处死了受到牵连的王文统，他必须另觅理财人选。这就使当时仅相当于从五品官的开平同知阿合马时来运转。一定是忽必烈在经常驻跸开平时发现了阿合马的才干，这时他任命阿合马领中书左右部兼诸路都运转使，而"专以财赋之任"①。至元三年，忽必烈立制国用使司，仍用已"超拜"为中书平章政事的阿合马为使。制国用使司很快就在实际上与省部、院、台并列为最重要的国务机构②，不久又升为尚书省，并夺中书政柄，以六部及天下行省归隶之。两年多之后，虽将尚书省并入中书，但这时的中书省已基本上为阿合马一手操纵。至元二十四年，元廷又复置尚书省，用桑哥"理财助国"③，历时五年。至元间，阿合马、卢世荣、桑哥当政，总共长达二十多年。

元代儒生对理财集团执政时期的批评，真可以说是连篇累牍。

---

① 《元史》卷205《阿合马传》。据王恽《中堂事记》(《秋涧集》卷81)，中统二年五月十日，"有旨遣上都同知阿合马计点燕京万亿库诸色物货"。时开平府尚未升为上都，是阿合马中统二年已为开平府同知。《元史》本传将其任开平同知之事系于至元六年，恐误。
② 元初国家公文多将制国用使司与中书省、枢密院并举。参阅至元五年《设御史台格例》，《元典章》卷5。
③ 语见郑元祐：《岳铉行状》，《侨吴集》卷12。

用一句话概括言之,就叫作"新政未孚,聚敛刻薄之说得行"①。这种观点,几乎为后世史家所全盘接受。最典型的例子,莫过于赵翼对元世祖"嗜利"的批评了②。但是,正如近年来有些学者所正确地指出的,对于元初理财政策不加分析,一概予以否定,是有失于片面的③。

元朝国家收入,直到至元二十一年卢世荣主持财政时,各项税收总额,岁不过一百万锭(税粮不在内);桑哥时期,税课常数增至三百万锭④。加上天下税粮一千二百万石,国家年收入(丝线颜色未计入)折合为谷粟计三千八百万石⑤。与北宋初相比较,当时政府谷、钱、绢三项收入折合为粮,计三千五百万石(指元石)⑥。明初是著名的轻徭薄赋时期,但田赋所入一项,即达米二千九百万石⑦。这个比较告诉我们,从国家收入的角度来衡量,元前期征取虽成倍增加,但桑哥确定的税课常额,尚在当时社会所堪以承受的程度之内。正因为如此,桑哥被杀后,这个税课常额仍在一个相当长的时期内保持下来。

毫无疑义,以上分析绝不意味着全盘肯定理财之臣的所为。阿合马、桑哥本人都是大贪污犯,为其所用者也大都是以苛敛百姓为能事的行家里手,自上而下的勒索中饱骇人听闻。明初对贪官的惩治

---

① 虞集:《秋冈诗集序》,《道园学古录》卷33。
② 赵翼:《元世祖嗜利黩武》,《廿二史札记》卷33。
③ 参见胡寄窗《中国经济思想史》,以及台湾学者李则芬等人的有关论述。
④ 《元史》卷105《卢世荣传》《桑哥传》。
⑤ 《元史》卷93《食货志》一。粮、钞折价,以谷8.33石/锭为率。江南三省所交为米,则以《食货志》载录数字按百分之七十的出米率倒折为谷,再减去二成(延祐年间曾加税粮二成)。
⑥ 宋至道三年岁入,谷31 707 000石,钱4 656 000贯,绢1 625 000匹,见《文献通考》卷4《田赋考》四。据彭信威《中国货币史》,时粮价为3石/贯,绢价为1匹/贯。又宋制一石当元制七斗。
⑦ 《续文献通考》卷2《田赋考》二。

到达严酷的程度,元初却放令官吏"吃人肚皮"。被他们侵吞的这一部分财富,现在已无法估计了。与贪赃联系的必然是枉法。富豪与官府相勾结,通过各种形式诡避赋役,负担愈来愈集中在无权无势的当役税户身上,大量人户破产逃亡,他们的差税又在其余"现住户"内"分洒",引起更多人户的破产逃亡①。恶性循环逐渐加剧。甚至早在阿合马时代,北方某些地区已经出现"税人白骨"的现象②。除正常赋税额之外,元廷又大肆追征历年逋欠粮钱,虽然美其名曰"裁抑权势所侵""未尝敛及百姓",实际上不可能不祸及贫困的人民。元初的力役更为历代开国之初所罕见。造船、制军器衣甲,调发无虚日。尤其是在南宋地区,"江南扰动,过于向来"③。理财政策的这些方面,确实给元初整个社会带来了可怕的暴政。这是至元后期南方一系列小规模农民起义的主要原因之一。

元廷的儒臣有鉴于此,从民为邦本、藏富于民的传统观点出发,拼命强调"仁慈爱养"之政④。他们的政见,说来说去,无非是两条,一曰"节用",二曰"爱人",疾呼"一日无是道则国非其国矣!"⑤"节用爱人"之说从理论和实践上都对历代统治者的过度行为起着某种程度的约束作用;就元初情况而言,用它来抵制和纠正理财派的贪残苛暴,自然具有合理的一面。但过分强调节用,竟使他们完全无视在当时形势下开辟财源的必要性和可能性。相反,阿合马、卢世荣、桑

---

① 参见程钜夫:《吏治五事》,《雪楼集》卷 10;胡祗遹:《论逃户》,《紫山集》卷 22;魏初:《奏议》,《青崖集》卷 4。
② 《元史》卷 160《王磐传》。
③ 程钜夫上引文;吴澄:《刘宜行状》,《吴文正公集》卷 43;戴良:《许丞传》,《九灵山房集》卷 19。
④ 语见魏初:《奏议》,《青崖集》卷 4。
⑤ 刘辰翁:《新喻县学大成殿记》,《天下同文前甲集》卷 8。

哥越是以"理财"固宠,儒臣们就越是"讳言财利事"①。这样,他们实际上就从反对阿合马等人的过度收括走向另一个极端,把自己置于忽必烈增加国用的既定政策的对立面,并且迫使急于兴利的这个蒙古君王进一步倒向理财派一边,同时也加深了他对儒家学说和儒臣的隔阂。面对两派在国策上的分歧,忽必烈总是斥责儒臣"不识事机"②。阿合马死后,太子真金曾兴高采烈地对何玮、徐琰等说:"汝等学孔子之道,今始得行。"③但不出几年,卢世荣、桑哥又相继擅断朝政。至元以后相当长的时期内,"历观宰辅,久无儒者"④。实际上不止宰辅如此,整个官场,"上自台阁,下至郡县,以趣办金谷为才,以勾稽朱墨为智,以不报期会为大故,以谨守绳墨为无能"⑤。一遇"以仁义为说者,则群笑且讥"⑥,"群非迭毁,极力挤排"⑦。

忽必烈对儒臣的这种明显疏远,牵动了许多知识分子的愁肠。赵子昂吟诗道:"儒术久无用……廊庙不乏才。"⑧还有一些人经常怀着无限感慨,回忆起忽必烈在开国之初依靠他们立制度、定纪纲时的那段美好而短促的岁月。王恽就说:"国朝自中统元年以来,鸿儒硕德,济之为用者多矣!……今则曰:彼无所用,不足以有为也。是岂智于中统之初,愚于至元之后哉?予故曰,士之贵贱,特系夫国之重

---

① 《元史》卷 205《卢世荣传》。
② 《元史》卷 205《阿合马传》。
③ 《元史》卷 115《真金传》。
④ 程钜夫:《李孟画象赞》,《雪楼集》卷 9。
⑤ 陆文圭:《策问》,《墙东类稿》卷 2。
⑥ 马祖常:《送崔少中序》,《石田集》卷 9。
⑦ 陆文圭:《策问》,《墙东类稿》卷 2。
⑧ 赵孟頫:《寄鲜于伯机》,《永乐大典》卷 14381 引《松雪斋集》。按,《松雪斋集》("四部丛刊"初编本)卷 2 亦载此诗,但缺"儒术久无用"等起首四句。

轻,用与不用之间耳。"①王结也用几乎同样的口气说到忽必烈对儒臣态度的转变:"爰自中统之初,稽古建官,庸正百度,一时硕儒元老,屹然立朝,文献彬彬,莫可及也。……厥后台阁之位,率取敏锐材干、练达时事者居之。其效官举职,治繁理剧,固不乏人。而格君经世,蹈道迪德者,盖未多见也。呜呼!岂天之产材隆于前而杀于后哉?亦势使然尔!"②王结所谓的"势"是什么?用孔齐的话来说,就是"不用真儒以治天下"的既定局势③。科举制度本来是为遴选"真儒"、经世致用而设立的。既然大势所趋,不用"真儒",蒙古统治者对于恢复科举制度,还会有什么兴趣呢?

(四)由吏入仕逐渐制度化,进一步阻遏了科举制的推行。

科举制度虽然议而不行,却不可能停止官僚阶层更新与膨胀的客观进程。这部分地是因为新陈代谢的自然规律作用;部分地由于官僚机器的日益繁复;同时也由于定期提升在职官员不仅是更高一级职位上阙员的需要,而且也是国家对官僚的恩宠手段之一。元初官员升迁很快。许多人"不十年而至三品、二品"。以致某些时候、某些地区竟有"牧民急阙"的情况④。于是,从掾史中提拔官员,由许多个别的权宜措施而逐渐制度化。

吏的势力至少从北宋起就逐渐抬头。这种趋势在南宋虽受到一定程度的压抑,但在金统治下的北方却在不断增加⑤。尤其是金南渡之后,吏权大盛⑥。金衰元兴,其势有增无减。"郡县往往荷毡被毳

---

① 王恽:《儒用篇》,《秋涧集》卷46。
② 王结:《书松厅事稿略》,《文忠集》卷4。
③ 孔齐:《世祖一统》,《至正直记》卷3。
④ 胡祗遹:《论迁转太速》,《紫山集》卷21。
⑤ 参见宫崎市定:《宋元时代之法制与裁判机构》,《东方学报》卷24(1954年)。
⑥ 刘祁:《归潜志》卷7。

之人,捐弓下马,使为守令。其于法意之低昂,民情之幽隐,不能周知而悉究。是以取尝为胥曹者,命之具文书上,又详指说焉。"①"司县或三员或四员,而有俱不识一字者。一县之政,欲求不出于胥吏之手亦难矣。"②其结果,"事之然不然、可不可,长吏不得独决于上,必于吏目折衷焉"③。不仅如此,有些吏员甚至擅断行政公事。"钱谷、转输、期会、工作、计最、刑赏、伐阅、道里、名物,非刀笔简牍无以记载施行,而吏始见用。……事定,军将有定秩,而为政者吏始专之。"④省部吏员的事权就更重⑤。

如果说鄙视胥吏的传统观念从前毕竟阻断了他们当中大多数人的仕途,那么蒙古人并没有这样的观念。在北方,"曰官曰吏,靡有轻贱贵重之殊。今之官即昔之吏,今之吏即后之官。官之与吏……每以字呼,不以势分相临也"⑥。既然胥吏供职年深必须示以恩宠,而实际上又存在着补注部分阙员的客观需要,由吏入流的途径便自然畅通了。于是,一些吏员"以勾当年深,县升之州,州升之府,府升之部,部升之台院都省,出职为品官、当要职,外任则承流宣化,内则参决大政,纲领郡县"⑦。到后来,自诸曹掾出职,可为总管判官⑧,至少

---

① 危素:《送陈子嘉序》,《危太朴集》卷6。
② 胡祗遹:《铨词》,《紫山集》卷21。
③ 任士林:《送徐春野兰溪吏目序》,《松乡集》卷4。又,参阅同恕:《送李正德序》,《榘庵集》卷3。
④ 虞集:《苏志道墓碑》,《道园学古录》卷15。
⑤ "天下之事具在于省。省之事责之六部。六部之事,其呈复出纳在于各科分令史。由是言之,部令史虽名卑,其所掌为最要,其所系为最重。"见魏初:《奏议》,《青崖集》卷4。
⑥ 吴澄:《赠何仲德序》,《吴文正公集》卷14。
⑦ 胡祗遹:《试典史策问》,《紫山集》卷23。
⑧ 姚燧:《冯岵神道碑》,《牧庵集》卷20。

亦不失一近县①。其中一部分进迁极快。"才离州府司县，即入省部。才入省部，不满一考，即为府州司县官。"另有一部分人，由各地贡举直接进入省部。"布衣为一品府掾者，悉历九十月得七品官。或转而掾中书，出身即得官六品。"②

当然，这样的取士法有不少问题。"府州司县人吏幼年废学，辄就吏门。礼义之教懵然未知，贿赂之情循习已著。日就月将，薰染成性。及至年长，即于官府勾当。往往受赃曲法，遭罹刑宪。"③对此，元政府采取了三项补救措施。一是规定令史必须涉猎经史，参通义理，以"正心修己"④。二是将岁贡儒生掺补省部令史的做法制度化⑤。最后，虽然蒙古统治者倾向于从"理财派"中遴选具体操纵国家行政机器的各级官员，但在监察和词苑方面仍专用儒臣。这就是所谓"风纪之司，用吏驭法，必求诸儒"⑥；"国有大政，进儒臣议之，此家法也"⑦。通过他们掌握舆情，必要的时候也依靠他们整顿吏治，以求社会关系的适当平衡。平江南后，程钜夫受命南下搜罗遗逸。在他上名举荐的二十多人中，除少数人如叶李、赵孟頫曾任职省部，汪斌以医术拜太医，个别人如方逢辰、孙潼发奉诏不起外，大半掌诸道宪，余皆任文学之职⑧。王龙泽以宋甲戌（1274年）状元名重一时，

---

① 张养浩：《送田信卿上和林宣慰司都事序》，《归田类稿》卷3。
② 胡祗遹：《时政》，《紫山集》卷22。
③ 《元典章》卷6《吏制》，"司吏"条。
④ 《通制条格》卷5。
⑤ 《元典章》卷6《吏制》，"随路岁贡儒吏"条。
⑥ 刘本仁：《送浙东宪使陈道长考满序》，《羽庭集》卷1。
⑦ 吴澄：《送卢廉使还朝为翰林学士序》，《吴文正公全集》卷14。
⑧ 参见《元史》卷172《程钜夫传》；黄溍：《孙潼发墓表》《方逢辰阡表》，《黄金华集》卷30；邵亨贞：《汪从善行状》，《野处集》卷3等。

亦被征为监察御史①。直到元贞、大德间，布衣儒生被荐，"犹得登翰监、司儒台、典郡教"②，正反映了忽必烈后期使用儒生的成法。

我们看到，正是在科举一议再议、延宕不行的同时，由吏入仕制度化的过程却逐渐完成了。除了高级官僚阶层由半世袭化的蒙古、色目贵族（大都出身宿卫）以及汉人上层构成外，中、下级官僚大半自吏出身。中级官僚子弟即使用荫入职，也仍然必须从吏做起③。这种特殊的用人制度在逐渐形成的过程中，就以越来越大的惰性力量倾向于坚持自己，反过来成为推行科举制的障碍。至元以降，"凡言科举者，闻者莫不笑其迂阔，以为不急之务"④。很明显，正因为它实际上已为另一种用人制度所代替和排挤，所以才会成为"不急之务"。元朝前期科举长期停废和由吏入仕的制度化，实际上是互为因果的。即使在复科以后，后者仍然成为阻遏科举制正常发展的重要因素。这一点下文还要进一步加以讨论。

上面讲到的任何一条原因，都不足以单独地解释元代前期科举长期停废的问题，因为总是可以提出相反的说法来抵消单一的解释。例如，对于科举流弊，王安石变法时所采取的方法是改革考试的形式与内容而保留科举制度本身，为什么在元朝它却会导致对制度本身的否定？又如，以"义理"治国和以"功利"治国历来是儒家学说内部的两派之争，无论哪一派占据上风，本来都不至于危及社会关于儒家

---

① 《元史》卷190《熊朋来传》。
② 陶安：《送张学正并序》，《陶文宪公集》卷2。
③ 参见牧野修二：《关于元代升官规定的考察》，《东方学》卷32（1966年）；同氏：《元代勾当官体系之研究》，东京，1977年。
④ 张之瀚：《科举议》，《西岩集》卷13。

政治学说的传统价值观念。为什么在元朝,"当国者急于功利"却会成为"儒者之言弗获进用"的基本原因?① 对于这些问题,我们不得不从最高权力集团文化差异的角度去探寻它们的答案。由于从草原南下的蒙古贵族入主中原,传统的汉文化以及与此相关联的价值观念受到巨大的冲击。漠北游牧社会的意识形态被部分地移植到汉地,并且也导致了汉地传统价值观念本身的某些变化。因此,每当恢复科举制度的机会产生或出现之时,蒙古统治者乃至整个社会所做出的,总是不利于科举的选择。可以说,上面所分析的造成科举长期停废的各项具体原因,无一不反映了统治者的文化差异这一特殊因素,而且正是由于这一特殊因素的发酵,才使种种未必不能化解的原因得以有机地纠集聚合为一体,因而又从各个方面排除了当时推行科举制度的各种可能性。

忽必烈之后,元王朝又经历了自北方草原入继大统的成宗、武宗时代。至元故老日渐沦逝,由吏入仕制度的弊端也日益明显而且严重。另一方面,随着代易俗化,久居内地的蒙古、色目贵族上层的汉文化素养毕竟有了某些提高。这时候,统治者中如果有人决心推行科举制度而又握有一定的权力,他所面临的阻力,也许就会比元初小一些。而这样的人物果真出现了。

后来的传统文人附会史事,曾绘声绘色地写道,至元乙酉(1285年)三月乙亥,忽必烈正在上都,"太史奏文昌星明,文运将兴"。就在此前后,爱育黎拔力八达和张起岩相继出生了。这两个人,一个是即位后决意开科的元仁宗,而另一个则是延祐首科左榜第一人②。

---

① 苏天爵:《刘因墓表》,《滋溪文稿》卷8。
② 见《元诗选》二集乙集,张起岩小传。

三　元朝设科取士概况

延祐初科

　　开科取士之事,"世祖皇帝、裕宗皇帝几遍教行的圣旨有来。成宗皇帝,武宗皇帝时分,贡举的法度也交行来上位根底合明白题说"[1]。但是直到仁宗时方才真正下诏实行。这与元仁宗的个人因素也有密切的关系。

　　与成宗、武宗先后抚军北方不同,仁宗即位前一直居住在汉地。他是忽必烈之后第一个在潜邸时代就长年有一批儒臣朝夕侍奉的皇帝。儒臣中最著名的是秋谷先生李孟。仁宗出居怀州(治今河南沁阳)四年间,"孟常单骑以从……诚节如一,左右化宣,皆有儒雅风"[2]。长期的灌输熏冶,使仁宗以儒治国的政治倾向日益明朗。他在东宫做太子时曾问左右:"文丞相何如?""对者皆贬其不知天命。仁宗作色曰:'如卿所言,则冯道却不是忠臣矣?'众恧屏气,相视惕然。……临御之日,语廷臣曰:'儒者握纲常如拳。'盖为信公而发。"[3]这个崇儒的蒙古皇帝,还在"龙潜"之日就深恨"胥吏科敛,重为民困"。所以他一登基就宣布:"朕所愿者,安百姓以图至治。然匪用儒士,何以致此?"[4]

　　这就很自然地提出了"求贤取士,何法为上"的问题[5]。李孟很

---

[1]　《元典章》卷31,"科举程式条目"。
[2]　《元史》卷175《李孟传》。
[3]　周霆震:《阅晏彦文所论王生江南野史》,《石初集》卷10。"文丞相""信公",指文天祥。
[4]　《元史》卷24《仁宗纪》一。
[5]　黄溍:《柏铁木儿家传》,《黄金华集》卷43。

早就对他说:"人材所出,固非一途。然汉唐、宋金,科目得人为盛。"①柏铁木儿也说:"今以季劳用人,何以得才? 古有科举之法。先朝尝欲举行而未果。今宜以时述祖训以开贤路。"②如果说李孟还仅仅将科举作为唐宋旧制推荐给仁宗的话,那么柏铁木儿等人则在提醒仁宗,从"祖训"角度看来,它还是"祖宗以来百余年之旷典"呢③。这无疑为仁宗设科取士提供了一条更充分的理由。

于是水到渠成。"上以为然。即命中书议行之。"④这是皇庆二年(1313年)十月间的事。次月即以行科举诏颁布天下⑤。预议科举制度者,包括陈颢、程钜夫、元明善、许师敬、贯云石海涯诸人。

皇庆二年科举诏颁,在士人阶层中引起极大的刺激和震动。

"元氏初克江南,畸人逸士浮沉里闾间,以诗酒玩世者众。"其中一部分甘为前朝遗民,终老于山林,但这样的人无论如何是少数。更多的人,"迨元贞、大德后,稍出居儒黉,以淑后进"⑥。不论宋元之际这一代人对元政权抱有什么样的态度,他们的下一代毕竟成了大元顺民。一部分曾想做遗民的人即使觉得自己不宜出仕去做元官,但对其后人,仍谆谆以"黄册子会有行世时,儿曹毋忽也"相叮嘱⑦。至于北方儒生,更是早就慨叹着"圣学久不作,美士几空老"⑧,盼望学而优则仕的时机了。

然而,由于科场久废,"而凡士者又往往不堪其闲。有去而技

---

① 《元史》卷176《李孟传》。
② 黄溍:《柏铁木儿家传》,《黄金华集》卷43。
③ 语出欧阳玄:《对策》,《圭斋集》卷12。
④ 黄溍:《柏铁木儿家传》,《黄金华集》卷43。
⑤ 《元史》卷24《仁宗纪》一。
⑥ 吴讷:《元贤遗墨跋》,见《静春堂诗集》卷末。
⑦ 欧阳玄:《彭远功先生手泽》,《圭斋集》卷14。
⑧ 萧㪺:《赠张奇童》,《勤斋集》卷5。

鸣者,有去而贾取赢者,有去而结绶于刀笔、辇金于纵横者",有些人不愿或者不能如此,那就只好"独匡坐蓬蒿环堵之中,隤然而已"①。对士人来说,另一条出路是做学官②。方回住在杭州,常有四方之士请他赠言作序。及问其所之何职,不是教谕、山长,就是学录、学正或教授③。读书人想从学官晋升而受一命之宠,是非常不容易的。辗转岁月,能做到州教授的,十不三四,且已年近致仕;能至郡教授者,又不过其中十之二三,得县主簿者,又其中十之一二④。所以做学官的人,在当时多有"皓首不调"之叹⑤。有人作诗发牢骚说:"热选尽教众人取,冷官要耐五更寒。"⑥"教授,冷官也",至少自宋代以来已经是流行的说法。但宋仅以三举不第之人任教谕之类的学职,"乃止之人所谓不才无用,怜其老而恩之者。进士不居是官也,显官不历是途也"⑦。而元代儒生,"入仕格例无不阶县学官而升"⑧。儒生政治待遇之差,由此可见。

正因为如此,仁宗科举诏下,虽亦有"不屑于科目,甘自没溺于山林之间"者⑨,对绝大多数人来说,毕竟"如阳春布获阴崖冰谷,荄粒无不翘达"⑩。"如种待获,适惟其时。"⑪由此"士气复振"⑫。"天下

---

① 徐明善:《耐闲说》,《芳谷集》卷3。
② 参见劳延煊:《南方学者和元初教育制度初探》,载《蒙古统治下的中国》,普林斯顿大学出版社,1981年。
③ 方回:《送柯德阳如新城序》,《桐江续集》卷31。
④ 程端学:《送花教授秩满序》,《积斋集》卷2。
⑤ 许有壬:《送陈季和序》,《至正集》卷31。
⑥ 王义山:《送余仲谦赴江州教》,《稼村类稿》卷2。
⑦ 王旭:《送刘孟章濮州教授序》,《兰轩集》卷11。
⑧ 吴澄:《送周德衡赴新宁教谕序》,《吴文正公集》卷17。
⑨ 余阙:《杨显民诗集序》,《青阳集》卷4。
⑩ 徐明善:《送汪子中序》,《芳谷集》卷2。
⑪ 黄溍:《诸暨州乡贡进士题名记》,《黄金华集》卷10。
⑫ 刘诜:《彭庭琦墓志铭》,《桂隐集》卷2。

士君子忻然曰,庶几可以展吾志矣。"①刘将孙在诗中写道:"废简回春冷灰外,寒窗读赋万山中";"重期将相公侯选,肯信倡优卜祝同?"②苦尽甘来的欢娱溢于言表。有些地方,本已科废学散。如今,"一朝科复梦惊回,却恨穿杨无妙手"。因此,急忙"摇官船去买官书"③。有的人科举未兴时对子女说:"古者儒皆可吏,吏无非儒尔。其以儒饰吏,庶不俗不迁,以不悖于时。"科举既兴,又对他们说:"我家自秘丞公以进士出身,代不乏人。一脉斯文,罔俾今不承于古。汝其学焉,以袭世科,以绳祖武。"胡炳文评论说:"前后受授之言若不同,彼一时此一时,皆不失随时之义者。"④甚至不少年逾古稀的南宋遗老也油然心动。被誉为"老子复出"的赵仪可在科举诏颁之年已七十五岁,"犹攘臂盱衡,不自谓其老也。然终不自得"⑤。陈大有系宋咸淳乙丑(1265 年)进士。省檄起其为乡试官,他执意不就,以七十四岁高龄就试有司不合⑥。陆文圭以南宋遗老登延祐首科乡选后,贺札谢启往返不绝。至有"忽逢芝紫之诏颁,不觉槐黄之心动"等语⑦。白头青云的憧憬,跃然纸上。延祐二年(1315 年)京师会试才结束,立即有坊间刊刻《会试程文》在各地出售牟利⑧。

延祐首科,就是在这种颇为热烈的气氛中开场的。深得仁宗知

---

① 刘诜:《高师周墓志铭》,《桂隐集》卷 2。
② 刘将孙:《考试》,《养吾斋集》卷 9。
③ 刘将孙:《送五羊区善叔买书》,《养吾斋集》卷 3。
④ 胡炳文:《中斋记》,《云峰集》卷 22。
⑤ 刘埙:《与赵仪可书》,《水云村泯稿》卷 19;程钜夫:《赵仪可墓志铭》,《雪楼集》卷 22。
⑥ 黄溍:《夏生文稿序》,《黄金华集》卷 18。按,这应是延祐四年乡试时的事。
⑦ 参见《墙东类稿》卷 2。陆文圭还有"儒科一废四十年,甲寅诏下初兴贤。鸡窗夜半同起舞,竟让祖逖先著鞭"诗,见同书卷 19。元史本传谓其被有司强起就试,殆为之讳也。
⑧ 陈栎:《上秦国公书》,《定宇集》卷 10。

遇的李孟受命知贡举。他兴奋地赋诗曰:"百年场屋事初行,一夕文星聚帝京。豹管敢窥天下士,龙[一作鳌]头谁占日边名?宽容极口论时事,衣被终身荷圣情。愿得真儒佐明主,白头应不负平生。"①张养浩也以礼部侍郎预知贡举。当时有人主张严格考试,期得真才。张养浩说:"场屋且废百年。一旦忿之,得士必不广,恐沮后来。"朝议韪之,不第者亦皆赐秩有差②。放榜后,新进士衔刺谒见座主。张养浩拒不纳见,书免谢帖于方寸纸。其辞曰:"诸公但思至公血诚以报国政,自不必谢仆。仆亦不敢受诸公之谢也。养浩覆。"令门人谕之③,传为一时佳话。

首科取士五十六人,其中右榜十六人④。当时人评论说:初科之时,士"无宿备","未有陈腐之习"⑤,故以得人之盛见称。

科试程式略述

关于元朝科举考试的各项具体规定,已有不少学者作过比较细致的研究⑥。因此除略有补充的若干地方以外,在这里只需要作一个尽可能简单的概述就可以了。

元朝科场,每三年开试一次,分为乡试、会试、殿试三道。

"乡试"之名始于金。金代地方考试最初分两级,即乡试和府试。

---

① 李孟:《初科知贡举》,见《元诗选》二集乙集引《秋谷集》。
② 张起岩:《张养浩神道碑》,《归田类稿》附录5。
③ 王礼:《跋张文忠公帖》,《麟原前集》卷10;黄溍:《张养浩祠堂碑》,《黄金华集》卷8;又参见上注。
④ 许有壬:《张雄飞诗集序》,《圭塘小稿》卷5。关于右榜,详下文。
⑤ 许有壬:《送冯照磨序》,《至正集》卷32;郑玉:《王仲履先生诗集序》,《师山集》卷3;王礼:《跋张忠文公帖》,《麟原集》卷10。
⑥ 今人论著除上面已列举过的几种之外,还有沈兼士:《元代的考试制度》,台湾《考政资料》第6卷第1期(1963年);邓嗣禹:《中国考试制度史》等。

明昌元年罢乡试,以后仅剩府试①。元代地方考试称为乡试,于八月举行②。乡试举人,须从本贯官司推举。但在举人的资格限制上比列朝都松③。从本贯推举,事实上很难绝对贯彻。有些人假馆他乡,就在当地与荐④。西北之士学于江南者,皆由江南贡⑤。凡在大都有恒产,住经年深者,亦许就试⑥。袁桷甚至说,由江南求试外省者,多至八千余人⑦。元末,士人因战乱引起很大流动,朝廷还特设"流寓例"以待诸生⑧。

乡试科目,蒙古、色目人试二场。第一场经问五条;至正时减为三条,另增本经义一道⑨。第二场策一道。汉、南人试三场。第一场明经,包括经疑二问(四书内出题)、经义一道;至正改四书疑一道为本经疑。第二场古赋、诏诰章表内科一道;至正改古赋外于诏诰章表内又科一道。第三场策问一道。命题答卷,基本上都以程朱对儒家经典的注疏为依据。

乡试科场,全国共设十七处,从中选合格者三百人赴大都会试。其名额分配如下表:

---

① 见邓嗣禹:《中国考试制度史》。
② "至正十八年(1358年)冬,中书下议,驿使梗,外省士人会试者必道海,道海必候风信于夏,许先期春贡。于是江浙行省以至正十九年夏四月群试吴越之士。"这是一个例外。见杨维桢:《乡闱纪录序》,《东维子文集》卷5。
③ 参见有高岩:《元代科举考》。
④ 邵亨贞:《进士吴善卿赴黟县教谕醵赆序》,《野处集》卷2。
⑤ 刘岳申:《吉安路修学记》,《申斋集》卷6。
⑥ 陈祖仁:《李士瞻行状》,《经济集》附录。
⑦ 袁桷:《送刘生归乡试序》,《清容居士集》卷24。
⑧ 徐一夔:《送邱克庄赴会试序》,《始丰稿》卷2。
⑨ 有高岩说,考试科目的更动意味着对蒙古、色目人的从宽照顾,此误。按经问只在四书内出题。"四书文少,便于记诵。"增加本经义一道,则须在诗、书、易、春秋、礼记内明一经,难度是增大了。参见钱大昕:《廿二史考异》卷90;《元史》卷81《选举志》一。

元朝科举制度的行废及其社会背景

地 区		蒙古	色目	汉	南	小计
行省十一	辽 阳	5	2	2	—	9
	河 南	5	5	9	7	26
	陕 西	5	3	5	—	13
	甘 肃	3	2	2	—	7
	岭 北	3	2	1	—	6
	江 浙	5	10	—	28	43
	江 西	3	6	—	22	31
	湖 广	3	7	—	18	28
	四 川	1	3	5	—	9
	云 南	1	2	2	—	5
	征 东	1	1	1	—	3
宣慰司二	河 东	5	4	7	—	16
	山 东	4	5	7	—	16
直隶省部四	大 都	15	10	10	—	35
	上 都	6	4	4	—	14
	真定等	5	5	11	—	21
	东平等	5	4	9	—	18
合 计		75	75	75	75	300

至正十九年(1359年),又定寓试解额,依原额减半;此年并在福

建初设乡试,定额七人①。

"会试"之名亦始见于金。元朝会试定于乡试次年二月举行,科目与乡试同。会试共取录一百人,内中蒙古、色目、汉人、南人各二十五名,参加殿试,重新厘定等次②。

"殿试"肇起于唐而定制于宋。唐天子曾在讲武殿命题复试礼部、贡院合格举人。宋制,礼部中式者须就崇仁殿锁试。考策问一道,毕日唱名,是谓殿试。最初略有黜陟。自嘉祐初始不复黜陟③。元代殿试在会试之次月(即三月)举行,地点在翰林院。蒙古、色目人试时务策一道,汉、南人试策一道。题目由儒臣拟草稿四首进呈,"御笔点用其二,规制如此"④。监试官与读卷官以所对第其高下,分两榜公布。"国人暨诸部"即蒙古、色目人作右榜,汉、南人作左榜。这可以追溯到至元十一、二年时制定的蒙古、汉人进士两科格式,实际上是金南北选、女直进士科之旧制的变通⑤。两榜各分三甲。第一甲各一人,赐进士及第,秩从六品;第二甲赐进士出身,秩正七品;第三甲赐同进士出身,正八品。元统元年(1333年)的殿试曾稍异其制,左、右榜第一甲各三人,皆赐进士及第。大概只有右榜第一人才算真正的状元,所以当时人说:"唯蒙古生得为状元,尊国人也。"⑥三

---

① 《元史》卷92《百官志》八,"选举附录"。
② 至正二十六年(1366年),"优其蹈海而来者,即奉大对伦魁,又不限南士"。杨维桢:《送倪进士中会试京师序》,《东维子文集》卷3。是为乡试举人直接参加殿试之例,乃元朝廷灭亡前对士人的廉价优待。
③ 见邓嗣禹:《中国考试制度史》。
④ 苏天爵:《书泰定廷试策题稿后》,《滋溪文稿》卷30。
⑤ 有高岩:《元代科举考》。
⑥ 程端礼:《送朵郎中使还序》,《畏斋集》卷4。参见钱大昕:《十驾斋养新录》卷10,"状元榜眼"条。也有称左榜之首为状元的。如叶子奇说:"元朝……开科为状元,自张起岩始。"见《草木子》卷3下,"杂制篇"。

月初七殿试,十三日赴阙听候唱名①。唱名处在西宫,密迩上林,可闻林苑莺啼。故许有孚有"却忆当年闾阖晓,恩袍光照上林春"之句②。

凡参加殿试的儒生,不再被黜落。《元史·选举志》只说对他们"以所对策第其高下,分为三甲进奏",没有说还须黜汰。事实上,我们经常看到对"下第于春官"的考生有各种优惠处置③。如果殿试亦有黜落者,当然应该更见优待。但是却无例可援。至正二十年(1360年),预会试者共八十八人,廷议从中取三十五人。及殿试后赐第出身等仍为三十五人,可见殿试实无黜落④。殿试中第的人数大都不满百人,这应是会试举人不足三百人之额的结果⑤。杨树藩据此断言殿试复有沙汰,恐误⑥。

伯颜废科

延祐以后,设科取士的状况并不像人们最初料想的那么顺利。许有壬谈到这一点时说,科举得行而不废,"周旋扶护而潜弥之,一二人是赖。盖设科以来,列圣首诏,必有因而摇之者。庚申(1320年,

---

① 《元婚礼贡举考》引《御试程式》。元统元年廷试在九月三日,见《元统元年进士录》。
② 许有孚:《柳下听莺》,《元诗选》一集丙集引《圭塘欸乃》。
③ 会试下第者最初常用恩例为教授、学正、山长等学职,但未著为格,至正间遂成定制。乡试虽上名,但因南北阻兵,道里不通,不克赴京会试者,同此例。
④ 《元史》卷45《顺帝纪》八。
⑤ 首科会试南宫共135人。中第者虽仅56人,也已超出三人取一的比例。参见元明善:《送马翰林南归序》,《国朝文类》卷35。又,至正十一年预会试者凡373人。其中国子监生员应贡会试者120人。则由乡试上贡的举人为253人。按会试三人取一的规定,中选者应为84人。而殿试后赐第、出身共83人(国子生员试中者除外),亦证明殿试无黜落。参见周伯琦:《纪事四首奉呈》序,《近光集》卷3;《元史》卷92《百官志》八,"科举附录"。
⑥ 杨树藩:《元代科举制度》。

英宗即位之年)之春,则剥复之机系焉。癸亥(1323年,泰定帝即位之年)冬,惴惴几坠"①。对此局面,苏天爵也愤愤不平地问道:"或者必欲废之,何哉?"②到元统三年(1335年)末,苦心经营已达七科的科举终于复遭废止。这次废止期为时五年,其间空缺两科。

元统二年三月下诏,科举、国学积分、儒人免役等依累朝旧制③。这也许正是一个信号,表明朝廷就科举行废问题刚刚开展过一场激烈的争论。不过科举的支持者还算勉强守住了阵地。元统三年八月的乡试照旧举行④。十月,形势发生变化。监察御史吕思诚、斡玉伦徒等十九人劾奏中书平章彻里帖木儿变乱朝政。章再上,留中不下。彻里帖木儿仍出署事。十九人中除陈允文因未署名仍留台外,余十八人皆投印辞职。《元史》说,彻里帖木儿因视台谏如仇敌,以其封章成于儒者之手,尤恨之,力主废贡举。时罢科举诏已经写成,只是尚未用玺。许有壬向伯颜力争无效。十一月初,废科诏下⑤。

从表面看来,废科之举是彻里帖木儿一手造成的⑥。实际上,他至多不过是发难者而已。真正的后台是权臣伯颜。许有壬在廷辩时直言不讳地说:"太师以彻里帖木儿宣力之故,擢置中书。御史三十人不畏太师而听有壬,岂有壬权重于太师耶?"⑦废科仅三个月,彻里

---

① 许有壬:《送冯照磨序》,《至正集》卷32。
② 苏天爵:《盖侁墓记》,《滋溪文稿》卷4。
③ 此前一个多月,僧道免役的优遇先被取消。见《元史》卷38《顺帝纪》一。
④ 苏伯衡:《孔畅墓志铭》,《苏平仲集》卷13。
⑤ 参见《元史》卷38《顺帝纪》一、卷142《彻里帖木儿传》、卷185《吕思诚传》。又参苏天爵:《题诸公赠御史宝时中诗后》,《滋溪文稿》卷28。
⑥ 据元史本传,"初,彻里帖木儿之在江浙也,会行科举,驿请考官,供张甚盛,心颇不平。故其入中书,以罢科举为第一"。
⑦ 《元史》卷142《彻里帖木儿传》。

帖木儿即因违忤伯颜被罢职流放①。刘岳申"闻罪人既已黜伏",立即致书许有壬,厉声斥责他"参预大政之时不能保有其举之莫敢废,今明公为御史大夫之贰,又岂可谓有其废之莫敢举哉"②?刘岳申未免太天真了。爪牙虽去,元凶犹在。后至元二年(1336年)六月,礼部侍郎忽里台请复科举,果然仍被朝廷拒绝③。直到伯颜倒台,元廷方于至元六年底下诏复科④。

那么,伯颜为什么锐意废科呢?

他与许有壬廷辩时,提出过以下几点理由:举子多以赃败,又有假蒙古、色目者;举子中堪于任用者实寡;科举有妨选法⑤。他的说法,无疑反映了社会上长期存在的反对设科取士的舆论。问题是,为什么到了伯颜时候,这种舆论会在元朝的决策机构内部又一次占据上风?

元末一部著名的野史告诉我们,伯颜反对蒙古贵族读"汉人书",并且认为汉人"好生欺负人"。他的马伕许久不见,及问之,方知他"往应举未回"。他为此愤然不平:"不料想科举都是这等人得了。遂罢……科举。"⑥

然而,把罢科举的原因单纯地归诸决策者个人的好恶,总不能令人十分信服。伯颜此举,更可能是他在为垄断朝政而进行的派别斗争中,由于铁腕政治的需要而采取的一种手段。它远远超出了科举

---

① 《元史》卷38《顺帝纪》一。
② 刘岳申:《与中丞许可用书》,《申斋集》卷4。
③ 《元史》卷39《顺帝纪》二。
④ 《元史》卷40《顺帝纪》三。
⑤ 《元史》卷142《彻里帖木儿传》。
⑥ 权衡:《庚申外史》卷上。

行废的本身所具有的意义①。

1328年泰定帝也孙铁木儿死,他的儿子阿剌吉八在上都被权臣倒剌沙拥立为新帝。以燕铁木儿、伯颜等武宗旧臣为首的海山派所拥戴的文宗和明宗亦相继称帝,并掌握了政治中心大都。两都之间爆发的天历之战,发展为行省间的一场大内战,并以皇位复归海山系告终。与文宗朝相始终,燕铁木儿一直把持着国柄,"挟震主之威,肆意无忌"②。同时,伯颜的势力和地位也迅速上升,成为仅次于燕铁木儿的重臣。1332年及次年,文宗和燕铁木儿相继死去。伯颜擅国的时机逐渐成熟了。如果说,燕铁木儿是在拥戴文宗的天历之战以及谋杀明宗的宫廷斗争中奠立了自己擅权的基础,那么伯颜呢?他在文宗放逐妥懽贴睦尔,并推翻叔侄相继的约定,立自己的儿子阿剌忒纳答剌为皇太子时,却完全站在文宗一边。文宗死后,元朝皇位继承问题也没有爆发像1328年那样的危机。因此伯颜并没有燕铁木儿奠立文宗朝的那种勋绩可以依恃③。对他来说,只有靠诛灭政敌来进一步扩张自己的权势。唐其势集团被他清除后,通向擅断朝政道路上的下一个障碍,就是以御史台为基地,密切地注视着他的动向,并企图对他的独断专行加以掣肘的儒臣集团了。许有壬说"御史三十人不畏太师而听有壬",不就分明是在对他进行挑战吗?至元二年,诏"右丞相伯颜,太保定住,中书平章政事李罗、阿吉剌聚议于内廷。平章政事塔失海牙,右丞巩卜班,参知政事纳麟、许有壬等聚议

---

① 关于伯颜擅权的后至元时期元王朝的政策,目前只有达尔德斯进行过较为深入的研究。本文论述伯颜废止科举的政治背景时,即部分地采取了他的观点。参见《征服者与儒家》,纽约,1973年,第三章"伯颜及其反儒运动"。
② 《元史》卷138《燕铁木儿传》。
③ 参阅《征服者与儒家》,页59。

于中书"①。伯颜不仅以内、外廷分别议政的方式排斥许有壬等人，而且还在外廷布置了自己的党羽②，限制许有壬的言行。朝廷空气的紧张，由此可见一斑。

正是在上述背景之下，科举成了伯颜进行派别斗争首当其冲的牺牲品——废止科举，对于竭力企图保护它免遭破坏的儒臣无疑将是沉重的政治打击，更何况借此还可以讨好反对科举制度的种种社会势力呢！

事实证明，这种做法得不偿失。元代科举入仕的儒生人数虽然极少，可是毕竟成为广大士人阶层的希望所在。这本来是有利于元政权的社会心理因素。废止科举，一方面并不能给敌视科举制度的人们（例如胥吏）带来多少实际利益；另一方面，却因此招致士人阶层的普遍不满。伯颜被罢黜后，朝廷宣布他有"变乱祖宗成宪，虐害天下"之罪③，同时标榜"更化"政策以宽慰民心④。我们知道，伯颜推行的诸种政策中反响最大的，正是废止科举这一项。虽然他后来还企图进一步排汉，但没有什么实际效果。由此可知，废科之举所引起的社会不满，已对元政权造成一定的压力。

废止科举后不久，各地相继爆发了几次规模较大的农民起义，如广东朱光卿、河南棒胡、四川韩法师等⑤。这些起义与伯颜的废科排儒政策未必有什么联系，但它们在客观上却与反对伯颜废科排儒的舆论相呼应。这就进一步刺激了伯颜的狭隘族裔意识，促使他加剧

---

① 《元史》卷39《顺帝纪》二。
② 伯颜被罢斥之后，塔失海牙、阿吉剌、巩卜班等人亦以伯颜之党见黜。见《元史》卷187《逯鲁曾传》。
③ 《元史》卷40《顺帝纪》三。
④ 语见黄溍：《史惟良神道碑》，《黄金华集》卷26。
⑤ 《元史》卷39《顺帝纪》二。

民族压迫,借以增强自己的政治地位。他企图用禁止汉人、南人学习蒙古、色目文字,来阻塞他们由吏入仕的前途,甚至提出杀张、王、刘、李、赵五姓汉人①。

伯颜废科之举,很容易使人联想起窝阔台时代戊戌科试的失败;他请杀五姓汉人,也叫人想起当时别迭等人处置中原的主张:"汉人无补于国,可悉空其人以为牧地。"②然而,窝阔台时代的蒙古贵族,基本上是站在草原文化的立场上排斥和反对汉文化。而对于伯颜,我们却找不到充分证据可以说明他反对以儒家学说为指导思想的、中央集权的专制君主官僚制。他不过是企图借此打击政敌,进一步垄断个人及其集团对该王朝的控制权罢了。伯颜乞灵于旧文化的残余影响,与其说是为了全面复兴旧文化,毋宁说是把它当成某种策略手段去实现他的个人目的。当然,正因为他企图用政治上的倒退来保障自己专权,所以,如达尔德斯已经指出的,其方法和效果,甚至比起燕铁木儿来亦远为逊色。结果也十分耐人寻味。元朝最初的科举尝试中止于耶律楚材的失宠,而伯颜的倒台却立即导致了被他所废止的科举制度的复兴。

至元六年初,伯颜的侄子脱脱在顺帝支持下,趁伯颜在柳林飞放,卸其军权,将他斥出京师。同年底,即以复行科举诏告天下。至正元年,全国重新开设乡试。从这时候起直到元末,共开九科。加上延祐至元统七科,有元一代,共设科试十六次。

十六科述评

兹将元代十六科中选人数列表如下:

---

① 《元史》卷39《顺帝纪》二。权衡说,伯颜秉政后之所以仇视汉人、南人,是因为西蕃师婆界界曾警告他将"死于南人手"。见《庚申外史》卷上。
② 《元史》卷146《耶律楚材传》。

序号	会试、殿试年代	右、左榜第一人		取士人数	备注
1	延祐二年(1315)	护都沓儿	张起岩	56	据元纪、元志,下同
2	延祐五年(1318)	忽都达儿	霍希贤	50	
3	至治元年(1321)	泰普花	宋本	64	
4	泰定元年(1324)	八剌	张益	84	取士人数按本纪①
5	泰定四年(1327)	阿察赤	李黼	86	取士人数按元志。参见前注
6	至顺元年(1330)	笃列图	王文烨	97	
7	元统元年(1333)	同	李齐	100	"复增名额以及百人之数。"见元志
停科	至元二年(1336)				
	至元五年(1339)				
8	至正二年(1342)	拜住	陈祖仁	78+18=96	据本纪及《元史》卷92《百官志》八、科举附录。国子监应贡会试者中取"备榜"18人,已计入,下同

① 许有王《至正集》卷71《题杨廷镇所藏首科策题》云,延祐至元统"七科五百三十七人"。纪所载,除泰定年间两科外,其他五科人数相同,凡367人,是则泰定两科共取录170人。两科人数,纪、志分别著录为:

1324年: [纪]84 [志]86

1327年: [纪]85 [志]86

其中只有一种组合(84,86)符合170之数,故取之。

续表

序号	会试、殿试年代	右、左榜第一人	取士人数	备注
9	至正五年(1345)	普颜不花 张士坚	78+18=96	王宗哲乡、会、殿试皆第一,称"三元",为有元开科唯一人。见杨瑀：《山居新话》
10	至正八年(1348)	阿鲁辉帖木而 王宗哲	78+18=96	
11	至正十一年(1351)	朵烈图 文允中	83+18+20=121	"榜魁李国凤,赵麟,号凤麟联中,号梭鄂榜,皆前所未见也。"周伯琦《近光集》卷3。据《元史·百官志》附录《纪事》、《元史·百官志》副榜"20人,已计人,下同。贡会试者中又另取"副榜"20人,已计人,下同。
12	至正十四年(1354)	薛朝晤 牛继志	62+18+20=100	"左右榜进士及国子生之中选者凡六十有八人,是科号最得士。"陈旅：《送曾坚序》,《不系舟渔集》卷11。
13	至正十七年(1357)	侻 征 王宗嗣	51+18+20=89	元末某些地区至京师道梗,乡贡不得上;亦有因时方多故,选举之制不行者。见高启：《送二贾君序》,《高太史凫藻集》卷2；苏伯衡：《唐仲伸序》,《苏平仲集》卷2；戴良：《赠叶生诗序》,《九灵山房集》卷13等
14	至正二十年(1360)	买 住 魏元礼	35+18+20=73	
15	至正二十三年(1363)	宝 宝 杨 轴	62+18+20=100	
16	至正二十六年(1366)	赫德溥化 张 栋	72+20=92? 73+20=93?	《顺帝本纪》(72)、《百官志》附录(73)著录人数互异,无考。是科取国子监生二十人,已计人
十六科累计			1400? 1401?	

元代科举的规模,无论就取录人数还是进士的地位前途而言,与唐宋相比都很不足道。

唐朝文职官员总数为 14 774 人①。官员任职年限,按唐人自己推算,"取其中数,不过支三十年"②。今以三十五年为率。也就是说,平均每三十五年中入官人数为 14 774 人。那么其中通过科举登第入仕的人数有多少呢?据《文献通考》卷 29 著录的《登科记总目》,从贞观二十六年(652 年)至唐亡(907 年),共计开科 238 次③,取进士及诸科 8 030 人,平均每次 33.7 人。按这个比率推算,每 35 年开科 32.7 次,取进士 1 002.0 人。进士之外还有明经。明经取录数字未载入上引登科记总目中。且以每科 140 人为率④,35 年取 4 578 人。两项相加,35 年中共取士 5 580 人。这些人早晚得出职为宦。据此,我们就推算出科举在唐代仕途中所占的比重,是为 37.8%。

北宋职官总数,治平(1064—1067 年)间为 24 000 员。取 1031 年至 1065 年间一代为率,取士总额为 7 217 人。科举占仕途总额的 30.1%。南迁以后,官员总数激增。治熙二年(1191 年)33 016 人,庆元二年(1196 年)42 000 人,嘉泰元年(1201 年)37 800 人。十年平均数为 37 605 人。取 1200 年至 1235 年一代为率,取士总数为 5 917

---

① 《通典》卷 40,"职官"二十二。
② 《旧唐书》卷 81《刘祥道传》。
③ 据徐松《登科记考》卷 2,长寿元年(692 年)亦曾开科而记脱佚。以下计算已将它补入。该统计从唐开国后第二代算起。
④ 参见徐松:《登科记考》"凡例";《文献通考》卷 29《选举考》二按语。又,据《通典》卷 15"选举"三,唐代乡贡之数,"多则二千人,少犹不减千人"。乡贡外还有生徒应试。据《唐摭言》卷 1《会昌五年举格节文》,天下生徒应试者每科不下 2 400 人。是每科预试者总数不在 4 000 人之下。"其进士大抵千人得第者百一二,明经倍之,得第者十一二。"则除却三十名上下进士外,必定取录百多名明经,方能与应试人数相合。韩愈曾说到以明经得第者"岁不及二百人",也与这里的推算相符。见《赠张童子序》,《昌黎集》卷 20。

人,仍占仕途总额的15.7%①。由于我们无法从宋代职官总数中扣除武职官员的人数,所以,两宋科举取士在仕途所占的比例,实际上还远远超出上面推算的数字②。南宋偏于东南一隅,一代取士人数仍高达6 000左右,相当于元时取士比率的七至八倍。

元朝的文职品官,按《元史·百官志》以及《元典章》卷7"吏部一·官制一·职品"统计,共计19 000员左右。自延祐二年至元亡共54年,以35年为一代,合1.5代,则入仕总人数当为28 000人。其中由科举入仕者,包括国子监应贡会试中选者共计1 400.5人,占仕途总额的5.0%。这个比率,大致上只相当于唐代和北宋的六七分之一。再以杭州为例,徐一夔曾比较宋、元、明三代该地的贡士数额说:"杭为方州时,贡士之数自淳熙至景定,增至二十二人。元置行省于浙,领郡三十二,杭隶焉。贡士之额仅二十八人。是时杭之士不加少也,三年或不能贡一人。今(按,指明朝)领郡九,杭亦隶焉。其额增至四十人矣。杭之士不加多也,三年一贡有至六七人者矣。犹虑未足以尽其材也,复比年一贡焉。"他由此得出的结论是:"元有科目,名有而实不副。"③

由不同来源入仕的官员数量之比,当然是影响一个时代官僚构成的重要因素,但不是仅有的因素。唐朝的官员,虽然每三人中只有一人出身科举,但由科举入仕者,"位极人臣常有十二三,登显列十有六七"④,在整个官僚构成中占有极优越的地位。"缙绅虽位极人臣,

---

① 《文献通考》卷47《职官考》一、卷23《选举考》五。
② 金人评论辽代科举规模时说:"仕于其国时,考其致身之所自,进士才十之二三耳。"(《金史》卷51《选举志》一)从其语气推测,两宋乃至金朝,官员中由科举进身者,似乎不可能低于30%。
③ 徐一夔:《送赵乡贡序》,《始丰稿》卷5。
④ 王定保:《唐摭言》卷2。

不由进士者终不为美。"①初唐以后,凡入相文官几乎都出身进士。张玄素在隋朝由令史入品流,入唐后位至三品。唐太宗尝对朝问玄素历官所由,玄素窘迫不堪,"将出閤门,殆不能移步,精爽顿尽,色类死灰"②。宋朝三百年天下,更加尚儒右文,"凡居台辅,必用硕儒"③。士人奋身白屋,一旦及第,"指日金马玉堂","十年可至辅相"④。由于"进士科往往皆为将相,皆极通显"⑤,所以被宋人"目为将相科"⑥。孝宗时用王秬为起居舍人兼权中书舍人,以"臣无科第"辞不敢就⑦。南宋末赵葵入相,因为不是科举出身,居然被人以"宰相须用读书人"为理由奏罢⑧。

　　元朝的情况就大不相同了。取士数量既然不抵前代十之二,"则今之上于春官者(指经过乡试上贡的举人),皆昔之登于天府者(指得科第者)也"⑨。可惜朝廷仍未对他们加以重用。从延祐科兴到元统年间,只有许有壬一人以科第践相位。复科后五十四年间,可以确定是以科举进身的参相者有九人。把他们各自入相的年数相加,总共亦不过二十七年,占同时期内参相官员各自在职年数总和的3%强。根据现在掌握的材料,进士中官至省、部宰臣(包括侍郎)的约二十多人,做到行省宰臣及路总管的也不过二三十人,在同级官僚总员

---

① 李肇:《唐国史补》卷下。
② 《旧唐书》卷75《张玄素传》。
③ 谢应芳:《送唐用彰序》,《龟巢稿》卷14。
④ 王义山:《周衡斋四书衍义序》,《稼村类稿》卷6;刘将孙:《题陈文二相翰墨》,《养吾斋集》卷26。
⑤ 吕祖谦:《历代制度详说》卷1。
⑥ 王恽:《论明经保举等科目状》,《秋涧集》卷86。
⑦ 盛如梓:《庶斋老学丛谈》卷下。
⑧ 《宋史》卷417《赵葵传》。
⑨ 黄溍:《科名总录序》,《黄金华集》卷16。

数中占的比率自然都低得惊人。除此之外的大部分人,"例不过七品官,浮湛常调,远者或二十年,近者犹十余年,然后改官。其改官而历华要者十不能四五,淹于常调,不改官以没身者十八九"①。他们散处于郡县,人数少而地位低,"上迫大府,震以不仁之威,压以非理之势。虽欲自竭,有所不能;虽能,有所不容"②。

如上所述,元朝进士出身的官员无论就其数量还是地位来说,在官僚构成中都居于绝对劣势。因此延祐以后虽实行了科举制度,但对有元一代宿卫出职皆居当道要津、品官来源多自掾吏入流的用人格局,基本上没有什么触动。正因为这样,元末人评论当时的用人体制,与元初相比,也几乎没有差异。朱德润说:"凡入官者,首以宿卫近侍,次以吏业循资。盖近侍多世勋子孙,吏业多省台旧典。自此,或以科举,或以保荐。"③徐一夔也说,"当国者类皆西北右族,所用不过门第、胥吏、技艺杂流三等而已。自予所见,科目之行历五六年,吾邑仅得一人。……皓首穷经,不免有不遇时之叹"④。这些话同姚燧关于元初用人格局的议论是何等雷同啊!⑤

元朝科举制度还有一个明显的特点,就是优待"国族",压抑汉人,尤其是南士。关于这一点,研究元朝科举的大多数文章都已谈到了。所以本文只举两个突出的例子,此外不再赘言。一是王伯恂在至正八年会试中"以下第受屈,名动京师"之事。当时,考官阅王伯恂的试卷,惊且喜曰:此天下奇才,宜置第一。同列中有人说他是南人,不宜擢居第一,欲屈置第二,且虚第二名以待。考官坚持说:"吾

---

① 苏伯衡:《送楼用章赴国学序》,《苏平仲集》卷6。
② 揭傒斯:《刘旌德序》,《揭傒斯集》卷8。
③ 朱德润:《送强仲贤之京师序》,《存复斋集》卷4。
④ 徐一夔:《送齐彦德岁贡序》,《始丰稿》补遗。
⑤ 参见姚燧:《送李茂卿序》,《牧庵集》卷4。

侪较艺,以才文第其高下,岂分南北耶?欲屈置第二,宁弃不取耳。"争论累日,终无定见,揭晓期迫,主文乃取他卷足之。王伯恂竟不取。揭晓之日,考官自相讼责,士子交相愧叹①。另一个例子,是被杨维桢赞许为"海内奇士,屈指不能四三人"之一的鲁钝生。他"十岁能为古歌诗,长明春秋经学。状貌奇古,人以为伟兀氏。鲁钝生笑曰:'使余氏西域,用法科才,魁天下士,一日之长耳!'不幸生江南,为孤隽落魄湖海间,任纵自废"②。这样的歧视,逼得许多南士"往往诡籍于北而讳弃父母之邦",甚至汉、南人中有冒蒙古、色目氏者③。

那么,是一些什么原因,致使元朝科举在既兴之后,非但不能在原有规模的基础上逐渐发展,反而还时常受到罢废的威胁呢?

上面刚刚说到科举制度中的种群不平等因素,乃是阻碍科举规模进一步发展的重要原因之一。元朝十六科的实际取录总数,只有原定额员的71.0%。其中仅元统元年取士足额。我们知道,光江浙一省的南人,每科赴试者即多达三千人④。江西每岁就试者亦数千人⑤。就是在北方真定,每科应考,也有六百余人⑥。取录不足额,无疑不会是因为汉、南人中缺乏足够的合格人选,而只能是因为蒙古、色目考生难以满选。而且正由于上述原因,尽管汉、南人的选额相对于众多的考生实在是太少了,却仍然必须保持一定的空缺。蒙古统治者不愿意在这种明显的场合显示出本民族的文化教养过分逊色于

---

① 郑玉:《送王伯恂序》,《师山集·遗文》卷1。
② 杨维桢:《鲁钝生传》,《东维子集》卷28。
③ 王礼:《西溪八咏序》,《麟原后集》卷3;又参见《元史》卷142《彻里帖木儿传》;欧阳玄:《对策》,《圭斋集》卷12。
④ 程端礼:《江浙进士乡会小录序》,《畏斋集》卷6;徐一夔:《跋刘子高所著伯父墓志铭后》,《始丰稿》卷14。
⑤ 傅汝金:《送习文质赴辟富州吏》,《傅与砺集》卷5。
⑥ 苏天爵:《燕南乡贡进士题名记》,《滋溪文稿》卷4。

屈辱的被征服民族。既然要在取录中维持四等人入选名额相对均衡的原则,那么,蒙古人当日的文化水准就必然要大大限制元朝设科举士的人数,使它根本不存在继续增加的可能。

再则,元初阻挠科举制推行的种种因素在科举恢复以后还继续在施展其消极影响。不仅如此,因果锁链中的每一个环节都既是结果,同时又是原因。废科五十多年所造成的若干后果,科举制度的规模从一开始就过分狭隘,也反过来从许多方面限止了它本身的正常发展。

由吏入仕的途径既已畅通,再要关闭它就会遇到严重的困难。仁宗曾经企图这样做,所以在设科取士同时,下诏吏员降等,规定"吏人转官止从七品,在选者降等注授"①。然而说来容易做来难。诏甫下,孛术鲁翀便以"恐未足尽天下持平之议"为谏,结果限秩许放宽到五品②。至治三年泰定帝即位,又许仕至四品③。胥吏集团的政治势力,经过数十年的膨胀,已不是一纸诏文能压抑得了的。相反,继续推行专注于征敛的政策,只会使适应这种需要的既定用人体制愈益巩固④。掾吏对中、下层官职的占有,排除了科举进一步发展的余地。所谓"科举取士,实妨选法"⑤,难道不就是这个意思吗?许有壬列举反对科举的各色人物中,包括"自执役几转……不下二十年始出官"者、"素以士名,耻不出此"者,以及"限秩而用事者"⑥。他所指的难

---

① 《元史》卷25《仁宗纪》二。
② 《元史》卷183《孛术鲁翀传》。
③ 《元史》卷29《泰定帝纪》一。参见苏天爵:《王惟贤神道碑铭》,《滋溪文稿》卷17;《左居实墓碣铭》,《滋溪文稿》卷21。
④ 元末人评论当时的用人情况说:"在上者欲其严办以供一切之需也,故任吏尤专重而儒有弗及者矣。"见高启:《送江浙省掾某序》,《高太史凫藻集》卷3。
⑤ 《元史》卷142《彻里帖木儿传》。
⑥ 许有壬:《送冯照磨序》,《至正集》卷32。

道不正是这个集团的代表人物吗?

　　直至元末依然盛行的轻儒舆论,也是科举制度的潜在抑制因素。虽然历代都有人讥贬死守章句的"腐儒",但元代不同此例,以儒为非的观点是针对儒士全体而言的①。事实上这也并不奇怪。"吏之取效,捷于儒之致用。"②"诗书之效迟,固不若法律之功近也。"③儒生政治上长期没有出路,当然要引起其社会地位的大幅度跌落。同时,因轻儒风气而深得其益的胥吏集团,在支持这种舆论方面也起到推波助澜的作用。这种价值观念始终占据支配地位,科举制度的前途也就可想而知了。

　　科举从最初起就被限制在过分狭隘的规模里,先天地缺乏自我扩展的能力,所以虽历近十科,仍然不能在朝廷和社会上形成拥有足够能量的一翼,为自己的地位而抗争。这一点当时人就看得很清楚。所以他们慨叹"任小者不可以谋大,任轻者不可以谋重"。他们惋惜"得人未众,作养之士未成;新荑稚蘖,不足以胜夫深根固蒂"④。

　　最后,我们同样不应当排除民族及文化差异的特殊历史背景对科举的不利影响。这种背景影响渗透在上面提到的每一点中,而伯颜废科事件可以说是最集中地反映了这一点。

　　仁宗颁布科举诏书时,很多人兴高采烈,以为隆古右文的盛世将临。几十年后,他们又失望地发现,所谓科举"殆不过粉饰太平之

---

① "世以儒为訾笑。"见鲁贞:《送郑道源之金陵序》,《桐山老农集》卷2。"论者常谓儒者迂疏少功。"见柳贯:《周东扬墓志铭》,《柳待制集》卷10。"世俗尝以吾儒者为迂阔,甚而相与目笑之,曰:是腐也,常败乃公事。"见刘鹗:《送推府郑君仁化令尹序》,《惟实集》卷2。后期元人文集中,诸如此类的议论仍比比皆是。
② 苏伯衡:《徐必友墓志铭》,《苏平仲集》卷13。
③ 杨翮:《送赵子祥序》,《佩玉斋类稿》卷6。
④ 揭傒斯:《送也速答儿序》,《揭傒斯集》卷9。

具"①。其实,元朝科举对于当时乃至后世,仍然发生了不可低估的影响。以下就简略地讨论这个问题。

四 略论元朝科举制度的作用和影响

（一）元代科举的狭隘规模,把它对国家官僚构成所能发挥的积极影响限制在最低水平上。这不能不是元朝吏治腐败、政治黑暗的一个重要原因。

意识形态会凝固在社会制度中。中国传统的国家法制,实际上是儒家意识形态的制度化,这就是所谓"儒者之说,其精者为道德,而粗者为礼乐刑政"②。以儒家学说为标准考试取士,虽然有各种弊端,但从根本上来说,它在意识形态方面保证了入选官僚在素质上与其所维护的传统法度之间的内在一致性。这种一致性不仅意味着国家在保障地主对农民进行政治压迫和经济剥削方面的责能,而且意味着它作为各对立阶级之间的调节器,必须用儒家思想来约束统治阶级自身的过度行为,以便在某种程度上减缓统治阶级的腐化速度以及对抗性矛盾不可避免的激化趋势。传统国家机器能否最大限度地发挥这种调节作用,很重要的一个因素,就取决于掌握这个机器的官僚素质。科举制度对于传统国家官僚构成的积极意义,正表现在这里。

可是,如前所述,忽必烈虽然在立法度、定纪纲、奠立传统大一统的国家规模方面倚靠儒生,并在很大程度上采纳儒家学说,但在遴选

---

① 叶子奇:《草木子》卷4下,"杂俎篇"。
② 戴表元:《大学中庸孝经诸书集解音释序》,《剡源集》卷8。中国传统社会的意识形态以儒家学说为中心,并不排斥它对其他各派学说采取有选择性的兼收并蓄。

具体管理和操纵国家机器的各级官僚时却排斥了科举的传统地位,不用儒生。取代儒生大批涌入中下层官僚机构的,是缺乏正统的儒家思想熏习教冶的胥吏令史。用当时人的话说,他们以刻薄文法、精深簿书相尚,推蹭岁月,"一旦得用,如猛虎之脱槛、饥鹰之掣鞲"①。国家即使有善政良法,付诸实行,也"往往误于胥吏。将以除弊,反足厉民"②。显然,这种选仕制度损害了官僚素质与传统法度之间的内在谐调,破坏了国家机器理应具有的前述调节作用。其结果既加速了吏治的腐败,也催化了整个社会状况的恶化。元人认为,"吏多贪贱而儒流知有仁义"③,舍彼而用此,后患无穷。"坏天下国家者,吏人之罪也。"④这种看法不是没有道理的。正因为如此,明初澄清吏治的重要措置之一,就是一反元代用吏之道而行之,明确宣布"黜吏用儒"⑤。科举制度在招致被贬斥命运时,恰恰从反面证明了自己的存在对中国传统社会的积极意义。

(二)元王朝最先把程朱理学规定为考试取士的标准,从而标志了中国科举史上一个十分重要的发展阶段。

程朱理学虽然产生于两宋,但在当时并没有取得经学正统的地位。南宋末年,朱熹的四书训说被立于学官,科试亦始许用朱注。不过这时候,它至多只是允许采取的诸家学说之一。在取录儒生时,他们是否信奉理学不具有任何意义。科举制度没有发生实质性的变化⑥。在

---

① 危素:《送陈子嘉序》,《危太朴集》卷6。
② 危素:《与唐休宁书》,《危太朴集》续集卷8。
③ 吴澄:《送彦文赞府序》,《吴文公正集》卷18。
④ 孔直夫:《世祖一统》,《至正直记》卷3。这里指的,当包括由吏进身的官僚。
⑤ 贝琼:《石田说》,《清江集》卷12。
⑥ 参见狄百瑞(W. Theodore de Bary):《元代道学的兴隆》,籾山明译,《东洋史研究》卷38第3期。

北方，金朝的科举基本上承袭唐宋遗制。窝阔台时期推行于华北的戊戌选试，就断代的科举史而言，可视为元朝科举之滥觞，但从整个科举史发展的阶段性来说，它在性质上仍然类似于金宋旧制。对于这一点，元人自己也有相当明确的意识。苏天爵一方面肯定仁宗颁布的考试制度"革近代声律之陋……非章句括帖之是尚也……非雕虫篆刻之为工也"①。而另一方面，他还是把戊戌选试归于"金宋贡举旧制"②。

元仁宗改革科试旧制，最重大的变化就是定理学于一尊。这时候，朱熹在《贡举私议》中的主张被完全采纳。四书和《诗经》都必须采用朱注，《周易》主程、朱氏之说，《尚书》以蔡氏为主。蔡氏者，指朱熹门人蔡沈，他的《书集传》就是在朱熹授意下写成的。《春秋》用程颐私淑胡安国作的传，他是建宁崇安（今福建崇安）人，与朱熹曾寓居的建阳（今福建建阳）同属建宁府。这样，除《礼记》尚用古注疏，《春秋》许并用左传、公羊、穀梁三传外，其他儒家经典一律以程朱理学的阐发附会为本。无怪乎袁桷要惊叹"师友授受宗于一门、会于一郡……何其盛也！"③

新制始行，江浙乡试官邓文原"虑远方之士未悉上意"，大书《贡举私议》而揭示之，提醒诸生不要复蹈异时场屋之弊④。用程朱理学为科士标准，大抵是严格的。冯翼翁参加1320年乡试，经义与胡氏小异，将为考官摒斥。欧阳玄等以其赋奇俊如"太华峰尖忽见秋隼"，亟力荐之，遂擢名礼部。但此人最终仍以不专主胡传下第⑤。就文格

---

① 苏天爵：《常州路新修庙学记》，《滋溪文稿》卷3。
② 苏天爵：《张延墓碣铭》，《滋溪文稿》卷24。
③ 袁桷：《送朱君美序》，《清容居士集》卷24。
④ 黄溍：《邓文原神道碑》，《黄金华集》卷26。
⑤ 王礼：《冯翼翁哀词》，《麟原集》卷120。

而言,这时发生的变化也是明显的。"今科目聿兴,悉更旧弊。题不断章,文不绮靡,一是皆以明经为本。"①甚至对当时文风极为不满的人,也不得不承认它与宋末的时文相比,不无差异②。

元朝在科试方面的改革,实际上开启了一代之制,为明清所承袭。明初对唐宋取士"但求词章之学"提出严厉批评,同时对胜国"依古设科"则予以肯定③。永乐时,科试完全废除古注疏,用胡广《四书大全》《五经大全》。这两部大全,几乎全部抄自元代理学家的著述。自元起中经明代,直至清末改革科举制度,以理学科士,维持了近六百年。延祐之制在其中所起到的作用,是无法忽视的。

(三) 元朝科举制度对理学尤其是小学的普及和传播,起了相当的促进作用。

为了说明这一点,首先需要从两个方面简单概括一下延祐设科前儒学发展的状况。

首先,宋亡以后,科辍士散,儒学的发展出现了少有的不景气局面。"科场废不用四十余年","时文之弊"固然"扫地矣";然而同时,"学士老弃林邱,遗书束之高阁"④。甚至江南后生,亦废弃学业,"渐趋刀笔之习"⑤。人们原先比较容易看到的,是科试启利禄之门,人重得失,产生欲速而求捷的弊端。现在,他们更寒心地看到,"舍是(指科举)无与言仁义云尔!"⑥比较了科废前后两种局面,他们的结

---

① 陈栎:《跋朱草庭程文》,《定宇集》卷3。
② 吴澄:《张氏墓志铭》,《吴文正公集》卷42。
③ 王祎:《开科举诏》,《王忠文公全集》卷9。
④ 陆文圭:《策题》,《墙东类稿》卷4。
⑤ 苏天爵:《赵秉政神道碑铭》,《滋溪文稿》卷10。
⑥ 徐明善:《送黄伯善序》,《芳谷集》卷1。

论是:"先儒谓科目设而圣贤之学微,今科目辍而圣贤之学益微。"①

其次,在仍然以研习儒学为业的士人中间,理学传播的规模亦很有限。宋亡"三十年来,新说新语益众,甚者诋訾建洛"②。士人多"浮艳以为诗,钩棘以为文,贪苟以为行,放心便已以为学。是皆畔于圣人而朱子所斥者。既陷溺不自拔,而诋訾以盖之"③。这是至元、大德间的情况。延祐开科,"新学"为"诸儒非所素习"④;即使是不少以硕学知名州郡的南宋遗老亦应试不中。这只能说明,理学在与金宋遗习的竞争中显然还没有取得决定性的优势。

上述两方面的情况,在科兴之后,都有明显的变化。社会上读书的人毕竟多起来了。"人之所以厉于学,科目之兴也。"⑤非但如此,朝廷设科,"非程朱学不试于有司,于是天下学术凛然一趋于正"⑥。治经术者自是始悉弃旧习而祖从朱氏。这一转变在教育和文学中也有所反映。"延祐未设科之先,郡县学校袭前代故常,季考不废,但经义务穿凿、词赋拘声病,其涂、其政、其习益陋。及大比宾兴,然后芟扫前弊,尊崇正学。由是圣经旨趣日月于人心之天矣。"⑦这是说学校,再看文坛。设科后,"士亦未尝废诗学,而诗皆趋于雅正"⑧。对元季诗歌创作的另一种评价认为:"自科举之习胜,学者绝不知诗。

---

① 徐明善:《耐闲说》,《芳谷集》卷3。
② 徐明善:《槃涧先生文集序》,《芳谷集》卷2。
③ 徐明善:《学古文会规约序》,《芳谷集》卷1。
④ 柳贯:《周东扬墓志铭》,《柳待制集》卷10。
⑤ 余阙:《李克复总管赴赣州序》,《青阳集》卷4。
⑥ 欧阳玄:《赵鼎祠堂记》,《圭斋集》卷5。
⑦ 陶安:《送陶引之引》,《陶文宪公集》卷15。元人也有批评取士有新制而学校承袭旧弊、不知自新的。见吴澄:《送李教谕赴石城任序》,《吴文正公集》卷16。它说明以理学取士对教育发生的影响还须经历一个过程,而不是"立竿见影"的。
⑧ 欧阳玄:《李宏谟诗序》,《圭斋集》卷8。

纵能成章,往往如嚼枯蜡。"①虽然两种观点截然相反,对我们来说重要的是,在肯定科试和道学对文学所发生的毋庸置疑的影响方面,它们却绝无二致。

从理学内部的学派之争来看,中元以前,朱、陆之学各有地盘。朱学虽为大宗,陆学犹能独行于临川、四明、番阳地区。后来科选悉主朱子之说,学者皆徇时以希宠,致使陆学"虽三郡之士亦莫之或讲矣"②。可见延祐科复不仅帮助理学压倒了两汉以来相沿上千年的传注词章之学,而且也帮助朱学一时压倒了理学的另一派陆学。

作为儒家学说在长期历史变迁过程中的一个阶段,理学有两个非常显著的特点。第一,它给予儒家传统哲学以一个从未有过的精致形式。第二,它强调"小学"的重要性,体现出理学竭力要表彰的儒家对培育人格根基的高度关注。元朝科举制度促进了理学的传播,更主要的是表现在"小学"的传播方面。

从两汉到宋代,所谓"小学",指的实际上就是"书学",即文字学③。童蒙课字用《千字文》《蒙求》等读本,主要是借以识字,"所教庞杂,篾养正之功"④。朱熹最先在复隆古之制的口号下,把小学提高到"洒扫、应对、进退之节,事亲、敬长、隆师、亲友之道,所以为修身、齐家、治国、平天下之本"的地位⑤。道学家们认为:"孝弟忠信

---

① 宋濂:《孙伯融诗序》,《宋学士文集》卷45。
② 苏伯衡:《送陈伯柔序》,《苏平仲集》卷5;黄溍:《送慈溪沈教谕诗序》,《黄金华集》卷17;王祎:《送乐仲本序》,《王忠文公全集》卷3。
③ 参见刘因:《篆隶偏旁正讹序》,《静修集》卷19;吴莱:《义乌楼君玉汝墓碣铭并序》,《渊颖集》卷8。
④ 谢应芳:《跋经训启蒙》、《书历代蒙求后》,《龟巢稿》卷18。蒙求之类以十数,最著名的是唐李瀚《蒙求》。见赵孟頫:《古今历代启蒙序》,《松雪斋集》卷6等。
⑤ 戴良:《礼学幼范序》,《九灵山房集》卷21。

之质,所以蚤培而豫养之者,莫急于此时也。陵犯虚伪之根潜伏于此而不自知,则少成若性,待其长而责之以孝弟忠信难矣。"①所以,"依小学书习敬身明伦之事,以封培大学根基,此又在读书穷理之先者"②。

直到宋代,"小学一皆肄简家塾而已"③。元世祖末,诏令州县学、书院设小学教谕④。但小学仍不普及。当时人说,朱子所著书,大抵《易本义》《四书注》《小学》最为完备。三书中"小学书"最益于人,"人无读者,良可悯痛"⑤。元仁宗时议行科目,"诸经传注合有所主,将以一道德、同风俗,非使学者专门擅业,如近代五经学究之固陋也"⑥。用朱子之学一道德、同风俗,首先就意味着"封培根基"。张养浩谈到科试改革时就这样激励诸生:"先正许衡在世祖朝以为博学,则所业者不外小学、四书,以为行不可及,则所践履不过人伦、日用,以为雄文大笔,则终身未尝略及世儒词章之习。然而所以获从祀圣人者,果何事耶? 诸生试以此求之,则于国家立极化民之盛意,庶无负矣。"⑦由于国家竭力提倡,理学有科试为之羽翼,得以有较大规模的推广,小学的影响亦随之扩大。相比之下,"八岁入小学"的情况,可能比"十五岁入大学"更普及⑧。如果说元朝科举制度没有刺激出卓有成就的理学大家,那么它对于理学尤其是小学的推广确实起到了相当大的作用。

---

① 陈栎:《经疑》,《定宇集》卷13。
② 王结:《与临川吴先生问答》,《文忠集》卷5。
③ 徐明善:《赠徐义翁北行序》,《芳谷集》卷2。
④ 《元史》卷81《选举志》一;《庙学典礼》卷2,"成宗设立小学书塾"。
⑤ 戴表元:《于景龙注朱氏小学书序》,《剡源集》卷7。
⑥ 欧阳玄:《虞集神道碑》,《圭斋集》卷9。
⑦ 张养浩:《长山县庙学碑阴记》,《归田类稿》卷4。
⑧ 《元史》卷81《选举志》一;《庙学典礼》卷2,"成宗设立小学书塾"。

（四）元朝科举制度在促进理学横向推广的同时，也已经明显地呈现出将理学引向僵化的趋势。

理学的产生和发展有它自身的合理性。汉代对儒家经典的阐释有严格的师承家法。各学派都固守师说，不敢违背，只能敷演附会。疏上加疏，代相授受，结果是叠床架屋、博而寡要，甚至皓首不能穷一经。这种繁琐的训诂传疏、博士章句走向反面，导致儒学的中衰。唐宋科举取士，以诗赋中选的进士，声望地位都高于以经义中选的明经。其重要原因之一，就因为汉学以破碎经文为务，在学术上已经没有出路，所以士人们都把创造力投入创作，以争奇斗艳①。程朱理学摒弃汉儒传注，主张直接从经典原文中去领略先儒的真意。所以他们声称自己直溯孔孟，接续了孟子以后中断千余年的道统。正是这种革新精神，使他们得以从汉学的死胡同中走出来，融会佛教和道教学说中的某些养分，有所创造，因而为儒家哲学提供了若干新的东西。这是它最终能够战胜章句注疏之学的根本原因。

然而，延祐之后，由于以理学科士，"经说萃于一家，按其形模而脱墼焉，不敢以自异也。有司守固陋而程式之。"②"教者、学者见小欲速之，心得以乘之。"③这就重复了"宋末反覆虚演，文妖经贼之弊"，"不免于前日之涉猎剽窃而无沉潜自得之实"④。不过这时候是把朱熹的训说当成新的教条和章句传注罢了。"旁行侧注，挈纲立目，茫乎皓首不足以窥其藩篱，卒至于圣人之经旨莫之有解。"⑤朱学

---

① 王恽说，以"手抄义疏、口颂集解、心熟笺注"相比高的明经科，是"使天下之人舍精就简、去难从易"。见《论明经、保举等科目状》，《秋涧集》卷86。
② 袁桷：《送薛景询教授常熟序》，《清容居士集》23。
③ 程端礼：《送王秀方序》，《畏斋集》卷4。
④ 程端礼：《弋阳县新修兰山书院记》，《畏斋集》卷4。
⑤ 袁桷：《辅汉卿先生语孟注序》，《清容居士集》卷21。

一经变成新的章句传注,就失去了原先曾有过的创造力,因而影响了它在理论深度方面的进一步发展。这样看来,科举之设,固然有利于理学的横向传播,但同时也用功名的羁绊限制了士人对学术的自由探求。明朝规定考试用八股文体,答卷必须严格按照两部"大全"的说教为标准,思想束缚进一步加强。"科目设而圣贤之学微",从这个意义上讲真是一点也不错。

(五)元朝版图辽阔,大批少数民族进入汉文化中心地区。在这样的背景下推行科举制度,其影响范围,当然要比前代更大。

延祐设科后,南至南海①,东至高丽②,都有赴京赶考者。尤其值得一提的,是科举对西北诸族的影响。中元以后,入居内地的西北诸族人受汉文化影响程度颇深。元末,许有壬向朝廷建言取消宪司中通事一职。因为"今各道监司大率多通汉人语言,甚不通者虽时有之,而二十二道之中盖可屈指而知也"③。实际上不止通汉人语言而已。"朝议以蒙古色目氏参佐簿书曹官"④,说明他们已多能处理汉文的文书。这时候还有人建议蒙古、色目进士当明一经⑤。元后期出现丁鹤年、萨都剌等一批汉文化修养很高的少数民族知识分子,正是

---

① 范梈《赠海康(治雷州)举进士者》诗:"圣主征儒用文学,翩翩五士起海角。"见《范德机诗集》卷4。
② "今高丽得自官人,而其秀民往往已用所设科仕其国矣,顾复不远数千里来试京师者,盖以得于其国者不若得诸朝廷者之为荣。""然多缀末第,或授东省宰属,或官所近州郡。既归,即为其国显官,鲜更西度鸭绿水者。"见陈旅:《送李中父使征东行省序》,《安雅堂集》卷4。唐朝虽亦有高丽进士,大概都是寓居中土的高丽人,情况与元时不同。
③ 许有壬:《冗食妨政》,《至正集》卷74。
④ 刘基:《送月忽难明德江浙府总管谢病去官序》,《诚意伯文集》卷5。伯颜时还曾下诏,各省台院部司及郡府幕官之长用蒙古、色目人。如果他们仍不能读书识字,恐怕难以担当其任。见《元史》卷39《顺帝纪》二。
⑤ 黄溍:《拔实神道碑》,《黄金华集》卷25。

以蒙古、色目人的汉文化程度普遍地有所提高为基础的。

"天子有意乎礼乐之事,则人皆慕义向化矣。延祐初诏举进士三百人,会试春官五十人。或朔方、于阗、大食、康居诸土之士,咸囊书橐笔、联裳造庭而待于有司,于时可谓盛矣。"①在西北各族接受汉文化影响的过程中,科举制度应当起了某种程度的促进作用。可惜由于史料的缺乏,对这一点目前还无法详论。

(本文原载《元史及北方民族史研究集刊》第 6 辑,1982 年)

---

① 马祖常:《送李公敏之官序》,《石田集》卷9。

论元朝刑法体系的形成

一 弁　言

中国古代法律处置侨寓中土的他国居民乃至周边某些羁縻部众同类相犯的司法政策，按唐律和宋刑统的表述，是为"诸化外人，同类自相犯者，各依本俗法"①。辽金前期，它的适用性超出了所谓"诸化外人"的范围，曾明确成为同样地适合于对汉族、契丹或女真等族施行不同刑法时的普遍原则之一。而后，这两个王朝也都或迟或早地制定了统一行用于内地各族（包括迁入内地的契丹、女真居民）的刑法。它们都以"汉法"为主体，同时掺杂以若干契丹或女真"旧制"的成分。这时候，只是在某些涉及比较特殊的民族习俗的法权规范方面，"各依本俗法"原则才得继续实行。金泰和律将唐律的上述条文删改为"同类自相犯者，各从本俗法"②。这里所谓"同类"，仍包括汉族在内。元代的情况与辽、金时期又不完全相同。它一直到灭亡，也没有制定出蒙古、汉、回回各人群通用的完整统一的刑法。元朝裁判同类相犯的案件时采用本俗法的范围虽然也在不断缩小，但始终占着较大的比重。这与不断地来自漠北"祖宗故地"的蒙古法影

---

① 《故唐律疏议》卷6；《宋刑统》卷6。
② 《元典章》卷18，"汉儿人不得接续"引"旧例"。

响显然密切有关。所以,准确地说,元朝的刑法体系,始终没有成为一个统一的完整的有机体,而是包括了蒙古法、汉法以及部分回回法在内的多元素联合体。不同性质的刑事立法,有各自不同的施行对象,同时也在不同程度上相互渗透和影响。尽管如此,元朝刑法体系的主体部分,毕竟还是施行于汉地的中原传统的刑法,而且它本身亦自行构成一定的体系。这里所讨论的元朝刑法体系,即指后者而言。

从蒙古国时代在中原汉地实施的极其紊乱的刑法,到元成宗在位期间元朝刑法体系的基本定型,前后大约经过了七八十年时间。在这个过程中,元朝在刑事立法方面,曾采取各种方式来系统地吸收金代的"泰和律"。这对于元朝刑法体系产生了很深刻的影响。研究金元法制史的学者们很早已经注意到,元初的断例或其他法令公文书中所引用的许多规格整齐划一的"旧例",即来源于金泰和律、令等法典①。当然,"旧例"或者说"泰和律"在元朝刑法体系形成过程中的地位和作用,也在不断地发生着变化。以此为线索,可以把这七八十年的时间,划分为1260年以前、1260年至1271年、1271年至1302年这样三个发展阶段,从而显示出整个过程既是连续的,同时又是有层次的。

在元朝刑法史研究方面,沈家本、安部健夫、仁井田陞、小林高四

---

① 由于泰和诸法典今已全部佚失,这一类"旧例"成了关于金代法制史的极其珍贵的史料。参见仁井田陞:《中国法制史研究·刑法篇》,东京,1959年,页459。仁井田陞等人曾计划进一步搜检诸书,将散见的金代律令加以裒辑编次,以部分地复原泰和法典。其后,台湾学者叶潜昭在他的《金律之研究》一书中,发表了由他完成的泰和律辑佚工作。见小林高四郎:《关于元代法制史上的旧例问题》,《江上波夫教授古稀纪念论集·历史篇》,东京,1977年。关于"旧例"对于研究元代法制史的意义,详下。

郎、宫崎市定、拉契内夫斯基等前辈学者,曾先后贡献过很有分量的成果。在岩村忍、田中谦二等人主持下进行的《元典章·刑部》校点工作,为我们阅读和使用这部重要文献,提供了很大的便利。我自己因为受这些成果的启发,在研读《元典章》的过程中小有心得。所以试撰此文,企图按照上面所说的三个阶段的划分,比较系统地阐述元朝刑法体系形成确立的全过程。

二 蒙古国时期中原汉地的刑法

在军事征服或者刚刚完成军事征服的时期,统治者常倾向于"以军法从事"[1],还谈不上正常的刑法。因此,元朝刑法体系形成的第一个阶段,应开始于13世纪20或30年代,即蒙古次第完成对漠南汉地各区域的军事征服,并着手在那里确立正常的统治秩序时[2],直到1260年忽必烈即位止。这个时期的刑法,其最显著的特点,就是紊乱而不统一。但是另一方面,基于金代法制传统的影响,在司法实践中,也已逐渐产生了统一中原汉地刑法的潜在历史趋势。

从金末到蒙古初期,汉地的局势经历着一系列急剧的变动。蒙古的统治政策从"北人能以州县下者即以为守令"[3]到建十路课税所,再到遍置达鲁花赤于天下[4],从画境之制[5]演变为定官制、"易置"

---

[1] 宋景祁:《赵仲墓志》,《山右石刻丛编》卷28。
[2] 日本学者认为,蒙古对北中国统治的确立,在1215年或1217年之后。此处仅指其大致年代而言。
[3] 姚燧:《高泽坟道碑》,《牧庵集》卷25。
[4] "太宗之八年丙申(1236年),州县守令上皆置监。"见姚燧:《谭澄神道碑》,《牧庵集》卷24。
[5] 蒙古灭金后,在中原汉地"析天下为十道,沿金旧制,画界保之",企图加强对世侯的控制,在北方引起一场政治斗争。见王磐:《张柔神道碑》,《畿辅通志》卷168。

州郡武职之议①。种种方式,收效虽然不尽相同,却清楚地显示出,蒙古贵族巩固和加强自己在汉地统治地位的主观意识,确实在不断地深化。但是,总的说来,他们对于国家机器所应当担负的司法行政职能,仍然缺乏完整、充分的理解。如果说蒙古国家曾在各征服地区陆续颁行过若干不同程度地带有刑法性质的法令,那么,其范围也仅仅局限于蒙古统治者认为直接与其自身利害密切相关的某些极个别而且极零碎的方面。例如:为保证对军前掳掠人口的占有而实行的"藏亡法",即"停留逃民及资给饮食者死,无问城郭保社,一家犯禁,余并连坐"②;为确保在汉地的财赋征敛,规定对私盐、私酒曲货犯分别科以徒二年并决杖七十、财产全部或半数没官,对失于禁治的官吏处以笞四十、杖八十等刑罚③;为防止汉军战斗人员逃散,"下制募代者杖百,逃归者死"④;乃至对违反按蒙古方式屠宰牲畜之法令者处以死刑等⑤。而在属于刑法范畴的绝大多数方面,二三十年中,往往

---

① "岁辛亥(1251年),朝议吏(厘?)定官制,州郡武职多见易置。"见刘敬立:《王氏世德碑》,《山右石刻丛编》卷30。
② 宋子贞:《耶律楚材神道碑》,《国朝文类》卷57。关于藏亡法,可参见元好问:《严实神道碑》,《遗山集》卷26;刘因:《段直神道碑》,《静修集》卷16。这个法令,当源于成吉思汗的札撒:"凡发现逃亡之奴隶或战俘而不将其送回主人者处死","凡未经主人许可而将衣食给予战俘者处死"。参见梁赞诺夫斯基:《蒙古各部习惯法》,英译本,哈尔滨,1929年,页57。
③ 《元典章》卷22,"恢办课程条画"。条画颁于中统二年(1261年)。但其部分内容属于"今因旧制,再立明条"。另据《经世大典序录·五刑》,亦可知对私盐等罪的科刑,确系沿用"建元以前"的旧制。
④ 《元史》卷125《布鲁海牙传》。
⑤ 蒙古人屠宰牲畜严禁抹喉,而是将牲畜四肢缚住后,把手伸进被剖开的牲畜胸腹,按住它的心脏,直到它死去。这样的屠宰法,使牲畜的血仍有相当部分可以保留在躯体内。又,蒙古人在处死宗族成员或其他出身高贵的敌人时,常采取"教杀时血不教出"的处决方式,似乎以为这样做将会给逝者在冥界带来某种好处。上述颇为特殊的屠宰法应与"教杀时血不教出"的处决方式具有某种相类似的出发点,大概被认为这样做会有利于牲畜在"另一个世界"中的繁衍。如果这个推论能够(转下页)

连一个单行法也没有,当然更谈不上编纂系统、完备的刑法典了。

正因为如此,战乱以来各地军政官员得擅生杀、任刑立威的局面,仍长期延续,即使不能说是在进一步恶化,起码也没有受到国家统一法制多少有效的约束。派驻各地的蒙古断事官(札鲁忽赤)及达鲁花赤多"倚势作威",滥施刑法①。在很大程度上掌握着各地实权的大小世侯、所在长吏同样如此:"少有忤意,则刀锯随之。至有全室被戮,襁褓不遗者。"②有关史料在渲染某些世侯的政绩时,都喜欢使用治行有声、阖境苏息之类谀词,把他们的辖区描绘成处于侵凌逼夺、政荒民耗的乱世之外的乐土。相对而言,有少数世侯统治下的某些地区、某个时期,可能曾经出现过所谓"刑简令信""刑清役寡"的局面③。但这绝不会是普遍现象。就拿严实来说,"所辖五十余城,仍有堡寨诸户。自守令以下,皆大偏、小校,崛起田亩,不闲礼法,昧于从政。官吏相与为囊橐以病民"④。严实向来是最为人称道的世侯。他的管内尚且充斥贪官猾吏,其他地区的状况不问可知。难怪胡祗遹要慨叹:"诸侯承制拜官,率以私门走卒健儿、黠胥奸吏为县长,以应己之呼召指使,供己之掊克聚敛。"⑤政局混乱、吏治腐败而刑清狱平的事情是从来没有的。所以,关于蒙古国时期中原汉地的

(接上页)成立,那么蒙古统治者用严厉的手段强制推行这种屠宰法,同样是出于其切身利益的考虑。因为牲畜正是游牧民最主要的财富。参见梁赞诺夫斯基:《蒙古诸部习惯法》,页57;《元典章》卷57,《禁回回抹杀羊做速纳》;《元朝秘史》第210节;《鲁布鲁克行纪》,柔克义英译本,伦敦,1900年,页80—81。

① 《元史》卷125《布鲁海牙传》。以札撒为代表的蒙古法与中原汉地长期实行的传统刑法颇不相同。蒙古札鲁忽赤以蒙古法治汉地,也是造成汉地刑制混乱的因素之一。
② 宋子贞:《耶律楚材神道碑》。
③ 魏初:《梁瑛神道碑》,《青崖集》卷5;杨奂:《汪世显神道碑》,《还山遗稿》卷上。
④ 《元朝名臣事略》卷10,"平章宋公"引李谦《宋子贞神道碑》。
⑤ 胡祗遹:《送冯寿卿之官无极令序》,《紫山大全集》卷8。

司法行政,虽然缺乏更多更翔实的记载,但刑法紊乱总是十分明显的事实。刘秉忠曾向当时还在潜邸的忽必烈说道:"今百官自行威福,进退生杀惟意之从",建议"会古酌今,均为一法,使无敢过越"①。姚枢在此前后也向忽必烈建言:"定法律,审刑狱,则收生杀之权于朝,诸侯不得而专。丘山之罪不致苟免,毫发之过免罹极法,而冤抑有伸。"②他们在表述自己建设性意见的同时,对当时司法状况所提出的带有否定倾向的评价,其权威性当属无可怀疑。

在注意到刑法混乱这个基本事实的同时,更加值得重视的是,这个时期的司法实践当中,实际上已存在着一种潜在的客观趋势。那就是借助于金"泰和律"的原有基础,来恢复汉地刑法的正常化、系统化。这种趋势,是从较低的行政层次上逐渐发展起来的,并且同当时各地在基层统治的各个方面普遍因袭金制的做法也完全一致。

1234年金亡以前,在河南金统治地区,"泰和律"当仍行之有效;而在当时的蒙古占领区,统治秩序也在逐渐趋于稳定,"泰和律"的影响亦仍时断时续地存在着。例如就是在这个时期,寇靖曾受蒙古军帅府之任而为府掾。"时约法未定,刑赏惟意。君所论一如平世。"③此处所谓"平世",除了指蒙古征服前金政权的正常统治秩序而外,不可能再有什么别的解释。可见寇靖听断刑名时,至少是参考了金朝遗制也就是"泰和律"原则行事的。1234年以后,河南淮北全部被蒙古征服。但是,当地的法制传统依然没有也不可能完全泯灭;相反,它还反过来日甚一日地影响蒙古在那里的统治。北方逐渐偃兵息

---

① 《元史》卷157《刘秉忠传》。
② 《元史》卷158《姚枢传》。
③ 刘因:《寇靖墓表》,《静修集》卷17。

武,于是,"稍稍有立诗书、法律"①。有些地方延师训徒,"吏明法律,亦命相师"②。一位出身法律世家的砀山地方吏员总结自己在那个时期的从政心得说:"为儒当贯三才……为吏当明法律、本仁恕,果如是斯,可以无愧于己而责命于天矣。"③甚至有的蒙古官员也能"推情据法,冤伸罪减"④。

按照中国传统法制的观念,大一统的天下自应有统一的法律秩序;而只有国家才有权颁布适应这种需要的统一法律。对各级地方政权来说,"明法律"也好,"立……法律"也好,指的主要是据法行事,也就是对于有效法律的正确阐释和应用。既然蒙古国时期并没有颁布过这样的统一法律,那么上引史文中不断提及的"法律",无论是作为司法实践还是法律之学的基本依据,究竟又是指何者而言呢?考虑到前政权的法制传统在社会上的强大惯性,以及它通过重新被任用的旧金官吏对蒙古统治秩序产生的直接影响,这里所谓法律,指的恐怕主要是一向未被正式禁行的金泰和律令。国内外有些学者,或许是依据《元史》编者"元兴,其初未有法守,百司断理狱讼,循用金律,颇伤严刻"⑤等语,更进一步推测,当时可能已经出现照搬"泰和律"定罪量刑的情况。关于这一点,虽然目前还缺乏足够的旁证材料,不过"百司"以"泰和律"原则为执法的基本依据,再各自加以适当的变通、调整而用之,应该是没有疑问的。禁止私盐、私酒曲货的

---

① 王恽:《荆祐墓碣铭》,《秋涧文集》卷60。
② 元明善:《董文直神道碑》,《国朝文类》卷65。
③ 王旭:《康玉墓碑铭》,《兰轩集》卷16。
④ 胡祗遹:《蒙古神道碑》,《紫山大全集》卷15。这件史料提到"元戎察罕知公廉明宽仁,每遇诸路解送死囚,即委公审问"。可知对死囚的复审制度,在蒙古国时期亦已部分实行。
⑤ 《元史》卷102《刑法志》一。中统后,对《泰和律》的量刑标准已实行折抵制度,绝对谈不上什么"颇伤严刻"。因而这段话只能被理解为是指的中统以前的情形。

法令中出现笞四十、杖八十、徒二年并科杖七十的刑罚,正与"泰和律"的刑制相符合,也是当时部分采纳了"泰和律"的一个例证。

总而言之,由于特定的历史条件,在金元之际的战乱期间一度受到冲击的"泰和律",稍后在蒙古统治下的中原汉地,又逐渐被当作具有相当权威性的法源而受到社会的重视。这正是元朝刑法进入系统化过程的真正出发点。

三 至元八年前的元朝刑法

元朝刑法体系形成的第二个阶段,从忽必烈建元中统(1260年)起,到至元八年(1271年)底元廷下令禁废"泰和律"止。在这个时期,元朝刑法基本上是靠借用"泰和律"的有关条文来定罪,然后在量刑时按新规定对"泰和律"的原定标准加以折代,以示新朝用刑宽恕。与此同时,由朝廷按上述方式裁定的断例一经发下,即作为单行法被赋予普遍的法律效力和相对独立的地位。这一类单行法的不断积累,于是就逐渐形成一个附着于"泰和律"的新刑法体系雏形,它又为元朝刑事法律脱离"泰和律"而自行构成一个独立体系准备了基础。

应该说,与蒙古时代不同,元政府自成立之初起,对于统一汉地刑法的问题,就投入了足够的注意力。中统元年五月的《建元中统诏》内附条款载:

> 今后但有死刑,仰所在官司推勘得实,见事情始末及断定招款,申宣抚司照详。宣抚司再行审复无疑,呈省闻奏,待报决断。[①]

---

① 王恽:《论重刑决不待时状》引,《秋涧文集》卷87。

次年正月,燕京行省在《十道宣抚司条理》中又重申这一规定,同时强调,宣抚司应当对"罪至死者"以外其他罪囚的断遣施行担负全面督责的责任①。《元史》列帝本纪从中统二年开始,逐年著录本年度"断死罪者"的人数②。中统二年,"陕西、四川行省乞就决边方重刑,不允"③。由此可见,将死刑裁决权收归中央的政策,此后基本上是实现了。

如果说在不同场合由中央政府判决的各种极刑断例,或者本身即带有立法的性质,或者是对已有立法的应用,那么朝廷对宣抚司以及各级地方政权究竟以什么作为对死罪以外其他犯罪行为的裁判依据,这时似乎还没有十分明确的规定。不过这一点已经引起了最高统治当局的充分重视。根据王恽的说法,同年八月,中书省"奉旨颁降《中统权宜条理诏》"。其中的诏文部分,由参知政事杨果执笔,被王恽收入《中堂事记》④。可惜关于条理本身,事记中仅留下"开条云云"四个字,此外亦未明确见于其他记载。从诏文来看,这个条理有两点很值得我们注意。首先,立条者试图为一部分经常发生的犯罪行为制定比较具体、明确的量刑标准,包括死刑以及不同等第的徒刑、杖刑等,以供执法时"依条处置"。国家的刑事立法超出了有关死刑规定的范围,这与建元诏和宣抚司条理相比,显然又前进了一大步。其次,诏文提到,"据五刑之中,流罪一条,似未可用;除犯死刑者依条处置外,徒年、杖数,今拟递减一等"。这段文字,既然很难理解为是对与诏文同时颁发的条理所作的修正,那就只能是对条理中具

---

① 王恽:《中堂事记》上,《秋涧文集》卷80。
② 这个数字指各地通过正常的法律程序处死的人数,不包括皇帝直接下令诛杀的大臣官员等。
③ 《元史》卷4《世祖纪》一。
④ 见《中堂事记》下,《秋涧文集》卷82。

体量刑规定的原则概括。举例来说，假如刀子伤人按原规定应徒二年半，则条理对此罪的量刑标准当即徒二年（比徒二年半减一等）。新的量刑规定，取决于对原规定作徒杖递减一等的变换结果。这样的解释马上又产生了一个问题：这里说的"原规定"，亦即制定权宜条理时用以施行徒杖递减一等的变换所依据的"原像"，指的又是什么？答案事实上亦已包含在诏文中了。"流罪一条，似未可用"，这是条理因袭金"泰和律"的明显证据。按，金代在颁行"泰和律"之前，早就由于"流刑非今所宜"，乃以比徒居役折代之[1]。"泰和律"上承唐律，虽然在形式上立流刑为五等刑种之一，但同时又规定"流二千里、二千五百里，比徒四年；流三千里，比徒五年"，其实仍近乎取消流刑[2]。条理不用流刑，必定是它因仍"泰和律"的缘故。这当然毫不足怪。比它晚出若干年、草成于史天泽等人之手的一部流产的元朝刑律，同样抄进了不少"金俗所尚及敕条等律"[3]。可见这类情况在当时是很普遍的。

不少学者根据《中堂事记》的记载，认定《中统权宜条理》曾经正式颁行天下[4]。然而，现存至元之初的大量断例、法令公文书或其他史料，不但没有引用过这个权宜条理中的任何一款，而且在量刑标准方面几乎全部与诏文的原则概括明显不符。宋子贞在李璮之乱平定后上"便宜十事"，犹建言"律令国之纪纲。今民所犯，各由所司轻重

---

[1] 《金史》卷45《刑志》。
[2] 《刑统赋解》下引《泰和律义·名例》。作为本刑的徒刑，若家无兼丁，可以折杖准徒；而以徒代流本身则"是矜宥也"，所以即使"无兼丁供给粮饭"，也不能再"准徒加杖"。可见二者还略有区别。权宜条理若正式取消流刑，则上述区别才可以说最后取消了。
[3] 魏初：《青崖集》卷4，至元八年十二月二十五日奏议。
[4] 见安部健夫：《关于元史刑法志与元律的关系问题》，《东方学报》第2册（1931年）；植松正：《关于元初法制的一个考察》，《东洋史研究》第40卷第1期（1981年）。

其罪,宜早刊定,明颁天下,使官知所守,民知所避"①。他说这番话时,距离中统二年八月还不到一年工夫。由此看来,虽然忽必烈命令中书省颁条,虽然颁条诏书确已由杨果写出来,并且被王恽抄入"事记"之中,但条理本身究竟是否真正颁发过,仍然是非常值得怀疑的。尽管如此,蒙古时期在中原汉地的司法实践中产生的统一刑法的潜在趋势,入元后,毕竟最先在制定这个权宜条理的尝试中得到了更为明确、集中的反映。具体地说,就是基本套用泰和律的现成条文,同时在量刑标准方面通过系统变换,对原规定作一定程度的折抵调整,从而形成与泰和律既有联系又互相区别的新刑法体系的雏形。权宜条理虽未见于施行,它所体现的这种趋势依然日渐成熟。中统、至元之初,它终于得以通过另一个立法来继续发展自己。《元典章》卷39载录的"五刑训义",当即最初公布上述立法时的有关法令公文书之一部分。

兹将金制与"五刑训义"规定的新刑制之间的对应折代关系列表如下(表见下页)。

关于此表,有三点需要略加说明。

第一,决杖数以七为尾数,恐系蒙古旧制。忽必烈即位后,推广"笞杖十减其三"之制,据说他的意思是"天饶他一下,地饶他一下,我饶他一下"②。《中统权宜条理诏》曰:"决杖虽多,不过一百七下"③。这表明当时已经通行以七为尾数的刑制了。仅仅是为了叙述方便起见,本文才将它放在这里一并交代。

---

① 《元朝名臣事略》卷10,"平章宋公"引徐世隆:《宋子贞墓志》。
② 《世界征服者史》,何高济译,呼和浩特:内蒙古人民出版社,1980年,页57;《国朝文类》卷42,《经世大典序录·五刑》;叶子奇:《草木子》卷3下,《杂制篇》。
③ 王恽:《中堂事记》下,《秋涧集》卷83。

	笞					杖					徒							流	死
											1年	1.5年	2年	2.5年	3年	4年	5年		
正刑											杖60		杖70		杖80	杖90	杖100		绞 / 斩
附加刑																		流2000里 / 流2500里 / 流3000里	
断比流徒											67		77		87	97	107		绞 / 斩
						杖													死
金制	10	20	30	40	50	60	70	80	90	100									
元制	7(10减3)	17(20减3)	27(30减3)	37(40减3)	47(50减3)	57(60减3)													

第二,"五刑训义"并没有明确规定五十七下究竟属于杖刑还是笞刑,所以当时或以笞决,或以杖断,以致"罪责既同,杖笞各异"。直到大德九年(1305年),才经刑部明文规定:五十七用笞,六十七以上用杖①。从杖六十七至杖九十七,只有四等。要用以折代原来有七等之多的徒刑,无论如何是不够的。因此在九十七以上再加一等杖刑(杖一百七),由是形成笞六等、杖五等这种很特别的刑制。当元朝刑法从比附"泰和律"文进行裁判的状况下独立出来以后,两种刑制之间的对应折代关系不再具有任何实用价值。而离开了这个背景,新刑制的特殊性似乎就变得有些难以理解了。所以这时候有人批评说:

> 国朝用刑宽恕,笞杖十减其三。故笞一十减为七。今之杖一百者,宜止九十七,不当又加十也。

不过是由于当朝者"惮于变更",才未加更动②。至于明人丘濬认为"元笞刑每十数必加以七者,其初本欲减以轻刑也。其后承误,反以为加焉"③,那就更昧于史实了。

第三,关于从金至元五刑体制的演变,日本学者宫崎市定所做的解释,与本文颇为不同。他的意见,可以概括为下表④:

---

① 《元典章》卷40,"诸衙门笞、杖等第"。
② 《经世大典序录·五刑》。陶宗仪《辍耕录》卷2"五刑"条即源此。
③ 丘濬:《大学衍义补》卷10;沈家本:《历代刑法考》,分考十四。
④ 宫崎市定:《宋元时代的法制及其裁判机构》,《东方学报》第24册(1954年)。宫崎原来制为二表,本文略加简化,并为一表。

<table>
<tr><td colspan="2"></td><td colspan="5">笞</td><td colspan="5">杖</td><td colspan="6">徒</td><td colspan="3">流</td><td>死</td></tr>
<tr><td rowspan="4">金制</td><td rowspan="3">泰和律</td><td>10</td><td>20</td><td>30</td><td>40</td><td>50</td><td>60</td><td>70</td><td>80</td><td>90</td><td>100</td><td colspan="2">1 年</td><td>1.5 年</td><td>2 年</td><td>2.5 年</td><td>3 年</td><td>2 000 里</td><td>2 500 里</td><td>3 000 里</td><td rowspan="3"></td></tr>
<tr><td colspan="10" rowspan="2"></td><td rowspan="2">比</td><td></td><td></td><td></td><td></td><td></td><td>徒 4 年</td><td>徒 4.5 年</td><td>徒 5 年</td></tr>
<tr><td>杖 120</td><td>杖 140</td><td>杖 160</td><td>杖 180</td><td colspan="4">杖 200</td></tr>
<tr><td>减半法</td><td colspan="2">笞 10</td><td colspan="2">20</td><td colspan="2">30</td><td colspan="2">40</td><td colspan="2">50</td><td colspan="3">杖 60</td><td colspan="2">杖 70</td><td>杖 80</td><td>杖 90</td><td colspan="2">杖 100</td><td></td></tr>
<tr><td>元制</td><td></td><td>7</td><td colspan="2">17</td><td colspan="2">27</td><td colspan="2">37</td><td colspan="2">47</td><td>57</td><td colspan="3">杖 67</td><td colspan="2">杖 77</td><td>杖 87</td><td>杖 97</td><td colspan="2">杖 107</td><td>死</td></tr>
</table>

宫崎的观点,有两个方面似值得商榷。

首先,徒四年、徒五年固然可以用来折抵流刑,但它们本身在"泰和律"的刑制中同时又是两个独立的徒刑等第,并非完全属于替代流刑的性质。如前所述,"泰和律"规定,凡罪至徒刑者,若家无兼丁,得以杖折徒。徒四年折杖二百①,徒五年当亦如之。但是,在断流比徒的情况下,便不允许再"准徒加杖"。可见徒四年、徒五年作为本刑或代流役,在性质上仍有一定的区别。因此,上表徒刑栏下应增补徒四年、徒五年两等;而流刑栏下的比杖二百应取消。

其次,关于所谓的"减半法",即金末对泰和律量刑标准减半执行的问题,宫崎的根据主要有两点。一是文献在记载金大定年间重修制条时曾提到"参以近所定徒杖减半之法"②。那么怎么知道大定时"徒杖减半之法"的原则对"泰和律"仍同样有效呢?宫崎又提出他的第二点论据:检阅至元之初的断例可以发现,"法司"援引"旧例"拟刑时,在"合徒若干年"以下,往往紧接着出现"决徒年杖若干"或"决杖若干"等语。宫崎将这些断例中徒年与决徒年杖数间的对应关系排列如下:

徒年	决徒年杖数	出　　典
1 年	杖 60	卷 41,"阑入禁苑"
1.5 年	杖 60	卷 45,"和奸有夫妇人"③
2 年	杖 70	卷 42,"带酒杀无罪男""杀死奸夫"

---

① 《元典章》卷 44,"殴人"引"旧例"。
② 《金史》卷 45《刑志》。
③ 此条原注卷 45,"夫受财纵妻犯奸",但不如"和奸有夫妇人"典型,故据改。

续表

徒年	决徒年杖数	出　　典
2.5年	（杖70?）	
3年	杖80	卷41,"打死侄";卷49,"偷砍树木免刺"
4年	杖90	卷42,"打死有罪男"
5年	杖100	卷42,"船边作戏淹死""打死有罪男""打死同驱""杀死盗奸寝妇奸夫";卷45,"强奸无夫妇人"

他认为,决徒年执行的杖刑,就是对泰和律原定徒刑的折代,即按泰和律的准徒加杖规定将徒刑折杖后再行减半,并略加调整,用以取代徒刑。

上面已经提到过,泰和律有关准徒加杖的规定,只在犯徒者家无兼丁的情况下方能适用,似乎不应理解为凡属徒刑即一概折杖。至于认为对折代徒刑的杖数还要普遍地施以"减半之法",恐怕就更有问题了。既然在制定《大定重修制条》时即已"参以近所定徒杖减半之法",则可知它已被包摄在重修制条的有关规定之中,如何能据以证明它在大定之后仍继续独立存在呢？再进一步推究史文,发现诸断例中的"决徒年杖若干",并不是对"合徒若干年"的折代刑,而是属于后者的附加刑。据沈家本移录元王元亮《唐律表·五刑图说》所引"泰和律"：

徒刑七：一年,赎铜四十斤、决杖六十、加杖一百二十；一年半,赎铜六十斤、决杖六十、加杖一百四十；二年,赎铜八十斤、决杖七十、加杖一百八十[按,当为一百六十之误]；二年半,赎铜一百斤、决杖七十、加杖一百八十；三年,赎铜一百二十斤、决杖八十、加杖二百；四年,赎铜一百六十斤、决杖九十、加杖二百；五年,赎铜一百八十斤、杖决一百、加杖二百。①

律文内加杖一项,系指"徒人居役再犯徒者加杖制"。自徒一年加杖一百二十起,每等递增二十。因为"配所犯徒,杖不过二百",所以凡居役时再犯徒三年以上罪者,俱以杖二百决遣②。此姑置勿论。值得注意的是所谓"决杖"。它无疑就是与作为主刑的徒刑并科的附加刑。这种附加刑一般在决徒当年施行。因此"法司"据律拟刑时,多在"合徒若干年"后接书"决徒年杖若干"。宫崎从《元典章》诸断例中归纳出来的徒年数与决徒年杖数之间的配置关系,同上引"泰和律"文正相符合,所反映的实为"泰和律"有关徒、杖并科的具体规定,而不是所谓减半法。

孤立地看,"五刑训义"的意义,仅在于它确立了元初的刑制系统;或者对研究金元法制史的学者来说,它还提示了泰和律刑制与元初刑制之间的渊源和演变关系。然而,如果把它与反映元初司法实践的许多断例及其他史料结合在一起加以考察,就不难看出,被称为"旧例"的"泰和律",主要就是通过"五刑训义"中有关规定的调整或修正,从而在这个阶段全面恢复了它的法律效力。但为了进一步阐述这个观点,首先应当解决一个前提问题,即如何才能确认,元初断例中的"旧例"就是"泰和律"的律文?这个方面的研究,到目前为止已经比较充分了。不过在这里仍有必要对此作一番扼要的追述和检讨。

四 至元八年前的元朝刑法(续)

"旧例"在元以前的历代公牍及其他文献材料中,早就是一个习

---

① 《历代刑法考》,总考四。
② 《刑统赋解》上。

见不鲜的泛指语词,用指与所论有关的原行制度、体例或惯例等。在有元一代的法令公文书中,它的使用亦相当频繁。

元代的政府公文,经常以汉、蒙乃至两种以上的文字同时颁布。虞集曾说:

> 集昔以文史末属得奉禁林。见廷中奏对,文字、语言皆以国语达;若夫德音之自内出者,皆画以汉书而下之。诏诰出于代言者之手,又循文而附诸国语,其来尚矣。①

诏诰由"代言者"用汉文写成之后又"循文而附诸国语",这种情况,到元代中、后期更为普遍。元初诏旨,有很多是直接用蒙文写成的,颁行时再附以逐字"硬译"而成的汉语译文。那么,与"旧例"相当的概念,在当时的蒙古语中是用什么词汇来表述的呢?根据"硬译"体汉语公牍,与"旧例"相应的蒙古语辞,在大多数场合被对译为"在先体例"②。我们虽然没有找到"在先体例"的蒙古文原文,但陕西周至重阳万寿宫八思巴字蒙文圣旨中有 urida-nu jarligh-un yosu'ar 一语,相应的"硬译"体汉语碑文则作"在先圣旨体例里"③。由此可知,"在先体例",亦即"旧例",在蒙文中当作 urida-nu yosu。

元代文献提到的旧例,有所谓"亡宋自来旧例"④,有"亡金旧

---

① 虞集:《送谭无咎赴吉安蒙古学官序》,《道园类稿》卷21。
② 例如对吏员九十月考满入流的规定,《元典章》卷8之"发补令史事理"称之"旧例",而同卷"硬译"体的"吏员月日例"则称"在先体例"。很多类似的例子,证明"旧例"和"在先体例"是完全等同的概念。
③ 此碑蒙、汉两种碑文均见赵崡:《石墨镌华》卷6。惟蒙文系直书自左向右换行,而该书过录此碑蒙文部分时,却按汉文直书时的习惯自右向左并行摹写,致使整篇文句错简,难以卒读。亚历山大·怀利曾对此碑作过汉文、畏吾儿字蒙文及英文的旁注。见佐伯好郎:《景教研究》,东京,1935年,页560后附图版。
④ 《元典章》卷22,"恢办茶课"。

例"①,有"汉人旧例",指汉族的传统道德规范②,有"大朝旧例",即本朝以往所定刑法、制度③,等等。更为普遍的情况是,在"旧例"一词之前未冠以任何限制语。有元一代文献史料里的这一类旧例,越来越多地用指元政府先前业已颁行的各种法制。但是,至元八年以前的断例及其他法令公文书中经常称引的旧例,大多数似不属于这种情况。下面试举一个比较典型的例子:

> 冠氏县申:归问到张记住状招:至元五年七月十二日晚,记住于驴屋内宿睡喂驴,妻王师姑于西屋北间宿睡。至五更起来,见妻王师姑对母阿高告说:"伊姑舅兄杨重二来房内暗地欺骗我来。"以此挟恨,将杨重二用刀子扎死罪犯。王师姑与张记住招状相同。状称:当夜五更,师姑床上睡着,有人将师姑惊觉。想是夫张记住,以此道:"明也,不做生活去啊,却来睡则么?"本人不曾言语,上床将师姑奸罢,师姑用手摸着头秃,才知是杨重二。本人走了,告说婆阿高。是实。法司拟:旧例,强奸有夫妇人者绞。今被张记住用刀子扎死,即是杀死应死人。捕罪人已就拘收,及不拒捍而杀,各从斗杀伤法。用刃者以故杀伤论。罪人本犯应死而杀者徒五年。其张记住合徒五年,决徒年杖一百。部拟:杖一百七下。省准。断讫。④

在这个断例里,"法司"共引述了四条旧例文字,从中推衍出对张记住应该施与的刑罚。中统、至元初期在断罪量刑或者其他方面引用的

---

① 王恽:《便民三十五事·用中选儒生》,《秋涧文集》卷90。
② 《元典章》卷30,"婚姻礼制"。这个文件把朱熹的《家礼》视为体现汉族传统道德规范的一部行为守则。
③ 《元史》卷157《刘秉忠传》。
④ 《元典章》卷42,"杀死盗奸寝妇奸夫"。

这一类格式相近的划一法规，显然不属于元王朝自己颁布的律令。那么这些旧例究竟出自何处呢？

笼统地说，元朝立法定制，往往师法唐、金。本文末节引述的《元典章》卷13"官职同者以先授在上"，将唐朝的公式令与金泰和令同时作为"酌古"的基本依据，就是很有典型性的例子之一，可参见。另一方面，由于唐朝的法制原则对后继王朝的权威影响，特别是由于金朝制度率多取诸唐制，包括它的刑法即以唐律为母法，遂使人们很容易夸大唐代制度对元制的直接影响。王恽说，本朝"凡所制作，取唐为多"①。经过元人增删修改的《事林广记》也认为："大元更法立制，多循唐旧。"②明人吴讷语及元朝刑法，甚至进而断言："元氏未尝定律……皆以唐律比拟。"③但在事实上，元朝立法，也有自己的特殊性。其受金制的直接影响，又要远甚于唐制。中统、至元之初引以为据的这样一批旧例，其实从不指唐朝的律令格式，而仅仅是指金泰和律、令等法典中的有关条文。

元初断罪量刑时大量征引旧例的状况，一直持续到至元八年。而正是在这年年底，元政府便正式宣布废止"泰和律"。由此足证过去所循用的旧例确实多是"泰和律"文。从旧例本身的内容来看，其刑制中出现徒四年、徒五年的自由刑，对犯徒者并科杖刑的规定，"汉儿、渤海不在接续有服兄弟之限"所反映的女真、渤海、契丹、汉儿之分④，这些都与"泰和律"的诸特征完全相符。

以上所说的这些，大都为研究元朝法律的学者们多次地提起过。

---

① 王恽：《论科举事宜状》，《秋涧文集》卷89。
② 《事林广记》别集卷1，"官制类·官制源流"。
③ 《棠阴比事》，"宋元守辜"条吴讷按。
④ 《元典章》卷18，"汉儿人不得接续"。

用它们来证明这一类格式相近的旧例中包含着相当多"泰和旧律"①或"太和旧例"②的条文,是毫无问题的。可是要完全排除其中直接含有唐律令格式的可能性,似乎仍显得有些理据不足。尤其当发现很多旧例条文与唐律极为接近,而从其内容本身又很难判断它究竟是属于唐代抑或金代的法令时,就更其如此③。

正因为如此,《元典章》卷17"父母在许令支析"一文才愈见其弥足珍贵之处。根据这个公文,户部为回复尚书省对"父母在堂,子孙分另,别籍异财"问题的处理意见,检阅了前代对同一问题的相应规定。其中有一段文字是这样写的:

> 送户部讲究得,唐律:"祖父母、父母不得令子孙分另别籍。"
> 又旧例:"女真人,其祖父母、父母在日支析及令子孙别籍者听。"
> 又条:"汉人不得令子孙别籍,其支析财产者听。"

按此处所谓旧例,显系指泰和法典而言。公文书将唐律和旧例分称,不应视为仅仅是在遣词用字方面出现的偶然现象。它有力地证明,在当时人的概念中,旧例除用为一般性泛称之外,同时又是对泰和诸法典所载条款的专门指称。在刑法方面,它所指的,主要就是《泰和律义》的诸条款④。

---

① 胡祗遹:《论定法》,《紫山大全集》卷22。
② 徐天麟:《官民准要序》,《四库全书总目提要》卷84,"史部·政书类存目"本目引。
③ 如《元典章》卷42,"走马撞死人"引旧例云:"于城内街巷及人众中无故走车马者,笞五十;以故杀伤人者,减斗杀伤一等。"《故唐律疏议》卷26《杂律》:"诸于城内街巷人众中无故走车马者,笞五十;以故杀伤人者,减斗杀伤一等。"还有许多类似的例子,不赘举。
④ 《刑统赋解》引用的金代律文,与《元典章》所引旧例之间,少数也有一些出入。仁井田陞和牧野巽认为,赋解中的律乃"泰和律"原文,而典章中有些旧例则反映了金政权后来的敕令对"泰和律"文所作的修改调整。见《故唐律疏议制作年代考》下,《东方学报》第2册(1931年)。

现在应当回过来继续讨论元初的刑法与"泰和律"刑法体系之间的关系问题了。根据"五刑训义"以及至元八年以前的格例可知，在案情的推鞫结束后，对案犯断罪量刑的过程可以分为两个步骤。先由"法司"检会旧例，据以认定该犯的罪名及应科以何种刑罚，然后再按"五刑训义"的折抵规定对"泰和律"所定的本刑进行换算，依相应结果断遣施行。从前引"杀死盗奸寝妇奸夫"和其他为数颇多的断例，这个过程可以看得十分清楚。当然，从另外一部分断例看来，省部对于按这种方式定断的刑罚，往往还要再稍加增减。不过这并不意味着否定以折抵金律的方式定断的量刑基准，而只是体现了对于该量刑基准的追加调整而已。

孛术鲁翀曾经十分确切地用"因事制宜，因时立制"来概括元朝在立法形式方面的特点①。由朝廷综合依据"泰和律"及新定折抵规定判决的断例，其本身即构成一项单行法，既对裁断相同或类似的罪行具有普遍的法律效力，又便于不断地对它进行修正。除了采用这个方式陆续将"泰和律"的各种条款转变为元朝自己的立法外，对于较轻的犯罪行为，在尚未颁行有关断例的情况下，也允许行使司法权力的各级地方机构自行照依金律折抵量刑。《元典章》卷4"体例酌古准今"条云：

> 至元五年十二月，四川行中书省移准中书省咨：来咨，但有罪名，除钦依圣旨体例泊中书省明文检拟外，有该载不尽罪名，不知凭准何例定断，请定夺事。本省相度，遇有刑名公事，先送检法拟定，再行参详有无情法相应，更为酌古准今，拟定明白罪名，除重刑结案来咨外，轻囚就便量情断遣。请依上施行。

---

① 孛术鲁翀：《大元通制序》，《国朝文类》卷36。

这个问题本身,是随着元朝法制秩序的逐渐稳定而提出来的。在上引文件颁布之前,对此大概还没有过什么明确规定。然而这绝不是说,对轻囚"酌古准今""就便量情断遣"的情况,至元五年之前就会不存在。实际上,上引公文不过是对于司法实践过程中业已形成的普遍做法加以确认和重申而已。"酌古准今"的含义,在这里应当是明确的。它主要是指的根据金律和"五刑训义"的折抵量刑规定行事。

于是可以看到,元政府是如何在系统地更动金代五刑之制的同时,通过两种途径,把几乎整部"泰和律"吸收进中统、至元初年的刑事裁判中去的。必须强调指出,元初采纳"泰和律"的这两种途径,在元朝刑法体系形成过程中的作用和意义大不相同。通过朝廷颁布的断例,"泰和律"中各种法规的基本精神陆续被移植到元朝自己的立法中;与此同时,"泰和律"中的相应律文一般也就不再继续生效了。随着衍生于"泰和律"的这一类单行法逐渐积累,需要由各地直接照依金律"酌古准今"定断的刑案,其范围就越来越小。当积累的单行法达到一定数量因而占据了支配地位时,便有可能由它们自行配置成一个粗具规模的相应刑法体系的雏形。尽管本来是附着于"泰和律"而成立的,但它毕竟使元朝刑法摆脱了全面依赖"泰和律"的状况。这时候"泰和律"必然遭到扬弃;而采纳"泰和律"的这两种途径,自然也就随着这一特定发展阶段的终结同时完成了各自的使命。这样的形势,在至元八年前后渐趋成熟。

在《元典章·刑部》载录的关于诸恶、诸杀、殴詈、诸奸等方面的刑事法规中,属于至元八年底以前颁行的,约占百分之四十五[①]。可以想见,到这时候,相当数量的比较成熟和相对稳定的单行法,加上

---

① 至元八年前有关强、窃等罪的刑事法规,后来差不多全部被新制定的法规取代了。这个情况比较特殊,下面还要专门加以叙述,故未列入此项统计。

后来被逐步取代,所以未能保留至今的那些单行立法,已经能够初步地满足定断各种类型之常见刑案的司法需要了。"泰和律"既已失去它在至元之初的刑法中那种不可取代的重要地位,则随着元政府调整其统治政策的某些需要,它终于被明令禁行,便也不足为奇了。

五 元朝刑法体系的确立

至元八年十一月,忽必烈下旨:"泰和律令不用,休依著那着。"① 此后,在过去近十年间积累起来的大量单行法的基础上,元政府又陆续颁布了一系列新的刑事法规,对刑法的各个部分不断进行调整、充实。五刑之制也不断臻于完备。直到大德六年(1302年)《强切(按切、窃通)盗贼通例》的公布,独立于《泰和律》的元代刑法体系,可以说就真正确立了。

元政府为什么要禁行《泰和律》呢?

首先,这项决定与建"大元"国号出于同时,是元王朝正统化进程中的一个必然步骤。因为作为大一统的传统王朝,长期直接沿用前代旧律,在中国历史上为例不多。当时朝中提出这个问题的不乏其人。胡祗遹在《又上宰相书》中所发的一段议论就具有相当的代表性。他说:

> 纷纭临事,漫呼法官,曰视"泰和律",岂不谬乎!亡金之制,果可以服诸王贵族乎?果可以服台省贵官乎?果可以依恃此例,断大疑、决大政乎②?

---

① 《元典章》卷18,"牧民官娶部民"。
② 《紫山大全集》卷12。植松正在《关于元初法制的一个考察》中认为,紫山此信写成于至元初期,当是。

对国家沿用胜朝旧律的诸如此类的讽谏,其出发点本来是敦促元廷及时修订本朝刑律,颁行天下。而对于正在力图加强自身统治的合法化色彩的忽必烈来说,从中得到的更重要的信息,似乎是应当尽快地废止金律。假如说当年在《登宝位诏》中宣布"与民更始"时,还来不及太多地顾及刑法问题,那么到至元八年发表《建国号诏》时,条件已经十分成熟了。于是,废"泰和律"便成了在"共隆大号"的同时"事从因革"的主要标记,而被纳入"诞膺景命""统接三五"的正统主义轨道上去了①。

其次,按"五刑训义"规定对"泰和律"量刑标准进行折抵的结果,只剩下笞、杖、死三个正规刑种。这对于处罚某些发生比较频繁的犯罪行为,在当时主要是指窃、盗罪,显得有些手段不足。这也是导致元王朝废除泰和律的一个重要原因。兹将"泰和律"对强、窃罪的量刑及折抵后的量刑标准列表如下,以资比较(表见下)。

得财	强盗		窃盗		
	金律	折抵后	金律	(旧例)	折抵后
1贯	徒3年	杖87	杖60	杖60	笞37
2贯			杖70		
3贯	徒4年	杖97			
4贯			杖80		
5贯				杖70	
6贯			杖90		笞47
8贯			杖100		

---

① 《元史》卷4、卷7《世祖纪》一、四;王恽:《建国号事状》,《秋涧文集》卷86。

续 表

得财	强 盗		窃 盗		
	金律	折抵后	金律	（旧例）	折抵后
10 贯	绞		徒 1 年	杖 80	笞 47
15 贯				杖 90	
20 贯		杖 107	徒 1.5 年	杖 100	杖 57
40 贯			徒 2 年	杖 67	
60 贯			徒 2.5 年	徒 2 年	杖 77
80 贯			徒 3 年	徒 3 年	杖 87
100 贯			徒 4 年	徒 4 年	杖 97
备注	《刑统赋解》下引《盗贼律》："强盗一贯徒三年，十贯及伤人者绞。"《杂律》："诸烧官府廨舍、私家房屋（一作舍）及积聚之物者，同强盗法，三贯以上徒四年，十贯以上及伤人者绞。"同书又引《盗贼律》："强盗以威力劫取其财，一贯徒二年，十贯及伤人者绞。"其徒二年当为徒三年之误	《元典章》卷 50，"父首子烧人房舍"："旧例，强盗二十贯绞。照依中书省已断强盗满法（法当作赃）不曾伤人体例，合杖一百七下。"所引旧例，比"泰和律"文已经放宽了	《刑统赋解》下引《盗贼律》："窃盗一贯杖六十，二贯加一等，十贯徒一年，二十贯加一等，一百贯徒五年。"按律文推算，一百贯只应徒四年，与下引"罪只徒四年"合，故据改。关于窃盗终于徒刑，王亮增注赋解亦云："其窃盗终于徒罪，强盗始于徒罪，故曰或终如其始"	《刑统赋解》下："其对主故（一作放）烧非积聚之物者，只同弃毁他人物，准盗科罪，一贯杖六十，五贯加一等，罪止徒四年。"元初对窃罪即按此标准折抵量刑	参见上条，及《元典章》卷 49，"偷斫树木免刺"

如表所述，除强盗伤人或杀人仍处以绞、斩刑之外，对强、窃罪的刑罚，一经折抵后便几乎被全部压缩在各等第的身体刑之中。按金律折抵量刑导致处罚过轻，实际上是一个带有普遍性的问题。但在"盗贼滋盛"的局面下，对强、窃罪的量刑就尤其显得相对过轻，特别不能适应当时的需要。关于这一点，至少可以举出两方面的明显证据。其一，忽必烈在至元二十三年曾指斥"汉人徇私，用'泰和律'处事，致盗贼滋众"①。这时朝廷明令废止金律已经很久了，所以循元初折减量刑之制而"用'泰和律'处事"，变成"徇私"行为。用之以按治盗贼而"盗贼滋众"，可见它对强、窃罪的量刑尤为失之过宽。其二，废除金律之后，对强、窃罪的处罚规定陡然严厉起来，刑种也增多了。据《元史·安童传》，恰巧是在至元八年，朝臣中就有人以"盗贼滋横，若不显戮一二，无以示惩"为由，主张"强窃均死"。至元十二年，已有将盗贼"发付窑场配役"的记录②。十四年七月，"敕犯盗者皆弃市。符宝郎董文忠言：'盗有强窃，赃有多寡，似难以悉置以法。'帝然其言，遽命止之"。十六年十一月，复"敕诸路所捕盗，初犯赃多者死，再犯赃少者从轻罪论"。二十三年四月，中书省又上奏："比奉旨，凡为盗者毋释。今窃钞数贯及佩刀微物，与童幼窃物者，悉令配役。臣等议，一犯者杖释，再犯者依法配役为宜。"③废除《泰和律》前后，对强窃罪的量刑标准，其变化幅度大大超过惩治其他犯罪行为的刑罚，同样说明原先这一部分刑事法规，特别不能适合元朝统治的需要。否定衍生于"泰和律"的有关强窃罪的刑事法规，亦当是元王朝中止循用"泰和律"的重要原因之一。

---

① 《元史》卷14《世祖纪》十一。
② 《元典章》卷50，"奴拐主财不刺配"。
③ 《元史》卷9、10、14《世祖纪》六、七、十一。

前面已经说过,依靠至元八年之前以断例或其他形式积累的大量单行法,元王朝差不多已经能够配列出一个独立的刑法体系的雏形了。新的形势不但要求元朝刑法摆脱依附于"泰和律"的状态,而且也已经为实现这种可能性准备好了一定的基础。然而,这并不是说,只要一宣布废止"泰和律",新的元朝刑法体系便能马上确立起来。还需要制定很多法规,用以补充、替代原来还没有、不健全或者不适用的那些相关条文。而这些新法规本身也需要在司法实践中进一步调整、修改,方能逐渐趋于稳定。这个过程,费时近二十年,才得以基本完成。

　　至元八年以前,身体刑(笞、杖刑)和生命刑(死刑)作为主要刑罚手段,已经比较发达了。而自由刑只是在极特殊的情况下才被个别地保留着。如对私藏军器罪,按情节轻重分别处以死、杖九十七并徒三年、杖七十七并徒二年、杖五十七并徒一年等刑罚。徒刑在这个场合很像是作为附加刑而存在的①。至元五年二月,"田禹妖言,敕减死,流之远方"②。是知流刑偶尔也被使用。废金律后,有关"配役"也就是徒刑的记载日见增多,流刑亦逐渐成为正式刑种之一。

　　"配役"的概念,从宋到元发生了很大的变化。在宋代,它又名"配隶",主要是指流远充军,一般都并科刺、杖等从刑。所以罗点在南宋淳熙年间回顾北宋初期定折杖制,以脊杖、配役代流刑,遂使"流罪得免远徙"时,特别强调当初"所谓配役,非今之所谓配,古所谓徒役是也"③。元代的配役,其初所指尚不甚明确。它既指"古所谓徒役"者,如前引发付窑场居役之例,似乎也用指宋制之流配。至元十

① 《元典章》卷35,"隐藏军器罪名";宫崎市定:《宋元时代的法制及其裁判机构》。
② 《元史》卷6《世祖纪》三。
③ 《文献通考》卷168《刑考》七引罗点语。

七年十一月,"诏有罪配役者量其程远近"即是①。大约就是在徒刑逐渐定制为元朝五刑之正式刑种的过程中,配役亦成了徒刑的别称,完全与它在宋代的含义区别开来了。故而元人说:"配役,宋文面流刑,今带镣居作。"②

至元二十三年四月元廷决定对强、窃盗"再犯依法配役"时,徒刑应已明确分为若干等第。迄今所知明确区分徒刑为五等的法令,以元贞元年(1295年)七月颁布的《侵盗钱粮罪例》为最早。五等之设其如下述:"徒一年,杖六十七。每半年加杖一十,三年一百七。皆决讫居役。"③但是,次年五月又诏令:"诸徒役者,限一年释之,毋杖。"④六月,"降官吏受赇条格,凡十有三等",再犯赃者,依条加本罪三等。这个"十三等例",一直施行到大德七年颁布《赃罪条例》时,才为后者所取代⑤。十三等例是否仍将徒刑分别等第,未见直接证据。然依大德二年(1298年)《囚徒配役给粮》条所云"罪囚徒年,验元犯轻重,已有定例"看来⑥,至少在这时已恢复徒刑等第,且其轻重亦各有差。到大德六年三月,元廷颁行《强切盗贼通例》,其中对徒刑的等从、执刑的方式等,列为专条,又重新加以完整的厘定:

> 诸犯徒者,徒一年,杖六十七;一年半,杖七十七;二年,杖八十七;二年半,杖九十七;三年,杖一百七。皆先决讫,然后发遣。

---

① 《元史》卷11《世祖纪》八。
② 《吏学指南》,"杂刑"篇。
③ 见《元典章》卷47。
④ 《元史》卷19《成宗纪》二。这个圣旨节文,保留在《元典章》卷49,"配役遇闰准算"条内,可参见。
⑤ 《元史》卷19《成宗纪》二。《元典章》卷46"军官取受例"(大德五年)内提到的"十三等例"及"十三个体例",即指此。《元典章·刑部》日本校订本页251校记曰:"三当作二。"校订者大概把它与大德七年颁布的《赃罪条例》(十二章)搞混淆了。
⑥ 见《元典章》卷49。

> 合属带镣居役、应配役人,逐有金银铜铁洞冶、屯田、堤岸、桥道,一切工役去处,听就工作,令人监视。日计工程,满日疏放,充警迹人。①

上述规定当然不仅适合于因盗窃罪而决徒者。至此,元朝的徒刑设置始为定制,迄于元末而不改。

与配役正式成为五刑的刑种之一同时,流刑也逐步恢复了。《强切盗贼通例》同样已将流刑列为正式刑种,不过当时尚"不曾定到里数、并合流去处[是]何地所"等事②。进一步规定汉、南人按所犯轻重流至肇州、奴儿干,蒙古、色目人流至湖广、云南,还是后来的事③。而元朝对流刑三等的性质给予法律上的正式阐述,更要晚至《通制条格》颁行时。其云:

> 流刑三等。流二千里,比移乡接连;二千五百里,迁徙屯粮;三千里,流远出军。④

由上述可知,《强切盗贼通例》的颁布,不但使元朝关于强、窃罪的法律(这是当日刑法的主要部分之一)臻于稳定,而且对元代刑制中自由刑的恢复和制度化过程也是一次总结。至此,元朝的五刑之制大体上构成了比较完备的系统。另外,翻检《元典章·刑部》诸格例,大德六年以前的立法,在保留到延祐之后的全部立法中已占百分之六十二以上。整个刑法体系已具有了更多的稳定性。因此,我们选择《强切盗贼通例》的颁行,作为独立于"泰和律"的元朝刑法体系

---

① 见《元典章》卷49。
② 《元典章》卷49,"流远出军地面"。"是"字依《元典章·刑部》日本校定者之见补。
③ 《元典章》卷49;又见《元典章新集·刑部》,"发付流囚轻重地面"。
④ 《刑统赋疏》"刑异五等"条引"通例",按此书将《通制条格》一书的书名写作《通例条格》。

获得确立的标志。以后,元朝刑法体系在原有基础上继续地有所发展或变化,但它总的格局已定,似乎再没有发生过比较重大的改变了。

六 元朝刑法体系确立过程的特点和评价

总的来说,元代刑法体系的形成,与历朝相同,是在吸收和继承前代的传统汉地法制基础上,又根据当时的社会历史条件,对它进行部分地调整、修改乃至增创的过程。然而,如果从某些具体方面去加以考察,发现在这个过程中也有若干与其他传统王朝不相类似的独特之处。元代以前,汉、西晋、南朝之梁陈、北朝之周,以及隋、唐等政权,都在建国后不久便颁定本朝刑律,由以确立自己的刑法体系;南朝宋齐两代未另制新律,但明确沿用晋律为听断刑狱的系统的法律依据。这可以算一种情况。另一种情况,也有一些王朝,在建立后相当长一个阶段中,权用前朝旧律,待各方面的客观条件成熟后,方始制定出新的刑法,从而形成或健全带有本朝特点的刑法体系。曹魏初年,"嫌汉律太重,故令依律论者,听得科半,使从半减也"①。迄明帝青龙四年(236年)才更定魏法,制为新律十八篇。辽代从神册六年(921年)诏"汉人则断以律令",至重熙五年(1036年)颁"新定条制"②,此其间听断汉人刑名所用的"律令""汉律"之属,并非出于辽王朝之自定,很可能就是唐律。金自逼宋南迁至复取河南地,先用辽、宋法,后来又"诏其民,约所用刑法皆从律文"。此所谓律文,当亦指唐律而言。直到皇统(1141—1152年)间,方"以本朝旧制,兼采隋

---

① 《晋书》卷30《刑法志》。
② 《辽史》卷61《刑法志》。

唐之制，参辽宋之法，类以成书，颁行中外，号皇统制"①。是为金朝刑法体系确立之始。

元初的刑法在沿用前代旧律这一点上，固然与辽金诸朝颇有相似之处。但它结合使用两种方式系统地吸收"泰和律"，并陆续用衍生于"泰和律"的各种单行法来逐条逐款地取代金律本身，从而逐渐地奠定本朝刑法体系的基础。这个特殊性，是曹魏、辽金等朝所未完全具备的。

有一个问题需要在这里附带阐说。元初在系统地吸收《泰和律》的时候，为什么主要采取颁布单行法的方式，逐条"消化"旧律诸条款，而不用更简单的做法，按既定折抵标准将整部泰和律文直接加以改造，而后一次就颁定完事呢？

据《元典章·刑部》载录的数十则引用旧例的断例，除去对根据"泰和律"应处死刑之案件的裁决变化不大（少数也有变化）外，对折抵后的量刑基准再酌情加以增减的断例数量，要多于机械地按金律折抵量刑者。换言之，除死刑基本上照依原条处置外，元廷对死罪以外很大部分犯罪行为的量刑标准，都还在折抵金律的相应基准上下作了适当的调整。因时、因事地以采用单行法的形式来进行这种调整，显然比一次性地颁定系统的定律更切实可行。这或许可以部分地解释为什么《中统权宜条理》难以成功，而采纳后来这种方式，元廷能够在刑事立法方面不断地有所进展。

元朝刑法体系形成的独特途径，使元政府能在对于有效地指导全国司法行政缺乏必要准备的情况下，借助于经过折抵变换的前朝刑法的现成框架，迅速地将刑事立法秩序化、系统化。非常有意思的

---

① 《金史》卷45《刑志》。

是，可供附着的"泰和律"确实是现成的框架，但同时由于折抵量刑所导致的变换结果，又使得附着于"泰和律"而形成的元朝刑法体系的雏形，具有了与金代刑法体系不同的某些特点。只是当新体系的雏形已经产生，不再需要它原来所攀附的那个框架也能够自我支撑时，元政府才宣布废除"泰和律"，并继续在已有基础上不断增添相应构建，最后形成脱胎于"泰和律"，而又与金代法制存在明显区别的独立的刑法体系。

至元八年废止"泰和律"，仅仅表明这部法律在元朝刑法体系形成过程中曾经占有的那种特殊地位被取消了。正如小林高四郎在《关于元代法制史上的旧例问题》一文中所指出的，至元八年以后，元朝在自己的立法（其中包括刑事立法）中参引泰和律令者，仍不乏其例。但是，在制定某项法律时个别地、零星地参考"旧例"中体现的传统法度，同当初按一定的折代关系系统地采纳"泰和律"，并由此将它转化为新刑法体系的基础，这两种情况，在性质上无论如何是应予区别的。前一种情况在各个朝代的立法活动中普遍地存在过，后者则体现了元朝刑事立法的一个具体特点。

历朝刑法体系的确立，多以产生一部比较完整的刑律为其标志。仅元朝事属例外。这是其刑法体系形成过程中的又一个特点。

实际上，元代前期编写刑律的尝试，与世祖、成宗两朝相始终，一直没有停止过。前已提及，史天泽与"诸大老"在至元八年前即已拟定过一个新律草稿。此后，忽必烈曾再次"令老臣通法律者，参酌古今，从新定制"①。至元中，王恽请求"将奉敕删定到律令，颁为至元新法，使天下更始，永为成宪"②。至元末，他再一次在奏文中建言

---

① 《元史》卷22《武宗纪》一。
② 王恽：《便民三十五事·立法》，《秋涧文集》卷90。

"将已定律令颁为新法"①。可见忽必烈一朝,修定律令的事,一直在拟议中。成宗即位后,复命何荣祖更定律令。荣祖共择取三百八十条,"一条有该三四事者",名曰《大德律令》②。律成,诏"元老大臣聚听之"③。这部刑律,应当就是被郑介夫在大德七年奏议中斥为"讹舛甚多"的《大德律》④。或许正因为它"讹舛甚多",所以最后仍未正式颁行。

元朝前叶长期修律未果,其困难究竟出在什么地方呢?胡祗遹有一段话,对回答这个问题极有参考的价值。他说:

> 法之不立,其原在于南不能从北,北不能从南。然则何时而定乎?莫若南自南而北自北,则法自立矣。以南从北则不可,以北从南则尤不可。南方事繁,事繁则法繁;北方事简,事简则法简。以繁从简,则不能为治;以简从繁,则人厌苦之。或南北相关者,各从其重者定罪。若婚姻,男重而女轻,男主而女宾,有事则各从其夫家之法论;北人尚续亲,南人尚归宗之类是也⑤。

这里说的"南",指中原汉地的传统刑法;"北"也者,蒙古法也。所谓"法之不立",则是说元朝未能以划一法规的形式颁布系统、完备的刑律。很清楚,根据当时流行的观念,这部刑律应该是折中汉法、蒙古法而成的统一法典,因而可以等效地施用于汉、蒙古等各人群。这种观念原本是很自然的。因为无论辽、金,其所颁布的本朝刑律都

---

① 王恽:《上世祖皇帝论政事书》,《秋涧文集》卷35。
② 《元史》卷20《成宗纪》三。
③ 《元史》卷168《何荣祖传》。
④ 《历代名臣奏议》卷67,引郑介夫奏议。
⑤ 胡祗遹:《论治法》,《紫山大全集》卷21。

是汉人和契丹或女真等人同用的法典。辽之《重熙新定条制》可能还没有完全解决"契丹、汉人风俗不同"而"国法不可异施"的矛盾①,而《咸雍重定条制》,当已成为辽、汉同用的法典。金代从《皇统制》到《泰和律义》,都是对女真人和汉人等效的刑法。元初涉及刑法的诸格例,则主要是为听断中原汉地居民的刑名公事制定的。蒙古人"自行相犯婚姻、良贱、债负、斗殴词讼、和奸杂犯,不系官兵捕捉者",多由蒙古官员按本俗法归断;凡"干碍人命重刑、利害公事、强切盗贼、印造伪钞之类"②,则裁判时可能要受到,而且还越来越受到上述诸格例的影响。但由于蒙古官员必参与裁判,所以也不见得完全能照格例裁断之。元朝前期蒙古统治者对种族畛域和种族防范的意识还十分浓厚。在这样的背景之下,是很难把蒙古法和汉法纳入一部统一的刑律之中的。这应是当时修律长期不克成功的一个不可忽略的原因。事实上,胡祗遹已经看到了这一点。所以他才说:"南不能从北,北不能从南。然则何时而定乎?"

因为元朝刑法体系主要是由以条格、断例形式颁发的单行法构成的,所以,当时内而省部、外而郡府,各衙门均需置簿,类编有关格例,称为"格例簿"。"遇事有难决,则搜寻旧例;或中无所载,则比拟施行。"③这种用例不用律的做法,给元朝司法带来了很大的弊端。由于在断例中对构成犯罪行为的诸要素(或曰犯罪构成条件)往往缺乏精确明了的叙述,以致对同一犯罪事实,可以从不同角度拿它与不同的断例相比附,对它的量刑自然也就不同。更由于随着岁增月积,颁降的格例越来越多,难免新旧并存,冗杂重出,同样产生罪同罚异

---

① 《辽史》卷62《刑法志》下。
② 《元典章》卷39,"蒙古人自相犯重刑,有司约会"。
③ 《历代名臣奏议》卷67,引郑介夫奏议。

的结果。上面两种情况,都为"扶情之吏,舞弄文法,出入比附,用谲行私",增加了极多的便利①。元人对此曾经有过许多尖锐的批评,此处不一一俱引。他们的批评自然是很有道理的;然而恰恰由于这个原因,上述立法形式在元初刑法体系确立过程中所曾起过的具有积极意义的作用,几乎被完全掩盖了。这也是我们今天特别应该指出的。

自从《大德律》流产,元朝的修律活动沉寂了相当长一段时期。武宗即位后,中书省臣上言:

> 律令者治国之急务,当以时损益。世祖尝有旨:金"泰和律"勿用;令老臣通法律者,参酌古今,从新定制。至今尚未行。臣等谓律令重事,未可轻议。请自世祖即位以来所行条格,校雠归一,遵而行之。②

这时元廷决定不再"轻议"律令,转而采取折中方式,对现行格例加以整理增删,重加颁行,以求进一步统一法制。英宗至治三年(1323年)刊行的《大元通制》,就是一部有关国家政制法程各部类单行法的汇编集。其"断例"部分共 717 条,分为 11 目,除缺"名例"一目外,其余篇目之命名与"泰和律"完全相同③。它虽然不具备划一的法规形式,实际上完全起到了元朝刑法典的作用,带有刑法典的性质。与历朝不同的是,《大元通制·断例》的颁布,已经不再是元朝刑法体系形成过程终结的标志,而是远远落到元朝刑法体系的确立之后了。

---

① 《元史》卷 102《刑法志》一。
② 《元史》卷 22《武宗纪》一。
③ 参见安部健夫:《大元通制解说》,《东方学报》第 1 册(1931 年)。

附论:"法司"的含义

从至元八年以前的断例可以看出,在当时断罪量刑的过程中机械地按"旧例"拟刑的步骤,多由"法司"来承担。此处的"法司"究竟是一个什么样的机构?长期以来一直没有搞清楚。因此这里还要附带讨论一下"法司"的问题。

"法司"一词,在中古时期似曾有过两个含义。其中较常见的,是把它当作中央司刑机关的泛称来使用。胡三省注《资治通鉴》唐纪僖宗光启三年(887年)三月癸未条:"法司谓刑部。"①更准确地说,法司应是当时对刑部、大理寺乃至"两司"的统称。唐元和十三年三月敕云:

> 旧制,刑宪皆大理寺、刑部详断闻奏,然后至中书裁量。近多不至两司,中书使自处置。今后先付法司,具轻重闻奏,下中书令舍人参酌,然后据事例裁断。②

到了明代,除以刑部或者大理寺为法司外,又将它们与参与会鞫大狱重囚的都察院合称"三法司"③。

元朝不设大理寺。称刑部为法司的例子,在元代史料中亦时有所见④。但是,从元初的断例来分析,"法司拟"多与"部拟"重出,故此处的法司显然不能与刑部相提并论。由于当时以大宗正府断事官

---

① 《资治通鉴》卷256胡注。见田中谦二:《元典章文书的构成》,《东洋史研究》第23卷第4期(1965年)。
② 《唐会要》卷55,"中书舍人"。
③ 《明史》卷72、73《职官志》一、二。
④ 见《元史》卷117《叶李传》、卷182《张起岩传》;苏天爵:《马祖常墓志铭》,《滋溪文稿》卷9。

断蒙古、汉人刑名公事,所以有些学者,例如拉契内夫斯基即认为,"很可能被称为法司的就是这样一些断事官"①。宫崎市定也倾向于支持这种看法,虽然同时他更谨慎地指出,对这一点似未易确言②。

认为法司即大宗正府的观点,实际上包含着一个先验的假定,即它首先应当是能够独立执行某一层次裁判权力的政府机关。但如果这个假定可以成立,法司也就绝不可能再指大宗正府。因为至元八年以前大量格式类似的断例再清楚不过地表明,刑部的拟定,其权威性一向要在"法司拟"之上。按元制,刑部秩正三品,大宗正府秩从一品。刑部与大宗正府处同一裁判程序中,而又凌驾于大宗正府之上,这是不可思议的。法司即大宗正府的观点直接导致上述悖论,迫使我们不得不将它放弃。

那么是否可以将"法司拟"看作行使地方一级裁判权力的官司申报省部的初审判决呢？似乎也不能成立。从中统元年开始,地方官司对罪至死者,只依推鞫和复审结果,将事状、口供呈省待决;它们自己并不对此做出直接判决。而现存断例中由法司拟决死刑者却为例甚众,足证它只能是省部直属系统以内的拟刑程序之一。《刑统赋疏》"诅父母为不孝,可明于厌魅"条引《厌魅坐罪》,《元典章》卷43"无人口免征烧埋银",都明载"刑部送法司""本部(按指刑部)送法司"等语,可知法司所受,多是由刑部判送的公文。

在研究元初法令公文书中所提到的法司时,其以下三方面的特性,理应引起我们的注意：

第一,将有关公事判送法司拟议的机关,现存文献中为例最多的固然是刑部,但并不仅限于刑部。户部、御史台等在处理本司事务

---

① 拉契内夫斯基：《元史刑法志译注》,巴黎,1937年,导言,页10。
② 宫崎市定：《宋元时代的法制及其裁判机构》。

时,也留下了"该送法司"的记录①。中统时期的十路宣抚司亦曾设置过"法司"的机构②。

第二,法司的基本职能,是针对上司判送的公文中有待议决的问题,从泰和律、令诸法典中检出有关规定,供判送机关"酌古准今"时参照。在不少场合,尤其是当待议的问题涉及一条以上的旧例,需要运用这些条款的原则进行必要的推绎,从而形成相应裁决的时候,法司往往还要就其结论与诸条文之间的适用性,做出简单明了的解释。这种解释,大体不越出旧例的规矩;从性质上说,它与部拟以及其他主管机关的正式议决,也是不相同的。

第三,元代的法令公文书证实,法司与检法所指甚为接近。这里需要再次征引前面提到过的《官职同者以先授在上》一文。兹将全文移录如下:

> 至元七年八月,御史台来申:佥事王好礼、周正,散官职位相同。未审逐官阶位上下排列,将王好礼权于孟佥事元位竖衔,却缘周正在先勾当,乞照详事。送法司定拟,回呈:检会到古唐制度,该诸文武官朝参行立,各依职事官品为序;职事同者以先授;授同者以齿;其在本司参集者各依职事③。又,泰和制云,诸文武官朝参预宴,各依职事为序;同者以先授;授同者以散官。今承判送检法同参议得,酌古准今,宜依自来体例,其在本司参集,各依职事官品为序;职事同者以先授;授予同者以散官。今

---

① 《元典章》卷18,"离异买休妻例";卷13,"官职同者以先授在上"。
② 《元典章》卷40,卷首"狱具"表下引大名等路宣抚司指挥。
③ 据《唐六典》卷3《吏部·百官列班序》:"官同者先爵,爵同者先齿。"《新唐书》卷48《百官志》用其说。《唐会要》卷25载天宝三载礼部详定所奏敕"公式令",又规定朝参行立"各以职事官为序;职事同者以齿"。元法司所据,殆为天宝后复经修订之条文欤!

> 职事同佥事,授有先后,合令先授者在上,似为合礼。宪台参详:
> 所拟相应。仰照验施行。

文内自"送法司定拟"以下,直至"宪台参详"之前,均属转引法司针对它接到的判文所上回呈。由这个回呈中所谓"今承判送检法,同参议得"云云,可知此语中的"检法"所指,实乃参加定拟的法司之机构或其中办事官员的名称。金制,各中央机关设检法一职,品秩一般为从八品;其在元初,则为八品正官①。

综合以上三点,关于元初法司的面貌,或许已可知其大概。在省部,法司大约不是个别地隶属于刑、户等各部之下,而很可能如同金代的左三部(吏、户、礼部)检法司和右三部(兵、刑、工部)检法司,分别隶属于左三部和右三部。宪台、宣抚使司等亦各置法司。诸行省、路府、诸道提刑按察司等,初期似皆置检法之职②,惟其是否亦可以法司称之,史无明征。由于法司、检法的主要职责是负责检拟金泰和律令等条款③,所以至元八年以后,它便在很大程度上失去了存在的意义。此后见于文献的,只有御史台的检法官,它直到至元十九年才被废去。

如上所述,元初的法律公文书,实际是在下述含义上使用"法司"一词的:它是负责掌管和检拟有关法律条文的专门人员或其机构。这就是法司一词的第二种含义。

法司的名称有此含义,亦非自元朝始。在两宋官制中,也可以找到类似的例证。

---

① 《金史》卷55《百官志》一;王恽:《论省部掾内选择检法官事状》,《秋涧文集》卷85。
② 《元典章》卷4,"体例酌古准今";元明善:《董朴墓碣铭》,《国朝文类》卷55。
③ 中统初担任燕京行省检法的沈侃,即出身法律,亦可为此说之一证。见王恽:《中堂事记》上。

两宋时,在三省制敕库房、谏院、吏部尚书左右选、御史台等处的属吏中,都有以法司见称的专职人员;在吏部尚书右选、大理寺左断刑等处的诸案房中,又都有以法司见称的文书机构。制敕库房的职掌是编录并检核敕令格式等法令文书。凡"应合立定刑名及断罪约束文字,欲于检正处拟定,请参政笔送制敕库,令法司检条,参酌拟定,呈宰相请笔"①。此系为人吏之法司。又绍兴四年(1134年)吏部侍郎胡交修上奏:"近降细务指挥内一项:'六曹长贰,以其事治有条者,以条决之;无条者,以例决之;无条、例,酌情裁决。'盖欲省减朝廷庶务,责之六曹也。令(按当作今)欲乞令本部七司各置例册,法司专掌诸案。具今日以来应干敕札、批状、指挥,可以为例者,限十日尽数关报法司,编上例册,今后可以为例。事限一日,关法司钞上。庶几少防人吏隐匿之敝。"②此系为机构之法司。以上两例证明,法司无论是作为人吏还是机构的称谓,其编录及检具条令的基本责职,都没改变。

　　法司之上述职能,与掌供检用条法与检详法律文字之检法一职,有某种相通之处。因而尽管宋代的法司与检法各有所指,但吏部尚书左选十二案中有检法而无法司,其右选十案中则有法司而无检法,大理寺左断刑置法司而不设检法案,其右治狱则置检法案而不设法司。在属于同一机关的案房系统中,法司与检法例不重出,似亦有助于说明二者内涵之相近。

　　元初的检法官,应与宋、金官制中的同名官职有直接的渊源关系。另一方面,随着中央官僚机构的调整更动,宋代中央各衙门中被称为法司的那些案房及司吏人员,在元代俱已不复存在。所以,法司

---

① 《宋会要辑稿·职官》三之三十五。
② 《宋会要辑稿·职官》八之二十。

这个名目,才有可能被移用于某些部门的检法官或其专门机构。从元初制度多承金制推想起来,金代的检法官或即已有法司的别称,可惜关于这一点找不到直接的史料依据。

关于元初的法司,目前所能知道的,就是这些。

两宋时期,协助府州官司执行地方一级裁判权力的专门机构之一——司法参军衙门,亦名法司。它的职能,也是针对业已鞫清的案情,"检具条令",拟刑待决。尽管地方一级刑名狱讼的最高裁判权属于知州或府尹,但其定断往往取决于法司检出的法律条文本身,所以"狱司(即推司,指司理参军衙门)推鞫,法司检断"成为当时十分流行的说法①。很可能在南宋后期,法司一词也被用以统称地方上专管刑狱的官员。故元灭南宋之后,沿用宋代的习称,把推官叫作法司②。不过,元代设立推官专治刑狱,事在至元后期③。因此,我们可以很放心地断定,无论如何,作为推官俗称的法司,与出现在至元八年以前断例中的法司,全然无涉。

(补记:本文原载《元史论丛》第3辑,北京:中华书局,1986年。当时我认为,王恽所言《中统权宜条理诏》之颁降,未必表明"权宜条理"本身亦已颁布施行。但这样一来,关于《元典章》载录的"五刑训义"究竟发布于何时的问题,反而变得难以落实了。在《金泰和律徒刑附加决杖考:附论元初的刑政》一文里,我已对此一推断作了修正。可参看)

---

① 《历代名臣奏议》卷217,引周林《推司不得与法司议事札子》;宫崎市定:《宋元时代的法制及其裁判机构》。
② 《事林广记》续集5,卷8,"绮谈市语"。
③ 诸路总管府,"至元二十三年置推官二员,专治刑狱,下路一员",见《元史》卷91《百官志》七。

金泰和律徒刑附加决杖考*
——附论元初的刑政

一

《金史·刑志》序言称:"金法以杖折徒,累及二百。"这段话对后来学者的影响是如此之大,以至于它几乎掩盖了金代刑制中的另一个有关事实,即在相当长的一个时期里,包括泰和律有关五刑之制的规定,对徒刑犯都另科决杖,作为附加刑。

世宗大定十七年(1177年),济南尹梁肃向朝廷上疏:"刑罚世轻世重。自汉文除肉刑,罪至徒者带镣居役,岁满释之;家无兼丁者加杖准徒。今取辽季之法,徒一年者杖一百,是一罪二刑也。……自今徒罪之人止居作,更不决杖。"对梁肃的建议,"朝廷以为今法已轻于古,恐滋奸恶,不从"①。

金朝从什么时候开始对罪至徒者附加决杖之罚,因为史文阙略,不克详知。《大金国志》述及金徒刑时说:"徒者非谓脊杖代徒,实拘役也。徒止五年。五年以上即死罪也。徒五年则决杖二百,四年百八十,

---

* 此文在写作过程中承蒙叶孝信、郭建、戴建国等教授指教,谨此志谢。文内若有错误及不当之处,则应由作者负责。
① 《金史》卷89《梁肃传》、卷45《刑志》。下文凡引述《金史·刑志》,均不再出注。

三年百六十,二年百四十,一年百二十。杖无大小,止以荆决臀,实数也。拘役之处逐州有之,曰都作院。所徒之人,或使磨甲,或使之土工,无所不可。……年限满日则遂。"①文内明言"徒者非谓脊杖代徒",明言"实数也",显然是意在将金制与以脊杖折代徒刑,并对法定杖数折减执行的宋代刑制区别开来。《大金国志》的编纂是在金亡之后;但正如该书新版排印本的校点者指出的那样,书中关于金代典章制度的记载,所反映的应是海陵王正隆(1156—1160年)末、世宗大定(1161—1190年)初的状况②。上引文字也出现在成书于12世纪末叶的《三朝北盟会编》所引典籍中③。看来在拘役之外对罪至徒者还要附加杖刑的制度,在大定十七年前后,其施行至少已不下二三十年。

梁肃的建议在当时虽然未被采纳,然而在此后到章宗明昌五年(1194年)以前的某个时期,作为徒刑附加刑的决杖实际上确曾一度被取消。这一点,明确反映在《金史·刑志》关于明昌五年恢复对徒罪附科杖刑的记载中:"明昌五年,尚书省奏:'在制,名例内徒年之律无决杖之文,便不用杖。缘先谓流刑非今所宜,且代流役四年以上俱决杖,而徒三年以下难复不用。妇人比男子虽差轻,亦当例减。'遂以徒二年以下者杖六十、二年以上者杖七十;妇人犯者并决五十。著于敕条。"沈家本在将梁肃上疏事与此条史文对照解读时写道:"按梁肃上疏在大定十七年,距明昌五年只十八年。何以别有变更?且尚书省所奏文是律文。殊不可解。岂当时别有条例欤?"④

沈家本注意到尚书省奏议提到的"名例"应是律文,可谓目光如炬。

---

① 《大金国志》卷36,"科条",崔文印校点本,北京:中华书局,1986年。
② 见《大金国志》,崔文印校点本,"前言"。
③ 《三朝北盟会编》卷244,引张棣《金虏图经》。
④ 沈家本:《历代刑法考》,"分考十三·徒"。

按明昌初年，章宗曾置详定所审定律令。明昌三年七月，"右司郎中孙铎先以详定所校'名例篇'进，既而诸篇皆成"。明昌五年，"复令钩校制、律"。廷臣中有人建言用现行制条参酌历代刑书，编著《明昌律义》，作为常法颁行天下。但是这项建议最终未被采纳①。所以上引史文中的"名例"，只能是指大定、明昌年间一再被作为"旧律""律文"称引的《唐律疏议》里的"名例篇"②。也就是说，在大定十七年梁肃建议取消对徒刑附加决杖，直到明昌五年重新用敕条恢复此种附加刑的这段时期之间，金廷曾以颁制形式确认《唐律疏议·名例篇》对徒刑刑制的规定。而正由于"（唐律）'名例'内徒年之律无决杖之文"，因此在这段时期之内，实际上就取消了对罪至徒者并施决杖的附加刑。这就是沈家本所谓的"别有变更"。金徒刑各刑等的刑期由《大金国志》所述一年至五年调整为一至三年、以四年以上为代流役，显然也是这时候采纳唐制的结果。

那么，尚书省臣提到的这一次据"名例"调整刑制的制文，究竟是什么时候颁发的？细绎《金史·刑志》，在大定十七年以后、明昌五年之前，有关刑律的最重要的一个法令，乃是大定二十二年（1182年）三月颁行的《大定重修制条》，凡十二卷一千一百九十条③。上引制文，无疑就包含在这个"重修制条"之中。据此，我们似乎有理由认为，自12世纪中叶以来实行已久的徒刑附加决杖制，到大定二十二

---

① 按孙铎进"名例篇"及复令钩校制律之事，《金史·刑志》系年之前原脱年号，而书于泰和二年记事之后的"三年七月""五年正月"条下，似读若泰和三年、泰和五年。惟"由各人名、官职考之，亦皆在明昌年间，而非泰和年间事"。故《金史》中华书局校点本已据补"明昌"二字，兹从之。

② 仁井田陞很早就指出，"泰和律公布之前，在金代记录中看到的'律'，究竟是否指的是唐律（或是宋刑统），虽然还要根据不同场合仔细推敲，但从当时唐律一直被沿用的情况看，那些所谓'律'乃是唐律，恐怕是可以推定的"。见仁井田陞：《中国法制史研究·刑法》，东京：东京大学出版会，1981年补订版，页474。

③ 颁布《大定重修制条》的时日，《金史·刑志》系于大定二十年之前；而据《金史》卷8《世宗纪》下，乃在大定二十二年三月癸巳。兹从后者。

年由于采纳唐律刑制而被废止。但到该世纪末的明昌五年它又重新被恢复,只是决杖的数目与过去不同。

我们知道,明昌年间(1190—1195年)折中律、制的努力,延续到此后的泰和元年(1201年)十二月以泰和律的颁定方告一段落。这里自然而然就提出了一个问题:泰和律刑制是否承袭了于明昌五年恢复的对徒刑附加决杖的旧制呢?

二

《泰和律义》原书今已不存。但是通过保留在元刻本《唐律疏议》中的元泰定年间(1324—1329年)江西行省检校官王元亮为该书重编的释文及所撰纂例,我们仍能够比较完全地获得有关泰和律刑制的信息。兹将影元泰定本《唐律疏议》卷6末所附王元亮撰"金五刑图说"转录于下:

笞刑五					
笞	10	20	30	40	50
赎铜(斤)	2	4	6	8	10

杖刑五					
杖	60	70	80	90	100
赎铜(斤)	12	14	16	18	20

徒刑七							
徒(年)	1	1.5	2	2.5	3	4	5
赎铜(斤)	40	60	80	100	120	140	160
决杖	60	60	70	70	80	90	100
加杖	120	140	160①	180	200	200	200

---

① 按此处原文作"一百八十",似应改作"一百六十"为是。

流刑三				死刑	
					绞斩
流(里)	2 000	2 500	3 000	赎铜(斤)	240①
赎铜(斤)	160	180	200		
配役(年)	1	1	1		

上列图表的徒刑栏中,"赎铜"一项的意思较易明白,即以赎铜若干替换徒年本刑。"加杖"一项也较易理解,指的是在"犯徒应役、家无兼丁"以及"徒人居役再犯徒者"这两种情形下,都可以用加杖替换徒年本刑②。准徒加杖之数以二百为最。比较使人困惑的,则是赎铜与加杖之间的"决杖若干"一栏③。它到底是什么意思呢?

泰和刑制中徒年与决杖间的对应联系,也反映在元朝至元八年(1271年)以前专门由"法司"检会泰和律条款而推定的量刑参照标准中④。当时法司判拟,最常见的行文程序往往是"合徒若干年,决徒年杖若干"。宫崎市定曾检阅《元典章》中的有关判例,揭出其中

---

① 曹漫之主编《唐律疏议译注》(长春:吉林人民出版社,1989年)页1038附表内此处写作:"绞,赎铜二百斤;斩,赎铜二百四十斤。""绞"字下赎铜数似为衍文。
② 《元典章》卷44,"刑部六","拳手伤·殴人"引"旧例"云:"诸犯徒应役而家无兼丁者,役一年加杖一百二十,不居作。一等加二十。若徒年限内无兼丁者,总计应役日及应加杖数,准折决放。"又《刑统赋解》卷上引"名例"云:"若徒人居役再犯徒者加杖制,徒一年加杖一百二十,徒一年半加杖一百四十,徒二年加杖一百六十,徒三年加杖二百,徒四年亦加杖二百。"元初文献中引用的"旧例",多指金泰和律,详下。
③ 沈家本虽在《历代刑法考》"刑制总考四·金"内备录王元亮"五刑图说",对决杖一项却未作解释。叶潜昭据元代法律文书所引用的"旧例"等文字,搜检金泰和律佚文共一百三十条。但在对照"唐金律相异点"而论及金徒刑之制时,他也仅仅写道,金徒刑"自一年决杖六十加杖一百二十,至五年决杖一百加杖二百,共分七等",对"决杖若干"仍没有任何说明。见叶氏《金律之研究》,台北:商务印书馆,1972年,页228。
④ 关于元初法律文书中据以量刑的"旧例"主要是指金泰和律,见小林高四郎:《关于元代法制史上的旧例问题》,《江上波夫教授七十寿辰记念论集》,"历史篇",东京:山川出版社,1977年。又参见叶潜昭前揭书。

徒年与决徒年杖数之间的具体关系如下①:

徒年	决徒年杖数	出　典
1 年	杖 60	卷 41,"阑入禁苑"
1.5 年	杖 60	卷 45,"夫受财纵妻犯奸"
2 年	杖 70	卷 42,"带酒杀无罪男"、"杀死奸夫"
2.5 年	杖 70(？)	无典据
3 年	杖 80	卷 41,"打死侄";卷 49,"偷砍树木免刺"
4 年	杖 90	卷 42,"打死有罪男"
5 年	杖 100	卷 42,"船边作戏淹死""打死有罪男""打死同驱""杀死盗奸寝妇奸夫";卷 45,"强奸无夫妇人"

很容易看出来,表中徒年和决徒年杖数的数值对应关系,与王元亮图中徒刑一栏内徒年与"决杖若干"间的组合基本上相同。那么徒年、决杖数这二者之间到底是什么关系呢?

早在 1950 年代,为讨论这个问题而排列出上表的宫崎市定认为,它应当体现了徒年和决杖之间的折代关系,即用决杖替换徒年本刑。他写道:根据《元典章》卷 44"刑部六·殴人"条有关犯徒者在家无兼丁的情形下许准徒折杖的"旧例",并参以"金五刑图说"及《金史·刑志》所载有关"徒杖减半之法"的规定,可以推定金末曾对泰和律的量刑规定折半执行,并且这一做法为元初司法实际所袭用。

---

① 宫崎市定:《宋元时代的法制及其裁判机构》,《亚细亚史研究》卷 4,东京:同朋舍,1980 年。

宫崎将他所推想的金末元初实行"减半法"后的刑制表列如下①：

	死	流			徒				
		3千里	2.5千里	2千里	3年	2.5年	2年	1.5年	1年
泰和律	死								
（比徒加杖）		5年	(4.5年)	4年					
		200	200	200	200	180	160	140	120
减半法	死	100	90	90	80	70	70	60	60
	死	杖							

	杖					笞				
泰和律	100	90	80	70	60	50	40	30	20	10
减半法	50	50	40	40	30	30	20	20	10	10
	笞									

宫崎的推论虽然颇为精致，但仍因存在三个相当薄弱的环节，所以不能令人完全信服。首先，"徒杖减半之法"是在大定二十一年之前即已颁布的法令。尽管今天我们对它的具体情节几乎一无所知，但有一点是可以肯定的，即据《金史·刑志》，后来在制定《大定重修制条》时，理应已将它的有关精神、原则或具体规定吸纳进去。因而在《大定重修制条》施行以后，原先作为单行立法的"徒杖减半之法"就不应再继续具有单独的法律效力。宫崎认为"徒杖减半之法"直到金末仍在指导司法实际，这种观点至少目前看来于史

---

① 见宫崎前揭论文。宫崎所制的这个刑制表，除拟在下文中予以讨论的三点以外，尚有另一未惬之处。即该表事实上将徒四年、徒五年这两个刑等完全解释成是"三流比徒"的替换刑。但徒四年、五年本身还是独立刑等。据《元典章》卷44，"殴人"引"旧例"，徒四年者在家无兼丁的情况下也可以准徒加杖，决杖二百后放行。徒五年当亦如是。但三流比徒本身已是"矜宥"，"若无兼丁供给粮饭，欲求加杖者，律无准徒加杖之文也"（《刑统赋解》卷下）。可见这两个刑等作为本刑和作为替换刑，仍然是有所区别的。

无征。

其二，如前文所述，对家无兼丁的犯徒者及徒人居役再犯徒者所适用的以杖折徒规定，实际上体现在王元亮"金五刑图说"的"加杖"一栏中。宫崎所引"金五刑图说"有关徒五年杖二百的规定，也出于"加杖"这一栏。问题在于，若依"加杖"栏所列杖数减半后折代相应徒刑，则自徒一年折杖一百二十起，凡徒刑每增加一个刑等，用以折杖的杖数就增加二十，止于以杖二百折徒三年。但这个结果与"金五刑图说""决杖"栏内的规定，乃至元初断例中徒年与决徒年杖数之间的对应关系均不相符。据后两者，则徒一年与一年半的决杖数相等，即同为六十杖，徒两年与两年半也同决七十杖，徒三年至五年乃由决八十杖而逐等递增至决一百杖。这与"加杖"栏以徒三年、四年、五年均折杖二百，故而减半后理当同折一百杖的规定也不相一致。可见以金制的家无兼丁者准徒折杖和"徒杖减半之法"来解明元初断例中"合徒若干年"及"决徒年杖若干"二语的意义，未必完全妥帖。

其三，如果说准徒减半决杖是以《元典章》中有关断例的徒年和决徒年杖数之间的对应关系为依据而推导出来的，那么对被处以杖笞的各刑等也应依此理折半决罚（因而原先的杖刑，折半后都降等为笞刑）。宫崎对此却并未能举出史文依据。于是他只能推测说，假如真是徒一年杖一百二变为杖六十，则"关于杖百以下，也一定是采取杖一百作五十、杖二十作十的方法。所谓徒杖减半之法恐怕不外乎就是指的这件事了"。按，宫崎的猜想与现存史料不符。兹将《元典章》中收录的几则至元八年以前法司依旧例拟断决杖的相关案例列举如下：

杖笞之数	出　典
杖 100	卷 52,"诈写大王令旨"
杖 90	卷 45,"奴婢相奸"
杖 80	卷 42,"马驾车轧死人";卷 44,"他物伤人";卷 54,"脱囚监守罪例"
杖 70	卷 42,"马驾车轧死人"
笞 40	卷 42,"碾死人移尸"

假如金末元初确实对泰和律所定量刑标准实行徒杖减半,那么在上表的案例中法司就应当在律文之后再加上"决杖年笞若干"的刑等折减才是。但是事实上并没有出现类似文字。同理,假如王元亮的金五刑图说中徒刑一栏的"决杖若干"果真应解读为对徒年的折减替代,那么在杖刑栏和笞刑栏内也应著入"决笞若干"的文字,以用来表示对原定量刑标准的折减替换。否则,如果徒刑折减而杖、笞之刑无折减,就会出现罪重罚轻的紊乱。例如犯徒三年的罪行本来比犯杖一百的罪行要重得多,但假如徒三年折减为决杖八十,则其所受处罚就反而轻于未予折减而维持原来刑等、因此被决杖一百的轻犯了。无论如何,要把五刑图说之徒刑栏中的"决杖若干"解读为是对徒年的折减替换,总是很难说得圆满的。既然如此,有没有寻求其他解读的可能性呢?

细绎金五刑图说的流刑栏,三流本刑之下各有赎铜和配役两项文字。赎铜所指不言而喻。由五刑图说所示,流二千里、二千五百里赎铜之数与徒四年、五年相同,意即流二千里、二千五百里分别比徒四年、五年。流三千里赎铜又多二十斤。这与泰和律文所谓"流二千里、二千五百里比徒四年,流三千里比徒五年"的刑制稍有不同,姑置之不论。这里用赎铜若干斤替换三流本刑的意思是明白无误的。至于"配役一年"的意思,则同于唐律中"三流俱役一年"的规定,即流徒远地之后附加一年的苦役。也就是说,配役一年在这里是流刑的附加刑。既然三流本刑下的"配役一年"可以是对主刑的附加刑,徒刑栏内七等徒刑项下的"决杖若干",也就完全可以理解为是对作为主刑的自由刑所附加的身体刑。因此,元初断例中法司所拟"合徒若干年"与"决徒年杖若干"之间的关系,并不是减半折杖,而是主刑与附加刑之间的关系。泰和律这一特征的产生,显然与在此之前金朝长期沿袭科徒附加决杖的做法有关。也只有这样理解,《元史·刑法志》中所谓"其初未有法守,百司断理狱讼,循用金律,颇伤严刻"这段话才讲得通。假如自金末直到忽必烈颁布《中统权宜条理诏》之前,一向在按减半法比照泰和律量刑,死罪以下,仅有杖、笞两种身体刑,则"颇伤严刻"之谓又从何谈起?

  关于元初人如何理解"决徒年杖若干"这句话的含意,其实我们还有一条很值得重视的旁证材料,即中统二年(1261年)六月颁布的《恢办课程条画》。其中一款说:"诸犯私盐者,科徒二年,决杖七十;财产没官。决讫发下盐司,带镣居役,满日疏放。"所谓"决讫"指执行杖刑,"带镣居役"指执行徒刑。在这里科徒和决杖显然是一并施行的[①]。但在《元史·刑法志》三里,上述二刑种次序被颠倒过来,写作"杖七十,徒二年"。它在记载对私盐再犯、三犯的刑罚时,也将决杖放在前、徒流等自由刑放在后:"诸私盐再犯加等,断徒如初犯;三

[①] 《元典章》卷22,"户部"八。按,这条规定在至元二十九年(1292年)的《立都提举司办盐课》所引"已降圣旨"中已有所调整。原规定中的"财产没官"改为"财产一半没官"。但"科徒二年,决杖七十"的提法仍未改变。

犯决杖同再犯,流远。"① 对私盐再犯、三犯的刑罚,似出现较晚②。也许《元史·刑法志》三的编者就是根据对再犯、三犯私盐的量刑模式来改写元初的条画,遂将"杖七十"置于"徒二年"之前。无论如何,《恢办课程条画》的上引条款本身即已充分表明,当元初人提到"科徒二年,决杖七十"时,所指为徒年、断杖一并施行。既然如此,出于同一时期的"合徒若干年,决徒年杖若干"这句话,是否可以理解为是与"科徒若干,决杖若干"一语含意相当而措辞略有不同的另一种表述程式呢?

  本文所提出的观点仍然遭遇着一定的困难。在王元亮用"五刑图说"解说唐律的部分,徒刑栏内五等本刑下也都分列着赎铜、决杖、加杖、准杖(即按照应居役天数折换杖刑时的换算原则)四项文字。如果我们将金图中的加杖看作主刑的附加刑,那么唐代的徒刑岂非也附加杖刑?但这一结论显然又是不能接受的。唐律"'名例'内徒年之律无决杖之文",至少到金代还是人们十分清楚的事实。也许因为泰和律以唐律为母法这一点留给后世的印象过分突出,而泰和律对徒刑又附加杖刑,以至于王元亮以近古之事律远古,将泰和律刑制的该项特征误植于唐律的刑制之中。不论王元亮对唐律的解说是否准确,他对泰和律的叙述应当不会有什么出入。他是汴梁人,精刑名之学。金亡以后,在华北旧金故土,金律的传习一直代有其人;析律

---

① 这段文字,按中华书局《元史》校点本作"诸私盐再犯,加等断徒如初犯,三犯杖断同再犯,流远"。似有未妥。此处"再犯加等",是指杖刑加等而言。

② 据现在所知,元代法律文书中称引对再犯、三犯私盐的处罚条文,出现在延祐六年(1319年)的《盐法通例》里。它最初制定的时间不详。至少我们今天在中统二年和至元二十九年两个上引文书中还看不到这一规定。该条款曰:"转行货卖博易诸物,同私盐法。正犯盐徒(按指下盐司带镣居役。从下文看,此处似遗漏了关于杖刑的处分);再犯加等(按此处当指杖刑加等),断罪居役;三犯断讫(此亦指杖刑),发付边远屯田。"见《元典章》卷22,"户部"八。

文为图表以便记览与实用,也是当时很流行的做法。成书于中统年间的《永徽法经》,就"列唐律于前,而附金律于后,或有或无,或同或异,或增或减,俱详为注,颇为精密"。元代坊间又有《官民准用》一书,分门别类地钞集当时通行的法令文书,也"附以唐律诸图"①。这两部书在清代编修四库全书时,都只以永乐大典辑录本列入四库存目;今天则连永乐大典本也已无传。所以关于金元时期的律学专家如何理解唐律,我们的资料是很不充分的。无论如何,在对唐五刑图内徒年之下的决杖问题获得更圆满的解释,并且这种解释又足以启发我们重新理解金五刑图的徒年决杖问题之前,我们以为,泰和律徒刑附加决杖之说,应当是目前所能获致的相对而言较为合理的看法。

泰和律对罪至徒者附科决杖的事实既经确认,我们就有可能对元初沿用泰和律折代量刑的具体情状,取得比过去更为真切的了解。

三

中统二年(1261年)八月十八日,元廷颁布了一个关于北中国司法行政的重要法令文书,即《中统权宜条理》。此事在《元史》本纪中失载,但由杨果起草的颁降该条例的诏文,保留在王恽的《中堂事记》里。诏文曰:②

> 制曰:事匪前定,无以启臣民视听不惑之心;政岂徒为,必当举帝王坦白可行之制。我国家以戎旃而开建,于禁网则阔疏。虽尝有所施行,未免涉于简略。或得于此而失于彼,或轻于昔而

---

① 元刻本《唐律疏议》(三十卷,附释文纂例)卷首,刘有庆泰定三年(1325年)序;《四库全书总目》总84,"政书类存目二","永徽法经""官民准用"条。

② 王恽:《秋涧集》卷83《中堂事记》下。

重于今。以兹奸猾之徒,得以上下其手。朕惟钦恤,期底宽平。乃姑立于九章,用颁行于十道。比成国典,量示权宜;务要遵行,毋轻变易。据五刑之中,流罪一条似未可用。除犯死刑者依条处置外,徒年杖数,今拟递减一等。决杖虽多,不过一百七下。著为定律,揭示多方。

开条云云

呜呼!六计周官,所以蔽群吏之治;三章汉法,所以慰百姓之心。详酌旧规,著为新制。惟上令昭垂如日月,则下情易避如江河。虽曰从轻,期于不犯。咨尔有众,体予至怀。故兹诏示,想宜知悉。

安部健夫把《中统权宜条理》的颁发视为元初法制史上的一个重要事件。植松正也说,这个条理的意义绝对非同小可,"无论如何,从'著为定律'看来,它是具有律的性质的东西。并且由不用流罪、定杖罪最多为一百七下,可以看出元代刑法的特征是很明显的。这大约是笞杖刑以七为尾数的最初的法令"。植松正以为,"至于说到这个条理为什么会在《元典章》中完全不留痕迹,大概是因为它还是'权宜',而后来又颁布了形式上更加整齐划一的同种法令的缘故"①。

对《中统权宜条理》究竟是否正式颁行的问题,姚大力《论元朝刑法体系的形成》(以下简称《形成》)一文持怀疑态度。该文将《颁降中统权宜条理诏》中所谓"徒年杖数,今拟递减一等"的原则,理解为是机械地将泰和律量刑标准逐次递降一等拟处。"举例来说,假如刀子伤人按原规定应徒二年半,则条理对此罪的量刑标准当即为徒

---

① 安部健夫:《关于元史刑法志与元律的关系问题》,《东方学报》第 2 册(1931 年);植松正:《关于元初法制的一个考察》,《东洋史研究》第 40 卷第 1 期(1981 年)。

二年(比徒二年半减一等)。"① 如对"递减一等"作出这样的硬性解释,则诏文在量刑标准方面的原则性概括就与现存的中统、至元之初大量断例、法令文书或其他史料皆明显不符。据此,《形成》一文对《权宜条理》曾否真正颁行提出疑问。

《形成》把对"徒年杖数,今拟递减一等"的几种可能的解释之一看作仅有的可能的解释,这就阻塞了尽可能地在《中统权宜条理》所规定的量刑原则与元初有关法令文书之间追寻一致性的思路。事实上,这种内在一致性甚至还要远远超出植松正已经指出的不用流刑和笞杖以七为尾数这两点。

自忽必烈立国漠南汉地以后的十余年间,元政权在中原的司法实际中,基本上采取沿用金泰和律定罪量刑、再加以折减施行的做法。这一点现在已为治金元法制史者所熟知。对泰和律的量刑标准进行折减的具体办法,见于《元典章》卷三十九"刑部一"卷前"五刑之制"图表的上半部分。兹将它转录如下:

	笞					杖					徒			
泰和律	10	20	30	40	50	60	70	80	90	100	1年	1.5年	2年	2.5年
折减后	7	17		27		37		47		57	67		77	
	笞										杖			

	徒			流			死
泰和律	3年	4年	5年	2千里	2.5千里	3千里	死
			比徒	4年	4.5年	5年	
折减后	87	97	107	97	97	107	死
	杖			杖			死

---

① 《论元朝刑法体系的形成》,《元史论丛》第3辑,北京:中华书局,1986年。

现在需要进一步予以讨论的问题是:"五刑之制"图表是从何而来的? 一般说来,出现在《元典章》各卷卷首的诸多图表,都是根据包含在本卷内的有关"条例""通例",亦即惩治某一大类甚或几大类罪行的单行法规编制而成,而不是由编者从"断例"即特殊案例归纳出来的。"五刑之制"图表的下半部分,由"新例"和"加徒减杖例"两项内容构成。前者出于大德九年(1305年)刑部关于"五十七以下用笞,六十七以上用杖"的规定,后者则出于大德六年的《强窃盗贼通例》①。从上述情形判断,"五刑之制"图的上半部分,一定也应当是依据某一个单行法规编制而成的。而这个单行法规,实非中统二年颁布的《中统权宜条理》莫属。与这个条理一起颁降的前引诏书宣布不用流刑,体现在"五刑之制"图表中,就是三流分别比徒四年、四年半、五年。诏书说决杖不过一百七下,也正好体现在折杖制之中。那么诏书宣布的"徒年杖数,今拟递减一等",是否也与"五刑之制"图相一致呢?

如果我们不坚持认为这句话只能按照《形成》一文所提出的机械方式解读,推绎二者之间的内在联系也就变得并不那么勉强了。从上引图表可以看出,元初对泰和律量刑标准的折减办法,乃是在维持各刑等间徒年及杖笞数目的递增或递减幅度不变化的前提下,分别将笞十以上的每两个相邻刑等归并为一组(杖一百及徒三年以上均未归并)。像这样自下而上的两两归并,必定会造成原先的徒、杖刑

---

① "新例"出典见《元典章》卷40,"刑部二",《诸衙门笞杖等第》;《强窃盗贼通例》见《元典章》卷99,"刑部十一"。按在《强窃盗贼通例》颁布前,对窃盗钞一百贯者断杖刑九十七。据《通例》,则窃盗钞一百贯当徒一年,附加决杖六十七。与旧例相比,新定刑律对等样情节罪行的处罚是加科徒刑而减少杖数。因此《元典章》编者将徒一年附加决杖六十七至徒三年附加决杖一百七的新增刑制称为"加徒减杖例"。

决罚等第的整体递减。其幅度少则一等,多者居然减了六等。可参见下表:

旧　　制	据权宜条理折减后	递减等第数
笞 30	笞 20(实责 17)	减 1 等
笞 40	笞 30(实责 27)	减 1 等
笞 50	笞 30(实责 27)	减 2 等
杖 60	笞 40(实责 37)	减 2 等
杖 70	笞 40(实责 37)	减 3 等
杖 80	笞 50(实责 47)	减 3 等
杖 90	笞 50(笞 47)	减 4 等
杖 100	杖 60(笞 57)	减 4 等
徒 1 年	杖 70(杖 67)	减 4 等
徒 1.5 年	杖 70(杖 67)	减 5 等
徒 2 年	杖 80(杖 77)	减 5 等
徒 2.5 年	杖 80(杖 77)	减 6 等
徒 3 年	杖 90(杖 87)	减 6 等
徒 4 年	杖 100(杖 97)	减 6 等
徒 5 年	杖 107	减 6 等

既然如此,《中统权宜条理诏》所谓"徒年杖数,今拟递减一等"又该怎样理解呢? 我想这句话的真正意思有两层。第一,在将每两个相邻刑等归并为一之时,其决罚等第均向低者靠移。第二,当归并

后形成的新刑等与处于其下位者之间相隔不止一个决罚等第时,将前者的决罚等第继续下移,直到比后者高出一等的位置,使新形成的决罚等第之间同样构成自上而下递减一等的次序。在这样的意义上,《元典章》"五刑之制"所体现的从泰和律刑制到元初形制的降等变换,与《中统权宜条理诏》的原则规定,仍可以认为是相符合的。

如果《中统权宜条理》与"五刑之制"图表确实是说的一回事,那么我们否定金末曾对泰和律的量刑标准减半施行的见解就又多了一条理由。按"减半法"论者的见解,因为杖六十是徒一年、一年半的折代刑,所以原先从笞十至杖一百的十等身体刑,现在就压缩为五等笞刑。也就是说,"减半法"对十等身体刑的归并,必然是由笞十、二十作为一组归并起算,依次上推。假如真是这样,《中统权宜条理》以笞二十、三十为一组加以归并且以此作为起点依次上推,其结果就会比原先按照所谓"减半法"量刑递增一等,而不是递减一等了。

由下表所示可以看出,据《中统权宜条理》当决笞十七的犯人,按"减半法"则应决笞十或二十。对前者而言,中统新刑制是递增了一等;对后者而言,则所受仍为同一刑等,不过领受了"笞杖十减其三"的恩惠而已。余类推。可见《中统权宜条理》所谓"徒年杖数,今拟递减一等",只能是以泰和律的量刑标准,而不是以"减半法"为变换原型的。换言之,自金末至忽必烈建国,华北的司法实践除沿用泰和律外,并不存在对泰和律量刑标准再加以"徒杖减半"的折代这回事(表见下页)。

从以上的讨论,大体可以概括出下述五点。

首先,在泰和律制定以前,金代刑制中曾长期对犯徒者附加决杖处罚。泰和律对罪至徒者在徒年之外附加杖刑,实际上是沿袭这种其来已久的做法而已。

减半法	笞	10	20	30	40	50					
泰和律	笞	10	20	30	40	50	杖60	70	80	90	100
中统权宜条理	笞	7	17	27	37	47	57				
减半法	杖	60	70	80	90	100				死	
泰和律	徒	1年	1.5年	2年	2.5年	3年	4年	5年	流比徒	死	
中统权宜条理	杖	67	77	87	97	107				死	

其次，金朝末年以及金亡以后，直到忽必烈建立元朝以前，北中国的刑制大体遵循泰和律而不存在依照泰和律减半量刑之事。

复次，中统二年的《中统权宜条理》，应当就是《元典章·刑部》卷首"五刑之制"图表的基本依据。因而《中统权宜条理》的颁降必为事实，无可置疑。

再者，虽然今天已看不到《中统权宜条理》的具体条文，但我们仍可以推知，它的内容恐怕主要是以诏令、条画形式正式承认泰和律作为新政府暂行刑律的地位，同时又采取折减法对泰和律的量刑标准进行系统的转换，并按笞杖减三、取消流刑等规定对转换后的刑制再作调整。所以《中统权宜条理》本身还不是元朝刑律，而是以法令形式确认前代刑律的适用性，同时颁布按当时情势对它的量刑幅度加以修正调整的若干原则规定。

最后，《金史·刑志》序所谓"金法以杖折徒，累及二百"，或许是指金末由于国土狭窄、局势危急，因此取消了本来只针对"家无兼丁"等特殊情况的徒刑犯才实行的准徒加杖的律文限制，将它普遍施行于一般犯徒者。但是应当承认,我们现在还没有真正读懂这句话,就像我们尚未真正读懂王元亮《五刑图说》对唐代徒刑的解说一样。而这些疑问的澄清,必定会把我们对金代刑律以及金元之际刑法体系转换问题的认识,更向前推进一步。这种期望,尚待今后的研究予以实现。

(本文原载《复旦学报(社会科学版)》1999年第4期,发表时署名的第二作者为郭晓航。收入本书时有较多修改)

蒙元时代西域文献中的"因朱"问题

13世纪上半叶,被成吉思汗家族统一的蒙古民族,以震撼欧亚的武功,征服了从华北经过内陆亚洲、西至南俄草原及美索不达米亚的广大地域。蒙古的征服,很自然地把产生在漠北高原的某些基本制度成分,以及反映这些制度的观念意识带到他们的马蹄所至之处。另一方面,几乎与征服者开始致力于在各占领地区确立他们的持久统治同时,这种统治本身就不可抗拒地被推入一个不断"地方化"的过程。蒙古人带到各征服地区的那些制度的及其观念的成分,于是便在各地方本土制度文化的背景下发生着各种各样的变异和演化。因此,对同一种蒙古制度或观念成分在不同地区的历史演变作比较分析,越来越成为蒙元制度文化史相关课题的研究者们所乐于采用的基本视角。本文拟遵循上述思路,在现有研究成果的基础上,对于该时期西域文献中的"因朱"问题,做一番新的考察。

一

涉及因朱问题的蒙元时代西域文献,按其记述对象所在地区的不同,可以分成三组。第一组文献记载了伊利汗朝境内,尤其是它统治的中心地段,即今阿塞拜疆和伊朗地区的因朱。本时期的两位著名波斯历史学家拉施都丁和瓦撒夫,分别在他们的著作《史集》和《土地之分割与世纪之迁移》里反复提到过上述地域范围内有关因朱的某些史实,并且还间接或直接地引用了一些涉及因朱问题的政府公文。

早在1830年代,刊印《史集》序言及旭烈兀传的波斯文原文并对之加以译注的迦特梅尔,即已注意到因朱的内涵问题。他分析了从拉施都丁书、瓦撒夫书、Habib al-Siiar、《库尔德人史》等穆斯林史籍以及阿美尼亚史料中搜检出来的有关因朱(īnjū～injū>enjou)的用例,确认它指的是属于大汗及诸王的私有产业,相当于阿拉伯语词汇khāṣṣ。他似乎是对《库尔德人史》里的说法深信不疑,把因朱看作波斯语中来自蒙古语的外来词①。

晚近对伊利汗时期因朱制度比较集中的讨论,主要是由俄罗斯学者彼特罗舍夫斯基、阿里札答等人进行的。他们指出,伊利汗朝的因朱,是指伊利汗及其家族成员个人所有的地产,以及这些地产上的依附劳动者,包括处于前者庇护下的"投献"地产在内,也包括经过封赠等形式由上述地产转变而成的贵族庄园、瓦各夫地产及慈善产业。尽管国家对于因朱土地一般豁免赋役负担,在本质上,它与普通的私有土地(milk)仍然没有什么不同②。著名伊朗学家兰普顿也同意,因朱是指由大汗给予他的亲戚或其他人员的人口,并且也指大汗分给他的亲戚们作为采邑的土地③。

第二组是反映蒙元时期河中地区因朱状况的文献。当时,这个

---

① 迦特梅尔译注:《波斯的蒙古人史》,巴黎,1836年,页130—131。按,此书即蒙古时期的波斯文史料《史集·旭烈兀传》的法文译注本。
② 参见彼特鲁舍夫斯基:《13至14世纪的伊朗农业和土地关系》,莫斯科-列宁格勒,1960年,页240—245。
③ A.兰普顿:《中世纪波斯的存续性与变迁》,纽约州立大学出版社,1988年,页118。

地区从文化上说属于突厥-波斯文化圈,政治上则处于察合台后王的统治下。事实上,迄今为止,我们所知道的与本课题直接有关的仅有的文献,是著名的布哈拉谢赫沙菲迪纳·孛哈尔兹(卒于1261年)的孙子牙黑雅(Yahyā)于1326年签署的一份瓦各夫文书。在这个文书中,牙黑雅宣布把属于他所有的布哈拉城东南郊十一座村镇、若干灌溉农田和果园转为瓦各夫产业,用它们的收入供给位于孛哈尔兹的沙菲迪纳陵园及其修道堂(khāniha)。文书在详细叙述这些地产的四至时,不止一次提到与它们相邻的因朱地产①。

由于文献不足,无法对河中的因朱单独进行研究。但是学者们一般都相信,它的状况与伊朗地区的因朱不会有什么不同②。

有关畏兀儿地区的因朱史料构成本文所说的第三组文献。它以inchü的形式出现在从东部天山地区古代文化遗址出土的三份法律文书中;它们在经马洛夫增订、刊布的拉德洛夫《畏兀儿文献》一书中,分别被编列为第22、21、25号文书。美国学者克拉克关于古代畏兀儿纸质法律文书的断代研究表明,在已经发表的141件此类古代畏兀儿文献中,有112件可以直接或间接地断定属于蒙元时代,上述三份文书都在其间③。我们甚至可以进一步推测,至少是出现inchü一词的那些文书的写成年代,应当都在元代中后叶察合台后王控制畏兀儿时期。当时这里在文化上伊斯兰化的程度则还远低于河中。

---

① 契浩维奇:《14世纪的布哈拉文书》,塔什干,1965年,页146、151。牙黑雅献出的这批产业中,或许包括了约一世纪之前由拖雷长妃唆鲁禾帖尼买下来供养布哈拉大经院(madrasa)的瓦各夫地产。沙菲迪纳当时被任命为这份瓦各夫的经管人。该经院已在1270年代毁于蒙古诸王间内讧的战火。参见前引书页9—10。
② 见前引书,页224。又见加富罗夫:《自远古迄止中世纪的塔吉克史》,莫斯科,1972年,页465。
③ 参见克拉克作为申请博士学位的部分研究成果提交的《13至14世纪东突厥斯坦畏兀儿公文书研究导论》,印第安纳大学,1975年,页194。

在欧美学者的概念里,流行于整个西域的因朱,其内涵都是相当接近的。对此,部分俄罗斯学者持有不同的看法。基彼洛夫在他的博士学位论文《13 至 14 世纪畏兀儿斯坦的社会经济关系》里主张:在这个地区,所谓因朱是指一种"大土地所有制的形式";"它既属于汗室成员所有,又属于个别的封建主以及耕作者所有,也就是前面提到过的农民因朱"。古洪诺夫则认为它应有更大的涵盖面。他主张,畏兀儿的因朱既指大封建土地,也指小封建土地,它意味着一般意义上的封建土地所有制:"只有这样的定义,才能更加充分地揭示出作为封建制度的因朱所具有的内容。"①

无论由因朱所规定的土地关系及社会关系的实际内容在不同地区是否呈现出差异性,这个词本身显然有一个共同的来源。由是,各地的因朱,在其制度的或观念的内涵中,也显然应当存在着某种带共同性的特征。因此,重新考察因朱问题的比较方便可行的办法,似乎应该先从求同入手,尔后再考虑辨异问题。

二

认为因朱源于蒙古语的观点,迦特梅尔以后一直代不乏人②。现代俄罗斯学者多认为它与蒙古语词 inje 有关。后者在元代文献中有"媵哲思""引者思""媵哲"等汉字音写的形式,译言从嫁、"从嫁民

---

① 吉洪诺夫:《10 至 14 世纪畏兀儿国家的经济及社会制度》,莫斯科-列宁格勒,1966年,页 128—135。基彼洛夫书未克寓目,他的观点见吉洪诺夫书引述。
② 参见德福:《新波斯语中的突厥与蒙古语成分》卷 2,威斯巴登,1965 年,页 320—325。

户"或陪嫁婢仆①。彼特鲁舍夫斯基写道,"因朱"一词最初在蒙古本土有两种含义,一指陪嫁,一指汗室的领地。吉洪诺夫实际上也把畏兀儿语文献中的因朱看作来源于蒙古词汇 inje,尽管他认为该词在进入突厥语时其意义发生了变化。从俄译本转译过来的《史集》汉文本,选择 inje 在元代的汉语音写形式"媵哲"来回译波斯文原著中的 īnjū,表明译者似乎也同意将 inje、injū 乃至 inchü 看作意义相等的语词。

德国学者德福相当明确地主张,inje 和 inchü 乃是发音相近,但颇不相同的两个词汇。对于这两个词在相关语言中的迁播衍变,他的见解可以简要地图示如下,其中的虚线和实线分别表示他带有猜测性的和比较可以肯定的意见:

德福说:"波斯语的 īnjū……更可能是来自相当多的突厥语方言中都存在的 inchü。"不过他对上述结论似乎还不敢十分肯定,其原因在于他误从海涅希对《元朝秘史》中的蒙古语词汇"奄出"(蒙古语 emchü 的汉字音写)的不太准确的转写 enchü,遂将后者看作源于突厥语 inchü 的蒙古语里的外来词,因而还不敢绝对排除 īnjū 来源于实

---

① 见《元朝秘史》第 208 节;《元史》卷 120《怯台传》;王恽:《中堂事记》中,《秋涧集》卷 81;《热河志》卷 119《竹温台碑》。"媵哲思""引者思"系 inje 的复数形式 injes 的音写。弗拉基米尔佐夫《蒙古社会制度史》引《藏蒙辞典》谓:"引只乃合敦侍者、婢仆。"见刘荣焌译本,北京:中国社会科学出版社,1980 年,页 256。又,《辽史·地理志》载有以辽公主"媵臣户"所置投下军州的建制。惟此处所用的"媵臣"一词究竟是纯粹的汉语词汇,抑或亦兼有用以译写契丹语原词字音的成分,现在已无由确知。

际上并不存在的这个蒙古语词 enchü 的可能性。另外,因为突厥方言中 inchü 亦多有嫁妆的意思,所以他认为它很可能像 inje 那样,起源于对汉语词汇"媵臣"或者"媵者"的音写(按此处亦系从海涅希说)①。由于语言材料的限制,inje 和 inchü 是否源于汉语,或者它们是否同源词的问题,现在无由加以详论。但无论如何,在蒙元时代,它们并不被人们认为是不同语言中意义相等的对译词汇。《秘史》和《元史》都记载了成吉思汗将他的一个妃子亦巴合别吉连同她的 injes 一起赐给功臣怯台的情节。在叙述同一史事的波斯文《史集》中,用以对译 injes 的,并不是源于 inchü 的 īnjū,而选用了另外一个突厥语借词 īw ughlānān②。这个用例不仅表明 īnjū 其实并不是 inje 的波斯化形式,而且证明 injes 作为属于 īw ughlānān 身份的人们中间的一种,与 īnjū 一词所从出的突厥语词汇 inchü 并不等义。从这个意义上说起来,克劳逊认为 inje 的各种形式与 inchü 之间"不存在确实的词义学上的联系"的观点,或许更加接近事实③。

由上所述,从词源学角度分析起来,西域文献中的因朱应该来源于突厥语,而与蒙古语无涉。然而,正如以下讨论将要表明的,在蒙元时代变得颇为引人注目的这个突厥语词,或者是来源于突厥语的波斯语词汇,它所代表的却是源自蒙古人的某种制度或其观念的成分。

---

① 德福:《新波斯语中的突厥与蒙古语成分》卷2,页320—325。
② 余大钧等汉译:《史集》第1卷第1分册,北京:商务印书馆,1983年,页305。īw ughlānān 来源于突厥语 ev(译言屋子、家)与 ughul(译言儿子)。它是蒙古语 ger-ün kö'üt 的突厥语对译词。蒙语 ger 译言屋子、家,kö'üt 译言子每。汉语将上述蒙语词组音译为怯怜口,意即家中儿郎。见《中国大百科全书·中国历史》元史条目单行本,上海:中国大百科全书出版社,1985年,"怯怜口"条(亦邻真撰)。
③ 参见克劳逊:《13世纪前的突厥语辞源学词典》,牛津,1972年,页172—173。现代突厥语诸方言中的 inchü 亦多有嫁妆之意。不知道这能否看作是蒙古语词 inje 进入突厥语后的形式与突厥语里原有的 inchü 一词发生混淆的结果。

三

尽管因朱在波斯语中是一个源于突厥语的外来词,但它却是随同蒙古的征服而被引入波斯语的。吉洪诺夫相当肯定地指出,该词为波斯人所知晓,那是在蒙古入侵之后①。所以它也完全可能是代表了蒙古名物制度的符号。这在当时绝不是个别的现象,正如舒尔曼敏锐地指出过的:"这个时期波斯文史料中有关蒙古制度的外来词,绝大多数是突厥语词而不是蒙古语词。……当考虑到有关蒙古制度的那些词汇的词源学问题时,我们必须记住上述这个两重性:在东方使用的蒙古语的术语,多有它们相应的突厥语术语使用于西方。"②蒙古征服者和波斯-阿拉伯语居民双方,都觉得以突厥语为中介相互沟通较为便利,这无疑是此前阶段已有一系列突厥王朝确立于中亚的历史后果。

那么,用因朱来对译的那个蒙古语原词又是什么呢?依照拉施都丁提供的线索,要回答这个问题也许还不是不可能的。

根据《史集》的记载,在察合台后王八剌向伊利汗朝要求巴忒吉思草原时,阿巴哈答复说:"这个地方是由父亲转归于我的遗产[份额],是我们的因朱(īn mulk az pidar ba-man mayarāth rasid wa īnjū-yī māst)。"③在上面这段话里,因朱的意思,就是作为伊利汗的家族成员

---

① 《10 至 14 世纪畏兀儿国家的经济及社会制度》,页 164。
② H. F. 舒尔曼:《13 世纪的蒙古赋役制度》,《哈佛亚洲研究》卷 19(1956 年)。
③ 见 K.雅恩刊布的《史集·阿巴哈至乞合都诸伊利汗传》,波斯文本,页 15,转引自德福前引书,页 222。汉译中"份额"一词,系据德福的德译补入。阿巴哈此语,据俄译本转译的《史集》第 3 卷汉译本作:"这个地区按照我的荣耀的父亲遗言转归于我,乃是我们的领地(滕哲)。"见余大钧汉译本,北京:商务印书馆,1986 年,页 113。

所分得的那一份产业[份额];广义地理解起来,它确是阿巴哈从其前辈那里取得的某种遗产(mayarūth)。

《史集》通过同位语形式间接地给予因朱的这个解释,很自然地令人联想起同时代蒙古语中的"忽必"(qubi)一词。

忽必这个词,在其最普遍的意义上适用于平等身份者之间的财产(例如作战虏获物,包括人口)分配观念;在家产分配的意义上,则有只应分予亲族成员的性质。在近代鄂尔多斯方言中,长大成婚的儿子在另立门户时带走的那份分割出来的家产(主要由牲畜构成),就叫作"奄出忽必"(emchü qubi,译言梯己份子),或者径称奄出①。成吉思汗国家建立以后,对于按千户百户制度组织起来的蒙古编民的统治权,包括对固定给他们使用的游牧草场的支配权在内,正是像家产一样,在成吉思汗家族的成员之间实施分配的。《元朝秘史》记载这件事说,成吉思汗委托失吉忽秃忽划分全体编民,"普百姓行母行、咱的行、弟行、子每行忽必亦儿坚……分着与"②。这样的份民(qubi irgen)与份地,都称作忽必。成吉思汗原欲依照"弟的每忽必"分一份给义弟失吉忽秃忽。后者却拒绝说:"我的般晚生的弟,同共、齐等忽必怎生要?"③这件事清楚地表明,分民分地的对象,只限于大汗的直系亲属的范围。

忽必作为一个极其重要的蒙古观念,在蒙元时代西域文献,包括

---

① 村上正二:《蒙古王朝的采邑制度之起源》,《东洋学报》第44卷第3期(1961年)。有潘世宪汉译文,可参见。
② 《元朝秘史》第203节。同书第242节告诉我们,成吉思汗幼子拖雷也分得了五千户人众。可见本节提到的成吉思汗名下那部分游牧人和游牧地,并非属于成吉思汗私人的份子,也不是拖雷作为幼子可以在将来继承的。这是由大汗直接支配下的黄金家族的公共财产。它在当时或许就称为 yeke ulus,详下文。
③ 同上。

波斯语文献及畏兀儿语文献中都相当少见①。据此似乎就有理由推论,在西域应当存在着某一个用以对译该词的专名。这个专名,看来正是突厥语词 inchü,以及经过突厥语的中介而进入波斯语的 īnjū（injū）。近代突厥、蒙古方言中的某些证据,也有利于上述推论。吉尔吉斯方言中有 enshi,译言儿子离开父亲时分到手上的牲畜及财物的份额。蒙古语卫拉特方言里有 öntši,译言份额、遗产继承的份额②。这两个词大概都是从突厥语词 inchü 衍生而来的。它们的含义与蒙语忽必最一般的意思相当,足证忽必与因朱乃是不同语言中意义相似,因而可以对译的词汇。

应当指出,只是到了蒙古时代,inchü 才被赋予与蒙古语 qubi 相应的意思。学者们一般都认为,在8—10世纪塞语文献中以 imjuwa、ijūwa、imjū 等形式出现的突厥语借词,与后世出现的 inchü 是同一词汇。它的意思是部落联盟集团中属于首领家族或其个人的部族,乃至其他产业③。此种意义,与作为黄金家族各成员"份子"的产业这一层含义实在相当接近。inchü 或许就是最先在这一层含义上被用以对译忽必,后来才由这一层含义在波斯语和突厥语中衍生出其他各种相关词义的。

自然,在 inchü 被用以对译蒙古语词忽必后,它原先的词意并没有全然消失。这一点也反映在波斯文献当中。《史集》提到,由诸异密们选送的子女及伴当,组成了阿巴哈汗的 īnjū。此处的 īnjū,当是在突厥语词 inchü 原来的含义,即首领个人的诸色侍从的意义上被

---

① 见克拉克前引书页152;德福:《新波斯语中的突厥与蒙古语成分》卷1,威斯巴登,1963年,页422—423。
② 见德福前引书卷2,页221、223引。
③ 见克劳逊前引书,页173;德福前引书,页223。

使用的①。

四

考虑到因朱制度在西域的起源有一个被称为忽必的蒙古旧制背景,对西域文献中的因朱一词,恐怕就不能墨守过于笼统、单一的理解了。

正如彼特罗舍夫斯基等人指出的,因朱确实被用于指称伊利汗及其家族成员私人所有的地产,以及被束缚在这些地产上的依附劳动者。此种因朱地产的数量很大,不过它并不涵盖伊利汗朝的全部私有土地。毋宁说,它们与更一般意义上的私有地产、国有地产、以其收入供给宗教活动的瓦各夫地产等一样,构成当时土地所有制的一个重要类别。波斯语文献有 amlāk-i īnjū,译言因朱地产(amlāk 系 malk 的复数,译言土地),亦即王室地产;man īnjū-yi tu am,译言"我是你的因朱领民";dīwān-i īnjū,或者还有 huqūmat-i īnjū,意谓管理因朱地产的部门②。恰恰是从这一类的因朱中,我们可以看到蒙古忽必观念在与波斯原有的王室土地所有制之间所发生的互相调适现象。这种现象,与忽必制度在华北汉地逐渐演变为中原王朝传统的"衣食租税"制度,道理颇为相似。

从元代畏兀儿法律文书中出现的 inchüler-din inchü borlugh-qa (译言"从因朱葡萄园方面的诸因朱领民中间")的说法,可以知道这个时代突厥语中的 inchü,亦指某种形式的土地所有制以及此种土地

---

① 余大钧等汉译:《史集》第 1 卷第 2 分册,北京:商务印书馆,1983 年,页 384。
② 德福前引书卷 2,页 222;彼特鲁舍夫斯基前引书,页 242。

上的直接生产者。后者由于受因朱地产所有者的支配,原则上便不再承担国家征取的 qalan、qurut、tüdün、qabin 等赋役①。

蒙元畏兀儿文书中透露的有关因朱的消息过于零碎而稀少,使得想利用这些消息勾勒出该地区因朱制度完整面貌的种种努力,都难免留下深文周纳的遗憾。吉洪诺夫主张畏兀儿地区的因朱即一般的封建所有制土地。他的依据有两条。其一,他断言蒙古的征服并没有改变畏兀儿地区的经济与社会关系。其二则出于他对马洛夫、拉德洛夫所刊布的第 14 号畏兀儿语文书的释读与推论。

14 号文书的内容,是说某村社居民从 il qocha 处接受急需的一百卷棉布,每卷含两札半。因此他们将原来承担赋役义务的秃里其人交给不达识理充作葡萄园丁,承诺今后不再向秃里征取 qalan、qurut、tüdün、qabin 等赋役②。由于秃里进入葡萄园后被蠲免的义务种类与对因朱领民的免征范围完全相同,我们有理由赞同吉洪诺夫的下述观点,即被该村社交出来的秃里之新身份,正是经前述畏吾儿法律文书所界定的 inchü 领民③。据此,不达识理管领下的葡萄园或许确实是 il qocha 的因朱产业。不过,因为我们无从了解 il qocha 的身份及其因朱产业的来源等详情,这份文书仍未向人们透露有关畏兀儿地区因朱制度的进一步知识。我们不太看得出,吉洪诺夫为什么能从这里获得结论说,此种制度体现了一般意义上封建土地关系的性质。我们甚至也很难判断,它与伊利汗朝统治地域及河中地区的因朱形态,又具有什么样的区别。

---

① 拉德洛夫:《畏兀儿语文献》,列宁格勒,1928 年,页 27—32;克拉克前引书,页 429—430、439—441。
② 拉德洛夫前引书,页 16—18;克拉克前引书,页 429。
③ 吉洪诺夫前引书,页 133。

值得注意的是,在当日,因朱还有另一层含义。

拉施都丁不止一次说到,按照蒙哥的旨意,过去被派往伊朗和中亚地区的各支探马军,以及从诸王和大汗控制下的千户部众中抽出来随同旭烈兀征进并留驻西域的人马,全是分配给旭烈兀、作为他和他家族中伊利汗位继承者的 īnjū。他又记述察合台后王的话说:"阿八哈汗及其兄弟们占有了西方从阿姆河直到叙利亚和密昔儿的他的父亲的分地(īnjū)。"① 以上那些用例中的因朱,指的是对伊利汗朝的全部人口,包括西征蒙古军和当地诸色居民在内,乃至其全部疆域的统治权。因朱的这层含义,可以说基本反映了蒙古旧制中的忽必观念。

兰普顿写道,塞尔柱朝统治时期,"在算端作为国家首脑所掌握的 dīwān 土地,以及曾属于过去的统治者或由算端通过购买、受馈赠与划归方式所获得的 khāṣṣ,即王室土地之间,经常发生混淆"②。在蒙古统治下的波斯,īnjū 既指伊利汗及其王室成员们的采邑,也就是他们的私人地产,又指伊利汗作为"国的主人"(ulus-un ejen)所统治的全部国土。这些混淆大约都反映出,"家产制"国家对于君主私人所有权和国家所有权之间的区分经常是模糊不清的。

五

如果因朱与蒙古语词忽必之间真的存在某种对译关系,那么对穆斯林文献中的另外两个与因朱有关的词组,也需要再略作讨论。

一个是 khāṣṣ-īnjū,亦作 īnjū-yi khāṣṣ。这个词组中的 khāṣṣ (khāṣṣah)是阿拉伯-波斯语的固有词汇。除了"私人的""直属的"

---

① 《史集》汉译本,第 1 卷第 2 分册,页 383—384;第 3 卷,页 29、111。
② 《中世纪波斯的存续性与变迁》,页 114。

"特殊的"等一般含义外,自可疾宁王朝时期始,也用它来指称君主的宫廷侍从。到塞尔柱突厥王朝,这个词用作"君主私人所有""君主私产"的含义日渐明确。当日书面语称塞尔柱算端私人地产上的耕作者为 barzīgarān-i asbāb-i khāṣṣ,其中 barzīgarān(即 barzigar 的复数形式)译言耕作者,asbāb 译言地产。花剌子模和马姆鲁克埃及王朝管理王室地产的官员称 nazīr al-khāṣṣ,其中 nazīr 译言督察官①。阿里札答和彼特鲁舍夫斯基正是按照这一层含义来理解正在讨论的那个词组中的 khāṣṣ 一词的。因此,他们将 īnjū-yi khāṣṣ 看作 īnjū 地产中属于伊利汗个人私有的地产,而将它与王室其他成员的地产区别开来②。

在前述含义上使用的 khāṣṣ,确实多处出现在拉施都丁书里。《史集》叙述窝阔台分得的军队时说:"作为合罕产业(bi-khāṣṣah-i qā'ān-i)的所有军队,全是这四个(千户)的后裔。"③拉施都丁认为,中央蒙古诸千户在成吉思汗在世时属于大汗私人所有,所以他把它们称作成吉思汗的 khāṣṣah④。他又说,作为成吉思汗留下的遗产,它后来全由拖雷继承。在枚举这份遗产的内容时,他再次把中央蒙古诸千户称为成吉思汗的 lashkar-i khāṣṣ,译言 khāṣṣ 军队⑤。

除却分封给东西道诸王的游牧人口后,仍掌控在担任大汗的成吉思汗手中的左、右翼共十万军队,究竟是否属于成吉思汗私人所

---

① 《伊斯兰百科全书》新版卷 4,莱顿,1983 年,页 1094;兰普顿:《波斯的地主和农民》,伦敦,1953 年,页 59、424、436。
② 彼特鲁舍夫斯基前引书,页 243。
③ 《史集》汉译本,第 1 卷第 2 分册,页 378;同书德黑兰波斯文刊本(德黑兰,回历 1338 年,即 1959 年),页 410。
④ 《史集》汉译本,第 1 卷第 2 分册,页 375。
⑤ 波义耳英译:《成吉思汗的继承者》,纽约,1971 年,页 163;《史集》,德黑兰波斯文刊本,页 555。

有,并在他死后可以被幼子拖雷所继承?对这一点,恐怕难以轻易相信拉施都丁的话。现代学者早已揭示出他对拖雷系的偏袒态度。《元朝秘史》的说法与之恰恰相反。据《秘史》第 269 节,在窝阔台登上汗位之后,一度由拖雷监管下的成吉思汗的个人护卫,以及中央兀鲁思的主体游牧人口,都被交还到新上任的大汗手中。是证中央兀鲁思的十万军队与其说属于大汗私人所有,不如说主要是处于大汗直接掌管之下的黄金家族公产;或者至少它当时并没有被明确地定位为大汗私产,如同拉施都丁后来所追溯的那样。尽管如此,波斯文献中的 khāṣṣ-īnjū 或 īnjū-yi khāṣṣ 一称,就其起源而言,大概还是与蒙古旧制具有某种历史关联性。

《秘史》中虽未见以"奄出忽必"(emchü qubi),或单独以"奄出"指称诸王所得的份地份民,但在后出的蒙文史籍诸如《蒙古源流》《黄册》等书里,像这样的例证确实是存在的①。如果"奄出忽必"一语中的 qubi 可以与 īnjū 互相对译,那么 khāṣṣ 会不会就是 emchü 的对译语词呢? emchü 在元代汉语里译作"梯己",与 khāṣṣ 的意思也极有相近之处。因此,似乎有理由把 khāṣṣ-īnjū 或 īnjū-yi khāṣṣ 看作源出于蒙古语 emchü qubi 的一个对译词组。惟前者的含义又要窄于后者。忽必与奄出忽必基本上是一对同义语,而 khāṣṣ-īnjū 或 īnjū-yi khāṣṣ 却只指一般 īnjū 中间的一个小类,即仅指属于君主个人所有的私产(包括附属人口)而已。在蒙古制度原型中,似不存在与黄金家族其他成员的份子(忽必-因朱)相区别的专属大汗或汗的私有份子

---

① 《蒙古源流》卷 6 载诺延达喇兄弟九汗"分析另居",蒙文作 ömchi-ben qubiyar-un,译言"分割各自的奄出",见施密特蒙文、德文译文合璧本《东蒙古人及其汗室史》,彼得堡,1829 年,页 206、207;克莱德:《封建主义与中世纪达靼人的制度》,《社会与历史的比较研究》卷 1(1958 年)。并参弗拉基米尔佐夫前引书,页 219、240。

这样一个单独概念。īnjū-yi khāṣṣ 虽是从忽必这一蒙古制度原型衍生出来的,但 khāṣṣ 一词在此前伊朗早已被赋予的特定含义,终使 īnjū-yi khāṣṣ 变成一个专属于伊朗的特有概念类型。

另一个需要进一步辨析的比较重要的词组,是 īnjū wa dalāī。拉施都丁载录的合赞汗的敕令,指示要从"īnjū 和 dālāī"土地中划出一些部分,作为分给军人们的伊克塔(iqtā')。瓦撒夫在叙述位于法儿思的古儿巴里区税收情况时,也提到过 dalāī、īnjū、"无负担土地"(原文作 khāliṣāt,译言"清洁的"),以及私有土地(arbāb)等不同类型的地产①。

dalāī(或 dālāī)是来自蒙古语的外借词。这一点可以说不会有什么疑问。学者们大多认为它与 dalai-yin qa'an("海内的皇帝")一词有关,甚或事实上就是 dalai-yin qa'an 乃至 dalai-yin qan 的代称。米诺尔斯基指出,该词用指地方的、兀鲁思的汗,甚至在旭烈兀之前已流行于伊朗等地②。

无论其字面意思如何,学者们几乎一致赞同,它指的是与大汗或汗的名义有关的地产。德福认为它是以汗或大汗为代表的国有地产。彼特鲁舍夫斯基主张这个专名"很可能就适用于"他所理解的 īnjū-yi khāṣṣ,即君主个人的私有地产。因此他解释 īnjū wa dalāī 的意思是"全部 īnjū 土地,其中也包括国君的 īnjū"③。

兰普顿指出:dalāī 这个术语并不多见于阿拉伯和波斯语史料;在蒙古支配波斯的早期,被征服的各种土地划分为 dalai 和 inchü 两

---

① 《史集》汉译本,第 3 卷,页 491,汉译者依俄文译文将 dalāī 写作"草原";彼特鲁舍夫斯基前引书,页 243、246。
② 彼氏前引书,页 243—244,页 263 注文 7。
③ 同上。

类,至于这样两种分类范畴能否在理论上涵盖帝国的全部领土,则还不很清楚。她接着又写道,从瓦撒夫关于法儿思的叙述可知,事实上那里的土地就不止由 dalai 和 inchü 这两个品类构成,无论其他省区的情况会怎么样①。

将 dalāī 理解为仅只是 īnjū-yi khāṣṣ 或 khāṣṣ 的同义词,这样的认识好像有点把问题过于简单化。德福的主张比较合理。dalai 应当是指过去由 dīwān 掌管的那部分国有土地。兰普顿在这方面有一个重要的判断。她说,在蒙古时期的伊朗,王室土地对国有地产的侵占和吞并导致二者之间的区别终至于消失②。dalai 一词之不多见,或即与此有关。另外,或许正基于这样的理由,兰普顿才会主张,dalai 之与 inchü 的区别,在于前者为君主的,而后者则为王室其他成员们的私产。但是原先的国有土地之消亡,本非一朝一夕之事。看来正处于消亡过程之中,但尚未完全绝迹的国有土地这一类别,就叫作 dalai。瓦撒夫的叙述表明,各种私有土地、豁免赋役的宗教地产(瓦各夫土地)等,均不属于 dalai 这一地产类别。

我们从伊朗文献里的 īnjū wa dalāī 所能看到的,已经是一种非常本土化的制度形式。但它实际上也是从一种属于蒙古旧制的渊源中发育、演变而来的。兰普顿业已极其敏锐地发现,在蒙古征服早期,土地,其实更准确地说应该是人口,就是被划分为 īnjū 和 dalāī 两大部分的。为能更清楚地从中辨认出它的旧制原型,比对一下汉文史料关于蒙古人在完成对金朝版图的征服后实施的丙申(1236 年)分封的记载,恐怕不是没有益处的。

---

① 《中世纪波斯的存续性与变迁》,页 118。
② 同上。

六

1234年,蒙古灭金。次年,窝阔台下诏籍汉地户口。据当年统计的户口数,"户八十七万三千七百八十一,口四百七十五万四千九百七十五"①。但此次户口统计直到下一年方始完成。据《元史·太宗纪》,1236年,"得续户一百一十余万"。该数字与《圣武亲征录》所记"忽都忽籍到汉民一百一十一万有奇"恰相合。惟《亲征录》系此事于乙未年(即1235年),因为括户诏书是乙未年颁发的,故而凡在这次括户中被编籍的户口,包括次年即丙申年籍定户口,统统称为"乙未年籍",所以才会将丙申年方获得的总数作为乙未年籍户口数系于该年之下。乙未年籍一百十一万户的数字,与"忽都虎等元籍诸路居户一百万四千六百五十六户",以及"初籍天下户得一百四万""天下户过百万"等记载,大致相合②。

这个数目当然是很小的。金朝稳定时期,长城以南诸路的在籍户共八百六十余万,其中河南(南京路)民户即达二百五十万。即便考虑到河南地区刚经过大战,户口大量地损耗或从政府手中散失,因而在统计时略去河南人口,蒙古当时控制的户口数也只有金朝稳定时的15%上下。这同当时的世侯豪强大量庇荫私属人户也有一定关系。刘敏中记载了一个叫萧君弼的人,灭金时"所俘户几四百"。"乙未,诏忽都虎籍在所户口,君遂以俘户献,忽都[虎]命君收及百

---

① 《元史》卷58《地理志》一。
② 宋子贞:《耶律楚材神道碑》,《国朝文类》卷57;《元史》卷157《刘秉忠传》。参见周良霄:《元代投下分封制度初探》,《元史论丛》第2辑。

户,方入籍。"① 延安路兵马总管袁湘奉命料民时,故意"止籍主户,漏其侨家浮客"②。这样的事情,应该相当普遍。考虑到元朝初年天下户亦不过一百四十余万至一百九十余万。丙申籍民才一百十余万户,也就很可以理解了。

这里所以要讨论丙申户口总数问题,因为它对我们理解丙申年在诸王和功臣中实施的分封有着十分紧密的关系。在丙申分封中,分给诸王、公主和功臣的汉地民户,共达七十六万余户。也就是说,它占到当时全部在籍民户的69%。除了分封民户的比例之高,这次分封还有以下三点,值得引起我们注意。

首先,丙申封授的民户数目,往往带着零碎的尾数,而不是比较整齐的大数目。例如③:

封 主	户 数	所属府州
也苦(术赤合撒儿系)	24 493	益都、济南二府内
斡赤斤	62 156	平、滦州
别勒古台系	11 603	广宁府
拔都(术赤系)	41 302	平阳府
察合台	47 330	太原府
贵由	68 593	大名府
阔里坚	45 930	河间府

---

① 刘敏中:《萧君弼神道碑》,《中庵集》卷6。
② 姚燧:《袁湘神道碑铭》,《山右石刻丛编》卷27。
③ 见《元史》卷2《太宗本纪》;卷95《食货志》三,"岁赐"。并参见松田孝一:《蒙古的汉地统治制度》,《待兼山论丛》第11号(1978年)。

蒙元时代西域文献中的"因朱"问题　375

续　表

封　　主	户　数	所属府州
阔端	47 741	东平府
昌国公主(亦乞列思部)	12 652	东平府
木华黎家族	39 019	东平府

上述情形表明,当时的做法,是沿袭金代行政区划,把原属于某一政区的民户整个地封授给某一诸王或功臣。

其次,还需要特别地考察一下对原山东西路诸府州的分封。兹将金代该路下所置府州、户口数及丙申分封情形列表如下:

所置府州	金代户数	丙申封主及户数
东平府	118 046	带孙(札剌亦儿部):10 000(东阿)
济州	40 484	鲁国公主(翁吉剌部):30 000
徐州	44 689	
邳州	27 232	
滕州	49 009	
博州	88 046	赵国公主(汪古部):20 000
兖州	50 099	
泰安州	31 435	畏答儿(忙兀部):20 000
德州	15 053	术赤台(兀鲁部):20 000
曹州	12 677	和斜温:10 000
?		阔端:47 741

续　表

所置府州	金代户数	丙申封主及户数
?		昌国公主（亦乞列思部）：12 652
?		木华黎：39 019
小计	476 770	209 412 户

诸家在山东西路的封户，《元史·太宗本纪》多写作"东平府内拨赐"。对照《元史·食货志》"岁赐"门，可知本纪所言"东平府"，实指"东平府路"，也就是山东西路。郓国公主（翁吉剌惕）封户，本纪亦记为"东平府"。据《食货志》可知其在大名府路濮州，所以没有列入上表。阔端等几家的封户，不知道具体是在东平府路的哪几个州内，但不外是在已知被确认封主的那几个州之外的范围里。

东平府路的登籍民户总数，1238 年时为 228 735 户①。当然这是蒙古时期中原汉地人口最为繁盛的一个地区。由此我们大体上可以推定，东平府路当时是要被全部分封掉的。

最后，将要整个地被分封掉的地区，远不止东平府路之一地，试看下表：

地　区	被分封的封主	户　数
河间府路	阔列坚等	50 000
真定府路	拖雷	80 000
	巴歹	14 087

---

① 见《大元马政记》，广仓学宭丛书本，页 4。

续 表

地　　区	被分封的封主	户　　数
真定府路	孛罗台	17 333
	斡歌列	15 807
	忒木台	9 457
益都府路	合赤温系	55 200
	合撒儿系	24 493
	答里台系	10 000
东平府路		209 412
大名府路	贵由等	100 305
太原府路	察合台	47 330
平阳府路	术赤	41 302
小　　计		674 726

按当时的人口分布推断,除上列地区,金中都路和南京路也应有较多户口,这两个地区相加,作三十万户计算绝不致太过分,剩下的京兆、凤翔及其他地区,至少总还有数万户。这样累计的结果,已经超过一百万户,由此可以证实,上表中所含七路,确实基本上是要被全部分完的。大汗所企图控制的,主要是中都路(除平、滦两州分给斡赤斤外),以及尚未从战乱中复苏过来的河南地区。

将以上三点联系在一起加以考虑,可以知道,丙申年间的分封,尽管分配的直接对象是人而不是土地,但是因为当时计划将人民按既有的行政区划整块整块地封授给诸王和功臣们,其结果,必然在除中都、河南以外的汉地大部分地区造成裂土分封的局面。宋子贞把当时的决定称为"割裂诸州郡分赐诸王贵族,以为汤沐邑"①,这是一点也不错的。

现在可以说,蒙古游牧国家对游牧民的分封和对于农业城郭居民的分封,从他们自己的观念上来说,最初并不存在不同的原则和方式。对被征服的农耕城郭地区进行分配,可能比它分封本部游牧民更晚一些;但是一旦将之纳入分封体系中,他们将要采用的,还是老办法。丙申分封在实施过程中,由于耶律楚材等人的竭力主张,最终改变了原来预定的形式。这一改变,对蒙古国家在定居城郭区的分封制度确实有十分深远的影响。它正好说明,后来的制度在多大程度上离开了蒙古旧制的原型。我们对于从分封游牧民的制度当中伸延出来的分封城郭居民的制度原型看得越清楚,就越能理解耶律楚材改革的重要性和它的历史意义,同时也就越能理解元代掺入汉地分封制中的那些特殊的东西。

中原地区的民户,在著名的丙申分封之后,就这样被区别为两大类。一类是诸王、功臣的封户,因为要从每五户所纳丝料里抽取二斤交给封主,所以称"二五户丝"户。王恽告诉我们:"诸投下五户丝,译语曰'阿合答木儿'。"松田孝一最早揭出,它在拉施都丁的《史集》里写作 aghār tamār②。对 aghār 一词的释读颇多曲折,此不赘。答木儿(tamār)当源于突厥语词 tavar,由游牧人作为普遍财货形式的牲畜而兼有货物、财货、财富等义。它在新疆的突厥方言中还有丝货的意

---

① 《耶律楚材神道碑》,《国朝文类》卷 57。
② 《中堂事记》上,《秋涧集》卷 80;洪金富:《从投下分封制度看元朝政权的性质》,《历史语言研究所集刊》第 58 本第 4 分(1987 年)。

义①。另一类是完全属于政府的民户,称"系官五户丝"户。他们交纳的丝料,全数归政府所有。

汉地民户之被划分为上述两大类,所依据的,其实就是将草原游牧人口划分为各枝儿宗王所有的忽必,以及被保留在大汗手里并归他直接支配的部众这样两个部分的原则。如果说在草原的分封和在汉地的分封这两者之间还存在某些不同,那就是除各支宗王外,还有一部分参与作战的功臣也被纳入了汉地分封的行列,虽然他们所分得的民户数要远少于宗王所得。而按草地体制,接受分封的权利原本只属于黄金家族成员。

日本学者爱宕松男在研究元朝赋税制度时,曾将以上两类汉地民户与元初一份奏章里提到的"诸王位下户计"和"大官数目内"[户计]的称谓相联系。他以为"大官数目"这个词颇有难解之处,提出它恐系由"大数目"一称衍误所致②。

被爱宕松男揭出的"大官数目内"一语,其实并非用指"系官五户丝"户。它所指的还是"二五户丝"户。这段史料的原文是这样的:

> 窃见目今除诸王位下户计外,系大官数目内送纳差发、米粮、种田等户,如耶律丞相、南合中书、杨中书、贾达、阿喽罕等投项甚多。其各官头目俱有长次,及首领官、令史、催差人等。各人既无俸禄以养廉,则侵扰之弊,不能不无。以此参详,既是依例纳丝银人户,合无照依合并州县、鄂勒转运司体例,并入见住

---

① 克劳逊:《13世纪前的突厥语词源学辞典》,页442;纳捷廖耶夫等:《古突厥语辞典》,列宁格勒,1968年,页542;喀什噶里:《突厥语大词典》卷1,何锐等译,北京:民族出版社,2002年,页380。
② 爱宕松男:《元朝税制考》,《东洋史研究》第23卷第4期(1965年)。

州县,与民一体通行科差。若有合回付丝银去处,令于官府内验数支取。不必更为设官。①

从上引文字看,所谓"系大官数目内"的各种民户,实为由耶律楚材、粘合南合、杨惟中等人家族继承的分封人户。他们也是"二五户丝"户,但不属于诸王位下户计,而别称为投下(或投项)户计。尽管如此,爱宕仍然非常准确地领悟到,真正与"诸王位下户计"及诸投下户计相对应的民户类别,在元代文献里被叫作"大数目里"户计。《元典章》提到他们时作"大数目里人每""大数目里人""大数目当差的军、站、民户""大数目的户计",乃至"大数目里富的百姓",等等。

所谓"大数目",是否有可能是某个蒙古语词的汉语对译呢?我们知道,拉施都丁曾把除诸王们的兀鲁思以外处于大汗直接支配下的游牧人口及其游牧区域称为"大兀鲁思"(ulūs-i buzurg)②。如果我们可以相信这个词汇并非出于《史集》作者的臆撰,那它就理应源于蒙古语的 yeke ulus,虽然后者未见于任何现存蒙文历史文献。《史集》所谓大兀鲁思,或许可视为与《元朝秘史》提到的 qol-un ulus(译言"中央兀鲁思")大致等义③。如果说中央兀鲁思之内自始即含有

---

① 魏初:至元八年(1271年)奏议,见《青崖集》卷4。
② 语见余大钧等译:《史集》第2卷,北京:商务印书馆,1997年,页308。又据同书,都哇、海都之乱时,成宗母后曾说:"汉地(按,此指华北)、南家思(按,此指南宋旧土)和我们的兀鲁思都很大,而海都和都哇的地方则较远。"此处"我们的兀鲁思",亦即大兀鲁思之意,见上引书页386。
③ 《元朝秘史》第269节说,窝阔台继任大汗后,此前负责监国的拖雷把过去护卫成吉思汗的万人怯薛和 qol-un ulus(旁译"在内百姓",札奇斯钦汉译为"中央[本土]的人民")如数点交给窝阔台。除"百姓""百姓每"(ulus-ut, ulus 的复数形式)而外,《秘史》还将 ulus 旁译为"人烟""国"(即国土之意),见第139节、第81节、第180节等。按,中央兀鲁思的概念,应起源于蒙古高原游牧文化中分部众为左、中、右三翼的传统。在最原初的蒙古分封体制中,左、右两翼分别由成吉思汗三子与诸弟的兀鲁思构成。中翼即 qol-un ulus 则是大汗直接统治的部众与土地。另外,(转下页)

拖雷的份民与份地，那么波斯文史料里的大兀鲁思，除了以大汗本人的忽必形式存在的黄金家族共有家产外，同样包括了属于拖雷后王们的部落在内，甚至还可能把实力与独立程度都远不如西道诸王那样强大的东道诸王封地也囊括于其中。此种情况的发生，与以下两项原因密切相关：一是拖雷系夺得大汗的汗位，淡化了 qol-un ulus 内部大汗的份子与拖雷家族份子之间在归属上的区别；二是相比于大汗兀鲁思与西道四汗国之间权利关系的判然分划，蒙元皇族内部的权利分割似乎就不再那么引人注目了。透过由稍后的历史造成的含糊性，我们仍不难发现，在草地旧制的原型中，大兀鲁思所指，本来应即处于东西道诸王领地之间、由大汗直接管领的草原本部游牧民及其游牧地。是则 yeke ulus 的基本含义，即大汗支配下的"百姓""国土"之谓。在西部蒙古帝国，与大兀鲁思相应的制度成分很早便采用了一个更带本土化色彩的概念，即 dalai 来指代，于是源于 yeke ulus 的 ūlūs-i buzurg 就被保留下来仅用于描写东部蒙古世界的政治地理。但在中原汉地，却存在着一个与之两相对应的汉译语词，即"大数目"。其中所谓"大"，是对蒙古语 yeke 的硬译；而以"数目"意译被《秘史》旁译为"百姓"或"人烟"的 ulus，盖专就此种"人烟"之经过被计点、登籍的性质而言也。大数目里户计之与诸王位下及投下户计的区分，恰与草原游牧人口之被划分为大兀鲁思与各枝儿里诸王兀鲁思的制度相匹配。

丙申分封的主要对象是人口，而不是土地。就这一点而言，与前面讨论的波斯情况相比，它与草地旧制之间似有更近的联系，因而也

（接上页）成吉思汗幼子拖雷长期随其父参与中翼军队的作战行动。属于他所有的忽必亦儿坚及其牧地，也从一开始就位于中央兀鲁思的范围内。他移交给窝阔台的 qol-un ulus 中，当然不包括这部分人口。

有更多的相似性。由此推想波斯的 īnjū wa dalāī，如将这一对与分封制相联系的观念范畴还原到它最原初的形态，那么它的出发点同样应当是人口而不是土地。那时候的 īnjū wa dalāī，就可能像在蒙古草原本部乃至中原汉地一样，可以覆盖全部被征服的编户。只是在它被引入伊朗复杂多样的土地关系领域的过程里，便在本土制度环境的强大影响下游离其原初形态而渐行渐远。正因为如此，虽然在波斯的 īnjū 和蒙古的忽必、汉地的诸王位下及投下户计之间的形态联系尚可辨认，但 dalāī 观念则受到更深程度的本土化浸染，以至于很难再发现它与大兀鲁思、"大数目里"户计等观念之间似曾有过的渊源关系。

七

现在，可以把本文对西域文献中因朱问题的研究，简单扼要地概括为下列表式：

汉语名词	蒙古语名词	突厥语名词	波斯语名词
份子	qubi	inchü	īnjū
梯己	emchü		khāṣṣah
梯己份子	emchü qubi		īnjū-yi khāṣṣ
大数目里户计	yeke ulus（？）		dālāī

表式中不同语言的专名之间的对应关系，呈现出同一种蒙古制度的或观念的成分向不同征服地区传播的线索。同时，存在于具有

对应关系的那些专名之间的种种内涵差异,则反映出蒙古草地制度或其观念的成分在各征服区经历不同程度地方化的过程中被赋予的特定历史印记。

(本文原载《南京大学学报》1991年第2期。收入本集时做过较多的修改与增补)

元仁宗与中元政治

一

至大四年(1311年)正月,元武宗病死。越二日,他的弟弟爱育黎拔力八达以皇太子废前行政中枢尚书省,旋即对几乎所有尚书省宰执或诛或流①。三月,爱育黎拔力八达即位于大都,是为仁宗。

武仁授受是中元政治史上一个重大的转捩点。在忽必烈奠定立国规模以后,成宗、武宗两朝奉行"惟和"政治十七年。到仁宗执政,元廷明确地把遵用儒术提升为"从新拯治"的重心;皇庆、延祐年间因而以元朝的"儒治"时期而著称于世。元末士人回忆起1310年代,或曰"我朝重儒,于斯为盛",或曰"尊尚儒学,化成风俗,本朝极盛之时"②。这在当时应是很普遍的看法。

元成宗向来被认为是恪守忽必烈遗规的君主。诚然,祖孙两朝

---

① 武宗朝在形式上中书、尚书二省并设,实际上政柄全归尚书省,"中书之署,仅同闲局"(虞集:《曾益初〈小轩集〉序》,《道园学古录》卷34)。爱育黎拔力八达本来要将尚书省臣"尽按诛之"。因杨朵儿只之谏,才"特诛其尤者"脱虎脱、三宝奴等五人,忙哥帖木儿杖流海南。见《元史》卷179《杨朵儿只传》、卷24《仁宗纪》一。又据《高丽史》卷34《忠宣王世家》二,当时还有"平章迷里不花","三宝奴之侥",见流于高丽乌安岛。

② 欧阳玄:《曲阜重修宣圣庙碑》,《圭斋集》卷9;危素:《桧亭集序》,《危太朴文集》续集卷1。

间的政治延续性至为鲜明,以至人们常以"至元、大德之政"相并称。但其实这只是问题的一个方面。忽必烈在世时,元朝制度体系与基本政策中的汉法与蒙古-回回法成分,始终是在相互制约的张力下维持着微妙的平衡。这种平衡的驾驭,不仅取决于其制度结构及各种硬性、机械的政策指令本身,同时也需要凭借大汗个人的权威与政治手腕。成宗可以继承乃祖"成宪",却无法通过世袭来获取忽必烈在将近半个世纪的文治武功中所积累的个人感召力和实际政治经验。他只有转向自己更熟悉的草原政治的资源,去寻求能够加强自身统治基础的支持。成宗的"重简守成",突出地以"惟和"为施政重心,不能不说用心深矣[1]。依据这一国策,元贞、大德间,元廷对外停止了忽必烈后期连年的征伐,但是内政却演成姑息种人、臣下,"绳吏法宽",恤民有不足而"吏弊连根株"的局面[2]。

到武宗执政时,"惟和"政治在"溥从宽大"的标榜下继续盛行[3]。"宽大"的对象,实际只是贵族、近幸和高级官僚。他即位初重赏朝会诸王勋戚,给者未及半而府库为虚。此后请赏者仍相踵不绝。财用不支,以滥封作补偿。世祖时封一字王之制甚严,成宗尝稍破其例,至是则新受晋封者多达十五六人,且大多为疏族,甚至驸马。省、院、台大臣员额也比前朝大增。近臣"佩相印者以百数";"微至优伶、屠沽、僧道,有授左丞、平章、参政者……自有国以来,名器之轻,无甚今日"。选法的败坏必然与吏治紊乱并存。《元史·武宗纪》反复载录朝臣对政事废弛的尖锐议论。甚至朝廷制命,也"朝出而夕改,于事

---

[1] "惟和"一词见张伯淳《大德改元贺表》,《养蒙集》卷1。贺表说"惟和"的对象是"小民"和"下士",当然只能是脱离实际的谀词。
[2] 马祖常:《赵思恭神道碑》,《石田集》卷12;刘敏中:《九事》,《中庵集》卷15。
[3] "溥从宽大"一语见《至大改元诏》,《元史》卷22《武宗纪》一。

甫行而止者随至"。中秘机要外泄不绝,"诏稿未脱而奸民已复群然颂之"①。

经济方面,自大德六年(1302年)以往物价的暴涨,到武宗继位后两年多仍未止息。至元钞的贬值似已积重难返②。至大二年秋,武宗决意专任尚书省理财。九月颁"至大银钞",承认至元钞贬值一倍半,中统钞则因面额与实际价值严重不符而停用。不久又发行铜钱,并许历代铜钱相参行用,以信誉较稳定的小面额金属辅币来平抑日用品零售领域中物价的过分波动。尚书省的其他措施,包括大幅度提高海运粮数量以稳定京畿粮价,提高盐引价格,对江南富户征取高收入税,追征各地逋欠钱粮,拘收外任官职田、改颁禄米,以"拘田之米"补京师米粟不足。这些做法,多与忽必烈时期尚书省的举措很相似,但在实行方面还要比那时来得温和。

现在看来,武宗朝的积弊,主要根子在"溥从宽大"的政纲。至于尚书省的理财方案,甚至还颇有可取③。但在元仁宗清算前代朝政时,尚书省却以"变乱旧章"的罪名招致最严厉的谴责。这里面固然包含着权力斗争中的策略考虑。虽然如此,它还是突出地反映出武仁两朝不同政治倾向之间的巨大反差。与"惟和"或者"溥从宽大"

---

① 揭傒斯:《送程叔永南归序》,《揭傒斯集》卷8;张养浩:《上时政书》,《归田类稿》卷2。
② 前田直典:《元朝纸币的价值变动》,《元朝史的研究》,东京:东京大学出版会,1973年。
③ 李则芬:《元史新讲》第3册,台北:黎明文化事业公司,1978年,页347—366。扩大海运的收效至为显著,因为"河漕视陆运之费,省什三四,海道视陆运之费,省什七八"(丘濬:《大学衍义补》卷34《漕挽之宜》下)。以铜钱与楮币相权行用也是可取之策,所以杨朵儿只曾以铜钱"未可遽废"谏仁宗(《元史》本传)。惟外任官改颁禄米的标准,远低于相同品秩的官员原来可以获得的职田租额,且又阻断了他们对职田租户的额外勒索,因而受到大部分官僚的强烈反对。见沈仁国:《元代的俸禄制度》,《元史及北方民族史研究集刊》第12、13辑合刊本(1989—1990年)。

的主张相反,儒家学说多强调用强化君权、澄清吏治来整顿纲纪的废弛和宗戚的跋扈。另外,儒家学说强调节流而讳言开源,关注除弊而不喜兴利,认为"利源不可启,以其一启而不可复塞也"①。此种见解与尚书省以开辟财源、增加岁入为着眼点的各种措置,也正好针锋相向。由此可知,元仁宗要以儒治国,需要如何全面地修正在他之前十多年中元廷施政的基本出发点,故而又会承受何等的阻力和政治风险。

二

仁宗执政前几年,确实表现出很大的魄力。诛杀武宗用臣一节,虽然另有不得已的隐情,但在当时却被看作拨乱反正的信号,在士人中颇得赞许②。他的即位诏称:"至元三十年已后诸衙门改、升、设,并多余员数,非世祖皇帝之制者,从省台分拣,减并降罢";"除枢密院、御史台、徽政院、宣政院各依旧制,其余诸衙门及近侍人等,敢有擅自奏启中书政务者,以违制论"③。其措辞之严厉,与一般即位诏书为示恩天下而申明禁止的笼统口气相比,颇有不同。即位翌月,诏废至大银钞和至大铜钱,恢复中统钞的行用。就这样,武宗以"溥从

---

① 许有壬:《谨正堂记》,《至正集》卷36。又《元史》卷146《耶律楚材传》记其政见曰:"兴一利不如除一害,多一事不如省一事。"
② 尚书省诸臣中,最受人痛恨的似为三宝奴。当时人在诗歌里骂他"受尽君恩弄尽权,富倾御府贵熏天","富贵转头成鬼扑,奸谀到死带奴颜"。见刘埙:《三宝奴伏诛》,《水云村泯稿》卷5;尹廷高:《三宝奴丞相故宅,今为法藏寺》,《玉井樵唱》卷中。
③ 见刘敏中:《皇庆改元岁奏议》引,《中庵集》卷15。姚燧所撰仁宗即位诏,见《国朝文类》卷9、《元典章》卷1、《元史》卷24。惟对附于诏文之后的"拯民急者"诸条画,诸书或略写或删削,未若刘敏中引述之具体。

宽大"和理财富国为核心的诸多政策措施，在两三个月内被先后废止。仁宗初执国政，真有一点"风动天下"的表面效果①。

从至大末年到延祐二三年间，元政府推行儒治的一系列政令，主要围绕三个侧重点来制定实施：一是抑制诸王贵戚基于草原分封制而获得的权益，加强皇权；二是按儒家的政治主张整顿选法、澄清吏治，强化中原式官僚政治的运作程序；三是检核田粮、甄别隐占，以求田税负担与土地占有的实际状况相一致。至大四年七月重申，近臣擅自传旨，"不须奏闻，直捕其人付刑部究治"。同年冬，诏废诸王断事官，蒙古人犯盗诈令所隶千户鞫问。皇庆二年（1313年）四月，改诸王份地达鲁花赤由封主自辟旧制，以流官任之，诸位下所辟降为副达鲁花赤。延祐元年（1314年）六月，敕内侍自今只授中官，勿畀文阶。十月，敕由吏入仕者，晋官止于从七品，寻放宽到五品②。

整顿吏治方面的另一项努力，是纂集现行的各部类单行法，总成一书，以便检索遵行。元朝立法行政，长期采纳因时立制、临事制宜原则，以条格、断例等形式分别公布。各级行政部门均置"格例簿"。"遇事有难决，则搜寻旧例；或中无所载，则比拟施行。"随着日积月累，为处置各类个案而颁发的格例越来越多，其中新旧相悖、冗杂重出，使官吏得以任情玩法、用谲行私。仁宗即位当月，曾诏命中书省"裒集中统、至元以来条章……斟酌重轻，折中归一，颁行天下"。这部法令大成的编纂，前后历六年，至延祐三年夏天，方始基本定稿。

自然，这时获得最广泛、最积极的社会反响的儒治措施，还是科举制度的恢复。自1210年代起，河北、山东即因被蒙古攻占而停科。从1230年代蒙古灭金迄于仁宗复科，科举考试在整个中原停废几达

---

① 语见《元史》卷176《刘正传》。
② 《元史》卷183《孛术鲁翀传》。

一世纪;江淮以南,宋亡后废科也已历时三十余年。元朝用人,"出宰大藩,入为天子左右大臣者,皆世胄焉";其中除少数人出自几家汉人世侯后代,大多是蒙古、色目人。中下级官员,则都由吏员晋用,"中土之才跻是者十八九";而选拔吏员的实际标准,时常是"吏廉无才,不若亡廉而才"①。中原传统的官僚体制向来靠儒学培养根基。所以随着政纪的衰弛,拔擢儒士以补"季劳用人"的久弊,日渐成为汉人儒生乃至受儒学影响的蒙古、色目官员的时髦话题。仁宗要以儒治国,首先要拓开征用儒士的途径。至大四年七月,诏拔擢儒士出任国学、翰林等职时"勿限资级","虽白身亦用之"。皇庆二年十一月,以行科举诏颁布天下。定制每三年开试一次,分乡试、会试、殿试三道,按右、左两榜分别取录蒙古、色目人及汉人、南人举子。考试科目有三门,"经疑、经义以观其学之底蕴,古赋、诏诰、表章以著其文章之华藻,复策之以经史时务以考其用世之才"②。程朱理学对儒家经典的阐释,被立为考试标准。理学从此获得官方意识形态的稳定地位③。

  元朝科举取士的规模相当有限,对改变当初的官僚构成没有多少实际的功用。但是,由于鼎革科废而被压抑了大半生甚至几代人

---

① 刘岳申:《送吴澄赴国子祭酒序》,《申斋集》卷 11;陶安:《送马师鲁引》,《陶学士集》卷 15;杨维桢:《送范致道序》,《东维子文集》卷 5。
② 郑玉:《送唐仲实赴乡试序》,《师山集》卷 3。
③ 据达尔德斯《征服者与儒家》(纽约,1973 年),在崇尚词章、经义的东平学派和理学派之间,蒙古人所以更重视后者,是因为理学更直接地强调"其学说永恒不变的,并且大体上是很简明的政治和道德原则",也比较地没有种族化、地域化的色彩。见页 33—34。关于理学为什么会在宋元时期发展成为儒学主流,还可以从政治以外的其他方面去加以考察。从思想史演进的内在逻辑看,是禅宗"直指本心"的主张强烈地刺激儒家学说去寻求开发心性以实现自我提升的新途径。从文化史与社会变迁相互涵合的层面看,理学强调"为己之学",是脱离世家大族背景的士人阶层最适宜的认同标识。见余英时:《中国近世伦理与商人精神》,载《士与中国文化》,上海:上海人民出版社,1987 年;包弼德(Peter Bol):《"斯文":唐宋社会的思想转换》,斯坦福,1992 年,第 1 章。

的广大士子,仍把延祐复科看作"文运将兴"的征兆。在他们的感觉天地里,世界似乎突然变得光亮起来,"如阳春布获阴崖冰谷,荄粒无不翘达"①。元仁宗在后代的声望,差不多总是与延祐开科的盛典联系在一起。以"百年场屋事初行,一夕文星聚帝京"而轰动天下的延祐二年首科会试②,把仁宗的儒治推到了最高潮。

具有讽刺意味的是,就在仁宗"赐进士恩荣宴于翰林院"的同一个月里,江西爆发了反抗经理土田的蔡五九之乱。它标志着延祐年间的儒治自此走向退坡。大约从延祐二至三年之后,仁宗在执政前期曾显示过的那股锐气悄然消退。再也看不到有什么新政继续出台。原先颁定的政令,甚至还有收回的。延祐四年六月,敕诸王、驸马、功臣份地,仍旧制自辟达鲁花赤。对诸王的滥封滥赏又逐渐开始。五年,礼部奉旨铸三公印等凡二十六颗。六年,对吏人出身的晋官限制完全取消。早已编成的制诏格例汇集,拖宕多年不克颁行,亦可见仁宗后期行政效率的低落。

究竟是什么原因,促成了这时儒治的疲软呢?

三

延祐初的儒治措施里,有一项直接遭遇民间的强烈反抗。这就是延祐经理。

元代中叶的土地关系,长期存在慢性危机。各地富户、诸王及寺

---

① 徐明善:《送汪子中序》,《芳谷集》卷2。
② 李孟:《初科知贡举》,《元诗选》二集乙集引《秋谷集》。首科蒙古状元护都沓儿,有1318年应仁宗之命跋王羲之《快雪时晴帖》墨迹传世,见傅申:《元代皇室书画收藏史略》,台北故宫丛刊甲种之18,台北:故宫博物院,1981年,图版11。

观多隐占官、民田产,致使强者田多税少,弱者产去税存。百姓既受赋役不均之苦,政府的岁入也受到侵害。延祐经理的本意,是通过检核地方上田土占有的实况,理算租税数额,调整赋役负担。延祐元年冬,遣张驴等分道南赴,实施经理。"制江南东、西道及浙西道民先自实土田。"①河南的经理也差不多在同时开始。

由于地方上吏治的腐败,"经理考核多失其实","郡县并缘以厉民"②。"自实土田"于是在许多地方演变成收刮田产的暴政。有的地方发展到撤毁民庐,"夷墓扬骨",以虚张顷亩。这次经理的惨烈,"赣为甚,宁都又甚"③。故而不出半年,蔡五九就在宁都起兵反元,进围州城,烧四关;又转战福建;至延祐二年九月方在江浙、江西两省元军合剿下失败。为平抑腾沸的怨情,仁宗被迫下诏,凡在三省经理中查出的漏隐田土,免征地税三年。延祐五年届及期满,先诏河南新括民田,依向例减半课税;已而又宣布罢征该省区新括民田,只如旧例输税。江西部分地区,后来也因民众反抗而免课新税。

仁宗素以"安百姓"自命。延祐经理因激起民变而连连受挫,无疑会在一时间损伤他的自信心。然而蔡五九局促于南方的骚动,尚不足牵动当日朝政的全局。导致儒治退潮的原因,应当还要复杂得多。

爱育黎拔力八达执国命伊始,曾用厉行镇压的手段把武宗时当权集团的核心人物一网打尽。这在客观上为他实现自己的政治目标排除了一批宿敌。尽管如此,儒治仍然不可能在没有干扰的情形下

---

① 李存:《送李总管序》,《俟庵集》卷16。
② 危素:《余姚州经界图记》,《危太朴文集》续集卷1;黄溍:《倪渊墓志铭》,《黄金华集》卷32。
③ 刘岳申:《孙正臣墓志铭》,《申斋集》卷9。

推行。在成宗、武宗两朝受尽"惟和"政治之惠的权幸勋贵们,自然不甘于自己的既得利益随朝政的改变而受到损害。虽然他们已很难依靠本身的能量聚集起足够的影响力,却很快环绕在两个新近显贵起来的势要人物身边,组织成反对儒治的政治同盟。这两个新出现的势要人物,就是太后答己和她的亲信铁木迭儿。

答己出身弘吉剌氏,是武宗和仁宗的生母。武宗做皇帝前镇边近十年,答己一直由仁宗侍奉。无论是就情感还是威信而言,她对仁宗的影响力,比起对武宗来要大得多。成宗死后,武、仁兄弟夺得帝位继承权。答己曾欲以阴阳家言阻止武宗即位,招致后者的忌恨。所以武宗一朝,除了倚仗太后身份内降旨除官,她对朝政的干预权,总的说来很有限。但是仁宗继统后,答己凭"两开帝业"的身份和仁宗对她的顺从①,明显地在政治上活跃起来。武宗死后不出二十天,答己就抢先擢升云南行省左丞相铁木迭儿为中书右丞相,造成后来内外朝呼应,"相率为奸"的局面。

关于铁木迭儿的身世,我们所知无多。他很可能从宿卫世祖起家,大德间曾任同知宣徽院事。武宗即位初,他由宣徽使转任中书平章政事;未届年外调江西,复至云南。至大三年,发现他业已擅离职守赴都,却因答己出面干预得停止诘问,贷罪还任。答己当时正"盛年寡居"②。《元史·后妃传》称她"不事检饬,自正位东宫,淫恣益甚"。铁木迭儿私自入京,似即与答己有涉。武宗一死,她又迫不及待地把铁木迭儿重新调入中书省总揽大政。两人的关系,殊不寻常。

答己与铁木迭儿的勾搭,与儒家传统为太后角色所设定的"母仪

---

① 语见揭傒斯:《皇太后加尊号监修国史府贺表》,《揭傒斯集》卷6。
② 语见屠寄:《蒙兀儿史记》卷19《答己传》。

天下"的规范绝不相合,这本身已引起两人与朝中儒臣之间的潜在对立①。他们公然在朝政方面置皇帝意图于不顾而自行其是,因而为朝中反对儒治的各种人物所争相拥护。于是政治的分野逐渐明晰,以致"皇庆、延祐之世,每一政之谬,人必以为铁木迭儿所为"。而铁木迭儿所以能经常得手,则是因为他善施奸狡以"间谍两宫"②:站在他背后的,正是兴圣宫内的皇太后。

对太后通过铁木迭儿干政,仁宗虽然心怀不满,却只能间接地进行抵制。他的即位诏称:"命丞相铁木迭儿,平章政事完泽、李道复等从新拯治。"当日中书省,应该还有中书右丞相铁木儿不花、平章政事床兀儿等③。诏书突出东宫旧人完泽、李孟与铁木迭儿对举,显示出仁宗欲倚重他们与铁木迭儿相周旋的意图。但是,老于世故的李孟眼看局面险恶,不久就以归葬父母为由告假而去。皇庆元年底,李孟还朝后,坚决不肯再进中书,结果只做一个议事平章了事。仁宗担心权力失衡,遂于翌年初,由他的亲信柏帖木儿出面,向太后叩头力陈,硬是争得铁木迭儿"以病去职"④。延祐元年九月,铁木迭儿复为右

---

① 仁宗即位时,廷臣曾用皇太后旨,把登基仪式安排在答己旧居隆福宫。时法驾已陈,因儒臣劝阻,仁宗才临时改变主意,到大明殿举行大典。见《元史》卷175《张珪传》。据邵远平《元史类编》卷7,答己此意,系出于阴阳家言。惟未详此说之所从出。

② 《元史》卷175《张珪传》、卷33《文宗纪》。

③ 《元史》卷24《仁宗纪》一,至大四年三月。中华书局标点本此处点读似稍有误。或当读作:"以陕西行尚书省左丞兀伯都剌为中书右丞;昭文馆大学士察罕参知政事;中书平章政事、知枢密院事床兀儿,钦察亲军都指挥使脱火赤拔都儿,中书右丞相、知枢密院事铁木儿不花,录军国重事;知枢密院事也速,知枢密院事兼山东河北蒙古军都万户也先铁木儿,遥授左丞相;仁虞院使也儿吉〔尼〕,太子詹事月鲁铁木儿,并知枢密院事。"

④ 黄溍:《柏帖木儿家传》,《黄金华集》卷43。"以病去职"语见《元史》卷205《铁木迭儿传》。

丞相;同年冬,仁宗又强勉李孟接受中书平章职务。但后者好像仅仅以中书执政的地位主持了延祐二年春天的廷策进士,自后坚持以衰病不任事。仁宗出于无奈,乃起用御史中丞萧拜住为中书左丞,寻升平章政事,转而依靠他来牵制铁木迭儿①。

在两宫争夺中书政柄的过程中,仁宗一直稍居下风,表明在高层蒙古人中,他很缺少得力的支持者②。然而,无论如何,在延祐二三年前后,双方政治势力的对比,并未见有任何重大变化;而仁宗的儒治热情却在此前后明显蜕化。这就很难简单地用太后-铁木迭儿集团的掣肘与压力来解释。帝、后之间新的妥协背后,一定还存在着某种特殊的促成因素。

汉族的士大夫们从来倾向于把两宫妥协归因于仁宗的孝顺,奉承他"孝养顺承,惟恐不至",甚至还说他"视虞舜而不愧"③。这些赞诩仁宗"惟恐不至"的人们,恰恰忘记了帝舜在历史传说中尤以身后不传子而著名。而仁宗自即位之始,就蓄意改变叔侄相继的前约,要把皇位传给自己的儿子。为了实现这个难言的隐衷,他需要答己集团的支持。延祐儒治的退潮以及仁宗本人在位最后几年里的心情低落和精神萎靡,就是他为这个妥协而付出的代价。

---

① 延祐四年夏,"帝尝夜坐,谓侍臣曰:'雨旸不时,奈何?'萧拜住对曰:'宰相之过也。'帝曰:'卿不在中书耶?'拜住惶愧"。这段对话反映出仁宗对铁木迭儿深自不满又无可奈何,同时也对萧拜住等人抗争不力颇为失望的复杂心性。见《元史》卷26《仁宗纪》三。
② 铁木迭儿两次罢相,仁宗都不顾丞相必用蒙古勋臣的故事,以回回人合散取代之。他还曾打算加意擢拔他信任的月鲁帖木儿,希望尽快增加他的资望,好用他接替年事已高的合散。这表明能使仁宗感觉得心应手的高层蒙古人并不多。见危素:《月鲁帖木儿行状》,《危太朴文集》续集卷7。
③ 苏天爵:《高昉神道碑》,《滋溪文稿》卷11;许有壬:《庆云赋》,《至正集》卷1。

四

仁宗身后的皇位继承问题,本来早在他的兄长海山即位时,就已有过约定。

1307年,元成宗病死。时皇太子先已不在世。成宗后卜鲁罕欲援安西王阿难答辅政,临朝称制。皇侄爱育黎拔力八达在官僚中枢支持下"入造内庭",抢在卜鲁罕行动之先发难,控制京师局势。

在爱育黎拔力八达"廓清宫阙"时,镇边于岭北的海山一直屯军和林,注视着大都动向。他在真金嫡孙中次序居长,又统兵朔漠近十年,拥有强大的军事后盾,对皇位志在必得。面临海山的武力威慑,爱育黎拔力八达只得虚君位以待兄至。在达成"兄弟叔侄,世世相承"的约定后,海山先受推戴为帝,是即武宗①。

海山即位翌月,就按约定封爱育黎拔力八达为皇太子。当时有人向他揭发李孟"尝劝皇弟以自取",武宗的表面反应是"弗听"。但爱育黎拔力八达在兄长面前依然许久"不敢复言孟"②。挫败卜鲁罕时曾起过关键作用的哈剌哈孙,在武宗登位后留任中书右丞相仅两

---

① 《元史》卷138《康里脱脱传》。关于兄弟叔侄间的传位约定,达尔德斯认为当时并没有定论。"可能此事悬而未决,尚有待于未来的某次宗王大会来定夺。只有海山集团的人才明确地声称,根据1307年协议,应由海山的一个儿子继承爱育黎拔力八达的皇位。"见《征服者与儒家》,页18。按,今存史料明确提到这个约定的,只有康里脱脱此语。而与之对立的三宝奴,则担心日后叔侄相授的承诺可能落空。从后者口气判断,当时应曾达成过这样的约定。柏帖木儿绝不是"海山集团的人"。但从他劝仁宗先传兄子的话中(详下),亦可以看出康里脱脱所言绝非无据。关于成宗死后的汗位争夺,见萧功秦:《论元代皇位继承问题》,《元史及北方民族史研究集刊》第7辑,1983年;周良霄:《蒙古选汗仪制与元朝皇位继承问题》,《元史论丛》第3辑,北京:中华书局,1986年。
② 《元史》卷175《李孟传》。

阅月，遂因有人施谗而改调和林。史料没有提及他受谗的具体内容，却很可能也与他和爱育黎拔力八达之间关系过分密切有关。可见皇位问题一直是两兄弟关系中的一个敏感点。至大三年，武宗的亲信三宝奴召集高级官僚，建议改封武宗子和世㻋为皇太子。他提出的理由是："今日兄已授弟，后日叔当授侄。能保之乎？"因为与会者主张不一，议遂止①。不久武宗病重，三宝奴矫诏妄赦天下②。爱育黎拔力八达对这一系列情形必定很警觉。他所以要趁武宗尸骨未寒，就对三宝奴等人大加诛讨，真正的原因，恐怕还是重施四年前先发制人的手段，防止三宝奴等人抢先矫称受遗诏改储，白白地丢掉皇位。

以皇弟身份位居潜邸的四年艰险，显然给爱育黎拔力八达留下极深刻的刺激③。倘使不趁自己在位时改变先前的约定，那么他的儿子重获皇位的可能性几乎就不再存在。这种关注从一开始就贯穿在他的诸多政治安排中。他即位不久，元廷置隆镇万户府守居庸关。未久又一改宗王镇边的旧例，以驸马丑汉出总北军。这些措施，无疑含有事先防范漠北镇边宗王依恃武力染指皇位的用心。几个月以后，"敕皇子硕德八剌置四宿卫"，实际上是向天下暗示自己欲立硕德八剌为皇储的意图，借以刺探舆情。

延祐二年十一月，仁宗迭经犹疑之后，终于下决心采取行动，封武宗长子和世㻋为周王，复于次年三月置周王常侍府，胁迫和世㻋偕

---

① 《元史》卷138《康里脱脱传》。
② 至大四年正月朔，以武宗不豫，免朝贺，大赦天下。赦免的范围，包括谋反、大逆、杀祖父母及父母等十恶在内。十恶之罪，"自世祖皇帝时分，不拣那个赦里不曾放来"。故仁宗即位前一日，应中书省臣奏闻，下制收回成命，"命毋赦十恶、大逆等罪"（《元典章》卷3，"圣政·需恩宥"引至大四年三月十七日中书省奏）。又据虞集《张珪墓志铭》，"三宝奴矫诏赦天下，赦常赦之所不赦者"。见《道园学古录》卷18。
③ 参见杨金荣：《潜邸侍臣与仁宗朝政治》，南京大学硕士学位论文（打印本），南京，1990年。

常侍府之云南就藩。

遣周王西行的行动,在当时人心目里,被非常确凿地与剥夺他的帝位继承权一事相联系。黄溍《柏帖木儿家传》写道:"明宗(按指和世㻋)之西行也,兴圣诸臣定谋禁中。王(指柏帖木儿)默言于仁宗曰:'兄弟揖让,古所罕见。既尽美于前矣。今议传次,倘先兄而后己,庶全圣德。于以正前人之绪,绝他日之虞。惟陛下察之。'时虽不用其言,而朝野服其鲠直。"①

和世㻋离开大都前,发生了一件争夺世祖遗传的御铠的故事。据高丽文人李谷记延祐年间任元朝利器库使的同胞韩永事迹说:"时明宗即封于周。将行,请细甲于仁宗,上命给之。江浙省丞相答失蛮时为武备卿,抵寺欲取镇库者。公(按指韩永)曰:'卿不闻乎,世祖赐以尚衣御铠,若曰以此镇武库。后世嗣圣,或乘戎辂者服之;否则秘藏,世以宝守。寺官相传,奉之惟谨。'卿曰:'吾将取观耳,无他也。'及见,即持走。公大叫:'卿违制!'奔及而手夺之,仅得兜牟。卿复来夺,公曰:'我头可得,此不可得也。'乃抱之哭。卿无如之何,止以铠上王邸。后数月,仁宗命取是铠。主者以实对。上怒,置卿极刑。"②世祖的御铠,被争夺的双方看作"嗣圣"身份的标志。和世㻋想夺走这件御铠,自然有明确的意图。这件事同时也表明,他在朝中不乏同情者。

周王出京前向仁宗陛辞。只是在柏帖木儿的一再劝谏下,方才获得"留燕钱而后行"的待遇③。他行至陕西,利用关中驻军发动兵变,分军攻潼关、河中。寻以内部不和退师,"盘桓屯难,草行露宿",

---

① 《黄金华集》卷43。
② 李谷:《韩永行状》,《稼亭文集》卷12。
③ 黄溍:《柏帖木儿家传》,《黄金华集》卷43。

往投察合台后王①。

陕甘兵变的余烬刚止熄,仁宗就急忙立硕德八剌为皇太子,并于延祐四年闰正月布告天下。他的心愿,现在算是了却了一大半。

今存汉文记载,大多为仁宗讳,而把和世㻋被迫离京、硕德八剌被立为皇太子的事归因于答己集团,或云"兴圣诸臣定谋禁中",或云"丞相铁木迭儿欲固位取宠,乃议立英宗"。这件事确实需要由太后和铁木迭儿的强有力支持才能实现②。但是仁宗本人的态度,仍然在中间起了重要的作用。他的政治角色,从这时起就变得愈发混乱起来。

在帝后矛盾缓和的同时,省台冲突趋于激烈。延祐四年六月,内外监察御史四十余人,联名参劾右丞相铁木迭儿受贿、亵职、占夺田产等事。仁宗闻奏,震怒于宫廷,"击碎太师印,散诸左右"③。铁木迭儿走匿太后近侍家中。仁宗为此不乐者数日。但他暴怒之后,仍屈服于答己压力,仅将铁木迭儿罢相了事。一个月后,李孟虚挂的中书平章政事的职衔也被罢去。而铁木迭儿家居不逾年,又起为太子太师。可见最高统治层内部一旦妥协,以台臣为代表的朝廷舆情,即使再有声势,也难以真正起到匡救时弊的作用。

仁宗与其他元朝皇帝一样,性好饮酒④,也有点迷信⑤。被迫与

---

① 许有壬:《晋宁忠襄王碑序》,《至正集》卷34。按,当时甘肃行省亦有"叛党"响应,见吴澄:《伯都高神道碑》,《吴文正公集》卷64。
② 《元史·英宗纪》谓仁宗立储时,硕德八剌以"宜立兄"为由,曾"入谒太后固辞",太后不许。屠寄认为英宗所谓"兄",系指安王兀都不花。惟兀都不花实非硕德八剌之"兄",而为其弟。是"兄"应指和世㻋。答己因"明宗少时有英气,而英宗稍柔懦",故属意于硕德八剌。见《元史》卷116《答己传》。
③ 危素:《月鲁帖木儿行状》,《危太朴文集》续集卷7。
④ 仁宗在东宫时,萧𣂏曾上《酒诰》以进。"盖当时近习多侍上燕饮,故公首以是训陈也。"见苏天爵:《萧𣂏墓志铭》,《滋溪文稿》卷8。
⑤ 仁宗生于鸡年。故"延祐间都城有禁,不许倒提鸡,犯者有罪。"见杨瑀:《山居新话》。

太后集团的妥协更加剧了他内心的矛盾。他似乎变得有些乖戾多疑。哈剌契丹人回会,"尝朝仁宗皇帝别殿。见近臣疾趋出。公徐入。至,上色殊不怡。左右无一存者。公退拱立。上默然以手命公辟户。久之,复手命阖户。又久之,命公取某物,敬奉以前。公出,左右入。翌日,平章萧拜住入朝。上告曰:'朕端居深念,忧形于色。左右望之走,独回会色不变。彼望走者内愧于心者也。回会自信无愧,朕亦信之。'"①仁宗对近臣的猜忌之心或属无据,但"端居深念,忧形于色"确实是这个被焦虑所深刻折磨的蒙古皇帝发自内心的自白。

由于这种心态的发展,他在晚年颇倦于政事,关心硕德八剌的顺利继统甚乎其他一切。延祐六年六月,以至大年间曾隶于他本人的东宫卫军左卫率府(后改中翊府,又改御临亲军、羽林亲军)万人隶皇太子。甫逾月,复以者连怯耶儿(译言"黄羊川")万户府等军人组成的右卫率府隶东宫位下。八月、十一月,分别以授皇太子玉册郊祀,诏告天下。年底,更命皇太子参决国政。大约在此前后,仁宗还向左右放出空气说:"朕闻前代皆有太上皇之号。今皇太子且长,可居大位。朕欲为太上皇,与若等游观西山,以终天年。不亦善乎!"②他深恐硕德八剌在自己身后不能平稳地继承帝位,所以甚至想在生前就提早看到这一天。

延祐六年一连串加强皇太子地位的措施,似乎表明仁宗已经意识到自己的大数在即。次年正月,他果然离开了人世,时年36岁。

元仁宗虽然死了,但是作为元代中叶的一个完整历史阶段,由他开始的"儒治"时期,还需要包括他的儿子、英宗硕德八剌在位的四年

---

① 刘岳申:《回会墓志铭》,《申斋集》卷8。按,此事在萧拜住擢升平章政事,即延祐三年六月后。
② 危素:《月鲁帖木儿行状》,《危太朴文集》续集卷7。

才告一段落①。因此，本文还须对这后来的四年略事讨论。

五

英宗执政时，刚刚十八岁。他虽然接受过比较多的儒学教育，却是元代仅有的在登位前没有经过任何困厄磨砺的皇帝。他想大有为于天下，主观条件并不很有利，客观上的障碍也相当大。仁宗一死，答己便以太皇太后之尊故伎重演，制出中宫，发表铁木迭儿为右丞相。铁木迭儿复相后，对从前弹劾或反对过他的人"睚眦必报"。英宗登位时，仁宗留下来的"儒治"派中坚早已遭受了一番大清洗；幸免于难的人，也都钳口摇手，不敢再多说话。答己和铁木迭儿又把一批私党从外省调进中书省。与仁宗临朝之初的政治气候相比，英宗面临的局势还要严峻得多。

但是英宗本人对这一点好像不很在乎，惟急于逞快一时。登极伊始，他就重新规定吏员秩止从七品，命京师势家与民同役，课郡县回回户包银；还有一大批官署被压低品秩，甚至被撤罢。他与答己的关系也很快显露出紧张的端倪。延祐七年三月，即位典礼后第二天，太皇太后受百官朝贺于兴圣宫，"英宗即毅然见于色"。答己见状，马上就后悔拥立他为皇帝②。五月，答己的"嬖幸"亦列失八（桑哥党羽要束木妻）与私党失列门、黑驴（亦列失八子）以及刚被罢职的左丞相阿散等人谋废帝另立案发。英宗意识到此事应与太皇太后有涉，

---

① 孙克宽称仁宗在位时期为元代的"二期儒治"。其时间范围甚应当将英宗在位的此后四年也包括其内。见《江南访贤与延祐儒治》，载《元代汉文化之活动》，台北：台湾中华书局，1968 年。
② 《元史》卷 116《答己传》。

遂不待鞫状而悉诛之。两个月以后,他将可能被答己用来取代自己的皇弟,即安王兀都不花降封为顺阳王。不久又为彻底断绝后患,竟不惜骨肉相残,处死了兀都不花。之后整整两年,英宗受困于政出多门的窘境,差不多注定要与从前那些被太后临朝或权臣柄国所钳制的青年皇帝一样无可作为了。

转机恰巧就在此时突然出现:至治二年(1322年)八九月间,铁木迭儿和答己相继死去。英宗顿时如释重负。至治"新政"于是挟风行雷厉之势推展开来。延祐年间后劲不足的"儒治",一时间呈现出再度振作的乐观局面。

但是,事实上新政维持还不到一年,就以英宗被自己的亲信大臣弑杀而中断。这个蒙古皇帝,被儒家文人们说成"兆民至今而永怀"的明君①。马祖常在元末鉴赏英宗御墨,依然不胜惆怅地慨叹:"河汉昭回光气在,凄凉空抱小臣弓。"②而在当时的蒙古上层集团里,除了丞相拜住的"孤忠",他却几乎落到"孑然宫中"的地步③。真是一个充满悲剧性的人物!

对至治期间这一番起伏陡然的波折,已经有学者从元廷中主张汉法和坚持蒙古-回回法的两大派政治势力之间对立冲突的角度作过很精彩的论述④。本文要补充的是,从事态发展的具体过程来看,英宗的失败与他个人性格上的缺陷,也有很密切的关系。

可能是因为长期受太皇太后的压抑,他比在他之前的任何一个元朝皇帝都更热衷于表现天子威严。史称"英宗临朝,威严若神。廷

---

① 谢端:《进实录表》,《国朝文类》卷16。
② 马祖常:《功德使三旦八藏英宗皇帝所赐御书……》,《石田集》卷4。
③ 张养浩:《拜东平王拜住丞相画像》,《归田类稿》卷20;许有壬:《纠锁南疏》,《至正集》卷76。
④ 萧功秦:《英宗新政与"南坡之变"》,《元史论丛》第2辑,北京:中华书局,1983年。

臣懔懔畏惧"①;"禁卫周密,非元勋贵戚不得入见"②。在"威严若神"的表象下处处受制于人,又反过来增加了英宗的心理挫折,所以当日朝中"大臣动遭谴责"③。对诸王及其所部的赏赉岁给,也以国用不足为由而一度停颁。这种情况,与草原大汗和他的"伴当""倚纳"之间带有浓烈个人色彩的相互关系差别极远,尤其使他的同族感觉疏远和隔膜④。

英宗经常酗酒,甚至乘醉杀人。宫廷艺人史骡儿,"至治间蒙上爱幸。上使酒纵威福,无敢谏者。一日御紫檀殿饮,命骡弦而歌之。骡以'殿前欢'曲应制,有'酒神仙'之句。怒叱左右杀之。后问骡,不在。悔曰:'骡以酒讽我也'"⑤。延祐七年,以台臣谏修寿安山佛寺,杀二人、远徙二人,造成轰动朝野的"至治四御史"之冤⑥。很可能这也是他在狂怒不克自己的情形下做出来的事。

元廷的尚佛在英宗朝亦有所发展。延祐七年十一月,即位未满一年的英宗诏"各郡建帝师八思巴殿,其制视孔子庙有加"。是为全国范围大规模营建帝师寺之始⑦。次年五月"毁上都回回寺,以其地

---

① 苏天爵:《董守简墓志铭》,《滋溪文稿》卷12。
② 黄溍:《拔实神道碑》,《黄金华集》卷25。
③ 黄溍:《答失蛮神道碑》,《黄金华集》卷24。
④ 当时铁木迭儿以私怨杀大臣,多以"便服迎诏""不敬"等以为口实,自然是在有意投合英宗脆弱的自尊心理。元与高丽的关系这时颇有波折,似乎亦与英宗偏执自大的个性有关。已退位闲居于大都的高丽忠宣王,结怨于高丽族出身的仁宗宦官伯颜秃古思。后者乘英宗新临朝,"厚啗八[里]吉思,百计诬潜。英宗不之察,以学佛为名窜之吐蕃"。高丽在位国王也为其从兄所潜,被拘收国王印,留朝三年不予遣返。谗诉中最有效力的一条,是王尝手裂天子敕书。可见罔上不敬,确实最能挑起英宗的心火。见《高丽史》卷91《沈王暠传》;李齐贤:《高丽忠宪王世家》,《益斋乱稿》卷9上。
⑤ 王逢:《史骡儿引》,《梧溪集》卷4。
⑥ 吴师道:《至治四御史诗》,《吴正传集》卷1。
⑦ 吴澄《杭州路帝师殿碑》云:"仁宗皇帝命天下各省各路起立帝师寺,以示 (转下页)

营帝师殿"。这件事更明显带有公开压制回回人的政治色彩。英宗朝一再颁布的罢建寺之费一类诏令,实际上首先就被他本人热衷营造的行为所破坏。当时社会已出现"民劳役巨"的迹象①。

延祐七年还有一件事值得注意。七月,"回回太医进药曰打里牙,给钞十五万贯"。按波斯语 taryāk(tiryāk)译言牛黄石、解毒剂,或者鸦片。元代回回药方中应已有以鸦片入方剂者。打里牙在这里是否指鸦片?如果确是鸦片,那么除了入药之用,元廷内是否已有吸食鸦片的风气?对这一点尚有深考的意义②。

至治二年答己、铁木迭儿之死,对英宗确实是一个难得的时机。假如他不是那样偏执,那样狂躁,也许他可以对业已陷入涣散状态的太后余党先示宽恩,用释其疑,然后再找寻合适的机会各个击破。英宗非但没有这样做,反而自以为对立面已经完全瓦解,竟毫无节制地把郁积了几年的愤懑一齐发泄出来。太后一死,他就下令罢"徽政院断事官、江淮财赋之属六十余署"③。由于此举被迫赋闲而仇视当局者,不知几许人也。与此同时,一两年前案发但不克上闻的"诳取官

(接上页)褒崇。今上嗣服,再颁特旨。"见《吴文正公集》卷 26。是则诏令最早颁布于仁宗朝。据李齐贤《高丽忠宪王世家》,此议起于延祐初一个"鲜卑僧"(当指西夏僧人)的建言。惟元人中亦有将此事系于英宗的。可以认为,大规模地在各地修帝师殿、寺,实始于英宗朝。见刘赓:《重修帝师殿记》,《惟实集》卷 2。

① 吴师道:《至治四御史诗》,《吴正传集》卷 1。
② 《元史》卷 27《英宗纪》一。补记:本文写作时,我只检阅了斯坦嘎斯的《波英字典》,所以当时关于"打里牙"的知识仅此而已。近检 R. P. Matthee 著《追寻愉悦:1500—1900 年间伊朗毒品和兴奋剂的历史》(普林斯顿,2005 年),乃知打里牙(希腊语作 theriak)在当日既译言解毒蛇药,同时也确有可能被当作解忧的毒品使用。它在《回回药方》里著录为"答儿牙吉",指"专治毒蛇所伤、风(按,同"疯"字)狗咬伤"的药。《追寻愉悦》转述了爱尔森在《蒙古时代欧亚地区的文化与征服》(剑桥大学出版社,2001 年)一书对《元史·英宗纪》内这条史料的引用(按,这条补记写于作者将此文编入本书时)。
③ 《元史》卷 175《张珪传》。

币"案又被提了出来,其所惩治的对象更直接涉及太后集团的核心人物。

所谓"诳取官币"案的缘起,是浙民吴机(一作吴机孙)自谓宋高宗吴皇后为其族祖姑,愿以祖传的旧赐浙西汤沐田献朝。司徒刘夔上其事,又与铁木迭儿、铁失等串通,奏赐官币十二万五千锭偿其值,得逞后将这笔巨款暗中瓜分。待朝廷命专人"驰驿至浙西疆其田,则皆编户恒产。连数十万户,户有田皆当夺入官。浙西大骇"①。"新政"时复鞫此案,以田归原主;刘夔、囊加台坐死。因为铁木迭儿已不在世,遂仆其父祖碑,追夺其官爵、封赠制书;其子、宣政院使八里吉思似与案情没有直接牵连,也被处死②。他的另一个儿子锁南则被黜职。惟铁失得免于追究。

铁失的妹妹是英宗皇后,所以他被时人认为与英宗"情过骨肉"。这是屠寄的一项重要发现③。因为只有这一事实,才能解释为什么铁失会像木华黎后人拜住一样,成为英宗最深信不疑的两个蒙古人之一。答己死后,英宗以拜住为中书右丞相,虚左丞相之位不授,表示对他信任之专。而后又以铁失独署御史大夫事,用意与专任拜住同。拜住兼领左、右钦察卫和宗仁卫事,铁失则兼领左、右阿速卫和忠翊卫事。军政权力这样高度集中,隐约反映出英宗身边堪受信用的蒙古人为数极少。这两个人,一个与英宗同样歆慕儒学,但迂阔而不谙

---

① 刘基:《宋文瓒政绩记》,《诚意伯文集》卷6。
② 按,八里吉思之名见于黄溍《拜住神道碑》(《黄金华集》卷24)。《元史·拜住传》作八剌吉思。此名在《元史·英宗纪》里多误写作八思吉思。
③ 屠寄:《蒙兀儿史记》卷122《铁失传》。其所据,为许有壬《恶党论罪疏》。疏中说:"如帖实(按即铁失)者,身为台端,兼领数职;妹为君配,已正位次。先帝(指英宗)待之,情过骨肉。"见《至正集》卷76。

世情;另一个虽然"妹为君配",却同时又是权相铁木迭儿的"义子"①,实际上是答己集团的一名核心成员。英宗曾因担心皇位不稳而杀死了自己的弟弟。但他居然又迷信裙带关系而对铁失毫无戒心,真有点令人惊讶。

铁失虽然事涉诳取官币案,但并没有因此而立即失宠。他独署御史大夫事,就发表在结案的两个月后。危机的高潮看来已经过去。可是形势在紧接着的几十天里又发生了新的转折。由于拜住等人把铁木迭儿的"过恶"一再陈述,英宗对这个死去已近一年的权臣的憎恶,竟会发展到不能自抑的程度。他决定再次整肃铁木迭儿的"奸党"。现在已很难知悉,铁失是否真被列入了即将受惩治的朝臣名单中。但是英宗喜怒无常的性格特点,肯定使铁失即使身为他的妻舅,仍感到安危莫测。至治三年八月,英宗从上都返回大都,途中驻跸南坡。铁失终于下决心孤注一掷,以所领阿速卫宿卫亲军为外应,先杀拜住,再入行幄刺杀英宗。

"回首桥山泪成血。"英宗已经沿着挟忿用刑的轨道滑得过远,乃至招致杀身之祸。仁宗开始的儒治,也就随英宗之死而戛然中止。

六

仁、英二朝的儒治,给元代政治留下若干不容忽视的成果。用驸马、疏族总兵朔漠,朝着割断镇北宗王与嗣君地位的传统联系走出一大步,因而开始削弱草原势力干预皇位继承和君权的压力。仁宗时编就、英宗朝颁定的《大元通制》,是元朝第一部具有法典性质的行

---

① 《元史》卷175《张珪传》。

政、刑事、民事等法规总集。科举制的推行则赋予这个王朝更多的正统性。理学也从那时起成为官方意识形态。元成宗以来官僚机构大幅度膨胀和升格的趋势有所抑制。御史台督察朝政的功能在儒治风气激发下显著加强。延祐经理的结果和英宗的"助役法"①,也在部分地区发生一定效率。

我们已经看到,围绕儒治问题反复较量的双方,都不只是抽象地代表了某种政治理念而活动着的角色符号,却是同时夹缠着各自活生生的私欲、情感体验或性格特征等个人因素,一齐卷入当日纷争中去的。所有这些个人因素都很具体地影响到有关过程的各个细节;但对较长时段的演变趋势来说,它们又往往不具有决定性的意义。仁宗必须向太后集团妥协,才有可能实现自己的私念;英宗在反对派的两大头目死后仍夭折于危机的余波。在他们徇情退让或一意孤行的个人抉择背后,还有一个更基本的因素在支配着当时的形势发展:仅仅依靠儒治派所动员的儒家政治资源,尚不足以按其预期程度来改变当日制度体系及权力结构各部分之间的既有制衡关系。

元朝自1270年代后,始终以"大元""大蒙古国"的汉、蒙双重国号并用。列帝的纪年和庙号,也都是汉式、蒙古式两种规格并列行用②。怯薛不予官阶,而与宿卫亲军各司所守。这样两套符号体系长时期并行不衰,揭示出一个很重要的事实:大汗在他的蒙古同族中的角色,与他君临于汉族臣民的皇帝角色判然有别。大汗依草原旧

---

① 即在地方上划出一部分田亩,以其岁入作为应役人户的补贴。苏湖地区凡民田百亩,令以三亩入官,为受役者之助。有的史料说助役田比例为"亩什抽一",似乎太高,不很可信。见《元史》卷185《干文传传》;郑元祐:《元童遗爱碑》,《侨吴集》卷11。
② 蔡美彪:《明代蒙古与大元国号》,《南开大学学报》1992年第1期。

制约束诸王、那颜的权威,远不如汉法中的专制君主那样大①。元朝制度体系中"大汗-皇帝"的双重角色结构,使元政权与金、清等北族王朝相比,带有更多的贵族制色彩。尽管蒙古上层长期受汉文化影响而有"仁渐义摩"的可能性②,他们对专制君主官僚制的感知和接受仍很难与儒家传统相契合。

然而,体现在儒治时期诸多政令里的一个重要意图,正是用儒家的君臣名分去重新规范大汗和蒙古上层的相互关系。仁宗和英宗都没有亲劳鞍马的业绩,又不屑讲求"惟和"来加强自身及其政治主张的合法性与上层集团内部的认同感③。在这种情势下,儒家政治作为一种纯粹的外来资源,就很难在改塑蒙古内部关系方面取得多少实效。元仁宗因为别有所求,后来退到"待宗戚勋旧,始终以礼"的立场,从而避免了政治上的大变故。英宗锐气过盛,终于把差不多全部"迤南诸王大臣"都逼到与自己相对立的一边。《元史·英宗纪》开列出一长串参与南坡之变的宗王及高级官僚名单。《元史·泰定纪》更明确地说,当日"宗戚之中,能自拔逆党、尽忠朝廷者,惟有买奴"。因此,即使没有铁失弑宫的突发事件,对"新政"的结局恐怕也不容有太多的乐观。

(本文原载《内陆亚洲历史文化研究:韩儒林先生纪念文集》,南京:南京大学出版社,1996年)

---

① E. Endicott-West:《论元代君权》,《哈佛亚洲研究集刊》第 46 卷第 2 期(1986 年)。
② 语见前引欧阳玄:《曲阜重修宣圣庙碑》。
③ 英宗时诸王中的受封人数大大少于仁宗朝,也是他对宗戚刻薄少恩的一个例证。见野口周一:《元后期王号授与考》,《史学》卷 56(1986 年)。

金末元初理学在北方的传播

理学最早起源于宋代北方。随着宋政权的南徙,它也流传到南方,并在那里逐渐发展起来;而在金统治下的北方,似乎反而湮没无闻了。1235年,蒙古在攻宋战争中俘获宋儒赵复,携之北归。一般认为,理学在北方重新流传,即始自赵复北上。郝经曾经对赵复说:"靖康之乱,吾道遂南矣。……近岁以来,吴楚巴蜀之儒与其书浸淫而北。至于秦雍,复入于伊洛,泛入三晋齐鲁,遂至燕云辽海之间。……其倡明指示、心传口授则自先生始。呜呼!先生之有功于吾道德、于北方学者,抑何厚耶。"①《元史》更截然断言:"北方知有程朱之学,自复始。"②

实际上,说赵复以前北方对程朱理学懵然未知,并不符合史实③。但就理学在华北传播的规模而言,1235年前后,则确实有明显的不同,因而又不能同日而语。所以,我们恰好可以1235年为界,把理学从金末到元灭南宋之前在北方地区的传播,分为两个阶段。这就是本文准备阐述的主要观点。

---

① 郝经:《与汉上赵先生论性书》,《陵川集》卷24。
② 《元史》卷189《赵复传》。
③ 安部健夫和陈高华都曾经提到这一点。参见安部:《元代的知识人与科举》,《史林》第49卷第6期(1959年11月);陈高华:《理学在元代的传播和元末红巾军对理学的冲击》,《文史哲》1976年第2期。

一

周程之学虽然随着大批汉族知识分子南徙,但是在它产生并且一度流传过的北方,不可能因此而绝迹,这是容易理解的。仔细搜检史料,可以找到不少证据。

根据《宋元学案》,金朝末年,在北方的程颐续传弟子,有刘肃、张特立、李简等人①。

泽州(治今山西晋城)儒学出自程颢亲授。"初,泽俗淳朴,民不知学。至宋治平(1064—1067年)中,明道程先生为晋城三年,诸乡皆立校。暇时亲至,为正儿童所读书句读。择其秀异者,为置学舍、粮具而亲教之。去邑才十余年,服儒服者已数百人。由是尽宋与金,泽恒号称多士。"②泽州的"先生之传"似乎一直没有断绝。金泰和(1201—1208年)中,泽人李俊民"得先生之传,又得邵氏皇极之学,廷试冠多士,退而不仕,教授乡曲,故先生之学复盛"③。从这段话来看,泽州懂得明道先生学说的,当不止李俊民等个别人物。正大(1224—1231年)年间以"布衣少年,名动京师"的王郁,因为不满意科试时文,"尝欲著书推明孔氏之心学",以为"取韩柳之辞、程张之理合而为一,方尽天下之妙"。1232年,王郁从重围之中的开封出奔,不久被杀④。他信从程张学说,自然是在金亡之前。

此外,金亡前已在北方传习伊洛之学的,还有刘祁的父亲刘从

---

① 《宋元学案》卷16,"伊川学案"下。
② 刘因:《段直墓碑铭》,《静修集》卷16。按,程颢曾任晋城令,见《宋史》本传。
③ 郝经:《宋两先生祠堂记》,《陵川集》卷27;《元史》卷158《李俊民传》。
④ 刘祁:《归潜志》卷3,"王郁"条。

益①、王遵古②、王恂之父王良③等，兹不赘举。

朱熹的学说，虽然到宋末方才得到朝廷一定程度的承认，但几乎与此同时，它也已流入北方。许有壬说："理学至宋始明，宋季得朱子而大明。前辈言，天限南北时，宋行人箧四书至金。一朝士得之，时出论说。闻者叹竦，谓其学问超诣。"④这里说的"四书"，无疑是指朱熹的《四书集注》。

大致与耶律楚材同时的李屏山，著有《鸣道集说》，指斥出自"江左道学"之手的《鸣道集》"涉猎佛老，肤浅一二"。《佛祖历代通载》卷20摘录了屏山书中的十九篇文字。其所攻评，除北宋二程外，还包括南宋的朱熹、杨时中等人。耶律楚材为李屏山作序，谓"昔余尝见《鸣道集》，甚不平之。欲为书纠其芜谬而未暇。岂意屏山先生先我著鞭，遂为序引，以针江左书生膏肓之病焉。中原学士大夫有斯病者，亦可发药矣"⑤。耶律楚材这篇序作于1234年，时李屏山已死。足见他们此前至少已经略知朱子道学，而且"中原学士大夫"中传研二程、朱子之学的，当亦不乏其人。

这里再举两个例子。金宣宗时，陈奕随从兄安平在军中。安平辟太原王渥为经历，奕得师友之。"仲泽（王渥字）爱其有可进之资，示之新安朱氏小学书，使知践履之实。"陈奕是蒙金战争中金军仅胜之役即大昌原之战的前锋，以小字陈和尚知名。1232年钧州陷，奕诣蒙古军牙帐，大骂不止，受刑而死。时人有"中国百余年，唯养得一陈

---

① 王恽：《浑源刘氏世德碑铭序》，《秋涧集》卷57。
② 元好问：《王庭筠墓碑》，《遗山集》卷16。
③ 《元史》卷164《王恂传》。
④ 许有壬：《性理一贯集序》，《至正集》卷33；同氏：《雪斋书院记》，《圭塘小稿》卷6。
⑤ 耶律楚材：《鸣道集说序》，《湛然居士集》卷14。《佛祖历代通载》卷20也著录此序，但文字颇多不同。

和尚耳"之许①。他以身殉职,真正实行了所谓"践履"之学。

济州(治今山东济宁)人徐之纲,金末曾"以河南二程,江南朱、张、胡、蔡为根柢,穷《春秋》《易》二经"。1238年,蒙古政权在北方举行戊戌选试,徐之纲"以明经选益都"②。

由上所述可知,1235年以前,流传在北方的理学,主要是二程学说的残支余脉;同时偶尔也有朱熹之学零星北传。但是,即使在北宋,周程学说"废弃于绍圣(1094—1098年),禁锢于崇宁(1102—1106年)"③,屡遭贬斥,远远没有取得学术界的统治地位;至金源代宋,它在中原故土的流风遗俗对传统儒学的影响就更加微不足道了。当时人自己说,"举业移素习"④。金朝继承唐、宋旧制,主要以诗赋、明经科士。因此士风所尚,还是汉代以来传统经学的注疏记诵,"唯知蹈袭前人,不敢谁何"⑤;更多的人则潜心于词章声律。在对理学略知一二的少数士人中间,大部分仍对它抱怀疑态度⑥。一些人奇其"学问超诣",然而未必皆信从之。能有机会接触理学,而且肯弃去科试程文之业转而信奉它的,只能是其中很少数的人们。因此,理学在北方长期处于自生自灭的状态。除了个别地区,它没有合适的传授环境,更谈不上建立后来那种明确的师承授受体系了。

在当时较有社会地位的北方士大夫阶层中,理学亦招来相当的反对。在他们中间,"三教同源"的观点十分流行,佛学影响尤其明显。禅宗高僧万松长老几乎成了北方的文士领袖。耶律楚材曾宣

---

① 元好问:《陈良佐碑》,《遗山集》卷27;《金史》卷123《完颜陈和尚传》。
② 袁桷:《徐之纲墓志铭》,《清容居士集》卷29。
③ 苏天爵:《刘因墓表》,《滋溪文稿》卷8。
④ 王恽:《论科举事宜状》,《秋涧集》卷89。
⑤ 参见《归潜志》卷3,"王郁"条。
⑥ 袁桷:《徐之纲墓志铭》,《清容居士集》卷29。

称:"以吾夫子之道治天下,以吾佛之教治一心,天下之能事毕矣。"① 这本来应当是使他们能与程朱理学互相贯通的便利思想基础。然而奇怪的是,即使其中对伊洛之学较为温和的赵秉文、王若虚等人,态度也始终颇为保守。可能有两方面的原因促成了这种情况。一方面是理学传播的深度和广度都还不够,另一方面,可能是程朱对释氏逃避君臣父子之教、伦理纲常约束的批判引起了出入于儒、释二门之间的北方士大夫的嫉恨。《佛祖历代通载》说,《鸣道集》"起斗诤之端"。从它摘录的《鸣道集说》片段来看,李屏山主要是反驳理学家们对释教的攻击,并进而指责他们剽窃佛老,又"幡然为反噬之说"②。他特别崇尚释氏,以为"学至于佛则无可学者",主张从佛学中寻求儒家学说的精微之意。这种过激观点,遭到儒士们的反对,但是他对理学的批评却引起不少人的赞同和共鸣。李屏山被时人目为"当世龙门"③"中原豪杰"④。他对程朱理学的态度,既影响了一代士风,同时也是具有相当的代表性的。

二

1235年,宋城德安(今湖北安陆)被阔出太子率领的蒙古军攻陷,全城惨遭屠戮。当时随杨惟中在阔出军前供职的姚枢,从俘虏中救出宋儒赵复。不久,杨惟中就把赵复等名士连同缴获的伊洛诸书

---

① 耶律楚材:《西游录》卷上。
② 参见《佛祖历代通载》卷20。
③ 刘祁:《归潜志》卷1,"李纯甫"条;卷9,"李屏山"条。
④ 元好问:《雷希颜墓志铭》,《遗山集》卷21。

载送燕都,建太极书院,"以赵复为师儒右"①。"燕之士大夫闻其议论证据,翕然尊师之。……乃撰其闻,为书刻之,目曰《伊洛发挥》。印数百本,载之南游,达其道于赵魏东平,遂达于四方。"②

赵复游学北方,确实是北方理学发展史上重要的转折点。理学第一次在故金知识分子麇集的燕京获得了公开讲授的半官方论坛。他在河北,"游其门者将百人,多达才其间"③。这种声势还是前所未闻的。从此,它在北方亦树幡立帜,采取了与旧的词赋、传注学派相抗衡的姿态,并且在这种抗衡中逐渐发展起来。这个阶段,从1235年开始,其下限可以大致定在1276年。其间,理学的发展状况有三个比较明显的特点。

首先,理学开始在北方建立自己的师承授受体系,并在下一代知识分子的领袖中找到了自己的代言人。其中最重要的,是许衡。

许衡没有接触理学之前,其学问在河朔大名一带已有一定的声望。1242年,他从姚枢那里得到赵复传授的程朱著述,读后大悟说:"昔所授受,殊孟浪也。今始闻进学之序。"④遂尽弃前日所学章句之习,而以倡明理学为己任,从此声名益著。赵复-许衡系统,后来成为北方理学的大宗。元朝国子监就长期控制在他们手里。许衡而外,另一个有影响的理学家是刘因⑤。

其次,理学不仅在下一代"新鲜"的士人中竭力争取信徒,而且其

---

① 《国朝名臣事略》卷5之2,"中书杨忠肃公"引《周子祠堂记》。
② 杨弘道:《送赵仁甫序》,《小亨集》卷6。
③ 姚燧:《序江汉先生事实》,《牧庵集》卷4。
④ 《国朝名臣事略》卷8之2,"左丞许文正公"引《考岁略》。
⑤ 《宋元学案》卷90,"鲁斋学案";卷91,"静修学案"。苏天爵比较许衡与刘因对传播理学的功绩说:前者典教成均,门人贵族多仕至显官;后者门人多穷而在下,传其师说,私淑诸人。"两公之门,虽出处穷达有所不同,其明道术以正人心,盖未始不一也。"见《林起宗墓碣铭》,《滋溪文稿》卷14。

影响也扩展到保守宋金遗风传统的知识圈内,包括其上层。这里举一个非常有趣的例子:

> 鹿庵与颙轩论事。颙轩曰:"天下事亦有不可以理概知者。"鹿庵大为不然。徒单公曰:"谓如大城南柳树,若不亲睹,如何知东西几行,大小几株?"鹿庵默然,一座大笑。①

鹿庵先生王磐是金末硕学之一。但他终于转而信从性理之学,所以晚年曾慨叹"平生力学,不知圣道之所在",对许衡表示十分敬重②。录下这段趣闻的王恽,看来也在某种程度上从金宋故习倒向了理学派。

第三,我们仍然应当承认,从整个北方学术界的形势看来,理学在当时还远远没有被士人阶层普遍接受,占统治地位的仍然是宋金以来的旧学风。

王旭上许衡书说:"国家自有天下六十余年,文风不振,士气卑陋。学者不过踵雕虫之旧尔。间有一二留心于伊洛之学、立志于高远之地者,众且群咻而聚笑之,以为狂为怪为妄,而且以为背时枯槁无能之人也。……正道不明,士习乖僻,以至于斯,可为叹矣!"③此信写于许衡由中书左丞改任集贤大学士兼国子祭酒时,是即1271年前后。大概因为怀才不遇,这封信满纸牢骚,可能有过甚其辞的地方。但是他说理学之士处境孤立,则基本是事实。有许多同时代的记载可以互相印证。例如苏天爵曾经说到,"乡间老儒,说经止传疏义,为文尽习律赋"。他在追述中统、至元间的情况时同样写道:"当

---

① 王恽:《玉堂嘉话》卷4,见《秋涧集》卷96。按,徒单公履号颙轩。
② 欧阳玄:《许衡神道碑》,《圭斋集》卷9。
③ 王旭:《上许鲁斋先生书》,《国朝文类》卷37。

是时齐鲁之士,踵金辞赋余习,以饰章绘句相高。公厌薄之,专明经训,人或以为迂,公弗渝也。"①事实上,当初不但有"自以文章为得计,而谓不害兼通乎道学者",而且还有"自以为真得圣贤之意,而谓朱子解经流于诐淫邪遁异端之说,惑世误民而不自知,著为成书以辨之者"。尤其是后一种人,使道学家们深为忧虑,但又无可奈何②。

　　从发展的观点看来,理学取代旧的传注之学是历史的必然。汉代对儒家经典的阐释有严格的师承、家法,各学派都固守师说,不敢相违,只能在前人划定的规矩中敷演附会。经有传,经传有注有疏,注疏之上又有注疏,代相授受,结果"圣经一言而训释百言、千万言",皓首一经,"愈博而愈不知其要"③。这种繁琐的训诂传疏、博士章句虽然传袭一千多年,实际上早已导致了儒学的中衰。唐宋科士,看重以诗赋入选的进士,轻待以经义得第的明经,很大程度上也反映了以破碎经文为务的汉代经学,因为严重地束缚人们的思想和创造力,在学术上已面临绝路。程朱理学摒弃汉儒传注,主张直接从经典的原文中去领略先儒的本意。所以他们声称自己直溯孔孟,接续了自孟子以后中断千余年的道统。这无疑是一种革新精神。理学就是以这种革新精神为指导,融会了佛、道哲学中的养分,从旧儒学体系中演化出来的新学说。比较而言,它无疑要比传统的儒学具有强大得多的生命力。但是,它要在旧学说虽然已经衰微,却仍拥有大批支持、信奉者的环境中发展起来,还需要经过一定的阶段,不可能一蹴而就。因此它暂时还处于比较弱小的地位是可以理解的。另外,从当

---

① 苏天爵:《刘因神道碑》,《滋溪文稿》卷8;《耶律有尚神道碑》,《滋溪文稿》卷7。文中所谓"公"即指耶律有尚。
② 安熙:《齐居对问》,《默庵集》卷3。
③ 胡祗遹:《语录》,《紫山集》卷26。

时的社会政治背景来说,这一点也有其特定的原因。

1215年金室南徙后,流离失散的儒生纷纷投靠华北各地的大小汉人世侯。金源士风得以在这些世侯领地内延续下来。世侯中最著名的是东平严实。史称他"披荆剪芜,扶植儒学,作成逢掖。率能敷帝文庭,风动八表。郓之得人,号称至盛"①。时人甚至有"衣冠礼乐,尽在是矣"之许②。东平的学风完全是旧金遗留的诗赋、经术之学。忽必烈开府漠南乃至君临中原之后,这些亡金士人又通过世侯荟萃于朝廷。元初翰林院基本上掌握在东平派出身的文人手中③。

美国学者达尔德斯曾经认为,元政府对理学派的支持从一开始就甚于东平学派④。这个观点尚值得推敲。如果说东平派和许衡等人在学术风气方面确实有不少差异,那么他们的政治主张却大致相同。自从忽必烈受蒙哥汗之命总制漠南汉地军事,直到他基本上奠定元王朝立国规模的近二十年间,他重用儒术的基本着眼点与后来有所不同。这时候,他的主要目标是以中原为"国之根本"⑤,以儒家学说为指导思想,立法度、定纪纲,在汉地确立一个新的专制君主官僚制的大一统王朝。理学中固然包含了中原王朝的官僚政治体系从长期的多样性经验中所产生的既存传统,然而这绝不是它所特有的东西⑥。忽必烈为了达到上述目的,不需要、事实上也没有独尊理学。当然,他深恨儒生"不治经讲孔孟之道,而日为诗赋空文"。但是,东

---

① 袁桷:《阎复神道碑》,《清容居士集》卷27。
② 元好问:《东平府新学记》,《遗山集》卷32。
③ 参见安部上引文。
④ 达尔德斯:《征服者与儒家》,纽约,1973年,页34。
⑤ 《元史》卷156《董文炳传》。
⑥ 参见狄百瑞(W. Theodre de Bary):《元代道学的兴隆》,籾山明译,《东洋史研究》卷38第3期。

平派并不意味着只会吟诗作对,其中也有出色的政治家如宋子贞、刘肃、李昶,当然更不乏定朝仪、立制度的人才。其次,对于同样"治经讲孔孟之道"的传注之学与理学的区别,忽必烈也许从来不曾弄清楚过①。这种建立在功利主义基础上而超越学派观点的用人方针,使许多在学术上沿袭金源遗风的士大夫有可能利用自己的政治地位来维持旧学术传统的优势。尤其不应该忘记,当时的学术中心翰林院恰恰是掌握在东平学派手中的。如果说个别人物可能转变他的立场,那么新学说要通过论辩来说服整个一代保守的学者则几乎是不可能的。只有通过自然代谢解决问题:等待他们带着根深蒂固的旧传统走进自己的坟墓。自元灭宋算起,理学与传统旧学相对峙的阶段,大体继续延续了一两代人的时间,也许不是偶然的吧!

三

有两方面的理由,使我们考虑把金末元初北方理学发展第二阶段的下限定在 1276 年。

就在这一年,元军攻占南宋首都临安,统一了全国。这时候,南方盛行朱氏之学,大致已经三十多年了②。南北阻隔一旦打通,程朱著述大批流入北方。用当时人的话说,"其书捆载以来"③,传统的北

---

① 例如,徒单公履曾在忽必烈面前贬低道学。忽必烈对董文忠说,"汝日诵四书,亦道学者",向他征询意见。董文忠答非所问,说"我哪里知道什么道学",接着大骂徒单是"俗儒守亡国余习"。忽必烈听了十分满意。见《元史》卷148《董文忠传》。
② "于时朱氏书犹未盛行浙中。时从人传抄之,以相启发,恍然如扬雄问《方言》、蔡邕见《论衡》之喜。及甲辰(1244年)、乙巳(1245年)间,有用其说取甲科者,四方翕然争售朱学。而吾乡以远僻,方获尽见徽文公所著书。"见戴表元:《于景龙注朱氏小学书序》,《剡源戴先生文集》卷7。
③ 袁桷:《安熙墓表》,《清容居士集》卷30。

方士风不能不受到巨大的冲击。北方理学由此获得极好的发展契机。至元、大德年间的北方,"[上]而公卿大夫,下而一邑一乡之士,例皆讲读,全谓精诣理极,不可加尚。"①这显然成一种新局面。

再则,从至元中后叶开始,元王朝采纳和利用儒家学说的注重点发生了明显的变化。在大致适应统治汉地需要的元朝国家规模及各种典章制度基本奠定以后,忽必烈开始从政治上疏远儒士。这部分地是由于种族防范的心理因素,此外恐怕还有更深刻的社会原因。元王朝宫室廪禄、宗藩岁赐、连年征战所需要的浩大开支,从开国之初就造成严重的财政危机。因此,"新政未孚,聚敛刻薄之说得行"②。面对这种局面,儒家学说企图以"仁政"思想约束统治者自身的过度行为。但是,"当国者急于功利,儒者之言弗获进用"③,并且反而以"不识事机"招致忽必烈的冷遇④。在选用维持国家机器正常运转所需要的各级行政官员时,元政府宁肯大批晋用出身掾史、长于聚敛掊克的人物。

这一点当时就为人们觉察到了。王恽曾悻悻写道:"国朝自中统元年已来,鸿儒硕德,济之为用者多矣!……今则曰,彼无所用,不足以有为也。是岂智于中统之初,愚于至元之后哉?"⑤王结用几乎同样的口气说道:"爰自中统之初,稽古建官、庸正百度,一时硕儒元老,屹然立朝,文献彬彬,莫可及也。……厥后台阁之位,率取敏锐材干、练达时事者居之。其效官举职、治繁理剧,固不乏人,而格君经世、蹈道迪德者,盖未多见也。呜呼!岂天之产材隆于前而杀于后哉?亦

---

① 王恽:《义斋先生四书家训题辞》,《秋涧集》卷43。
② 虞集:《秋冈诗集序》,《道园学古录》卷33。
③ 苏天爵:《刘因神道碑》,《滋溪文稿》卷8。
④ 《元史》卷205《阿合马传》。
⑤ 王恽:《儒用篇》,《秋涧集》卷46。

势使然尔。"①余阙也指出,"自至元以下",元政府改变了"用儒者为居多"的政策,而"始浸用吏。"②

根据元人的议论,我们把忽必烈利用儒家学说注重点的转移定在灭南宋时,基本上是适合的。在这以后,儒学更多地被元政府当作在意识形态方面钳制人民思想的工具来使用了。理学严厉地强调封建的纲常礼教,尤其注重"小学",即对童蒙灌输封建伦理思想,使它特别适合统治者的需要,因而日益受到元廷的重视③。元政府开始改变从前对儒学各派的超然态度而倾向于扶持理学,这一变化清楚地反映在元代学校之制的完善过程中。

窝阔台五年(1233年),首诏蒙古贵臣子弟十八人入国子监。当时的主要目的是为了让"国子通华言",并且学习汉人的各种工艺、制作技术,如草药、染色配料以及酒醴、曲蘗、水银制作等。城新刳于兵,国学设于长春宫内,学官摄于老氏之徒④。这样的"国子监"显然很少儒学的色彩。中统、至元之初,许衡曾几次任国子祭酒,"诸生廪食或不继"⑤。可见其不景气的程度。元朝正式立国子学而定其制是至元二十四年(1287年)。自是广增生员,完全按理学要求规定课

---

① 王结:《书松厅事稿略》,《文忠集》卷4。
② 余阙:《杨显民诗集序》,《青阳集》卷4。
③ 张养浩曾教训诸生说:"先正许衡在世祖朝,以为博学,则所业者不外小学、四书;以为行不可及,则所践履不过人伦日用;以为雄文大笔,则终身未尝级及世儒词章之习。然而所以获从祀圣人者,果何事耶? 诸生试以此求之,则于国家立极化民之盛意,庶无负矣。"这段话再清楚不过地道出了元代统治者利用理学的目的所在。见《长山县庙学碑阴记》,《归田类稿》卷4。
④ 姚燧:《姚枢神道碑》,《牧庵集》卷15;马祖常:《大兴府孔子庙碑》,《石田集》卷10。又,参见《畿辅通志》卷139《金石志》二,"宣谕夺罗鮃等圣旨碑""通谕夏学子弟员等圣旨碑"条;林元珠:《元史选举志译注》,哈佛大学博士论文,1978年,页195—196引梁国治撰:《钦定国子监志》。
⑤ 《元史》卷158《许衡传》。

业,并由许衡弟子耶律有尚出任祭酒,"儒风为之丕振"①。四年后,元廷又下令在江南诸路学及各县学内设立小学,不久推广到全国②。理学的地位,就是这样随着元朝完成统一、逐步加强对全国的思想统治而扶摇直上,基本上在全国学术界取得了支配的地位。就北方理学而言,始于1235年,而以上文业已叙述的三个显著特点为标志的历史阶段,到这时也就终止了。

当然,历史变迁自身尽管呈现了阶段性,毕竟不是刀切斧齐的。1276年后,从学术界内部说,仍然有人从不同的角度批评理学③;从整个社会来说,由于代革科废,堵塞了读书入仕的道路,人们对于理学仍然十分冷淡。在元朝统治下的南北方,人们同样热衷于"吏学"④。直到元仁宗延祐(1314—1320年)年间复兴科举制度,以程朱理学科试儒士,这才在全国范围进一步推动了理学的普及⑤。不过这些不属于本文范围,所以不详论了。

(本文原载《元史论丛》第2辑,北京:中华书局,1982年)

---

① 《元史》卷174《耶律有尚传》。
② 《元史》卷81《选举志》一,"学校";《庙学典礼》卷3,"成宗设立小学书塾"条。宋时"小学一皆肆简家塾而已"。官设小学以推广程朱理学,肇始于元。参见徐明善:《赠徐文翁北行序》,《芳谷集》卷2。
③ 参见徐明善:《槃涧先生文集序》,《芳谷集》卷2;《学古文会规约序》,《芳谷集》,卷1。
④ 见苏天爵:《赵秉政神道碑》,《滋溪文稿》卷10。
⑤ 虞集用这样的话来描述科举前后理学传播的不同规模:"昔者天下方一,朔南会同,缙绅先生(就是说,在士人中间)固有得朱子之书而尊信表章之者。今其衣被四海、家藏而人道之,其功固不细矣。"可见它从学术界走向社会是在科举复兴后。见《安熙文集序》,《国朝文类》卷35。

乃颜之乱杂考

成吉思汗建立蒙古国后，分别把他的诸弟和诸子分封在中央兀鲁思的东、西两侧，称为东道诸王和西道诸王。元代前期，朝廷与企图自立于一方的东、西道诸王进行了长期的战争。它起始于西北边地。至元二十四年（1287年），东边又爆发了东道诸王联军叛元的事件，这就是所谓乃颜之乱。叛军的活动，东线从水达达居地直指辽河流域，西面一度远达克鲁伦、土拉二河。当时，元朝与西北诸王海都、笃哇的战争正在金山一线处于胶着状态。如果不能立即平息乃颜之乱，就很可能形成东、西道诸王夹攻岭北，连兵南下的危险局势。因此，忽必烈决定以玉昔帖木儿领蒙古军、李庭领汉军，亲征乃颜。他自从战胜阿里不哥后直到去世，总共出征过两次。一次为打海都，还有就是这一次平灭乃颜之役。元廷对乃颜之乱的重视，由此可知。

正如屠寄所说，乃颜"虽败不旋踵，然骚动已半天下矣"①。可惜因为史书记载过于简略，有关元初政治史上这一重大事件的若干基本史实，还不甚清楚。本文拟对其中几个问题，做一些粗陋的考订和分析。

---

① 屠寄：《蒙兀儿史记》卷75《乃颜传》。

一 斡赤斤的份地

乃颜是成吉思汗同母幼弟帖木格斡赤斤的玄孙,继承的是斡赤斤份地。洪钧认为:"大约太祖诸弟,斡陈那颜份地最广、辖军最多。自枯伦淖尔(即呼伦湖)以东、洮尔河南北、嫩江东西,大率属其封境。"① 大兴安岭以东的嫩江平原后来自然是"乃颜故地",但它是否在斡赤斤始封地范围内? 如果不是,斡赤斤的始封地又在哪里?

关于这一点,拉施都丁有一段话为人所共知。他说,斡赤斤的"领地和禹儿惕位于 Mughulistan 最边远部分的东北地区。因而沿着它的那一边,便再也没有一个蒙古部落了"②。根据这段话,斡赤斤的始封地,本来是属于 Mughulistan 的一部分,而不在它之外。洪钧在《元史译文证补》中对这段话的译述大体上是正确的。屠寄将洪译"份地在蒙古东北面,界外已无蒙古人"误读为份地"在蒙古东北面界外",并且自注"辣施特谓其地已无蒙古人"。据此,他把斡赤斤份地位置于大兴安岭以东。箭内亘在《元代的东蒙古》一文中所持的意见,基本上与屠寄相同③。此后,伯希和虽曾顺便提到过乃颜的封地"在蒙古东方及满洲之一部"④,可惜没有引起广泛的注意。相隔半世纪之后,杉山正明在探讨元代东、西道诸王的始封地时,重新提出这个问题。他引用《长春真人西游记》及《元史·撒吉思传》中的有

---

① 洪钧:《元史译文证补》卷1下。
② 斯米尔诺娃:《史集》俄译本,第1卷第2分册,页56。根据《史集》,Mughulistan 系指被成吉思汗统一的蒙古诸部所居住的蒙古高原本部,它西括克烈故地而与乃蛮居地相邻,东至兴安岭。
③ 《蒙兀儿史记》卷22《帖木格斡亦斤传》;箭内亘:《蒙古史研究》,页612—613。
④ 伯希和:《中亚和远东的基督教徒》,《通报》第2编第15卷(1914年),页935。

关记载,与拉施都丁上引史文相参证,断定斡赤斤始封地位于大兴安岭西麓、海拉尔河以南直至哈尔哈河流域的呼伦贝尔草原①。他的论点是很有说服力的。不过,杉山正明没有提及《史集》中另一条非常重要的材料,它比上述任何一条史文都更明确而且具体地指出了斡赤斤的始封地之所在。

根据拉施都丁的叙述,成吉思汗在从合剌合勒只惕额列惕(Qalaaldtit Elet,即合兰真沙陀)与王罕的鏖战中撤出以后,曾退到一条名为斡儿的河流(Or Müren)旁边整顿军队。关于这条河流,拉施都丁写道:"它在客勒帖该山(Keltegei Ghada,即建忒该山)地方,它(按指斡儿一名)既是河流,又是那较广阔的山地的名称。塔察儿(斡赤斤孙)家族的居地就在这里。"②建忒该山位于哈尔哈河流域,有《元史·太祖本纪》《圣武亲征录》《元朝秘史》等书可证。是知斡儿河或者斡儿山地亦位于哈尔哈河流域。对照上面引用的拉施都丁两段史文,结论是十分明确的:塔察儿家族在哈尔哈河流域的斡儿山区所据有的牧地,就是帖木格斡赤斤始封地的中心地区,而其份地扩展到哈剌温山以东,应当是后来的事。

成吉思汗率兵西征期间,斡赤斤以幼弟身份留镇漠北本部,他的份地又位于当日蒙古国的最东面。这就使他极便于朝着大兴安岭山脉以东去扩展自己的势力,就像术赤领地沿着蒙古国的西北界大幅度地向外推进一样。斡赤斤一家不仅在实际上取得了镇守辽东的藩王地位,而且至迟到塔察儿即位为斡赤斤后王的时代,已经攫取了大

---

① 杉山正明:《蒙古帝国的原像》,《东洋史研究》第 37 卷第 1 期(1978 年)。
② 《史集》俄译本,第 1 卷第 2 分册,页 126。斡儿一名,在《元朝秘史》中写作斡峏讷兀、斡儿讷兀,旁译山名。见第 175 节、第 191 节。伯希和在其《秘史》复原本页 57、页 67 中将这个地名转写为 Or nu'u 或 Ornu'u。它的意思,即"Or 河之河曲",见村上正二:《蒙古秘史日文译注》卷 2,页 154 注 17。是其仍系得名于 Or 也。

兴安岭东边的大片地区作为直接领属于自己的份地。窝阔台死后，斡赤斤企图用武力夺取汗位，被贵由处死，但是他家在辽东的势力，似乎并没有因此而受到很大挫伤。蒙哥死后，塔察儿以东道诸王之长率先推戴忽必烈为汗，由此获得忽必烈的恩宠。拉施都丁说，塔察儿"在忽邻勒塔大会和重大事件上，总是站在忽必烈一边，并且享有很高的荣誉和尊敬"①。然而，这一切并没有真正缓和元政府与斡赤斤后王之间争夺辽东地区控制权的斗争。据《高丽史》记载，塔察儿甚至派人到高丽收拾民户，擅自管领。至元后期，斡赤斤后王乃颜反状日益明显。鉴于治理辽东政事的宣慰司"望轻"，至元二十三年二月，元廷罢山北辽东道、开元等路宣慰司，将辽东的地方行政机构升格为东京等处行中书省（治今辽宁辽阳市）。翌月，又北徙东京省治于咸平（在今辽宁开原市）。东京行省虽然不到半年就撤销了，但仍然成为催发乃颜之乱的直接原因之一。次年四月，斡赤斤后王乃颜联合成吉思汗弟哈撒儿后王势都儿和合赤温系诸王哈丹秃鲁干等举兵叛元。元朝与东道诸王之间的战幕就这样挑开了。

二　忽必烈的出征路线

至元二十四年五月，忽必烈自上都出发北征。他所经过的第一个重要的地点就是应昌（旧城在今达来诺尔西南）。

元赵岩《应昌路曼陁山新建龙兴寺碑》："至元丁未（按，"未"字当为"亥"之误），世祖皇帝躬御六师，徂征弗庭。驻跸应昌之夕，一佛飞空，现金色身，如影如幻。"根据下文，"弗庭"者即指乃颜②。

---

① 《史集》俄译本，第1卷第2分册，页56。
② 《口北三厅志》卷13《艺文志》二。

1893年俄人波兹特涅耶夫游历蒙古草原时,还在达来诺尔东南方向的达日罕乌拉山北侧见到过此碑,并录下了碑文①。

关于忽必烈道出应昌之后的进军路线,似乎还没有发现充分的史料记载。黄溍《也速䚟儿神道碑》曾说:"……宗王乃颜叛,(也速䚟儿)扈跸亲征。给饷运筹,备殚其勤。既平乃颜,群臣从属车奏凯而归。王复与诸将留兵讨其余党金家奴、塔不䚟,悉戡定之,乃还。上以王生事素薄,赐钞五千缗。王因奏:'臣前出军至亦乞列思之地,有来供馈乡导者。'上命厚赏之。"②这段话里既有"扈跸亲征"之语,又云曾"出军至亦乞列思之地",很容易给人造成一种印象,好像忽必烈所部元军是经由大兴安岭东侧北进的。但是这与我们已经确知的忽必烈驻跸应昌的事实互相抵触。因为从上都进入辽东,完全可以取道潢河之南东行,而不必先向北绕道应昌。相反,出应昌后沿兴安岭西麓北行,倒是当日的渡漠干道之一。长春真人丘处机西游时就采取过这条路线。也速䚟儿可能是随发至辽东的偏师进征而途经亦乞列思之地的;或者所谓"出军",并不指元军最初阶段的出兵路线而言。无论如何,像屠寄和箭内亘那样,到大兴安岭东麓的潢河中游去追寻忽必烈大军的行踪,恐怕就有点南辕北辙了。

自应昌北进,元军于六月壬戌抵达撒儿都鲁。这段路程一共走

---

① 波兹特涅耶夫:《蒙古和蒙古人》卷2,见日本东亚同文会日译本(书名改为《东部蒙古》),页439—451。伯希和在《马可波罗注》页789曾提及此书。
② 见《黄金华文集》卷24。参与乃颜之役的有两个也速䚟儿,此为乌里养哈䚟氏。另一个是伯牙乌氏,因平乃颜有功而以乃颜姑娣妻之,见程钜夫:《也速䚟儿墓碑》,《雪楼集》卷17。按,塔不䚟与金家奴(元明善《伯颜碑》作金刚奴,见《元文类》卷24)此前俱曾在撒儿都鲁与世祖军队交过锋,详下述。两人大概在战败后遁脱,最终才作为乃颜之乱的余烬被扫灭。

了十几天①。这时在忽必烈左右的部队,主要是博罗欢率领的五部军前锋和李庭所领汉军②。元军在这里先后与叛王将领黄海、塔不台遭遇。虽然元军在数量上居于劣势,忽必烈却乘象舆贸然临阵,"意其望见车驾,必就降"。但叛军强弓劲射,悉力攻击象舆。忽必烈被迫下舆御马③,并以汉军前列步战,迷惑叛军。塔不台惧中伏引退,被元军掩杀,大溃而去。在漠北地区乘象督战是一件空前绝后的事情。所以这个细节也被穆斯林史籍和马可·波罗记录下来了④。此役亦因而名声大著,以至伯希和把它视为平定乃颜之乱的"主要战役"⑤。

屠寄大概是受洪钧"当日军情以辽河为要害"之说的影响,把撒儿都鲁与《蒙古游牧记》著录的什喇陀罗海相勘同⑥。他的主张,无论从审音或地望来说都难以成立。据1:20万分之一图L-50-Ⅳ,在贝尔湖东南(东经117°42′48″,北纬47°33′强)有沙尔土冷呼都克。蒙语呼都克意谓井。是该井所在地名为沙尔土勒,它应当就是忽必烈乘象舆临阵督战的撒儿都鲁之地。其地望与史文所载距应昌十余日程也完全相符。

根据随元世祖出征的高丽贵族洪万的传文,元军击退塔不台之

---

① 五月十二日或十三日忽必烈发兵上都,六月三日抵撒儿都鲁。见《元史》卷14《世祖纪》十一。
② 玉昔帖木儿当与忽必烈分道行进,所以他在忽必烈击退塔不台之后才率大军来会。见《元史》卷121《博罗欢传》。
③ 郑元祐:《岳铉行状》,《侨吴集》卷12。郑元祐在这里描述的,无疑为忽必烈初遇叛军之役,故当即《元史》中好几处提到的撒儿都鲁之战。它发生在夏历六月壬戌至甲子(即公历7月14日至16日)之间。据《元史》,叛军在此役中之主将为塔不歹,而不是乃颜本人。
④ 参见波义耳英译:《成吉思汗的继承者》,页298;穆勒、伯希和:《马可·波罗行纪》,英译本,页79。
⑤ 伯希和:《马可·波罗注》,页789。
⑥ 屠寄:《蒙兀儿史记》卷75《乃颜传》。

后,遂自撒儿都鲁东行,"至乃颜之地,奉旨留蒙古、女直、汉军镇哈剌河。复选精骑扈驾,至失剌斡耳朵,从御史大夫玉昔帖木儿讨乃颜"①。这里的哈剌河,无疑就是流注于贝尔湖的哈尔哈河;所谓失剌斡耳朵(Sira Ordo,译言黃金帐),当即位于哈尔哈河流域的塔察儿份地中心,亦即斡儿山地之乃颜大帐。元军在这里"获乃颜辎重千余"②,不会是不战而获。史载乃颜曾"遣哈丹领兵万人来拒",被元军击败③,大概即在此时。接着,元军主力就在玉昔帖木儿率领下直扑乃颜屯兵之地,以求与之决战。

三 不里古都伯塔哈与失列门林的地望

玉昔帖木儿出军时,乃颜屯驻在"不里古都伯塔哈"之地,兵号十万。元军前锋玉哇失陷阵力战,终使叛军溃散。乃颜仓皇出逃,至失列门林,被元军追擒,俄而被忽必烈下令处死。那么,不里古都伯塔哈和失列门林究竟在什么地方呢?

屠寄将不里古都伯塔哈断为两个词。其谓伯塔哈即《元朝秘史》中的孛勒答合(boltagha),译言孤山,这是正确的。至于他说不里古都意谓有柳,则未可遽从。按《华夷译语》卷上"鸟兽门",黑鹰作不鲁骨惕。蒙古国时期的阿美尼亚史家乞剌可思,在其写成于1241年的著作中附有一张蒙语词汇表,其中著录了 burkui qush 一词,译言鹰隼④。突厥语 qush 原意谓鸟,它也可以跟在各种鸟类专名的后面,用

---

① 《元史》卷154《洪万传》。
② 《元史》卷14《世祖纪》十一。
③ 《元史》卷132《玉哇失传》。
④ 布洛晒编译:《乞剌可思书》,《亚洲杂志》第5编第11卷,页135—137。转引自霍渥思:《蒙古人史》第3卷,页87—88。

以泛指这个专名的类属,如 toqan qush,意即猛禽之鸟①。所以,乞剌可思词汇表中的 burkui,就是《华夷译语》的不鲁骨惕,它的正确的拼写形式应是 börgüt,意即鹰隼②。而不里古都则是 Börgüt-tü 的音译。Börgüt-tü Boltagha,是谓有鹰之孤山,或即鹰山。

东蒙古地区以鹰隼为名的山岗不止一处。据清张穆记载,旧喀尔喀东路车臣汗部左翼后旗的牧地,"西南至布勒格图山,接达里阿爱牧场界"③。这座布勒格图山即鹰山,当在今蒙古国苏赫巴托省浩勒布占至乌拉巴彦一线。又,克鲁伦河下游由东南流而折向东北流的大河曲之南,亦有哈喇真布尔古特山④。哈喇真为蒙语 ghaljan 的音译,译言秃顶、无树木的⑤。哈喇真布尔古特,意谓秃鹰山。但这两座鹰山,都不会是乃颜屯驻的不里古都伯塔哈。因为乃颜称兵后不久,土土哈即从杭海岭领军东来,疾驱七昼夜,渡土拉河,又奉命逆克鲁伦河而上,沿途肃清叛军,并将叛王"献俘行在所"⑥。可见哈尔哈河流域以西地区,当时并不在乃颜控制之下;所以《元史》在叙述元军从贝尔湖东南的撒儿都鲁向东,达于哈尔哈河流域时,方才说他们"至乃颜之地"。在当时情况下,乃颜不必要,也不可能在一座远离自己巢穴的孤山中结集重兵。

查乾隆《内府舆图》,在大兴安岭西侧的喀尔喀必拉(哈尔哈河)和讷墨尔狠必拉(诺木尔金河)交汇处之东的三角地带,亦有一山,标

---

① 突厥语 toqan 译言食肉猛禽。toqan qush 在元代被音译为都罕忽思,见危素:《忻都公神道碑》。柯立甫在他的《1362 年忻都公碑汉、蒙文碑铭研究》(《哈佛亚洲杂志》,1949 年)中详细列举了蒙古学家们对于这个词的研究。
② 科瓦列夫斯基:《蒙俄法词典》,页 1262。
③ 《蒙古游牧记》卷 9。
④ 光绪《大清会典图》卷 155,"呼伦贝尔图";屠寄:《黑龙江图说·呼伦贝尔图说》。
⑤ 《蒙俄法词典》,页 820。
⑥ 《元史》卷 128《土土哈传》。按世祖时当在哈拉哈河流域乃颜的失剌斡耳朵中。

注为额尔占布尔古特图阿林。康熙《皇舆全览图》用满文记注为 Haljan Burgudtu, 脱 Alin（满语，译言山）一词①。我认为，这座秃鹰山，就是乃颜屯兵的不里古都伯塔哈。这是因为，一般地说，此地是联结大兴安岭西、东两侧交通要道的枢纽所在；特殊地说，斡赤斤后王的份地恰恰可以从哈尔哈河流域经过该地，再东逾兴安岭而向嫩江流域伸展。乃颜放弃了自己的大帐，撤至不里古都山地，并在这里结集大批军队，确实是使自己居于进退两便的战略位置。它既紧贴着位于大兴安岭东侧的广大后方，又十分有利于伺机出击进逼哈尔哈河流域的元军。从审音和对当日战争形势的分析来看，这一勘同似乎都可以言之成理。

在决战中惨遭失败的乃颜，逃到失列门林就被元军生擒。据现在所知，失列门林这个地名在元代文献中仅此一见。研究它的地望，是一个有些困难的问题。

今西辽河上游名西拉木伦河，是蒙语 Sira Müren 的音译，译言潢河。屠寄和箭内都说失列门林即为西拉木伦河。是则"门林"系蒙古语 müren 的汉字音写，译言大河。林字在元时似仍以-m 尾收声，能否用它来记录-ren 的读音，稍有可疑②。但这还不是太大的问题。最关键的是，潢河西邻上都，朝这个方向逃窜，无异乎自投罗网，想来必不为乃颜所取。所以对此还可以重新考虑。

尽管没有发现确凿的史料能圆满地解决失列门林的今地问题，我们仍然试图在现有材料的基础上，对其所在方位作一个粗略的估测，以待今后的进一步验证。

---

① 《内府舆图》7 排东 1；《皇舆全览图》2 排 2 号。
② 按《元朝秘史》第 195 节失列门旁注生铜，此字又见《华夷译语》卷上"珍宝门"。不过它大约与失列门林之名无关。

为了上述目的,首先需要考察一下嫩江平原和呼伦贝尔高原间的交通状况。今天这两地间的干道主要有三条。其北线大致上沿雅鲁河谷西北行,逾大兴安岭达于海拉尔河流域,此可置勿论。其南线则沿洮儿河西北行,至归流河叉为两道。一道逆归流河下游西行入山,至乌里吉勒河流域。至元二十五年土土哈平灭乃颜余党时,即循此路东逾大兴安岭。另一道则继续循洮儿河谷入山,逾大兴安岭而至哈尔哈河上源。这条路在蒙古国时必定也已经是便行之道了。因为我们知道,1213 年,合撒儿奉命率左路军"遵海而东,取蓟州、平、滦、辽西诸军而还",就是溯洮儿河返回漠北的[①]。

值得注意的是,元代连接大兴安岭两侧的驿路,采取的并不是沿雅鲁河或洮儿河穿越大山的路线。据《析津志》引元《经世大典·站赤》佚文,这条驿路,不是在位于洮儿河流域的塔鲁站,而是继续向北,至吉答站(在今黑龙江齐齐哈尔市西龙江)方才分道:"至北(按北当为此字之讹)分二路。一里(按里当为路字之讹)东行至失宝赤万户;一路西行至吾失温,其西接阿木哥。"[②] 从吉答溯嫩江而上之东路诸驿站的定点已经解决了;位于呼伦贝尔高原的西路末尾几站的所在地望也已明了[③]。关键是自吉答往西逾越大兴安岭的驿道走向如何。恰恰是这个问题,与我们要探讨的失列门林的地望有很大关系。

元代在边地的驿站设置,常常与诸万户府、千户所的分布走向相一致,显然是由于这两种不同系统的设置同时考虑到了相地理之宜的原则。吉答以东的驿道走向是如此,在它以西自应同样如此。在

---

① 《元史》卷 1《太祖纪》;《元朝秘史》第 253 节。
② 《永乐大典》卷 19426,页 2 下。
③ 参见《中国历史地图集》第 6 册,页 9—10、10—11。

吉答之西,元代曾设置过朵因温都儿兀良哈千户所,它是明朝著名的兀良哈三卫之一朵颜卫的前身①。据朵颜卫第一任指挥同知脱鲁忽察儿致明政府的书信,这一部分兀良哈人的居地在互相毗连的朵因温都儿山和绰尔河流域②。千户所之设虽在延祐年间,但它说明朵因温都儿山地当冲要。吉答西路诸驿中有一个驿站名为斜鲁③。元人说斜鲁译言陡坡,不知道它是否就在朵因温都儿山附近。看来自吉答以西的驿路,当在绰尔河下游以北取正西方向直行,在西北—东南流的绰尔河中游逾河过岭,遂进入岭西的呼伦贝尔草原,即可达于辉河流域。位于呼伦贝尔高原上的回引站,即得名于辉河。

现在我们可以进一步推定失列门林的大概位置了。绰尔河中游有支流名色勒必拉,康图记注为 Sele Bira。这条河虽不甚大,其位置却颇易把握。因为在它的南面有绰尔河的另一支流特门必拉④,它源于金边墙附近,东注绰尔河;而在这条特门必拉北面、金界壕之外,就是色勒必拉了。如果我们可以认为,失列门林这个地名系由失列·门林两个名词组成,那么失列恰好就是 sele 的对音。上面已提到过,门林的林字在《广韵》中属于以-m 尾收声的侵母字。在元代,以《广韵》为代表的中古音韵系统虽然已经发生了很大的变化,华北汉语方音中以-m 尾收声的韵母还没有转为-n 收声。《蒙古字韵》读林为

---

① 《元史》卷 88《百官志》四;《明实录》卷 196,洪武二十二年五月。
② 《华夷译语》卷下,"脱儿豁察儿书"。据《内府舆图》七排东一,绰尔河中游北岸有多永乌哈达,康图满文记注为 Toiongao Hada。《中华帝国志》采录的 D'anville 图第 5幅标注为 Toiongo Hata。此山在张穆《蒙古游牧记》卷 1"札赉特部"中又作朵云山。《中国历史地图集》东北部分编者认为它就是朵因温都儿山。见《中国历史地图集释文汇编·东北卷》,北京:中央民族学院出版社,1988 年,页 203。
③ 《永乐大典》卷 19426,页 2 下。
④ 《内府舆图》七排东一,《皇舆全览图》二排二号。满语 sele 译言铁,则色勒必拉,铁河之意也。

lim,读三为 sam,尾音-m 仍然保留着①。正因为如此,元人才会用"林"字来译写 Qaraqorom(哈剌和林)之-rom,用"三"字来译写 Samqachulai(三哈出来)之-sam。因此,把"门林"看作 müren 的汉字音写,严格地说起来并不太准确。但是出于以下两项原因,我们还是倾向于采取这样的识读法。首先,色勒、失列两名语音极相近。如果它们确实是同一地名的不同音写,那么失列门林与色勒必拉就完全可以认为也是对同一条河流的指称,不过这两个地名中的普通名词"河流",前者为蒙古语(门林<müren),而后者则是满语(必拉<bira)。其次,绰尔河支流色勒必拉地区,正好处于金界壕之外、连接哈尔哈河上源和绰尔河中下游河谷,并由此东去嫩江流域的通道上。乃颜在不里古都伯塔哈战败后,很可能就领残部取此道东逃,企图退守位于嫩江两岸的根据地,结果却在色勒河流域被元军追擒。这样的分析若不致大误,则亦可反过来显示出将失列门林定位于色勒必拉之地,不能看作完全是臆测而已。

追获乃颜后,玉昔帖木儿复至哈尔哈河,继而领军北进,扫荡呼伦贝尔高原。元军逆亦迷河(伊敏河)而上②,北至海剌儿(海拉尔河),溯河水行,战于扎剌马秃③。该地在《嘉庆重修一统志》中作济尔玛台④,即今呼伦贝尔市海拉尔区西面的扎罗木得。而后,元军东逾大兴安岭北端之蒙可山,追乃颜残部直至嫩江。九月,玉昔帖木儿师还。

---

① 罗常培、蔡美彪:《八思巴字与元代汉语》,页 124、122。
② 亦迷河清代作伊密河,又作依奔河,见方式济:《龙沙纪略》;《大清会典图》卷 155,"呼伦贝尔城图"解说。
③ 《元史》卷 154《洪万传》、卷 131《伯帖木儿传》、卷 166《王绰传》。
④ 《嘉庆重修一统志》卷 71,《黑龙江·山川》。关于扎剌马秃,洪钧曾说:"遍考中外地图,无合音者。"似失考。

至于忽必烈本人,在玉昔帖木儿北上亦迷河后,大约就从哈尔哈河上源逾大兴安岭东行。假如他始终盘亘在大山之西,那么这次亲征就只能称为北征,他的随从将领"类次车驾起居"而写成的行纪,恐怕也就不能叫作《东征录》了①。还有一条史料亦可以证明忽必烈曾逾岭而东。其所部元军曾与东窜的哈丹相遇,"帝召忽怜至,值薛彻坚哥战于程火失温之地。哈答罕(即哈丹)众甚盛。忽怜以兵二百迎敌,败之。哈答罕走度猱河(即嫩江),还其巢穴"②。程火失温今地无考。但从史文仍可看出,忽必烈当时确在大兴安岭之东。

四 乃颜之死及其宗教信仰

汉文史籍记载了乃颜之乱平定后,元廷对其宗族、其所隶领的女直等族户口和所部蒙古军、其在中原的封邑以及辽东份地等的处置,而关于乃颜本人的命运,只用"以反诛"三字交代了之。幸而马可·波罗留下了颇为详赡的记述。他说:

> 大汗得悉乃颜被擒,感到非常高兴,遂下令乃颜应当被立即处死。他全然不想再见到乃颜,免得由于自己与他原是亲骨肉而会饶恕了他。于是乃颜就按照我就要告诉你们的这样一种方式被处死了。他被很紧地捆绑起来,裹在一张毯子里,而后被反复地拖来曳去、猛烈地抛上抛下,他就这样地死去了。……鞑靼人说,他(忽必烈)不愿意让帝室成员的血洒到地上,不欲其向天空哀告,或使太阳和天空看见他的血,或让任何动物触碰到他的肢体。③

---

① 《元史》卷154《洪君祥传》。
② 《元史》卷118《忽怜传》。
③ 《马可·波罗行纪》,页199—200。

按照这样的方式执行死刑,在蒙元史上其例甚多。定宗后斡兀立海迷失被用毯子裹起来以后扔进河里①。根据瓦撒夫书和诺外利书,阿拔斯朝的最后一任哈里发,则是被卷在毯子里,任群马践踏至死②。《元朝秘史》没有述及成吉思汗处死札木合的具体做法,只说"教杀时血不教出"③。但恰恰是这段话,道出了此类死刑执行方式的共同特点。它本来是处死成吉思汗宗族成员的特殊刑典,但也往往施用于其他出身高贵的敌人。那么为什么要这样做呢?

马可·波罗提到对鲜血溅地的禁忌。而据术兹札尼的记述,攻陷巴格达后,蒙古军中的回回人威胁旭烈兀说,哈里发若被鲜血溅地,将会导致一场大地震,从而会使旭烈兀和全体蒙古人遭受灭顶之灾④。这种类似天方夜谭式的说法,未必准确地反映了蒙古人所以要采取这种特殊刑典的初衷。因为尽管按"教杀时血不教出"的方式被处死要备受痛苦,在蒙古人中间却多为受刑者本人所自请、自愿。札木合向成吉思汗要求如此,而成吉思汗也满足了其昔日安答的这一请求。是知在当日蒙古人看来,这是对被处死者的一种恩惠。这一点,那珂通世早已有所察觉⑤。

一般研究突厥和蒙古原始宗教的学者都认为,根据这些古代游牧人的观念,灵魂存在于血液中。虽然保留完整的骨骼是保证人死

---

① 《成吉思汗的继承者》,页 215。
② 见霍渥思:《蒙古人史》第 2 卷,页 128。关于哈里发之死,诸家说法很不一致。波义耳认为术兹札尼、瓦撒夫和 Ibn-al-Fuwati 之说较可信,参见其《末代阿拔斯哈里发之死》,《闪米特学研究集刊》卷 4,曼彻斯特,1961 年。此文亦收入他的论文集《蒙古世界帝国》。
③ 《元朝秘史》第 210 节。按《史集》的相关记载与之颇相出入,此不赘。
④ 《亚洲诸回教王朝通史》,雷弗提英译本,页 1252。
⑤ 见那珂通世:《成吉思汗实录》(即《元朝秘史》的日文译注本),页 311—312 注文。

后精灵犹存的基本条件①,但在死去的时候使血液不流出躯体,也就是使灵魂与躯体不致分离,似乎也会给逝者在冥界带来格外的好处。"教杀时血不教出","不过是反映了对于流血,尤其是让它溅落在地上的普遍忌讳的一个特别事例"②。正因为如此,古代蒙古人才甘愿忍受痛苦,为自己选择不出血而死的受刑方式。

上述刑罚,使人联想起蒙古统治者对异民族臣民强制推行的一条奇怪的法令。此即屠宰牲畜时,严禁采用抹喉的方法,而必须先将牲口的四肢缚住,剖开胸腹,把手伸进去按住牲口的心脏,至其死去③。一般来说,元朝对它统治下的各族臣民采取"各从本俗法"的统治方式;只有出于某种十分特殊的原因,才会将本族的习俗用法令形式强加在其他各族头上。回回人杀羊,都要抹喉放血;淤血留在肉中,在他们看来,是不洁净的。为此,在元朝和伊利汗国,曾有不少回回人因为违反这条规定而被处死④。两种屠宰法的区别,正在于放血与否。按后一种方法,牲畜的血有相当部分仍可留在躯体内。羊、马等牲畜是游牧人的主要财富,从古代蒙古人的原始宗教观念看来,即使到了"另一个世界",仍然如此⑤。然则他们对屠宰法的严格规定,是否与"教杀时血不教出"的处决方式,具有某种在观念上相类似的出发点,即认为它会影响到牲畜在"另一个世界"中的繁衍之兴旺与否呢?

---

① 见罗依果在《秘史》英译本第 201 节注文中引用的 Jean-Paul Roux 的部分论点,澳大利亚大学远东历史系:《远东历史论丛》第 21 期(1980 年),页 41。
② 见《末代阿拔斯哈里发之死》转引 J. G. Frazer 之语。
③ 马克里兹著录了成吉思汗的这一条札撒。见梁赞诺夫斯基:《蒙古各部习惯法》,英译本,页 57;志费尼《世界征服者史》也提到这条禁令,见何高济译本,页 242。
④ 《元典章》卷 57,"禁回回抹杀羊做速纳";伯希和:《马可波罗注》,页 78。
⑤ 《鲁布鲁克行纪》,柔克义英译本,页 80—81。

关于乃颜的宗教信仰，马可·波罗这样写道："乃颜曾秘密地为自己行过洗礼，却从不做基督徒所应做的功课。但在这场战争中，他认为最好还是把十字架的徽记画上他的战旗。在他的军队中有大量基督徒，后来全被杀害了。当大汗如此行事而打赢了战争、征服了乃颜——就像你们已知道的，他已死了——之后，居住在上述乃颜领地之四大地区的各种居民，那些撒拉逊人、偶像教徒们、犹太人以及其他许多不信上帝的人——可惜其中也有一些基督徒——都大肆取笑基督徒们的信仰，以及曾被乃颜画上战旗的神圣的十字架。……他们对那里的基督徒们说：嘿！看你们上帝的十字架是怎样保佑基督信徒、向它顶礼膜拜的乃颜和他的人民的！"嘲笑和凌辱日盛，终于使忽必烈不得不出面干预①。

证以汉文史籍及他种史料，则有前引龙兴寺碑谓乃颜"离佛正法"。又，乃颜旧部有被徙之定海者。"延祐间，倚纳脱脱公来为浙相，其党屡以水土不便为诉，乞迁善地。公曰：'汝辈自寻一个不死人的田地，当为汝迁之。'众遂不敢再言。"关于这段史料，伯希和评论说："依我看，这些话本身似乎就意味着，乃颜党徒奉行一种作为异教的颇受重视的宗教，实际上也就是基督教。"②有一个跟随忽必烈北征的方术之士亦透露："叛始由惑于妖言，遂谋不轨。"③此外，在日本发现的侵日元军头盔上饰有十字架徽记④。侵日元军中有相当一部分是辽东军队。这种饰有十字架的头盔，或许就是从辽东派去的军

---

① 《马可·波罗行纪》，页200。
② 陶宗仪：《辍耕录》卷2，"叛党告迁地"条；伯希和：《中亚和远东的基教督徒》，《通报》，1914年，页636。
③ 《元史》卷203《靳德进传》。赵孟頫《靳德进墓志铭》记其言曰："叛王惑妖言，致谋不轨。"见《松雪斋集》卷9。
④ 佐伯好郎：《景教的研究》，页975—977。

士们使用的。

以上材料虽然十分零碎,但仍能从某种程度上反映出,乃颜确实可能利用了基督教来煽惑辽东人心,借以发动叛乱。马可·波罗关于他以十字徽帜作为战旗的记载,也许是有一定事实依据的。

(本文原载《元史及北方民族史研究集刊》第 7 辑,1983 年)

关于元朝"东诸侯"的几个考释

一 "东诸侯"中的"王及侯"

元代的"东诸侯"之名应有两指。其一指金末元初兴起在山东河北地区的诸多汉人世侯,他们中以严实最为著名。其二则指被分封在蒙古草原东部的一批诸王和贵族。中间势力最大的,属成吉思汗幼弟斡赤斤后王一支。成吉思汗的其他诸弟合赤温、合撒儿和别里古台的份地都在蒙古草原东侧,与斡赤斤系份地相错。他们无疑也属于东诸侯之列。本文讨论的,是后一种含义的"东诸侯"。这样的用法可见于郝经《复与宋国丞相论本朝兵乱书》、元明善《廉希宪神道碑》等文献①。姚燧《平章政事忙兀公神道碑》则把他们统称为"东诸侯王及侯"②,包括斡赤斤系诸王,以及弘吉剌惕、亦乞列思、札剌亦儿、兀鲁和忙兀五部。

被概指为东诸侯的这些蒙古贵族之间,身份地位的差别是很大的。其中有"可兀惕",有"古列格惕",也有一般的万户、千户"那牙惕"。元代蒙语中的可兀惕(kö'üd, kö'ün 的复数形式)、古列格惕(küreged, küregen 的复数形式),作为普通名词分别译言儿子、女婿,惟当时亦分别用于专指黄金家族的男性直系后裔和黄金家族的门

---

① 见《陵川集》卷38、《清河集》卷5。
② 见《国朝文类》卷59。是为《元史》卷121《博罗欢传》的史源。

婿。所谓那牙惕(noyad，noyan 的复数形式)在元代汉译作"官人"；他们本身既是黄金家族的"哈剌抽"(qarachu，元译"下民")，又是为黄金家族成员管领普通哈剌抽（"白身人"）的世袭长官。按照在蒙古草原实施分封的最初体例，只有可兀惕才具有被授予份地与份民的资格。东诸侯中属于可兀惕的，是成吉思汗诸弟后裔；弘吉剌惕和亦乞列思世世与黄金家族联姻，属于古列格惕部落；而札剌亦儿、忙兀、兀鲁三部长官的身份都是那牙惕。姚燧对东诸侯的不同身份有很明确的区别意识，因而在上引碑文中将他们分别为"王及侯"两类。这里的"王"是指可兀惕，而弘吉剌惕等五部则被合称为"五诸侯"。可见这些古列格惕和那牙惕的身份都是"侯"。

但是姚燧对"王"与"侯"的界定，与《元史·诸王表》的叙言不太符合。后者明确断言："元兴，宗室驸马（按即可兀惕和古列格惕），通称诸王。"①那么为什么会出现这样的差别呢？

按蒙古旧制本无"王"或"诸王"的概念。凡汗的直系男裔，均以可兀惕一词特指，汉语中用"大王""诸王"来对译。元室采纳汉式的封王制度后，先后被赐予印信与名位，或者仅赐印信而无国邑名号的"宗室驸马"，主要是忽必烈一支的后人及其门婿。此种赐封，显然没有，而且也不可能遍及黄金家族的所有男性子孙或其女性后裔的夫婿们。尽管如此，对那些未尝特别赐封的可兀惕，汉语对译词"大王""诸王"依然是可以适用的②。但是古列格惕就不同了。

---

① 《元史》卷108《诸王表》。关于《元史·诸王表》，韩伯诗有颇为详赡的译注补证，很值得参考。惟元制又有王、郡王、国公、郡公、郡侯、郡伯、县子、县男等八等爵位，用于五品以上文官死后封赠，郡王和国公两等有时亦用于封拜在世文臣。韩书将属于封赠之制的"王"补入诸王表中，反而容易引起读者的误解和疑惑，不能不说是该书体例上的一个失误。参见《元史》卷91《百官志》七。

② 参阅李则芬：《元史新讲》第4册，台北：台湾中华书局，1997年，页301。

古列格惕在元代汉语中虽然可以用作为专指名词的"国婿""驸马"来对译①,惟其所指与古兀惕即大王、诸王完全是两种身份。古列格惕之被通称为诸王,只是元廷采纳汉式封王制度的结果,而且仅只限于那些获得特别赐封的驸马们。少数那牙惕之受封为王,与驸马通称诸王同理。

当蒙古人把他们传统的分封制度推行到被征服的农耕城居地区时,其形态与最初的草地体例相比自然发生了很多变化。无论是在汉地还是伊朗,当地社会中传统制度文化对于在那里实行的蒙古分封制度的影响都是显而易见的。此外,草地体例自身也在变化:在蒙古本部以外,受封的范围不再限于可兀惕,而扩大到古列格惕和若干战功卓著的那牙惕。正因为这样,在元朝立国中原,先后定赐印之等,颁位号之称,建立汉式的封王制度的过程中,封授王位的对象也逐渐不止于可兀惕。古列格惕受封为王者固然大有其人,东诸侯的亦乞列思部有受封为昌王者,弘吉剌惕部有济宁王、鲁王、宁濮王等;兀鲁和忙兀则都有郡王之封。那牙惕中也有受封为王的例证,如月赤察儿封淇阳王、床兀儿封句容郡王等。

在姚燧记载博罗欢有关乃颜之乱的议论而述及东诸侯往事时,两驸马部似尚无人封王。但他关于东诸侯中"王及侯"的划分,实非仅只适用于两驸马部未曾封王的特殊场合而已。就表述蒙古统治集团内部身份差别的更一般的意义而言,它也是完全可以成立的。元代"国制"(即蒙古旧制)和汉式制度成分相互衔合而形成复式结构的方式不一,殊难一概而论。所谓"受份地而建王爵"的制度②,即对

---

① "国婿"之称见前引《廉希宪神道碑》。元刻《事林广纪》续集卷8,"蒙古译语·君臣门":"库鲁干"(即 küregen 的别译)译言"驸马"。
② 语见虞集:《月鲁哥神道碑》,《道园学古录》卷16。

蒙古分封体例与中原王朝传统的封王制度兼纳并容的特殊形式,不过显示出元代对不同制度文化进行整合时所采取的途径之一而已①。

二 札剌亦儿部的漠南游牧地

1212年,成吉思汗大举攻金。至1214年夏,金主南迁。长城以外的漠南地完全被蒙古控制。因此同年夏秋,成吉思汗在调整左手诸王在漠北份地的时候,把札剌亦儿等五部安置到漠南草地。其中弘吉剌惕和亦乞列思的牧地范围,经前人研究已经很清楚了。另外三部中,忙兀部幕地之地望无考;札剌亦儿和兀鲁部先是游牧于日后的上都及其相邻地区②,忽必烈称汗后又被移牧于辽阳。关于二部的营幕地,惟札剌亦儿游牧地的中心尚得知悉。兹讨论如下。

关于札剌亦儿迁牧辽阳以前的幕地,文献留下两条十分珍贵的信息。其一指示出木华黎家族祖茔地所在。延祐四年(1317年),木华黎后人别里哥帖穆尔死在辽阳。"公先茔在兴和,辽阳道远,弗克以昭穆序葬,遂……奉柩葬檀州仁丰乡。"③兴和治今河北张北,中统年间从开平(即后来的上都路)辖地划出置府,至元初又升为路。元代后来在这一地区建立行都,称中都,近有昂兀脑儿湖,当日是水草丰美的地段。

另一条史料则指出木华黎国王的大帐所在。1239年,他的孙子速浑察袭位为国王,遂"即上京之西阿儿查秃置营"④。那么这个阿

---

① 关于元朝诸王的王爵印章之制,李治安在其著作《元代分封制度研究》(天津:天津古籍出版社,1992年)中已辟出专章,进行了很全面的讨论,提出许多很有价值的见解。本文仅就李著所未曾涉及的一个细枝末节的方面,再做一些补充性的阐发而已。
② 《元史》卷58《地理志》一:上都路,"元初为札剌儿部、兀鲁郡王营幕地"。
③ 黄溍:《别里哥帖穆尔神道碑》,《黄金华集》卷25。
④ 《元史》卷119《速浑察传》。

儿查秃究竟在哪里呢？

查《华夷译语》(蒙古译语)卷上"草木门"，"柏，阿儿察"。是则阿儿查秃(archa-tu)，"有柏树"之谓也。蒙语中另有 mayilasu 一词，也译言柏树①。archa 则指柏科植物中杜松、刺柏而言②。据《宣镇图说》，洗马林口东北二十里有"桂柏山"，"土人名怪柏山"③。桂柏即桧柏，其中之叶有刺形者，恰与阿儿察之谓刺柏相合。土人以怪柏名之，盖因"桧"字亦可读若"快"音然耳。顾祖禹说，洗马林堡"边外大谎堆、桂柏山，皆部长驻牧"④。此桂柏山之所在，应即阿儿查秃之地。该地属兴和路境，紧靠今张家口边墙之外。是证札剌亦儿部的营幕地在上都路西南的兴和路地界，是没有问题的。它的东面，大约就是兀鲁部牧地。

札剌亦儿部大营之紧挨金边墙，或与木华黎在成吉思汗西征期间全面承担经略中原汉地的重任有关。他作为"太师、国王、都行省"，兼有征讨汉地的军事统帅以及管制汉地的最高行政长官的身份。他将大营置于此地，对于兼顾游牧军队的惯常生活以及行使统治汉地的职权，显然是比较便利的。窝阔台汗以后，木华黎家族失去了统治中原的独尊地位；但他的后人仍然世世承袭国王的名位。所以直到迁牧辽阳为止，嗣国王大约总是依旧例置营于阿儿查秃之地。

札剌亦儿等部移往辽阳，当在中统年间⑤。嗣国王的大帐自然也随之东移。文宗时，木华黎后人朵儿只嗣国王，虞集有《送国王朵而

---

① 《五体清文鉴》，北京：民族出版社，1957年，页4020。
② 科瓦列夫斯基：《蒙俄法辞典》重印本，页161。archa 进入古代突厥语，它的意思也是杜松树。惟近代维吾尔语 archa 译言"松树"，柏树则作 aqarcha。参见克劳逊：《13世纪前的突厥语辞源学辞典》，牛津，1972年，页200；《五体清文鉴》，页4018、4020。
③ 《口北三厅志》卷2，"山川"引。
④ 顾祖禹：《读史方舆纪要》卷18，"万全右卫·洗马林堡"。
⑤ 据危素说，元廷以札剌亦儿等列镇辽阳，"以为藩屏"，是在世祖"建都开平、大兴(指金大兴府，即元大都)"前后。见《送札剌尔国王诗序》，《危太朴集》续集卷1。

只之辽东》诗描写其幕地的景象。其中有"塞云依碣石,冻雨洒辽东"之句①。此处的"辽东",乃是等义于辽阳行省的泛指词。札剌亦儿的游牧地,实位于辽西。所以木华黎的玄孙硕德在世祖前期奉召从幕营地入朝值宿,碑传谓"自辽西召入宿卫"②。

按明修《辽东志》卷首附"广宁左、中屯卫山川地理图",锦州城东北有"国王碑"。同书记锦州自然及人文地理,载录"木华黎墓"一条,谓"在广宁左屯卫东北二十里。元翰林学士揭傒斯撰碑。又谓霸突鲁墓,以《一统志》作木华黎墓者误。未知孰是"③。这段文字表明:《辽东志》的编者实际上没有见到"揭傒斯撰碑"的原文,而所谓"木华黎墓",在当时也已无迹可寻。他们所作的只能是将以前志书上的有关文字过录备考而已。"木华黎墓"与"国王碑"极有可能是位于同一地点,因为前者已无法实地取证,所以逐渐发生一事两指之误。至于墓主其人,虽不能完全排除木华黎之孙霸突鲁,但恐怕更可能的还是元代中后期某个嗣国王位的木华黎后人④。

虽然"木华黎墓"已难于征信,"国王碑"作为一个地名却一直保留在清代方志中。不过其读音已经讹为"葛王碑"了。清修《锦县志》记城关北乡的屯堡,有称为"葛王碑"的居民点;《锦州府志》记锦县关梁,有"葛王碑桥",谓在"城北十八里"⑤。这些以讹音形式保留下来的地名,极真切地披露出这里曾经存在过的,但随着岁月流逝已

---

① 见《道园学古录》卷2。
② 见黄溍前引碑文。
③ 《辽东志》卷1,"地理・陵墓"。
④ 霸突鲁死于中统二年(1261年)。据前引黄溍碑文,直到迁牧半个多世纪之后,木华黎后人仍有死后序葬于兴和祖茔的习惯。是知将霸突鲁葬在新近移牧地区的可能性并不大。
⑤ 《锦县志》卷2,"建置志・屯堡";《锦州府志》卷4,"建置志二・关梁"。

经湮没的遗迹①。国王碑出现在锦州城附近,说明札剌亦儿部东迁以后的营地,一定是在锦州以北大、小凌河所流经的山地。

三 乃颜的世系

斡赤斤后王乃颜,由于在至元后期举兵称叛,被元军击败处死。这一支东道诸王在元朝长期不显,致使乃颜的世系在东、西记载中显得相当混乱。

在韩伯诗对《元史》卷107《宗室世系表》进行法文译注,以及伯希和对韩注再加以补注时,他们所能利用的《史集·成吉思汗纪》,还只能是贝勒津的刊本。韩书将贝刊本中载录的乃颜世系与另一部著名的波斯文史籍《贵显世系》所载并行列出,比较如下:

---

① 多年前,故贾敬颜教授曾向本文作者提及辽东方志中的"葛王碑"系"国王碑"之讹的问题。他似乎没有将这个意见正式发表出来。今依贾先生指示复按原书,加以揭发,并附识于兹,借以表示对前辈的缅怀。

比较参看上引两个世系表,左表中塔察儿明显重出,而右表中则是只不干重出①。删去重出之后,乃颜在两表中均为斡赤斤玄孙。因此,伯希和在他的遗著《马可·波罗注》中,为乃颜排定世次如下:

Ⅲ 伯希和推定世系②

斡赤斤——只不干——塔察儿——阿术鲁——乃颜

是为目前元史学界所普遍采纳的乃颜世系。不过,它与1950年代出版的俄罗斯学者由汇校诸种波斯文写本而校译出来的《史集·成吉思汗纪》所载世系相比,仍有不同:

Ⅳ 新俄译本所载世系

斡赤斤——只不[干]——塔察儿——失儿不海(shīrbukai)——阿术鲁——乃颜那颜——脱里台那颜

在失儿不海之下并附有原注曰:"失儿不海带着数千人逃到海都处去。他在途中走了一年。他所率领的军队到达那里时已不满千人,其余的人在路上走散了。现在他已老了,仍在那边驻牧营地上。"③

这个失儿不海(即 Shirbekī 的异读)同样出现在世系表Ⅰ、Ⅱ之中,加上表Ⅳ中凿凿有辞的附注,此人无疑是存在的。关键是他在世系表中的位置究竟应当怎么排。可幸的是,利用我们现在已能见到的《史集》另外两种波斯文版本,即德黑兰刊本和伊斯坦布尔写本,再与《元史·宗室世系表》作比勘研究,这个问题似乎是可以解决的。

德黑兰刊本关于乃颜世系的记载如下:

---

① 韩伯诗:《元史·宗室世系表译注》,莱顿,1945年,页39—40。
② 伯希和:《马可波罗注》,巴黎,1973年,页788。
③ 拉施特:《史集》第1卷第2分册,余大钧、周建奇据俄译本汉译,北京:商务印书馆,1983年,页76后附表。

V 德黑兰刊本

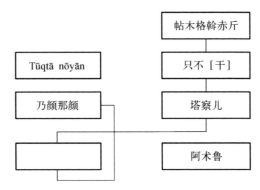

上表是完全按照刊本原有示意方式过录的。其中塔察儿与乃颜之间的传人缺名；阿术鲁没有被计入塔察儿的直系之内①。

再看伊斯坦布尔写本载录的乃颜世系。

VI 伊斯坦布尔写本②

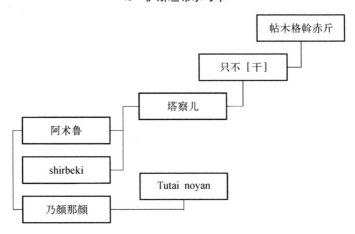

表VI与表V的最大不同，是阿术鲁现在被填入塔察儿的直系，去

---

① 《史集》，卡里弥博士波斯文刊本，德黑兰，1959年，页217。
② 《史集》，伊斯坦布尔本，第122面。本文作者使用的是陈得芝教授所示该书复印件。

顶替表Ⅴ中的缺名人;而表Ⅴ中原为阿术鲁所占据的位置,在表Ⅵ中改属shirbeki,并把他也列为塔察儿的儿子一辈。

比较表Ⅴ和表Ⅵ,至少可以弄清楚以下四点:第一,表Ⅴ中的缺名人,显然应当是shirbeki。第二,若将表Ⅰ、Ⅱ删去重出,那么它们与表Ⅴ、表Ⅵ一样,以斡赤斤为乃颜四世祖。可见这一点在《史集》各种写本及《贵显世系》中都是一致的。第三,这样看来,能够排入从乃颜上溯到斡赤斤之间的直系祖先的人,除去无可置疑的塔察儿和只不干二者外,就不可能再有阿术鲁和shirbeki两个人,而只能包括他们其中之一。第四,表Ⅵ将阿术鲁列为塔察儿之子、乃颜之父;在表Ⅴ中,阿术鲁未被列入塔察儿直系后人,而该表所空缺的乃颜之父的位置则颇可以推定属于shirbeki。

拉施都丁书的不同抄本关于乃颜世系的相异记载,有两点值得注意。一是它们分别把乃颜列为阿术鲁或者shirbeki(亦即失儿不海)的儿子。其二则是对阿术鲁究竟是否属于塔察儿直系问题的不同答案。表Ⅵ把塔察儿、阿术鲁、乃颜列为祖孙三代,但表Ⅴ非但用shirbeki顶替了表Ⅵ中阿术鲁的位置,而且根本就没有把阿术鲁划入塔察儿直系后裔。所以,如果我们有其他来源的材料能为阿术鲁是否塔察儿直系的问题提供旁证,那它也许就可能有助于解开乃颜生父究竟是谁的谜。

在这个问题上,《元史·宗室世系表》为我们提供了一项可以说是带决定意义的消息,虽然该表对于乃颜只字未提:

Ⅶ 元史·宗室世系表

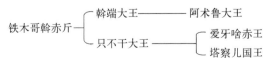

据此，阿术鲁非但不是塔察儿直系，而且实际上与塔察儿是平辈。在这一点上，德黑兰刊本似与《元史·宗室世系表》最为接近。排除阿术鲁为乃颜之父的可能性后，乃颜的真实世系也就只能是：斡赤斤—只不干—塔察儿—shirbeki（或失儿不海）—乃颜。这就是本文的结论。由是反观表Ⅳ，则俄译者所据汇校本，似乎是误将shirbeki 与阿术鲁作为上、下两代一同列入塔察儿的后嗣，使乃颜成为斡赤斤的五世孙，遂与其他诸书俱不一致。

shirbeki 和乃颜父子因为反元失败，一个逃亡，一个被杀。塔察儿国王的这一支后裔，遂失载于《元史·宗室世系表》。如果没有穆斯林史籍中所保留的珍贵记录，乃颜世系也许就会永远再难为我们所确知。

四 乃颜之乱史事补证

关于元廷平定乃颜之乱的战事，文献记载零碎而缺少连贯，过去已有不少考订。近日重读王恽的五言古诗《东征诗》[①]，发现它的写实性质极强，在很多方面可用以补证这段史事。

现在看来，忽必烈于至元二十四年（1287年）五月亲征时，其军队主力是分两道北进的。忽必烈自率博罗欢的五部军和李庭所部汉军，以玉哇失统率的阿速军为前锋，由上都取道应昌北行。王恽诗曰："寅年夏五月，海甸观其兵。凭轼望两际，其势非不勍。"海甸观兵，无疑是指忽必烈驻跸应昌时在答儿海子一带阅兵之事。该军在撒儿都鲁与乃颜部塔不台、金家奴所勒六万人相遭遇。时元军因久

---

① 见《秋涧集》卷5。下文凡引用此诗不复出注。

雨乏食，士气不高。忽必烈企图以大汗气势逼降叛军，遂乘象舆亲自麾军出战，却被叛军用乱矢射退。元军不得已而结阵不出，至夜深用火炮突袭敌阵，才将塔不台军击溃①。紧接着前引诗句，王恽相当详细地描绘了撒儿都鲁之役的经过。他写道："横空云作阵，裹抱如长城。嚣纷任使前，万矢飞搀枪。我师静而俟，衔枚听鼙声。夜半机石发，万火随雷轰。少须短兵接，天地为震惊。前徒即倒戈，溃败如山崩。"元军起初受挫于塔不台的乱矢，在诗中用"衔枚""静俟"之类语词含混过去。除此而外，甚至在诸多细节描写上，这几句诗都写得十分真实可信。

"躬行天讨"的另一路军由玉昔帖木儿统领，他受元世祖之命总戎先行②。在撒儿都鲁之战后，他才与世祖所在的部队会合③。王恽在记述撒儿都鲁之役后接着写道："臣牢最忾敌，奋击不留行。卯乌嘔都间，天日为昼冥。僵尸四十里，流血原野腥。长驱抵牙帐，巢穴已自倾。"这段叙事中有两点值得注意。先说它提到的卯乌嘔都之

---

① 参见《元史》卷14《世祖本纪》十一、卷162《李庭传》、卷121《博罗欢传》、卷132《玉哇失传》。撒儿都鲁之战时，李庭曾"调阿速军继进"。是知玉哇失为忽必烈一军前锋。关于元世祖驻跸应昌、撒儿都鲁的地望乃至他在撒儿都鲁御象督战等事，以及元军击溃乃颜的不里古都伯塔哈之地理方望等问题，我已在前文《乃颜之乱杂考》中予以讨论，此处不再重复。
② 《元史》卷119《玉昔帖木儿传》。
③ 《元史》卷121《博罗欢传》叙述传主在忽必烈军中参与撒儿都鲁之战时谓："转战二日，身中三矢，大破之，斩其驸马忽伦。适太师月鲁那颜（按指玉昔帖木儿）大军来会，遂平乃颜，擒塔不带。"检阅此传史源，姚燧《平章政事蒙古公神道碑》（《牧庵集》卷14）则曰："二日身中三矢，擒塔布岱、斩和伦辈。后与伊罗勒（按指月鲁那颜，即玉昔帖木儿）合力，始诛之（按此指诛乃颜）。"关于塔不带之擒在玉昔帖木儿与世祖会师之前或之后，这两段史文所述不同。据元明善《伯颜碑》（《元文类》卷24），塔不带与金刚奴都曾参与撒儿都鲁之战。惟据黄溍《也速觯儿神道碑》（《黄金华集》卷24），两人被"裁定"，在乃颜败亡之后。故知《元史·博罗欢传》所言是。姚燧碑文中"擒塔布岱"一语，应改为"败塔布岱"方是。然则世祖与玉昔帖木儿两军相会，实后于撒儿都鲁之役；其地或即在乃颜大帐失剌斡儿朵也。

战。玉昔帖木儿的碑传中只有"僵尸复野"的笼统记载,证之以《东征诗》,我们才了解其所指无疑即卯乌嗢都这场血战。

"卯乌嗢都"即"卯温都儿",都是蒙语 ma'u ündür 的音译,意谓"恶的高山"。这在早期蒙古史上是一个很有名的地方。贝勒津推测它位于今哈勒欣河与诺木尔根河近旁①。其地望与《元史·玉哇失传》内言及元军击溃乃颜十万主力军的不里古都伯塔哈(译言有鹰的山)几乎完全相同。则这两种史文所述,应是同一场战役。不里古都伯塔哈与卯嗢都儿或是异名同地,或是相离不远的两处山岭,因而被分别用于命名同一处战场。

假如以上勘同成立,那么王恽所说元军先与乃颜决战、再"长驱"捣毁其"巢穴"的描述就不大准确了。诗里所谓"牙帐""巢穴",毫无问题是指位于大兴安岭西侧哈勒欣河流域斡赤斤份地内的"失剌斡儿朵",它在当时由乃颜继承②。

关于乃颜之乱的结局,《东征诗》所记,有三点颇值得加以注意。诗云:"彼狡不自缚,鼠窜逃余生。太傅方穷追,适与叛卒迎。选锋不信宿,逆颈縻长缨。死弃木裔河,其妻同一泓。"据此我们知道:第一,乃颜是与他的妻子一起被处死的,而且死后被扔进河里。第二,根据马可·波罗的记载,忽必烈不愿面见被擒获的乃颜,遂命令将他立即处死。如果乃颜是在被擒拿处就地处死的,那么他死后被丢进的"木裔河",或许就是《元史·玉哇失传》提到的擒获乃颜的"失列门林"之地。因而"木裔"和"门林"就应该被视作同一蒙古语辞

---

① 见村上正二:《蒙古秘史日文译注》卷2,东京,1976年,页131。
② 斡赤斤大营盘所在,据陈得芝老师考订,应在今呼伦贝尔新巴尔虎左旗之东的辉河(元名回引河)畔,当从之。参见谭其骧主编:《中国历代地理学家评传》第二卷(济南:山东教育出版社,1990年)一书内,陈著"李志常"篇。

müren(译言"河")的异译形式,尽管用当时尚以-m 收声的侵母字"林"来写-ren 的音节是不太准确的。至于失列门林(或曰木脔河)的具体地望,学者中有人以为就是潢河(今西拉木伦河)。惟今绰尔河上游有一条支流,康熙《皇舆全览图》注记为 sele bira,乾隆《内府舆图》译作"色勒必拉"①。满语 bira 译言河。是该河之名读为蒙语当即 sele müren,似亦可用"失列门林"写其音。玉昔帖木儿俘获乃颜的失列门林,应当就是这条色勒必拉。

最后一点值得注意的是,诗歌交代了元廷对乃颜之乱的善后措置:"彼狡何所惜,重念先王贞,择彼顺祝者,其归顺吾氓。万落胁罔治,无畏来尔宁。"忽必烈没有完全取缔斡赤斤的兀鲁思,而是"择彼顺祝者",另封兀鲁思汗。这个"顺祝者",就是乃颜的伯父、塔察儿长子乃蛮带。他大概没有参与叛乱,并且率部加入了平定乃颜余党哈丹秃鲁干的行动。作为斡赤斤后王,他在武宗时被授予寿王名位。继承乃蛮带为斡赤斤兀鲁思汗者,是乃颜之子脱脱。延祐三年(1316年),脱脱受封为辽王②。乃蛮带的寿王之印,或许仍由他本人的直系子孙所袭受。《元史·文宗纪》有"寿王脱里出"等七部之民居辽阳境者告饥的记载,事在至顺二年(1331 年)。这个脱里出被《元史·宗室世系表》列为斡赤斤之子,即乃蛮带从祖。如宗室世系表所记不误,则即使脱里赤生于斡赤斤被处死前后,他到至顺二年也应八十多岁了。毋宁认为,脱里赤的世次,大概是被宗室世系表编者弄错了。

咏史之诗,绝大多数都是虚写的,颇难一一质实。但是王恽的

---

① 见《皇舆全览图》2 排 2 号;《内府舆图》7 排东 1。
② 据本文第三节引录乃颜世谱可知,他有一个儿子名 Toqto'a。受封为辽王者,无疑就是此人。

《东征诗》却多以史实为据。就以诗证史的角度而言,这真是一篇难得珍贵的作品。

五 "按只䚟"的蒙古原名

成吉思汗的同母次弟合赤温早死。他的宗支,长期由其子阿勒赤台掌管。所以成吉思汗对左手诸王分授份民份地时,合赤温系的份子由阿勒赤台出面领受。

阿勒赤台在汉文史料中也写作按只䚟、按只带等。《南村辍耕录》卷1"大元宗室世系"条又作"按只吉歹",《元史·宗室世系表》同。其中"吉"字,系元代衍误①。按只䚟一名,又可以是额勒只吉歹这个人名的异读。《黑鞑事略》里的"按只䚟",有的是指阿勒赤台,也有的是指额勒只吉歹。王国维在该书校注中已有辨说。

韩伯诗在《元史·宗室世系表译注》里,把阿勒赤台一名的蒙古语原名拟构为前元音字 elchitei。他解释这个字的来源说,该词的第二音节(-chi-)当是一个长音,即-chī-;而-chī-又是从最初的-chigi-经由-chi'i-变化而来的。按照这种意见,阿勒赤台的蒙古语原名就成了 elchitei<elchigitei。而 elchigitei 的汉字音译又作额勒只吉歹(或宴只吉歹)。据此,则阿勒赤台与额勒只吉歹乃成为同名异读。

对于韩伯诗的上述见解,伯希和在补注里写道,"按只䚟"一类译写形式,事实上可能在两个不同的蒙古人名 eljigidei 和 alchitai 之间引起了混淆。前者来源于弘吉剌惕分部的名称 elji-gin,而后者则源自塔塔儿的分支部名 alchin。不过伯希和仍然没有明确地表示合赤

---

① 见《元史》卷107《宗室世系表》,校勘记14。

温之子阿勒赤台一名的蒙古语形式究竟为何①。

按《元朝秘史》的汉字音写体例,"阿"字在大多数场合下用以转写后元音 a。阿勒赤台应该是一个后元音的字。保留在《黄金史》里的《秘史》蒙文段落,更直接证实阿勒赤台蒙文作 alchitai,确是后元音字。因此后来诸家在复原蒙古语《秘史》,或在《秘史》的各种译本中转写阿勒赤台一名时,多把它当作后元音字 alchitai 来处理。额勒只吉歹则完全是蒙语前元音字 eljigidei 的转写。eljigin 译言"驴"。由于韩伯诗所述的喉音弱化规律,eljigidei 很容易被读作 eljidei。在用汉语转写时,它与阿勒赤台都可以采用"按只䚟"形式。

所以,元代文献称"按只䚟"或"按赤台"者,不但有一般意义上同名异人的情况,而且还有蒙古语人名本来完全不同、转写为汉字音译却变成同名的情况。

(本文原载《祝贺杨志玖教授八十寿辰中国史论集》,天津:天津古籍出版社,1994 年。收入本集时有部分修改)

---

① 韩伯诗:《元史·宗室世系表译注》,页 29—30。按,在 1954 年出版的《元史·诸王表译注》里,韩伯诗已用 alchitai 来转写阿勒赤台一名了。

元辽阳行省各族的分布

一

创建辽、金二朝的契丹族和女真族，都发祥于东北地区。因此，辽金时期中央王朝对东北的统治，与隋唐时代相比，获得进一步的加强。它为元朝和明朝前期对辽东的强有力统治奠定了基础。

元朝在东北地区设辽阳行省。它的辖境，南面到辽东半岛的最南端，东南与高丽接壤。元与高丽边界线的东段，一度抵于铁岭（在今朝鲜元山南）。13世纪末，双城（今朝鲜永兴）以南地区相继为高丽收复，此后遂以双城为两国界①。直到高丽恭愍王五年（元至正十六年，即1356年），高丽政权遣枢密副使柳仁雨破双城，"于是按地图"，收复都连浦及定州、宣德、元兴三关门以南的朔方道全境。"三关门没于元凡九十九年，至是始复之。"两国间在这个地段的疆界，由

---

① 《东国舆地胜览》卷50、《高丽史》卷137《辛禑传》等史料，都提到铁岭以北曾为元朝所侵占。又据《高丽史》卷58《地理志》三："高宗时，定平以南诸城被蒙兵侵扰，移寓江陵道（地在铁岭南）……忠烈王二十四年（1298年）各还本城。"按高丽此时所收复者，实际是双城以南诸城。参见谭其骧：《元代的水达达路和开元路》，《历史地理》创刊号，上海：上海人民出版社，1981年；箭内亘：《元代满洲疆域考》第6节，载《满洲历史地理》卷2，东京，1913年。

此北移至今咸兴南—西南一线,大致上恢复了辽金时的状况①。这条边境线的西段,至元初年以鸭绿江南岸的高丽国"北界"(亦称"西北面")诸州辖境为界。至元六年(1269年),高丽权臣林衍、李藏用等废国王王植,立王弟琚,擅断国政。其西北面兵马使营记官崔坦、三和校尉李延龄等以讨林衍叛,挈西京(今朝鲜平壤)以下六十余城降元。于是高丽北界和西海道(略当今朝鲜黄海南、北道)一部被并入元境。明年,元廷改西京为东宁府,以崔坦为总管。是时以慈悲岭为两国界山。至元十二年底,又升东宁府为路。至二十七年,方因高丽之请,废东宁路,将其地归还高丽。至是,元与高丽间的这一段交界线,亦大体恢复到元初乃至辽、金时期的状态②。《经世大典·站赤》所载辽阳地区站赤,根据的是至元中叶的资料,所以仍著录有"东宁路所辖马站一十处"。根据大典及《析津志·天下站名》,这十个驿站依次为:宣州、云兴、安信、都护府(今朝鲜安州)、肃州、安定、东宁府、林原、生阳、洞仙。洞仙驿"其东海,其北接合懒府"。足见这条驿路横贯整个东宁路境③。从宣州往北,在鸭绿江南岸,尚有灵州、谊州(当即嵬州)诸驿。惟自至元十三年起,位于鸭绿江下游左岸的静州、

---

① 《高丽史》卷58《地理志》三。参见箭内亘:《东真国的疆域》,《满洲历史地理》卷2。按都连浦系高丽国沿其北部边界所筑长城的东端所在,在今朝鲜咸兴南。定州、宣德、元兴都在咸兴南或西南,系长城三镇。
② 《元史》卷7、卷16《世祖纪》四、十三。《高丽史》卷26《元宗世家》二、卷30《忠烈王世家》三。按慈悲岭一名岊岭,在今朝鲜黄海北道中部。沿慈悲岭一线两国边界的走向,据箭内考定为:起于殷栗、丰州间,向东过凤山、瑞当之间的上述山岭,经遂安郡之南而达于江原道之西北境。参见上引《元代满洲疆域考》。废东宁路以后的两国疆界线,见谭其骧上引论文。
③ 两书所记东宁路驿站的具体站名,分别有六处和九处。《大典·站赤》所记:宣州、云兴、安定、林原、生阳、洞仙。《析津志·天下站名》所记:宣州、云兴、安信、都护(府)、肃州、安定、东宁(府)、生阳、洞仙。据此,当然很容易推知这条驿路上十个驿站的全部站名及其次第。参见《永乐大典》卷19422、19426引录。

义州（今朝鲜义州）、麟州（在义州南，按今朝鲜新义州东之麟山场或即其遗址）、威远镇凡三州一镇改隶于辽阳路婆娑府（该府后废为巡检司）。故而灵州、谊州等驿虽位于鸭绿江南，却不在"东宁路所辖马站一十处"之中①。废东宁路时，以上三州一镇当亦同时归还高丽。是后两国边界的最西段遂以鸭绿江下游为界河。所以当日高丽诗人曾有"鸭绿东岸是吾土"之句②。位于鸭绿江入海口之北的婆娑府，是这时候由高丽入元境后"驰驿中原"的"第一程"③。

辽阳行省的东境至于海，并包括了属于设置在行省最北面的统军机构征东招讨司经略范围内的骨嵬岛（即库页岛）。至元十年九月，"征东招讨使塔匣剌请征骨嵬部，不允"④。这个塔匣剌，至少在中统四年（1263年），已莅临极东北，负责那里的军事了。至元元年末，曾有征骨嵬之役，大概就是由他负责的⑤。至元二十二年十月，"诏征东招讨使塔塔儿带、杨兀鲁带以万人征骨嵬。因授杨兀鲁带三珠虎符，为征东宣慰使都元帅"⑥。骨嵬之被征服，当即在这个时候。《高丽史》载，忠烈王十三年（至元二十四年）九月，"东真骨嵬国万户帖木儿领蛮军一千人罢戍还元，来谒公主"⑦。这支军队，很可能就

---

① 《元史》卷59《地理志》二。
② 李穑：《自京师东归途中作·婆娑府》，《牧隐集》卷2，转引自箭内上引文。
③ 李穑：《婆娑府》，《牧隐集》卷3，转引自箭内上引文。
④ 《元史》卷8《世祖纪》五。
⑤ 《元史》卷98《兵志》一："中统四年十一月，女直水达达及乞烈宾地合签镇守军，命亦里不花签三千人，付塔匣来领之。"塔匣来、塔匣剌系同名异译。关于至元元年征骨嵬事，见《元史》卷5《世祖纪》二。
⑥ 《元史》卷13《世祖纪》十。按《辽东志》卷9《外志》云："奴儿干都司……元为东征元帅府。"黄溍在《别里哥帖穆儿神道碑》（《黄金华集》卷25）中也提到这个须"犬驾耙行冰上"，方可到达的东征元帅府。征东招讨司与东征元帅府都是元朝政府先后在奴儿干地区设置的兼摄军、政的镇边机构。
⑦ 《高丽史》卷30《忠烈王世家》三。

元辽阳行省各族的分布 457

是征服骨嵬时留镇在那里的。元亡后,明政府不费一兵一卒便得设卫所于骨嵬,正式行使对该岛的领土主权,显然就立基于元朝经略这个地区的原有规模之上。曾有日本学者以为,骨嵬或在元朝境域之外,这个说法与历史事实不符。

行省的西南境,辖有泰宁、宁昌、大宁三路,大体上沿着哈剌温山(大兴安岭)的东麓,分别与岭北行省以及腹里的上都、全宁二路相毗连。宁昌、泰宁二路在《元史·地理志》中俱被载录于中书省之下。然而据《经世大典·站赤》,宁昌驿和泰州驿分别属于辽阳行省的辽东路和辽东道宣慰司所辖。而这两处驿站的所在地,正是日后建置宁昌路和泰宁路时的路治。延祐二年(1315年)八月,"改辽阳省泰州为泰宁府";四年,又"升泰宁为泰宁路,仍置泰宁县"①。可见从至元到延祐年间,泰州亦即泰宁地区始终隶属于辽阳行省;宁昌当亦如之。元志所记,疑有不确。宁昌路为亦乞列思部封地。它与翁吉剌部封地全宁路(属腹里地区),沿今老哈河与西辽河交汇点南北一线分界②。

由上所述,可知元代东北地区的境域,远远不止今我国东三省之地。它还包括了今俄罗斯哈巴罗夫斯克边区、阿穆尔州以及雅库特自治共和国的一部分。在这片辽阔的土地上,除了汉族、渤海遗族和一部分高丽族人口外,还生活着东胡-蒙古语族、通古斯语族和所谓古亚语族(Palaeo-Asiatic Group)各部。

汉族进入辽东地区的历史一直可以追溯到相当久远的时期。辽王朝曾将大批汉人强行迁徙到中京(在今老哈河上游)、东京(今辽

---

① 《元史》卷25、26《仁宗纪》二、三。
② 《元史》卷118《特薛禅传》;箭内亘:《元代的东蒙古》,《蒙古史研究》,东京,1930年。

宁辽阳)等地,置头下军州。金克汴京(今河南开封),被驱迫北去的男女,一次即"无虑十余万"。金初移民时,有以山西、河南、湖北等地居民迁入河北地区的情况,也有相当部分的河北以及其他地区居民被迁入东北。辽金政府的强制移民,是东北汉族人口迅速增加的一个很重要的近因。有元一代,北方"汉人"中融入了大量其他民族成分,东北也不例外。到明朝前期在辽东设立卫所时,又一次有大批汉人进入该地区。至此,在辽东都司直辖卫所的地域范围内,汉族人口超过了当地总人口的半数以上①。事实上,元代辽阳省的汉族人口,已很明显地集中分布在其南部的辽河流域及渤海湾东西地区。被迁到辽河流域的渤海遗族,元代属于"汉人"八种之一,实际上亦有相当部分融合到当地汉族人口中,还有一些融入女真等族。总之,渤海人在元代逐渐地不见于记载。元朝境内的高丽族则相对聚居在元与高丽交界地带;在沈州等处也长期集中居住着不少侨寓中国的高丽人。

以下主要叙述汉、渤海、高丽以外元代东北地区各族的分布。

二

辽阳行省属于东胡-蒙古语族的居民,有契丹人以及元代进入这个地区的蒙古人。他们主要分布在行省的西南部。

辽河流域曾经是契丹故地。在金朝,除留居故地者外,还有部分契丹人陆续被金政府从西北路或西南路等地强制迁徙到该地。金后期,契丹人耶律撒八、耶律窝斡起义失败,金政府解散了所有的契丹

---

① 《辽东志》卷1《地理志》"风俗"条引"薛子"云:入明后,辽东都司所属诸卫所辖境内"华人(按指汉人)十七,高丽、土著、归附女直野人十三"。

猛安谋克,甚至下令"辽民(按指契丹族)一户以二女真户夹居防之"①。东北的契丹部落大半被强行离散。成吉思汗起兵朔漠时,东北契丹人在耶律留哥率领下乘机反金,数月聚众至十余万。留哥西觐成吉思汗后,不愿归附蒙古的契丹部众辗转进入高丽。1219年,他们在蒙古军和蒲鲜万奴派遣的东真军队围攻下败绩,降众五万余。其中有极小部分留在高丽,后来高丽政府曾下令专置"契丹场"居之;大部分随蒙古军西返,仍归驻扎在临潢附近的耶律留哥统辖,之后又随留哥后人徙至广宁等地②。在此以后,这批契丹遗民很少再见于史载。

从以上的叙述来看,当日东北地区的契丹人,大致可以分为两种情况。一部分入元时早已被离散部落,杂处于它周围的汉、女真或其他诸族当中,因而逐渐为后者所吸收。另一部分,例如辽东乡兵中的契丹军和留哥所部等,尚能保持或重新恢复聚族而居的状态。然而无论如何,至迟到元明之际,这一部分契丹人,也由于被征调当军或其他各种原因而陆续离散,同样融合到周围的人群之中而不复存在了。

契丹而外,在辽东乡兵之一种即乣军当中,或许还有一些属于东胡语族的部族。据蔡美彪《乣与乣军之演变》一文③,元代辽东的乣军,应即金季遗留下来的东北路乣人诸部的旧建制。这种情况似乎是很可能的。可惜关于元代乣军我们知道得实在太少了。如果诸如迪烈乣等土著部族军入元后确实仍然存在,那么我们至少可以说,这个迪烈乣就是由与契丹族属相近的东胡语族的部众构成的④。

---

① 《元史》卷149《耶律留哥传》。
② 《元史》卷149《耶律留哥传》;《高丽史》卷103《赵冲传》《金就砺传》。
③ 载《元史论丛》第2辑,北京:中华书局,1983年。
④ 事实上,迪烈乣人这时差不多已融入契丹族中去了。所以元代史料有时径称其为"辽人"(即契丹人)。参见《元史》卷150《石抹也先传》、卷188《石抹宜孙传》。

元代驻牧辽东的蒙古人，主要有两个来源。一是先后被遣往该地区担任镇戍的蒙古军。其分布面较广泛，但流动性也较大；戍守重点，是以辽河流域为中心的行省南部。他们（包括部分钦察、乃蛮等突厥语族军士）由枢密院通过设置在辽东的东路蒙古军上万户府、东路蒙古军都元帅府辖制。另一来源则是跟随分地在这里的诸王勋臣一起迁徙来的蒙古部众。

按照蒙古的分封制度，辽阳行省有不少地区先后被分封给诸王和功臣们。其中最主要的有三家，即位于宁昌路的昌王（亦乞列思部贵族孛秃后人）封地、位于泰宁路的辽王封地和世袭国王爵位的木华黎后裔的封地。

辽王是成吉思汗同母幼弟帖木格斡赤斤的裔孙。至元二十四年，斡赤斤玄孙乃颜叛于辽东，被忽必烈镇压。乃颜之乱平定后，原来属于斡赤斤后王而为元军"系虏"的蒙古、女真军户及部分其他人户，被括入国家版籍，其中有一些并被徙置江南等地。元廷在今松嫩流域立肇州城（城在今黑龙江肇州西南、松花江畔），迁吉利吉思、乌斯、撼合纳等部东居，同时组织当地各族部众在该地区开垦。但是，未曾直接参与叛乱之举的斡赤斤系诸王部民，并未被元政府全部褫夺。继乃颜之后统领这些部众者，仍有他的族裔脱脱①。不仅如此，东迁的吉利吉思等部人户，至少有一部分亦拨归脱脱统属②。延祐三

---

① 大德末，廷臣建言："前乃颜叛，其系虏之人，奉世祖旨俱隶版籍。比者近臣请以归之诸王脱脱，彼即遣人拘摄。臣等以为此事具有先制。今已归脱脱所部，宜令辽阳省臣薛彻干等往谕之；已拘之人，悉还其主。"见《元史》卷22《武宗纪》一。可见除"系虏之人"以外的斡赤斤后王余部，当时有一些仍归脱脱领属。把被废黜的诸王的部众移隶于他的一个近亲之下，这种做法，是符合元代蒙古惯例的。

② 《元史》卷21《成宗纪》四：大德九年七月，"给脱脱所部乞而吉思民粮五月"。

年,脱脱正式受封为辽王①。他的封地,应该就在泰宁路。入明后,设泰宁卫于此。《武备志》《登坛必究》诸书将泰宁卫的蒙古语名称音译为往流,它书或作罔留。是即 ongli'ut 的对音,意谓"属于王的人民"。这个王指何人而言?我们知道,明初兀良哈三卫都以"率众来附"的原蒙古贵族为指挥同知,仍由他们"各领所部,以安畜牧"。而担任三卫之一即泰宁卫指挥同知的,正是"故元辽王"阿札失里。由是足知驻牧于泰宁路境的"王的人民",是辽王部民②。脱脱受封于泰宁路是很自然的。因为这里在元初早就已是斡赤斤后王份地的一部分了。

仁宗、英宗二朝,辽王脱脱"位冠宗室",肆行威福,势力极大。在泰定帝死后爆发的两都之战中,他站在上都方面,死于上都被袭破之役。文宗即位后,又封脱脱之子牙纳失里为辽王,以故辽王脱脱印赐之③。牙纳失里死于何时不可确考。我们所能知道的只是,最后一任辽王,就是元亡后投降明朝,并被明廷就用为泰宁卫指挥同知的阿札失里。

木华黎家族的份地,蒙古时期是在桓州至兴和一带。元志谓:"上都路……元初为札剌儿部、兀鲁郡王营幕地。"④1239 年木华黎孙速浑察袭位为国王时,尚"即上京之西阿儿查秃置营"⑤。蒙语阿儿查秃(Archa-tu)译言"有柏树"。其具体地望不详,要之殆不外乎桓州界⑥。而其家族的墓茔地,则一直是在兴和(今河北张北)⑦。直至

---

① 《元史》卷 108《诸王表》。
② 参见韩儒林:《元代的吉利吉思等部》,载《元史及北方民族史研究集刊》第 3 辑(1978 年)。
③ 《元史》卷 33《文宗纪》二。
④ 《元史》卷 58《地理志》一。按兀鲁部后裔封德清郡王,故志文称为兀鲁郡王。
⑤ 《元史》卷 19《速浑察传》。
⑥ 《华夷译语》(蒙古译语)卷上"草木门":"柏,阿儿察";柯瓦列夫斯基:《蒙俄法辞典》,页 161。
⑦ 黄溍:《别里哥帖穆尔神道碑》,《黄金华集》卷 25。

中统、至元年间,其封地方东迁。危素说:"及建都开平、大兴(按指金大兴府,治中都,即元大都),则视辽阳行省为之左臂,以异姓王札剌尔氏、兀鲁氏、忙兀氏、亦乞烈思氏、瓮吉剌氏列镇此方,以为藩屏。"①翁吉剌部经调整的新封地在应昌路,境不属辽阳,此为危氏误记。亦乞列思部所在之宁昌路应属辽阳而元志误植入中书省管下。剩下札剌亦儿、兀鲁、忙兀三部居地,诚当如危氏所言,是在忽必烈初年迁到辽阳地区的。所以袭位国王的木华黎后人,往往奉命"之国辽阳"②。据黄溍《别里哥帖穆尔神道碑》,木华黎玄孙硕德,"世祖皇帝践位之初,自辽西召入宿卫"。据此似可进一步推定,木华黎家族的封地,在后来的大宁路境③。兀鲁、忙兀二部迁至辽阳后究竟驻牧于何地,尚难确考。

除上述三家外,成吉思汗异母弟别勒古台的份地虽在岭北,但他在广宁路有一部分五户丝户,因而他的后人中有被封为广宁王的。从云南调到东北的营王,以及其他一些诸王,也都先后领所属部众驻牧辽东。

元明战乱之际,潢河以南的蒙古部众溃败漫散。它北面的蒙古人,先后跟随木华黎裔孙纳哈出、辽王阿札失里等人降明。到了明朝,随着朵颜、泰宁、福余三卫势力的扩张,当时留在东北的蒙古人几乎全被视为兀良哈蒙古。16世纪中叶,蒙古察哈尔部由西向东越过大兴安岭进入辽东。兀良哈三卫解体。朵颜卫的蒙古部众最终羼入

---

① 危素:《送札剌尔国王诗序》,《危太朴集》续集卷1。此条史料承陈得芝老师教示。
② 《元史》卷129《朵儿只传》。
③ 辽东作为与辽西相对的地域概念使用时,最西可至广宁府路之地。所以广宁府路在元代曾与开元、咸平等路同隶辽东道宣慰司,见《事林广记》前集卷4"天下城邑"条。所谓辽西,主要是指大宁路一带。故时人有以北京(按指金北京,即元大宁路治)为"辽西重镇"者。见《元史》卷119《木华黎传》。

喀喇沁部和东土默特部之中①。

　　元代东北地区的蒙古人,主要还是游牧民。有的作者以今辽宁省新民市、绥中县等处发现的金、元村落遗址及其出土器物为例,来介绍"元代蒙古族相对集中的居住区社会经济"的面貌。这个提法是十分含糊的。新民、绥中等地在元代与其说是"蒙古族相对集中的居住区",毋宁说是汉族以及趋向于融入汉族的那一部分其他民族的居民相对集中的聚居区。无论如何,在这里发现的属于农业经济的考古材料,似不能反映"蒙古族社会经济的发展"②。

三

　　元代辽阳行省的通古斯语族居民,有女真、水达达、兀者野人、骨嵬等。他们主要分布在行省的东半部。

　　金朝中后期,东北女真猛安谋克当不下于二三十万户。金元鼎革之际,蒙古由西面进入东北,蒲鲜万奴自立于辽东,女真分布重心

---

① 祁韵士《皇朝藩部要略》卷1《内蒙古要略》一云,清代内蒙古诸部,大多为元宗室后裔,属于孛儿只吉歹氏,"惟喀喇沁及土默特左翼二部四旗,为元太祖臣济拉玛(按即者勒蔑)之裔,则姓乌梁罕"。同书又谓:"喀喇沁者,元太祖大臣札尔楚泰(按即札儿只兀歹)子济拉玛之裔,始附于明,为朵颜三卫都督、都指挥。"朵颜等卫部众中有属于者勒蔑后裔的兀良哈人,或即兀良哈三卫之称的由来。实际上,喀喇沁和东土默特部原来也属于孛儿只吉歹氏,都是跟随达赉逊库登(达延汗曾孙)东迁到辽东的察哈尔汗近亲后裔。后来,泰宁、福余两卫被察哈尔汗的另外两个近亲和尔朔齐(内喀尔喀部祖先)和奎蒙克(科尔沁部祖先)并灭,朵颜部则被得名于哈喇慎(或作哈喇嗔)大营的老把都(即俺答汗弟巴雅思哈剌)后裔喀喇沁部所控制。1628年,喀喇沁、东土默特等部被达赉逊后人林丹汗击败,或亡或衰。几年后,林丹汗受后金皇太极之逼,退出辽东,朵颜兀良哈人遂乘这个机会冒用了喀喇沁和土默特部名。参见和田清:《察哈尔部的变迁》,《东亚史研究》蒙元篇,东京,1959年;余元盦:《内蒙古历史概要》,上海:上海人民出版社,1958年。

② 参见傅朗云、杨旸:《东北民族史略》,长春:吉林人民出版社,1983年,页130。

略呈东移趋势。在元代,东北地区的女真人,基本上可以分为以下三大部分。

一是从辽阳以南至辽东半岛的女真人。其中有一部分是辽初被耶律阿保机强迫迁去的。史载"阿保机虑女真为患,乃诱其强宗大姓数千户,移置辽阳之南,以分其势,使不得擅通。迁入辽阳著籍者,名曰合苏款,此谓熟女真是也"①。元哈思罕万户府、千户所之名,即得诸合苏款一语。在辽河两岸,金咸平、东京、北京等处,包括半岛地区的系辽籍"熟女真",受汉文化影响较深,文明程度在通古斯语族诸部中为最高。

其次,在"熟女真"的东北方向,散布在长白山两麓北至松花江上游和中游,以及牡丹、绥芬二水流域的女真诸部,与系辽籍女真相区别,曾被称为生女真,或谓之"非熟女真,亦非生女真也"②。其经济文化的发展,虽比原来系辽籍的女真诸部稍落后一步,不过在金元两代,他们早已由于和汉、渤海等族的互相融合与影响,而逐渐扩大农耕生产。至少是到元代,他们与其南面的所谓"熟女真",恐怕差别已经不是很大了。明中叶前后南迁定居于这一带的建州女真和海西女真各部,或"乐住种,善缉纺,饮食服用,皆如华人",或"俗尚耕稼,妇女以金珠为饰,倚山作寨,聚其所亲居之"③。如果不是在当地的土

---

① 徐梦莘:《三朝北盟会编》甲集,"政宣上"卷3。合苏款、哈思罕,疑同于满语 hashan,译言以木杆或高粱杆所筑之栅栏。被分隔于栅栏以南的女真,更易受汉文化浸染,故名之以熟女真。
② "自咸州(在今辽宁开原北老城镇)之东北,分界入山谷,至于束沫江(松花江),中间所居,隶属咸州兵马司,许与本国往来,非熟女真,亦非生女真也。自束沫之北,宁江(今吉林扶余东)之东北,地方千余里,户口十余万,散居山谷间,依旧界外野处,自推雄豪酋长,小者千户,大者数千户,则谓之生女真。"见《三朝北盟会编》甲集,"政宣上"卷3。
③ 《皇明九边考》卷2。

著居民主体即女真人中间农业经济业已相当发达,这些原先不善耕纡的后来者,怎么能够这么快地学会定居和农耕的生活方式呢?

其三,由此继续往北、东北,在东北流松花江、混同江的两岸及其周围深山密林中生活的通古斯语族诸部,构成了元代称为女真水达达(或水达达女真)和兀者诸部的主体。

迄今所知,达达一名,最早见于鄂尔浑河碑铭。它很可能起源于和突厥人相邻近的操原蒙古语的某些部落的称谓,并由此而转变为突厥人对塞北诸多原蒙古语游牧部落的共称。蒙古兴起后,达达逐渐地还原为驻牧于富饶的呼伦贝尔地区的原三十姓鞑靼后裔塔塔尔部的专名;而在另一方面,元代汉语沿袭突厥语把蒙古人称为达达的用法,把它当作 Mongghol 这个名称的固定的汉式译名之一,亦为官方公文书和俗文学所普遍采纳。杨显之《郑孔目风雪酷寒亭》第三折:"他道:你是甚么人?我道:也不是回回人,也不是达达人,也不是汉儿人。我说与你听者。"①说这番话的是一个"南人"。其所谓达达,显然指四等人中的蒙古人。泰定帝也孙铁木儿的即位诏书,同样把蒙古诸部驻牧的岭北地区称为"达达国土"②。《元朝秘史》将合木黑忙豁里(Qamugh Mongghol-i)旁译为"普达达行",总译则作"众达达百姓",更明确地反映出元代的蒙汉对译体例③。

然而,水达达这个名称,出现在达达的内涵被固定为 Mongghol 一词的汉语对译之前。南宋彭大雅 1232 年至 1233 年的北使记录《黑鞑事略》,在列举蒙古"残虐诸国"之中"已争而未竟者"时提到,其

---

① 见藏晋叔编:《元曲选》已集下。
② 《元史》卷29《泰定帝纪》一。
③ 《元朝秘史》第52节。又《事林广记》续集八"蒙古译语":"达达,蒙古歹(Mongghol-dai)。"

"西南曰斛速益律子",小注云"水鞑靼也"。贾敬颜指出,斛速益律子应即斛速益律干之讹,是为蒙语 usu irgen 的音写,意为水百姓。此种水百姓,无疑是指位于当日东真之北、黑龙江沿岸尚未宾服蒙古的通古斯语族诸部。彭大雅说他们在蒙古西南,所记不确。可见水达达作为斛速益律干的意译,出于向彭大雅提供上述情报的华北汉人之口,而不是蒙古人自己对于这些东北"水百姓"的指称。是则"水达达"一名,至少在窝阔台时候已经开始了①。那时候,达达亦已用指蒙古②,惟汉人对北方边远之地不同人群间的区分无多意识,所以才会误将这个译名的覆盖范围扩大到松花江、混同江流域的女真语诸部。入元之后,达达的含义日渐专一。尽管如此,水达达作为非蒙古语部族却使用达达指称的既定特例,亦竟与元朝相始终。但为了与达达的一般内涵相区别,元人在许多场合都以女真与水达达联称,或谓水达达女直,或谓女直水达达,用以指明其真正族属。

水达达虽然临江滨水,但大多数人仍过着"逐水草为居,以射猎为业"的牧猎生活③。从经济发展水平来说,他们明显地落后于它南面那些曾被编入金猛安谋克的女真人。直到明朝中叶,这一带的女真诸部尚被视为生女真。明《开原新志》有云:"其脑温江(按即嫩江)上自海西,下至黑龙江,谓之生女直。略事耕种。聚会为礼,人持

---

① 卡尔毕尼、鲁布鲁克、瓦撒夫、阿布勒肥达等人都提到过传闻中的 Su-Mongal(译写形式不尽相同,此不赘举)。其中以卡尔毕尼的叙述较早、较详细。他说,这种 Su-Mongal 自称塔塔儿,它曾与大蒙古(Yeke Mongal)、蔑儿乞、Mecrit(似即克烈)一起,组成蒙古的四大人群(four nations),他们具有同样的体貌,说着同一种语言。他又说,su 是突厥语水的意思。这种水蒙古,指的实际上就是塔塔尔部,而应与汉人译语中的水达达无涉。参见《鲁布鲁克游记》,柔克义英译本,伦敦,1900 年,页 112 注文。

② 窝阔台时写给高丽国王的牒文,有"皇帝大国土里达达每,将四周围国土都收了"等语,见《高丽史》卷 22《高宗世家》。

③ 《元史》卷 59《地理志》二。

烧酒一鱼胞,席地歌饮。少有忿争,则弯弓相射。可木(按在黑龙江、松花江汇流处下游不远)以下,以桦皮为屋,行则驮载,止则张架以居,养马弋猎为生。"①这种"养马弋猎"的"生女真"的主体,无疑就是元朝时候的水达达人。

水达达之名,不见于元以前的文献材料。在金代,它很可能与兀者一起,被其南面的女真人统称为兀的改人。《金史》卷24《地理志》上:"金之壤地封疆,东极吉里迷、兀的改诸野人境。"同书卷73《完颜晏传》:"天会初,乌底改叛。……乃命晏督扈从诸军往讨之。至混同江,谕将士曰:'今叛众依山后,地势险阻,林木深密,吾骑卒不得成列,未可以岁月破也。'……声言俟大军皆集而发。乃潜以舟师浮江而下,直捣其营,遂大破之。"按,明《奴儿干永宁寺碑》称本朝设都司于其地,实系继承"辽金时……故业"。足见金朝壤地之极东,已到达黑龙江入海口地段。由此溯大江而上,黑龙江下游沿岸以及附近的大片深山密林,都是兀的改人分布区域。据《华夷译语·女真译语》"人物门",女真语兀的厄·捏麻儿译言野人。兀的改当与兀的厄同义,也就是野人的意思②。金代的女真人既然把它东北方向的"诸野人"区别为古亚语族的吉里迷人以及兀的改人两大类,则后者所指,必定是与女真同属通古斯语族但社会经济发展水平更低的诸"野居"

---

① 《大明一统志》卷89,"女直·风俗"引《开原新志》。和田清在《汉籍记载中的黑龙江下游居民》(《东亚史论丛》,东京,1942年)一文中,断《开原新志》为元代志书。他的理由主要是严从简《殊域周咨录》卷24"女直"条载录上引文字时,明言出于"元志"。和田误视此处"元志"即指《开原新志》而言。按,严从简有关女直风俗一节文字,完全抄自《大明一统志·女直·风俗》所注引的诸书节文,很可能连原文都没有查考过,所以竟把从《元史·地理志》"合兰府水达达路"条抄出来的一节文字误植入以下"元志"(即《大元一统志》)节文之内。又按,严从简书对上面引用的这一段史文,漏载出处。和田谓其云出自元志,似属无据。近来国内也有人以《开原新志》为元代志书。但它成书于明朝,实无可疑。

② 此项知识承贾敬颜先生教示。

部落。到元代,又按活动地域进一步将兀的改人分为两类,沿江滨水居住者为水达达,出没于深山密林者则为兀者。但有时候兀的改这个名称,仍见使用。

上面已经提到,黑龙江下游直至奴儿干一带大片山林中的通古斯语族居民,元代称为兀者、吾者。满语森林一词,清代译写为乌稽、窝集等。时人云:"乌稽者,汉言大林也";"窝集者,盖大山老林之名"①。它们都是兀者别译而已。兀者部人之得名,显然因为它们活动于深山老林之故。清代仍有用为部族名称者,如东海兀哲部、窝稽部等。

顺帝时期,元政府向东北各部族勒索海东青,收括无度,激起水达达和兀者的反抗。这次起义时断时续,前后经过约十年才最后失败。事后,元廷复立兀者野人、乞列迷等处诸军万户府于哈儿分之地②,当即镇压此次起义后的善后措施之一。据前人考订,哈儿分在黑龙江下游 Tondon 河(乾隆十三排图汉译作塾塾河)入江口。明代曾一度因仍元朝旧制置兀者野人乞列迷女直军民万户府于此。明兀良哈三卫之一的福余卫,其蒙古名称曰我着,当亦得名于兀者。嫩江中游的这部分兀者人,或许与肇州的水达达人一样,是在元初平定乃颜之乱以后从更东面迁来的。

在大山中的兀者部落多以射山为猎。元代史料更多地把兀者与野人相连称。元朝后期有一个东北籍的明里帖木儿,不是兀者而自号"北野兀者",被当时人看作自甘"以贱形加全人"③。这种说法中

---

① 高士奇:《扈从东巡日录》;曹庭杰:《东北边防辑要·艮维窝稽水源合考》。
② 据《经世大典序录·招捕》,大德年间,元政府即曾置管兀者、吉烈迷万户府于二族居地。
③ 吴师道:《北野兀者赞并引》,《吴正传文集》卷11。按,明里帖木儿家族自其高祖起迁居北野山。其父暮年"每怀乡土之念",故而死后被"还葬柳城",以遂其愿。是知北野山在营州柳城。见黄溍:《明里帖木儿神道碑》,《黄金华集》卷27。

包含的民族歧视观点固然不足为训,但它在一定程度上反映出,兀者诸部的文明程度,应比水达达更低一些。

元代史料也记载了库页岛上的通古斯语族居民,即骨嵬人。骨嵬既是部族名,又是地名。它与唐代的窟说、屈说①,明代的苦夷、苦兀②,及近代的库页,均为同名异译。元代文献提到的骨嵬岛居民,有亦里于、吉里迷、骨嵬三种③。今萨哈林岛上土著诸族群中与亦里于一名相近者,只有鄂罗克人(Orok),他们说的是通古斯-满语语族南支那乃语群中的一种语言。但该人群从来不以鄂罗克自名,此名应起源于毗邻人群对之的他称,19 世纪的俄罗斯考察家亦以 Oroki、Orokhko、Orokes 等名称呼之。该词语义难知。通古斯-满语一般称驯鹿为 oron;它在乌德盖(即金元时期的兀的改)语里变为 olo~oro,那乃语作 orō(第二音节元音为长音)。通古斯-满语语族的某些语言里似乎有一个 *oro- 或 *orō 的共同词根,译言被驯服的宠兽幼崽。而对于词尾的-k,则始终没有令人满意的解释。乌尔奇语 orokō(n)译言熊,亦恐怕与作为族名的 orok 无涉。鄂罗克人在历史上一直自称 Uil'ta。帝俄时代的学者们一般都相信,黑龙江下游与库页岛上最原始的居民应当是尼夫赫人(即吉里迷人,详下文),而鄂罗克人、乌尔奇人、鄂罗奇人、乌德盖人、那乃人等通古斯-满语语族诸人群则是后来迁到那里去的。19 世纪的俄文民族志文献指出:阿穆尔河下游的 Mangu 人(俄文多写作 Mangun,疑唐代望建河、元代蒙可山之名即源

---

① 《唐会要》卷 96,"靺鞨"条:黑水"东北十日程有窟说靺鞨,亦谓之屈说"。按《唐韵》,"说"字一音弋雪切,与悦通,窟说、苦夷、库页音甚近,或许是通古斯语族各部的读法,而骨嵬、苦兀则恐怕反映了蒙古语民族对这个名称的发音。
② 《奴儿干永宁寺碑》,《满洲金石志》卷 6;《大明一统志》卷 89 引《开原新志》。
③ 《元史》卷 5《世祖纪》二:至元元年(1264)十一月,"征骨嵬。先是吉里迷内附,言其国东有骨嵬、亦里于两部,岁来侵疆。故往征之"。

于此)认为鄂罗克人来自与其居地相邻的 Ol'cha 人(或即 Nani 人);他们的语言、性情和习俗与 Mangun 人相同。Uil'ta 之名与 Ol'cha 同源,由后者的末音节辅音 ch-发生去擦音化(或去颚音化)而变为 t-所致①。设若亦里于果然是今鄂罗克之名在元代的译音,那么他们之迁入库页岛,比俄罗斯学者猜想的时在 16 或 17 世纪还要早很多。以骨嵬命名的部族,应即该岛主要的土著居民。在唐代,岛上的主要居民是通古斯语族的靺鞨;近现代,岛上除南部的阿依努人(虾夷人)、近海岸地带有部分吉里亚克人外,其主要土著仍为通古斯语族诸部(包括 orok 人在内)②。由此可以推想,元代的骨嵬人,也是操通古斯语族某支方言的部族。他们大概不像与他们语言相同的亦里于人那样以驯鹿作为交通用兽,也不如以捕捞为生的吉里迷人那样擅长造舟,所以有时还得坐着吉里迷人制作的"黄窝儿"船,从骨嵬岛渡海来到奴儿干③。

四

辽阳行省界域内的古亚语族人,有吉里迷诸部,还有在明代被称

---

① 俄罗斯科学院远东诸民族历史、考古与民族学研究所:《萨哈林岛 УЙЛЬТА 人(орок)的历史与文化》,符拉基沃斯托克,2021 年,页 16—18;莱甫诺夫:《鄂罗克人的几个与驯鹿畜牧有关的术语》,《彼得堡语言学学报》(Acta Linguistica Petropolitana)15-3(2019);杨虎嫩(Juha Janhunen):《论鄂罗克与乌梁海两族名之关系》,《克拉科文西亚词源学研究》(Studia Etymologica Cracoviansia)第 19 卷,克拉科沃科技大学,2014 年。
② 《大英百科全书》卷 19,1964 年版,页 863,"萨哈林"条。
③ 《经世大典序录·招捕》。"黄窝儿"一译"广窟鲁",是一种"头置枒杈,木根如鹿角状,两舷荡桨,疾行江中"的"五板船"。见《辽东志》卷 9《外志》。近代基里亚克人制造和使用的特别的"三板船",当即渊源于此种"黄窝儿"。见柯林斯:《西伯利亚之行》,斯斌译,上海,1974 年,页 240。

为"北山野人"的诸部族中的若干部分。

吉里迷之名始见于金。上引《金史·地理志》已明言他们当时居住在金朝版图的极东北,即奴儿干地区。元代史料所反映的吉里迷人居地范围,就要更详细一些了。从元廷设兀者野人、乞列迷等处诸军万户府于哈儿分,《元史·世祖纪》谓来附吉里迷称其国东有骨嵬、亦里于两部。《经世大典序录·招捕》谓东渡赛哥小海(即鞑靼海峡,赛哥译言美丽)后,先至艀因吉列迷,方到骨嵬界①。由此可知该部族居住于黑龙江下游两岸直至奴儿干地区,以及骨嵬岛之一部分,亦可知吉里迷人并不以为自己与亦里于人族属相类。自金元迄于近现代,吉里迷人的分布状况似乎没有很大的变动。他们在清代志书中被称为济勒弥:"其在混同江口西至黑勒尔,则济勒弥部居之。"②黑勒尔河在今俄罗斯哈巴罗夫斯克边区博格罗勃斯戈耶附近③。在描写东西伯利亚的同时代沙俄等国学者著作中,他们被称为基里亚克人。俄罗斯学者又称之为尼夫赫人。尼夫赫一词在其本族语言中原意为"人们"④。十分清楚,吉里迷人、基里亚克人或者尼夫赫人,在历史上曾经长期是中国诸中央王朝的羁縻部落。俄罗斯学者说,基里亚克人僻居亚洲大陆边缘,长期处于外界政治和文化影响之

---

① 据《元文类》卷41辑录《经世大典序录·招捕》,奴儿干地方的兀的哥(即兀底改)人称:"欲征嵬骨,必聚兵候冬月赛哥小海渡口结冻冰上,方可前去。光征艀因吉烈迷,方到嵬骨界。"文中嵬骨系骨嵬一名倒错,光征为先征之讹。艀因一词语义未详。门格斯《简明满英语汇》(华盛顿大学,1978年)页68有duyen,译言distant(of people)。也许艀因吉里迷是指远离海西大陆吉里迷本部的库页岛上之"远方的吉里迷"。
② 《吉林通志》卷15。
③ 这个地名,在康熙《皇舆全览图》1排2号用满文注记为Keler Bira;乾隆《内府舆图》(即13排)6排东2汉译为和勒尔必拉。
④ 托迦列夫:《苏联民族志》,莫斯科,1958年,页513。

外①。事实恐怕不完全如此。

　　元代文献中有关吉里迷人生活和社会状况的记载仍然太少了。因此，尽可能充分地利用稍晚一点的材料即明代材料，以适当地填补在此以前的史料空缺，便显得格外重要。和田清在《汉籍记载中的黑龙江下游居民》一文中，从史源学角度出发，将《大明一统志》卷89所引录的《开原新志》佚文与《辽东志》卷9中的有关文字比勘对照，以史文所谓"乞列迷四种"列为专节进行研究，对后学深有启发。然而，和田写成该文时，玄览堂丛书续集本《寰宇通志》尚未刊行。所以他未能看到卷116"女直·风俗"条所征引的《开原新志》的上述这一段材料。它比《大明一统志》引述得更为完整。把它拿来与《辽东志》相比勘，就可发现和田考论中尚有未尽精当之处。现在先将此段文字照录如下：

> 乞列迷有四种：曰囊家儿、福里葺、兀剌、纳衣。性柔刻贪狡。居草舍，捕鱼为食。不梳刷。着直筒衣。暑用鱼皮，寒用狗皮。腥秽不可近。以溺盥洗。父子不亲，夫妇无别，不知揖拜。不识五谷六畜，惟狗至多，乘则牵拽把犁，食则烹供口实。婚嫁，娶其姊，则妹以下皆随为妾。死者刳腹焚之，以灰骨夹于木末植之。……乞里迷去奴儿干三千余里。一种曰女直野人，性刚而贪。文面椎髻，帽缀红缨，衣缘彩组，惟裤不裙。妇人帽垂珠珞，衣缀铜铃。射山为食。暑则野居，寒则室处。一种曰北山野人，乘鹿出入。又一种居北海之南、大江之西。住平土屋，屋脊开孔，以梯出入。卧以草铺，类狗窝。苦兀在奴儿干海东……其邻有吉里迷。男少女多。女始生，先定以狗，十岁即娶。食惟腥鲜。

---

① 托迦列夫：《苏联民族志》，莫斯科，1958年，页513。

《大明一统志》在引述同一段史文时,省去曩家儿等四部名称,《辽东志》亦如之。这就使得和田误以为这四种(实际上是四部)吉里迷人属于更大范围的吉里迷"四种"之一。于是他把以下"一种曰女直野人""一种曰北山野人""又一种居北海之南、大江之西"解释为"乞列迷有四种"当中的其他三种。现在看来,这样解释,是与原文意思有所出入的。

曩家儿、福里莙等四种吉里迷,诚如和田清所说,是居住在黑龙江下游以奴儿干为中心的吉里迷本部。明初曾置曩哈儿、伏里其、兀刺等卫于其地。自金元以来,该地的吉里迷人或许就已分为这样四部。而史文提到的在苦兀(即骨嵬)岛上与苦兀人为邻的吉里迷,恐怕也就是元代材料中的觯因吉里迷人之后。

《开原新志》在"乞列迷有四种"目下载录的吉里迷人习俗,有相当部分一直保存到近现代。近代基里亚克人仍几乎完全靠捕捞为生。陆上狩猎以及妇女所从事的极有限的采集经济,只作为其生活来源的次要补充而存在。尤其是在狩猎方面,他们只是在碰到机会时才在步行可至的近处顺便从事这种活动,而与邻近那些在经济生活中狩猎占有很大比重的部族迥然不同。基里亚克人似乎历来就是定居的。狗是他们驯养的惟一动物,在他们的衣食、运输中都占有十分重要的地位。以熊为牺牲的杀祭仪式,是他们在每年"熊节"都要举行的重要活动之一。近代基里亚克人的家庭形态表面上是一夫一妻制的。但是,丈夫把自己的妻子、妻子的姊妹以及自己兄弟的妻子一概称呼为аньхэй,而妻子也把自己的丈夫、丈夫的兄弟以及自己姊妹的丈夫同称为пу。男子对自己的全体аньхэй,明确地拥有与对其妻子同等的权利。从这种与"群婚的最发展最典型的阶段非常接近的"婚姻形态中,似乎仍能看到古代吉里迷人"娶其姊,则妹以下皆随为妾"的遗风①。近代基里亚克人与他们的祖先同样采用火葬。不过他们不再"以灰骨夹于木末植之",其中有些部落是在"小心收藏的骨灰上盖一所小木屋"②。基里亚克人制造特别的木板船的传统技术,也一再被近代到过他们居地的探察家们道及。

由以上叙述可以知道,明代吉里迷人和近代的基里亚克人,在社会经济和其他方面,差别都不是很大;而元、明之间,似乎也寻不出足以导致吉里迷人的历史发生重大改变的特殊原因。正因为如此,我们才有理由从明代记载以及近代基里亚克人的社会生活,去略约想见元代吉里迷人的大致状况。由此又可以看出,他们虽然多与水达达等通古斯语族部众错居在黑龙江下游两岸,两者的区别还是十分明显的。不仅说的语言不同,而且经济生活也颇不相类。

上引《开原新志》佚文中真正难以读通的地方,是在"乞列迷有四种"这一大段后的那一部分。它说:"乞里迷去奴儿干三千余里。"接着以"一种""一种""又一种"的排比方式,枚举了"乞列迷四种"以外其他三大类土著部族。至于他们到底是否都属于"乞里迷"人并且都"去奴儿干三千余里",史文并未交代得很清楚。在这里,《辽东志》卷9《外志》依据稍后获得的进一步知识而对这段史文所作的修改和增补,就十分值得参考。

《开原新志》佚文中"一种曰北山野人",以及"又一种居北海之南、大江之西"两小节,在《辽东志》中是以"北山野人"和"野人"为目

---

① 《大英百科全书》卷10,页421,"吉里亚克"条;《苏联大百科全书》卷17,莫斯科,1970年,页558,"尼夫赫"条;托迦列夫上引书,页516、518。恩格斯:《家庭、私有制和国家的起源》,人民出版社单行本,页177。

② 《西伯利亚之行》,斯斌译,页288。

分别立条的,内容上也稍有增补;同时,"一种曰女直野人"一句被删去,该小节的其他文字,经增添后以"去奴儿干三千余里"的"乞里迷"(按,志文误作乞黑迷)为目立条。可见按照《辽东志》编者的理解,"去奴儿干三千余里"的"乞里迷"人仅指同时又被《开原新志》称为"女直野人"的那一种,北山野人和野人这两种,是不应该一起被概括在这里面的。以下就按照这个意见,对这三种部族逐一进行简单的讨论。

"去奴儿干三千余里"的这个奇怪部族,既被《开原新志》视为远离其本部的吉里迷人,同时又说他们是女直野人。《辽东志》编者则干脆断定他们属于吉里迷人。然而这个部族"椎髻""射山为食",其习俗与"不梳刷"并且"捕鱼为食"的真正吉里迷人似乎不很相像。和田以为其所指恐为锡霍特山南端的恰克拉人(案即乌德盖人)。我以为,它指的可能是明代海西东陆路上乞勒伊城乞列迷站(地当在今黑龙江抚远西秦日利附近)地区的通古斯语族人。这里在元代或许还是吉里迷人活动的地域,故以其族名为地名。入明之后,尽管地名仍旧,但当地的吉里迷人或北徙或融合于通古斯民族之中而不存在了。以上含混不清的记载所反映的,大概就是这样的事实。当然,这里距离奴儿干远不是"三千里"。但所谓三千里,本来就未必是实数,也许不过是表示离奴儿干十分遥远而已。

关于"北山野人",《辽东志》明记其族属为"乞列迷之别种",当属可信。所谓北山,一般都认为是指外兴安岭。惟据《辽东志・外志》,此种"北山野人"的贡品为海豹皮、海螺皮、殳角(原注即海象牙)、鲂须、好刺(原注即各色鹿。按:"好刺"应即 Orok 语之 ulaa,驯鹿之谓也),要之大都为北海名产,其中海象牙的产地更为偏北,可见他们居住在外兴安岭东端的鄂霍茨克海湾并往北大概直到北极圈附近地区①。他们应属于当日居住此间的吉里迷或古亚语族的其他部族。

最后是"野人"。他们生活在"北海之南、大江之西",其地域大略当西南—东北流黑龙江迤西。关于"野人"的习俗,只知道他们居住在半土窑式的"平土屋"里。这种居住方式,主要是当地寒冷的环境决定的。许多通古斯语部族自古来如此,吉里亚克的先人吉里迷人亦如此;而后者保留这种居住方式直到更晚的时期。至19世纪中叶,库页岛上的基里亚克人冬天仍然住在掘地约一米半深的半土窑中②。所以仅凭半穴居的居住方式,尚无法确切判别"野人"的族属。不过《辽东志》又说他们"与乞列迷为邻",似乎其本身不同于吉里迷族类。而大约同时代的永乐等朝实录,则明确称分布在这一带的土著部族首领为女直野人头目。试举数例为证:

(永乐五年二月)女直野人头目巴思答木、咬纳等五十人来朝,置阿剌山(在俄罗斯阿穆尔州什马诺夫斯克北)、随满河、撒秃河、忽兰山、古鲁浑山五卫。

(永乐五年三月)卜鲁丹河(波罗穆丹河)、稳勉赤钦真河、可木山等处女直野人头目管秃、阿合木、阿剌不花等来朝,赐钞币袭衣。

(永乐九年二月)督罕提吉儿(在俄罗斯土古尔河流域)女直野人头目马吉你等来朝,置督罕河卫。

(永乐十三年十月)古里河(吉柳伊河)卫女直牙失答奏,愿居辽东东宁卫,命为指挥佥事,赐予如例。③

---

① 参见王颋:《元代极东北三族杂考》,《北方论丛》1982年第1期。
② 托迦列夫上引书,页517—518。
③ 明《太宗永乐实录》卷48、74、98。